智慧城市智能交通建设新视野丛书

# 城市轨道交通

# 智慧售检票系统研究与应用

靳守杰 等 ◯ 编著

西南交通大学出版社
·成 都·

图书在版编目（CIP）数据

城市轨道交通智慧售检票系统研究与应用 / 靳守杰等编著. —成都：西南交通大学出版社，2020.12

ISBN 978-7-5643-7880-6

Ⅰ. ①城… Ⅱ. ①靳… Ⅲ. ①城市铁路－旅客运输－客车票－售票设备－研究 Ⅳ. ①U293.22

中国版本图书馆 CIP 数据核字（2020）第 245312 号

Chengshi Guidao Jiaotong Zhihui Shoujianpiao Xitong Yanjiu yu Yingyong

**城市轨道交通智慧售检票系统研究与应用**

靳守杰 **等 编著**

责任编辑 穆 丰

助理编辑 宋浩田

封面设计 何东琳设计工作室

出版发行 西南交通大学出版社
（四川省成都市金牛区二环路北一段 111 号
西南交通大学创新大厦 21 楼）

邮政编码 610031

发行部电话 028-87600564 028-87600533

网址 http://www.xnjdcbs.com

印刷 四川煤田地质制图印刷厂

成品尺寸 185 mm × 260 mm

印张 21.25

字数 467 千

版次 2020 年 12 月第 1 版

印次 2020 年 12 月第 1 次

定价 120.00 元

书号 ISBN 978-7-5643-7880-6

课件咨询电话：028-81435775

# 序

FOREWORD

在互联网科技浪潮的推动下，基于计算机控制、计算机通信、计算机网络的自动售检票系统，正在由传统的工业自动化系统向与信息化融合的工业互联网系统阔步演进。广州地铁集团公司靳守杰副总工程师与其编写团队成员，经历了自动售检票系统快速变革及国产化的历史，参与了该系统的信息化、智能化工程实践全过程，具有丰富经验。本书依托“十三五”国家重点研发计划项目，提出了构建轨道交通智慧售检票系统的概念及总体目标。在“互联网+”“大数据”“云计算”“人工智能”等技术背景支持下，本书深刻分析了轨道交通智慧售检票系统的结构与功能，研究了系统构建的关键技术及云计算环境下中央计算机系统及新型终端设备的技术特征，并深入探索了系统的智能运维体系，全面总结互联网多元电子支付、基于生物识别的无感支付等技术在轨道交通自动售检票系统中的应用成果，揭示了系统智慧化的核心本质。

互联网与 AFC 系统的融合，构建集成二维码支付业务、金融 IC 卡业务、云卡业务和智能交通系统业务的一体化平台，实现票务系统的统一数据、统一支付、统一管理功能，这不仅是技术发展的趋势，更是乘客方便快捷出行的良好体验需求。这个智慧系统平台从运营管理层面，简化了系统终端设备，减少了车站的现金管理，整合了消费数据支撑乘客全出行链的增值服务；同时存储乘客实名信息，推进票务安检一体化方案实施的进程，有效提高安检效率，助力提升了运营服务水平。基于 AFC 系统设备运营场景的全息感知、大数据分析技术，构建预测性维修、故障数据采集、智能维护指引等综合一体化平台，实时监控在线系统设备的运行状态、历史故障数据、专家模拟系统等，能够实施故障预测与设备劣化趋势的科学诊断、自动调用故障维修作业，并联动物料、备件、资产等管理系统，实现数据交互与共享，对 AFC 系统设备全生命周期能力的保持及提升提供有力支持。

为适应京津冀、长三角、粤港澳大湾区等城市群的规划发展需求，作者提出城际通行互联互通票务规划、统一票务系统技术标准、构建城际乘客“画像”信息库等有效措施，有利于逐步实现不同制式、不同城市间轨道交通付费区换乘的预期目标。

“互联网+AFC”是传统自动售检票行业的迭代升级，是工业自动化与信息化高度融合的工程实践，而不是颠覆系统工业自动化控制的技术基础。作者在阐述系统发展理论与实践的同时，客观地回顾与总结业内专家、学者对 AFC 系统技术发展的见解及贡献，系统而严谨。

本书聚焦城市轨道交通自动售检票系统信息化、智慧化建设的关键技术，通过 AFC 系统智慧化的研究成果，提出的新型城市轨道交通智慧售检票系统框架体系、技术体系、软硬件设备和运维策略，必将对扩展城市轨道交通售检票系统的功能和提升票务处理能力、提高我国城市轨道交通运营管理和服务水平、促进城市轨道交通智慧化的建设和发展，发挥积极的推动作用。

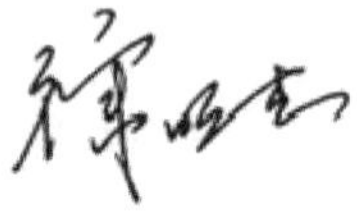

2020 年 10 月

# 前言

PREFACE

2019 年 9 月，我国发布《交通强国建设纲要》，做出了推进建设交通强国的重要规划，提出要“大力发展智慧交通。推动大数据、互联网、人工智能、区块链、超级计算等新技术与交通行业深度融合。推进数据资源赋能交通发展，加速交通基础设施网、运输服务网、能源网与信息网络融合发展，构建泛在先进的交通信息基础设施，构建综合交通大数据中心体系，深化交通公共服务和电子政务发展”。

自动售检票（AFC）系统作为面向乘客服务的重要设备系统，是智慧地铁建设的重要装备，对提高乘客服务水平、提高运营企业效率和效益、降低运营企业的运营成本起着极为关键的作用。AFC 系统采集、生成的轨道交通乘客出行数据，是轨道交通、智慧城市交通大数据不可或缺的组成部分。AFC 系统作为技术前瞻性较高的系统，在大数据、互联网、人工智能等新技术融合方面，一直走在行业发展的前沿，放眼眺望，未来可期。

我国城市轨道交通运营始于 1971 年 1 月——北京地铁一期工程线路开始试运营。在其后的近 20 年时间里，乘客乘坐地铁时使用的都是纸质车票，没有自动售检票设备，一切都靠人工进行。20 世纪 90 年代，上海、广州地铁开始采用 AFC 系统，我国 AFC 系统使用之路正式启程。

经过多年的 AFC 建设和运营实践，AFC 的从业者们，不管是业主还是供货商都在不断总结经验，逐渐形成共识——必须建立统一的 AFC 系统规范和标准，才能避免在轨道交通大建设的浪潮中出现新旧线路不兼容或者建新线改旧线的情况，从而保证 AFC 的健康发展。于是，2003 年国家发布了《地铁设计规范》（GB 50157—2003），其中第十八章就是“自动售检票系统”，明确规定了 AFC 系统的功能和接口要求；2006 年发布了《城市轨道交通自动售检票系统工程质量验收规范》（GB 50381—2006），明确了 AFC 系统的工程质量规范以及验收流程与标准；2007 年发布了《城市轨道交通自动售检票系统技术条件》（GB/T 20907—2007），明确了 AFC 系统的五层架构体系以及各层架构的技术条件与接口要求；2011 年发布了《城市轨道交通自动售检票系统检测技术规程》（CJJ/T 162—2011），明确了五层架构体系下 AFC 设备单机测试和联机测试的规程。上述这些标准规范的制定，使 AFC 在国家层面上形成了一套涵盖设计、建造、检测和验收全过程的标准体系。此外，北京、上海等城市还发布了与 AFC 有关的地方标准，广州、深圳等城市的轨道公司也制定了 AFC 有关的企业标准，规定和统一了 AFC 系统设备的功能需求、技术标准及数据接口规范，使 AFC 系统设备成为相对标准化的产品。

经过 20 多年的建设和发展，我国轨道交通 AFC 系统从无到有，从生疏到熟悉，从引进到国产化，再到当下的运用“互联网+”的多元化新型支付方式，其快速发展极大地丰富了运作模式，让乘客使用更加快捷方便，让地铁运营管理更加轻松精确。与城市轨道交通的其他系统相比，AFC 系统在认知水平、技术水平和管理水平等各方面，都是更新速度更快、国产化程度更彻底、前沿新兴技术应用程度更高。

本书分为 7 章：

第 1 章绪论，回顾了自动售检票系统发展的历程，展望了自动售检票系统的发展方向。

第 2 章系统结构与功能，回顾了自动售检票系统结构的演化过程，阐述了新型智慧自动售检票系统的功能。

第 3 章系统关键技术，分别阐述了云平台及大数据、互联网支付、生物特征识别、区块链、信息安全等新技术。

第 4 章中央级系统，详细描述了中央级系统的架构、软硬件功能。

第 5 章新型终端设备，讲述智慧自动售检票系统的主要终端设备：智能售取票机、多元支付闸机、生物识别闸机、安检票务一体机、智能客服中心等。

第 6 章 AFC 系统智能运维，回顾了传统售检票系统运维的特点，针对售检票系统的智慧化理念，给出了新的运维思路及方法。

第 7 章案例应用，总结了智慧售检票系统的依托工程——广州地铁 21 号线苏元、增城广场站的研发、建设、运营经验。

本书总结了自动售检票系统的发展经验，吸收了近年自动售检票系统智能化、智慧化发展的成果。在第一作者的带领下，充分发挥团队作用完成了本书的编著工作。其中，第 1 章由靳守杰、叶茂完成，第 2 章由张聪、罗慧、谢程祥完成，第 3 章由靳守杰、解永生、曾庆宁、宁穗智、何健栋完成，第 4 章由温辛妍、马坚生、李亚、谭荣标完成，第 5 章由雷云、李海玉、邢宗义、杨浩基、廖小健完成，第 6 章由高炜丽、黎志华、黄志房完成，第 7 章由欧阳开、罗慧、何书亮、李炳兴、戚广杰完成。

全书由中国城市轨道交通协会专家委员会徐明杰副主任全面审阅，编写团队在此对徐明杰教授的辛勤工作致以衷心感谢！

本书可供城市轨道交通同行参考使用，也可供大专院校相关专业的师生参考使用。由于时间有限，部分内容不尽完善，书中尚有不足之处，恳请同仁和读者不吝赐教，以便进一步修订提高。

作　者

2020 年 9 月

# 目录

CONTENTS

# 第 1 章

# 绪 论

## 1.1 研究背景及意义

随着城市社会经济的快速发展和城市规模的急剧扩张，社会经济活动变得日益频繁，使得交通需求迅速增加，导致资源短缺、交通拥堵和环境污染等城市病出现。城市轨道交通因其运量大、准时快捷、安全环保等优势，在服务居民出行，引导城市发展等方面发挥了重要作用，已经成为城市交通建设和居民出行的主要方式。轨道交通是现代大城市交通的发展方向，发展轨道交通是解决大城市病的有效途径，也是建设绿色城市、智慧城市的有效途径。

城市轨道交通是城市公共交通服务体系的重要组成部分，包括地铁、轻轨、市郊铁路、单轨、有轨电车以及磁悬浮等多种类型的交通方式。由于每种类型轨道交通方式都有自身的优势和适用性，在不同城市公共交通发展中都发挥了重要作用。在以公交优先为城市交通发展的基本政策的背景下，各大城市基本形成以轨道交通为骨干的城市综合交通体系。

“十二五”以来，轨道交通建设已成为我国大城市发展的重点，呈现出快速化和网络化的趋势。以地铁为例，截止到 2019 年年末，全国共有 42 个城市共计开通城市轨道交通运营线路 217 条（其中港、澳、台地区 27 条线路），运营线路总长度为 6 426.84 km。北京、上海和广州运营线路长度分达到 689.4 km、673 km 和 513.7 km。据不完全统计，全年客运总量超过 238.1 亿人次，其中北京 39.5 亿人次、上海 38.8 亿人次、广州 33 亿人次，列全球城轨交通客运量排名的第一、二和四位。截至 2019 年 12 月，日客运量超过百万人次的城市有 15 个。其中，日均客运量大于 1 000 万人次的有上海地铁和北京地铁；日均客运量大于 900 万人次的有广州地铁；日均客运量大于 800 万人次的有香港地铁；日均客运量大于 500 万人次的有深圳地铁；日均客运量大于 300 万的有成都地铁、武汉地铁和南京地铁；日均客运量大于 200 万人次的有重庆地铁、西安地铁和台北地铁。“十四五”时期是我国继续进行城市轨道交通建设大发展阶段，预计到 2025 年，运营与建设线路里程将超过 10 000 km。图 1-1 是 2019 年底全国各大城市轨道交通线路运营里程及客运量示意图。

票务系统是城市轨道交通系统运营的重要组成部分，是运营企业为乘客提供便捷、优惠的出行，有效进行票务收入管理，合理配置营运系统资源而建立的一套满足轨道交通票务管理需求的系统。自世界第一条铁路首次正式办理客运服务、进行乘客售检票以来，售检票系统就成为收费运营的轨道交通的重要子系统之一。轨道交通售检票系统经历了人工售检票、半自动售检票、自动售检票等方式，系统建设与应用日趋完善。直至今日，城市轨道交通自动售检票（AFC）系统成为城市轨道交通为社会提供服务的窗口和运营收益核算的信息源点，解决了自动售票、检票环节可能出现的问题，提供了更为灵活的收费方式和票务管理手段，实现了路网内票务管理、收益管理等功能，使企业经营在成本、质量和服务等方面得到巨大改善。这一系统有力地保障了城市轨道交通的有序、高效运营。

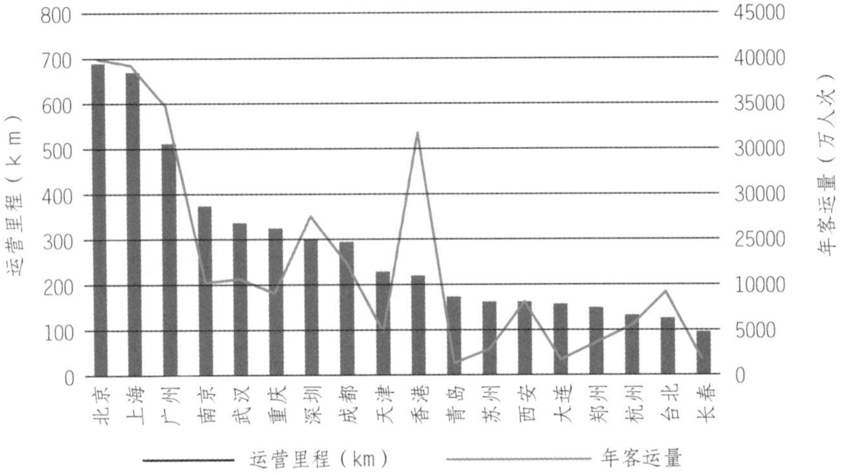


图 1-1　2019 年底全国各大城市轨道交通线路运营里程及客运量示意图

目前，我国各城市轨道交通运营状况整体形势良好，但随着轨道交通运营向着网络化发展，运营规模急剧增加，客运量持续攀升，屡创新高。轨道交通运营形势日益严峻，运能与运量矛盾日益加剧、部分线路运能严重不足、站内高密度客流等都给运营管理带来了巨大压力和安全隐患。轨道交通自动售检票系统也正步入网络化的建设阶段，作为居民轨道交通出行过程中的重要环节，在客运量较大的情况下，售检票系统的配置规模与运行效率将会成为重要的瓶颈，制约着轨道交通车站运行的效率和安全。这尤其体现在固定配置的轨道交通自动售检票系统规模不足、运行效率低下，使高峰期乘客进出站受到严重影响，这一问题在国内各大城市出现高峰期表现得都较为显著。因此，传统的售检票模式已经无法适应大客流的需求，这一形势同样给城市轨道交通自动售检票系统带来了压力和挑战。

在新一轮科技革命和产业变革的浪潮推动下，我国城轨交通行业信息化建设步入快速发展阶段，信息化建设的成果初具规模，改变了传统的建设模式、服务手段和经营方式。随着互联网、大数据、云计算、人工智能、5 G、区块链等新兴技术的飞速发展，给城市轨道交通发展带来了新的机遇和挑战，加速轨道交通智能化、智慧化发展已经成为共识。中国城市轨道交通协会于 2020 年初颁布的《中国城市轨道交通智慧发展纲要》中，明确了智慧城轨的内涵、建设目标和建设重点。因此，大力发展城市轨道交通，注重城轨智慧发展已经成为未来城轨交通的重要战略方向。

智慧城轨是利用新兴信息技术集成城轨交通各系统和集成各类服务的结晶，是城轨交通领域信息化建设进入新阶段的集中体现，因而信息化建设是智慧城轨建设的核心和基础。智慧运营是智慧城轨的重要组成部分和发展方向，实现轨道交通智慧化运营是实现智慧城轨的重要途径。轨道交通自动售检票（AFC）系统是基于计算机、通信、网络和自动控制等技术，实现售票、检票、计费、收费、统计、清分和管理等全过程自动化的系统。近年来，随着互联网电子支付技术、手机二维码技术的全面普及和云计算技术的蓬勃发展，轨道交通自动售检票系统业务模式朝着更加信息化、智能化的方向发展。移动支付、语音购票、刷脸过闸等技术应用将成为未来轨道交通自动售检票系统的发展方向，智慧化是核心特征。

本书依托“十三五”国家重点研发计划项目，提出了构建轨道交通智慧售检票系统，围绕轨道交通售检票系统的智慧化，在互联网+、大数据、人工智能等技术背景下，分析轨道交通智慧售检票系统的系统组成与功能，研究系统构建的关键技术、中央计算机系统和终端设备以及智能运维等内容。通过研究，以期形成新的城市轨道交通智慧售检票框架体系、技术体系、软硬件设备和运维策略，扩展城市轨道交通售检票系统的功能和提升业务处理能力，提高我国城市轨道交通运营管理和服务水平，促进城市轨道交通智慧化发展。

## 1.2 轨道交通售检票系统研究现状

### 1.2.1 轨道交通售检票系统研究

1. 轨道交通售票系统

自动售票系统使用的是地铁自动售检票系统中最复杂的专用设备，综合了机械、电子、软件、控制、金融、射频等多个方面的技术应用，这也为该设备的国产化带来了相当大的困难。

国外系统提供商公司ASCOM在2003年为英国地铁设计的新型自动售票机大大提高了售票效率，也为现代自动售票机提出了设计的标准，该机器具有多种不同的语言，允许现金、信用卡、储值卡等多种支付方式，还提供了在出现故障或票卡数量不足时向 SC 报警、提示工作人员前来维护等功能。目前，国外自动检票机的技术研究已经发展得相当成熟。

国内在这方面的研究起步较晚，北京 13 号线在 2003 年有了第一套自动检票系统，但没有自动售票机，到 2008 年，北京新开的地铁线路才开始在车站配置自动售票机设备。国内 AFC 系统供应商主要有上海邮通、上海华铭、上海华鸿以及深圳现代等，它们通过与国外厂商的积极合作，借鉴前辈的经验，再进行自主研发，掌握自动售票机的关键设计技术，使该设备走上完全国产化的道路。近年来南京熊猫电子与高校共同合作，在 TVM 设备领域有了很大的突破，其产品在南京、苏州、武汉等城市得到广泛应用。目前国内的自动售票机在功能上又有了创新，研发出了可以使用储值卡、手机支付购票的自动售票机。虽然相比于国际上老牌 AFC 厂家生产的产品，国内 AFC 产品在系统稳定性、可靠性等方面还不够成熟，但其发展前景相当可观。

湛维昭等人结合轨道交通的专用 App，提出了传统自动售检票系统升级改造工程的分步实施建议步骤；徐晔等人对轨道交通售检票系统的跨线应用进行了研究，从新老设备接口的统一和设备改动的角度出发，介绍了跨线售检票系统的设计方法；焦云镇等人提出了一种新型手提式售检票机，利用读卡器和列车 GSM-R 网络实现票卡信息的采集和传输，有效地提高了检票效率；刘世浩等人提出了一种新型地铁自动售检票系统，提高了售检票系统的自动化程度和工作效率；谢亚辉等人提出了一种自动售检票及屏蔽门一体化的售检票系统，针对现有的公共交通系统不能自动地判断是否放行乘客而造成的拥挤、通行效率降低等问题，给出了相应的解决方案。

2. 轨道交通检票系统

自动检票机的发展大大减轻了车站客流量的压力。1967 年，日本浅田武夫等人为了缓解城轨车站的巨大客流压力，研制出了第一台自动检票机，其自动检票方式是磁卡式，效果显著。20 世纪 90 年代以来，欧美的一些国家也在大力发展 AFC 系统终端设备，相继研发出了基于非接触式 IC 卡的自动检票设备。相比于磁卡，非接触式 IC 具有更优的性能：具有防伪性能，拥有更安全和更大容量的数据存储能力，耐用性高，更易于处理。

我国的 AFC 技术起步比较晚，1971 年 1 月，我国第一条地铁在北京开通，但是当时并未采用 AFC 系统，而是使用人工售检票的方式。直到 1999 年，我国第一个地铁 AFC 系统才在上海地铁 1 号线上首次得到使用，并从美国的 CUBIC 公司引进了自动检票机等设备。从 20 世纪 90 年代开始，国内很多公司开始尝试研发自动检票机，试图掌握系统设计的核心技术。目前，上海大漠电子、上海华铭智能终端设备、深圳高新现代、南京熊猫电子信息等公司已经实现了自动检票机的部分国产化，旗下产品广泛应用于国内城市地铁站中。自动检票机已发展出三种主要型式：翼门式、摆闸式和三杆式。虽然自动检票机的一些核心技术仍然掌握在国外厂商手中，但是通过国家的扶持和企业自身的努力，这一情况已经有所改善。

谢峰等人针对地铁单程票卡发售和回收装置进行研究。并结合成都地铁 1 号线自动售检票系统中的应用及其项目实施情况，提出了一种新型的单程票箱改造方案；韩建明等人提出了一种标准化的票务处理终端，具有避免重复投资，降低建设成本等优点；杨承东等人提出了一种合并 ACC 和 LCC 的系统构架方式，提高了整个 AFC 系统对各类事件的处理及响应速度；李建国等人提出了一种基于 ActiveMQ 的自动售检票系统和轨道交通系统，通过配置 ActiveMQ 协调不同的需求，从而提高了系统的独立性和可维护性；代豪等人研究出一种地铁自动售检票系统的方法，通过将手机号作为用户 ID 信息和利用声波模块传递给检票终端，提高了购检票效率同时降低了地铁设施成本。

### 1.2.2 中央计算机系统研究

中央计算机系统包括车站计算机系统（SC）、线路中心（LC）以及清分系统。

SC 是车站的管理控制中心，负责监控车站终端设备的运行状态、设备控制、客流监控、下达系统运营模式、系统参数。SC 采集和储存车站终端设备的车票交易数据、寄存器数据、状态数据、收益管理数据及维护管理数据等，并上传给中央计算机系统。SC 接收从 LC 下发的设备参数并转发给本站的设备，接收由 LC 下达的命令和控制指令，并下传给车站终端设备。SC 能够自动产生报表，或者按照查询产生相应的报表，但报表内容仅涉及本站的设备和操作。SC 能够接收由 LC 下发的设备更新软件并下发到各个设备，同时检查软件版本。SC 还负责系统时钟同步、管理运营和操作日志，进行内务处理和电源管理。由此可见，SC 的功能大多与 LC 相同，只不过针对的级别和范围不同。两者都有以下几个通用的功能：数据采集、设备参数管理、系统管理、系统（设备）监控、设备管理、报表管理。

LC 是 AFC 线路的核心部分，是自动售检票系统的管理控制中心。主要功能有：负责中央计算机系统与各车站计算机系统进行通信；可收集全线的交易数据和设备运营状态信息，进行财务和客流统计；实现中央计算机系统能传送相关的参数信息至各有关终端设备。LC 系统能将需要清分的信息上传给清分系统，接收清分系统下传的清分数据、黑名单、费率等数据。实现系统数据的集中采集、统计及管理，实现系统运作、收益及设备维护集中管理，实现对本线自动售检票系统内所有设备的监控。中央计算机可通过网络对下级设备的软件更新。中央计算机系统可通过通信系统的时钟子系统获取标准时间，自动进行同步，并将标准时间信息下传至车站计算机和各终端设备，中央计算机系统有备份和恢复功能及灾难恢复功能。

目前对于轨道交通自动售检票系统的研究与创新大多都聚焦于对中央计算机系统设计的改进与创新上。在车站计算机系统（SC）方面，陈青云，顾洋从减少车站中心（SC）的角度出发，考虑数据的集中式处理，为轨道交通自动售检票系统的结构优化提供了新的思路。此外，专利取消了目前轨道交通自动售检票系统五层架构中清分清算中心系统（ACC）与线路中心系统（LC/MLC）之间烦琐复杂的数据传输与转换的过程，避免了应对 ACC 下发参数的格式解析与针对车站计算机系统（SC）进行的格式重组，极大地增加了轨道交通自动售检票系统的功能扩展灵活度，有效减少了参数下载失败的可能性。在线路中心（LC）方面，李浔则聚焦于分析中央计算机系统的选取原则、中央硬件设备的性能要求、LCCS 系统的存储要求、不间断电源的性能要求。该研究结果为国内 AFC 设备性能选择及参数计算提供了新思路。除了传统的 LCC 模式系统以外，目前的 AFC 设备采用了更新的结构设计。于用真设计了一种多线路共用线路中心装置及轨道交通的自动售检票系统，能够实现多条线路自动售检票系统在线网级的标准化，从而节省企业投资，降低运营维护难度。李道全和丁树奎认为 MLC 系统的自主创新打破了轨道交通售检票领域核心系统依赖外商研发的技术壁垒，使得系统的运营维护完全受控并能够根据轨道交通发展的需要实现快速升级改造。通过对北京地铁 AFC 系统的案例研究，表明 MLC 系统可供其他城市轨道交通行业参考并推广。此外，ZLC 系统也是一种新的设计思路。ZLC 系统是在 AFC 传统五层标准架构基础上提出的区域中心（ZLC）概念，可解决区域中心处理高并发、实时计算及存储的技术瓶颈。其可持久化的技术特点保障了业务的连续性，热插拔的设计模式降低模块运行时的故障干扰，保证系统的稳定性，可为多线路中心 AFC 通信系统改造、升级和扩容提供一种新的设计思路。

中央计算机还与数据库和打印机连接，将中央计算机的统计数据传送至数据库进行保存，以作为长期客流量分析的数据基础，工作人员可以查询或打印当日或以往生成的客流数据。数据采集功能在 LC 和 SC 大致相同。SC 采集来自车站终端设备的车票交易数据、寄存器数据、状态数据、收益管理数据及维护管理数据等。经过解析，存储在 SC 的数库中。同时将这些数据上传至 LC。LC 上的数据采集对这些数据会做同样的处理，然后将这些数据保存在 LC 的数据库中，最后将原数据上传至清分中心。两者的最大区别在于处理的数据量不同，也就是性能要求不同。

### 1.2.3 终端设备研究

轨道交通的终端设备是指安装在各车站的站厅，直接为乘客提供售检票服务的设备（如闸机 GATE，自动售票机 TVM，半自动售票机 BOM 等），这些设备都属于自动售检票（AFC）系统。

我国现代化轨道交通信息技术起步较晚，1999 年 2 月 16 日投入使用的广州地铁 1 号线 AFC 系统是我国内地最早使用的轨道交通信息系统。同通过与国外供应商合作实现快速发展的硬件生产技术相比，我国轨道交通信息技术发展较为缓慢，国内目前还没有非常成熟的轨道交通信息技术软件开发商，轨道交通信息系统实现国产化的道路还十分漫长。其主要原因在于成熟的轨道交通信息系统需要软件开发商必须具备丰富的轨道交通运营及管理经验并将其融入程序设计中，而不是简单地按城市轨道交通企业的需求编制程序。由于我国轨道交通信息技术起步较晚，发展时间短，并且国外的专业厂家对软件设计并没有开放，导致国内软件开发商并不具备足够的运营及管理经验，软件开发并不成熟，因此我国轨道交通信息技术对国外技术的依赖性很强。

闸机控制系统是城市轨道交通自动售检票系统的一部分，IC 卡读写系统设置在进、出站闸机中。闸机上配有显示屏和指示灯箱，以辅助乘客知悉卡内信息以及闸机的可通过状态。闸机控制系统能够规范乘客有序乘坐地铁，并承担扣费的功能，在为乘客进出站提供便利的同时，还为地铁运营方稳定地创造收益，以更高效地提升技术水准，为乘客提供更优质的服务。随着非接触式 IC 卡技术的成熟，其改写了曾经使用磁卡作为公交卡的历史。非接触式 IC 卡拥有使用寿命长、存储空间大、加密性强、易于携带、使用方便等诸多优点，使其在公交卡设计应用中成为主流。目前我国城市地铁所使用的公交储值卡为非接触式 IC 卡，而地铁单程票既有磁卡又有非接触式 IC 卡，拥有与储值卡不同的外形，一般流通的有薄形卡片式（北京、上海等）或圆形硬币式

（天津、武汉等）的单程票。

近几年来，地铁车站软件和硬件的建设主要是以系统的终端设备层为中心。自动售票机、闸机、半自动充值机的相关技术已经非常成熟，产品也被广泛地应用到全国各大城市的地铁线路中。终端设备层的建设使得地铁售票、检票、充值等业务全面实现了自动化，大大提高了地铁车站的运营效率。

茅飞等人在现有的闸机系统的基础上进行研究，提出了一种新的红外传感器布局方案，用于解决双类别的通行检测问题；徐杨喆等人研究了闸机的接口和运行过程，并设计了一套改良的地铁闸机系统。

伴随着经济的发展和城市化进程的加快，我国城市交通拥堵问题也日益凸显。地铁的出现提高了城市交通系统的运载能力以及城市交通服务的质量，自动售检票（AFC）系统作为地铁控制体系的重要组成，通过现代管理技术和网络手段的应用可以进行自动化的售票、检票和票务管理，有效提高了地铁运营和运输的效率，也减少了乘客的等待时间。本节将结合地铁 AFC 系统的总体结构，就该系统运行的关键技术进行分析。

### 1.2.4 智能运维

智能运维是指通过采用先进的技术（故障诊断、大数据、人工智能等技术），将传统以人工为主的运维管理转变为自动化、信息化的智能运维管理，进而使轨道交通相关设备维修和管理最优化。对于城市轨道交通自动售检票系统而言，一旦某个系统出现问题，就会迅速影响和波及其他系统，形成连锁反应，造成系统部分或整体功能的瘫痪。因此轨道交通自动售检票智能运维系统涉及轨道交通运维信息化系统及各个层级自动化系统，是典型的两化融合技术的应用。

目前智能运维技术在 AFC 系统中的应用主要体现在系统的安全性和可靠性分析上，即需要在系统运行之前进行必要的测试工作（包括稳定性、技术性以及其他相关功能），同时要在运行的初始阶段进行必要的维护，这对于保证 AFC 系统的安全稳定运行具有非常重要的作用。陈浙宁应用马尔可夫方法的无后效性原理，建立了 AFC 设备的故障预测模型，并在模型建立的基础上，采用蒙特卡罗方法进行仿真实现，仿真结果可对未来运营故障做到有效准备。隋丽莉等人设计了一种双屏幕 AFC 终端设备测试平台，通过显示屏幕各项性能指标的监控结果将系统安全性直观展现出来。杨姝则深入研究了自动售检票系统各主要设备的组成、功能和工作原理，提出一种可靠性指标的计算方法。

此外，自动售检票系统的故障分析和应急处理技术也是智能运维管理的重要内容。谭清蔚利用故障树分析法，建立了相应的终端设备故障检修方案，对自动售检票系统的故障分析有着指导意义。丁耿则对 AFC 系统应急处理预案进行了深入研究，提出了软硬件相结合的故障处理方法。曾震宇等人则针对自动售检票设备故障多而复杂的现象，设计了一个自动报故障系统，对提高 AFC 系统故障处理效率起到重要作用。而刘宏泰等人认为目前 AFC 系统故障检测方法效率低下，设计了一种 AFC 设备移动维修检测平台。同样为了提高故障检测效率，高云飞等人设计了一种 AFC 读卡器专用维修测试仪。

同时智能运维技术还包括了对系统的监测技术。对 AFC 系统的监测主要包含了对 AFC 网络层的系统监测，以及对于终端系统的数据传输监测。李郁等人考虑到 AFC 监测管理上的不足，提出了一种 AFC 监视中心系统，该系统能够及时响应 AFC 系统运营管理的变化。秦宝强等人为了监测 AFC 系统的运行状态，设计了一种运行状态监测系统，并用可视化界面展现监测结果。向生建等人聚焦于 AFC 系统中的车站计算机系统，设计了一种自动售检票系统车站计算机监控系统，能更好地保障 AFC 系统的故障检测效率。杜潜等人则设计了一种闸机检测系统，该系统能通过传感器对扇门的受力进行检测和调校，以适应不同地域人群的行为和体型力量特征。此外，江斌等人将 RFID 技术应用到系统检测上，通过无线射频技术实现对 AFC 设备的监测。

### 1.2.5 售检票系统关键技术研究

在多元化支付技术方面，李二刚探讨了自动售检票系统，分析了城市轨道交通自动售检票系统多元化支付，研究了自动售检票系统多元化支付在城市轨道交通中的应用。赵文涛提出并阐述了将第二代身份证作为自动售检票系统乘车凭证的方法：首先，根据身份证物理卡号建立乘客个人账户；然后，入站闸机读取身份证信息，并查询乘客账户信息以判断是否放行。最后，在乘客刷身份证出站后，系统通过上报的入站和出站信息在账户电子钱包中结算。梁笛表明引入多元化支付后，终端设备间相互制约，不同工况影响其他设备的配置，因此需要从一体化的理念整体考虑不同工况下各类设备的配置比例体现点。董文斌立足轨道交通 AFC 系统现状、移动支付应用需求，结合系统改造复杂、任务重、涉猎广、接口多、工期紧等特点，详细阐述轨道交通移动支付介质优选、移动支付系统设计、移动支付系统改造实施等的策略和措施，为多码平台、多业务实施提供了较好的解决方案。罗慧等利用联机交易中卡片脱机认证过程与后台联机分异步完成的原理，创新性地提出脱机数据认证（Offline Data Authentication，ODA）交易方案。在既有的清分系统上建立金融 IC 卡交易管理平台，实现数据处理：金融 IC 卡等金融产品通过地铁专用网络把交易记录传送至清分中心，再由清分中心传送至金融 IC 卡交易管理平台，以处理相应的金融 IC 卡等金融产品的交易数据，最后根据相关接口和通信协议通过银联专用网络组织报文实现金融 IC 卡等相关金融产品的扣款交易。徐高峻通过制定技术指标、新增系统接口等技术手段在上海轨道交通售检票系统内逐层进行改造，以“标准先行”“方案制定”“应用测试”“试点运行”“投产实施”进行过程控制，完成上海轨道交通售检票系统金融 IC 卡应用改造。湛维昭等分析宁波城市轨道交通实现手机移动支付的基本条件，即：手机终端内置近距离无线通信芯片、AFC 系统能够识别处理 IC 卡数据及清分中心系统与手机之间的数据处理，重点介绍 SWP-SIM 技术实现方式、AFC 系统读卡器选型、交易信息安全保障机制和基于金融标准的相关业务数据结构整体规划等工程实施关键技术及重难点，描述轨道交通实现移动支付功能的基本业务流程。

何光家借鉴金融 IC 卡在其他行业应用的成功经验，结合现有铁路客运专线的运营特点和方便旅客出行的实际需求，提出将金融 IC 卡作为一种新的票制和支付方式，应用于铁路客票系统的总体方案，并对系统的总体架构、技术方案、业务实现、安全体系、关键技术等进行了阐述。朱嘉斌阐述了兼容“苏州通”项目需解决的“苏州通”不支持复合消费、预留票务空间不足、发行批次多、发行数量多、天线参数不一致等问题，并提出了相应的解决方案。

金元对比了 ODA 模式与预授权模式的优劣，在预授权模式进出站以及客服处理流程的基础上，介绍了一种准实时异步请求“预授权完成”的方式，该方式优化了金融 IC 卡出站流程，降低了出站响应耗时，提高了通行效率。

在信息安全技术保障技术方面，地铁 AFC 系统运行中会涉及大量的票据交易，因而必须要做好信息的保护和防泄漏工作，以免对地铁乘客的利益以及地铁运营商的经济效益产生不良的影响。系统安全保障技术是 AFC 系统运营技术体系中极其重要的组成部分，为了确保安全措施的顺利实施，必须要着重提高相关技术水平并采取合适的硬件设备，由于地铁站内人员流动性较强，为了保证自动售票系统运行的稳定性，可以通过嵌入式操作控制系统的应用，确保乘客检票进站的效率和便捷性。陶克等分析 NFC 在内部传输、软硬件及环境方面的安全威胁，提出手机端软件技术改进方法和后台使用数据风险监控三级预警方法，采用双重安全机制以规避安全威胁，确保 NFC 技术在地铁应用中的收益安全，尽可能地避免收益漏洞。肖世龙分析广州地铁 AFC 系统的现状，提出广州地铁 AFC 系统信息安全方面的设计思路，包括系统安全域的划分、安全域内外应采取的安全策略，并给出三级安全保护及二级安全保护可采取的安全措施。周晓分析了自动售检票（AFC）系统终端安全防护的隐患。根据终端设备运营的实际情况，对自动售检票系统终端设备受电脑病毒侵害的情况及推广安全防护软件的可行性进行分析。介绍了两种新型的安全防护软件，将其与传统的杀毒软件进行了对比，并对其进行了初步测试，供自动售检票系统终端设备安全防护工作参考。

在生物特征识别技术方面，人脸、指纹和虹膜是当前应用最为广泛的三种生物特征，在社会公共安全中具有重要作用。田沃等对人脸识别在城市轨道交通 AFC 系统内应用的主要技术指标进行了分析，调研了目前国际上顶尖人脸识别算法的技术水平，并提出了一种 1:$N$ 人脸识别系统在城市轨道交通 AFC 系统中大规模应用的设计思路。百度云 AI 作为智能云平台，已经开放了轻量级人脸识别和认证的应用服务。王琮等基于该服务不需要重复研发人脸识别算法，短期即可完成“刷脸”乘车环境搭建。分析了基于百度云 AI（人工智能）技术快速建立轨道交通 AFC（自动售检票）系统人脸身份识别应用场景的可行性。李晶晶等为了实现虹膜识别系统在复杂的条件下能够准确识别，本文将虹膜识别作为研究对象，提出一种利用改进 Gabor 滤波器进行虹膜多局部特征提取，并将虹膜多种特征进行融合的虹膜识别方法，为将理论研究转化成高性能的虹膜识别设备提供前提条件，确保智慧城市建设中云端应用、大数据的身份信息安全。

近几年我国的经济实现了大发展，祖国的现代化进程也在不断加速，高新技术领域不断突破和发展，尤其是云计算领域的蓬勃发展更是为日常生活带来了极大的便利，与人们出行相关的交通设施也在不断完善。大数据分析应用于城市轨道交通自动售检票系统的研究也逐渐出现。王成等提出铁路自动售检票监控系统总体框架由基础层、管理层、分析层和应用层组成。利用多维数据分析、分布式文件系统存储和 MapReduce 计算、复杂事件处理、数据挖掘等技术，实现对铁路自动售检票系统的故障预警和故障率分析、设备利用率分析、业务优化分析以及 OD 热点分析、异常旅客识别、设备易用性分析等以旅客行为分析为基础的增值业务，为铁路自动售检票系统的未来发展提供一种新思路。赵圣娜等分析了城市轨道交通（AFC）系统现状的基础上，提出了一种基于私有云平台的 AFC 系统架构，具体阐述了该 AFC 系统的子平台模块及功能，介绍了该 AFC 系统使用的虚拟化技术、分布式存储技术和负载均衡技术。殷玮川提出一种基于云计算的地铁大数据分析方法，将地铁大数据的处理分析划分为数据读取、数据存储、数据清洗、数据分析和数据可视化 5 个阶段，数据分析主要以车站客流规模情况、乘客出行时间情况等为例进行说明。

## 1.3 轨道交通售检票系统发展现状与趋势

### 1.3.1 我国城市轨道交通 AFC 系统发展历程

我国城市轨道交通运营始于 1971 年 1 月——北京地铁一期工程线路开始试运营。在其后的近 20 年时间里，在国内乘坐地铁使用的都是纸质车票，没有自动售检票的设备，一切都靠人工进行。直到 20 世纪 80 年代末，上海地铁开始自主研制 AFC 系统，并在一号线的徐家汇等车站成功试用，结束了人工售检票服务的时代，我国 AFC 系统之路才正式启程。

经过 20 多年的建设和发展，我国轨道交通 AFC 系统从无到有，从生疏到熟悉，从引进到国产化，再到当下的运用“互联网+”的多元化新型支付方式，AFC 系统的快速发展极大地丰富了 AFC 运作模式，让乘客使用更加快捷方便，让地铁运营管理者管理起来更加轻松精确。与城市轨道交通的其他系统相比，无论在认知水平、技术水平还是管理水平上，AFC 系统的技术更新速度更快，国产化程度更彻底，前沿新兴技术应用程度更高。

从 AFC 系统发展角度来看，我国走过的发展历程可以分为三个阶段：一是“引进+合作”发展阶段，二是国产化蓬勃发展阶段，三是“互联网+”发展阶段。

1. 引进+合作发展阶段（1993 年—2004 年）

20 世纪 80 年代末，城市轨道交通 AFC 系统概念在中国还是一片空白，人们也还看不到该系统在轨道交通大系统中的重要性和必要性。直到 20 世纪 90 年代初，在广州地铁 1 号线可行性研究报告中，票务系统是采用人工还是自动收费仍是可研报告的一个重要章节。在这个阶段，地铁公司需要以相当的篇幅对人工收费和自动收费的利弊作分析，以说明自动收费的重要性。那时对 AFC 系统的功能设置以学习国外成功系统经验为主，在此期间香港地铁给予了内地同行许多帮助，将他们宝贵的建设和运营经验传授给内地同行；同时国际著名的 AFC 专业厂家，如美国的寇比克（CUBIC）、法国的 CGA（后来被泰雷兹 Thales 收购）和日本信号（Nippon Signal）等，也通过产品和系统的推介，把其 AFC 系统的许多技术推荐给了国内地铁公司，这些都为广州地铁和上海地铁的 AFC 系统在建设之初就能拥有严谨和基本完善的系统框架奠定了基础。

1988 年，上海地铁凭着在国外收集到的资料，艰难地开始了 AFC 系统和设备的试制。1989 年至 1992 年，经过三年的努力，研制出了 6 台样机（2 台检票机、2 台售票机、1 台补票机和 1 台分拣机），并于 1993 年获得上海市科技进步三等奖。1993 年到 1996 年又研制了 39 台功能样机，并在上海地铁 1 号线南段五座车站试用，实现了该项目的扩大试验。但从功能样机到产品向世还必须经过至少 4 ~ 5 年的时间，而当时上海地铁 1 号线已全线开通运营，2 号线也开始开工建设，对 AFC 样机设备来说，已没有时间再做进一步的研究。于是经过上海市政府的批准，同意由国内自行开发转为引进。当时，上海地铁 1、2 号线花了将近 2 800 万美元，购买了美国寇比克公司的 AFC 设备。1996 年签订合同，1999 年 3 月实现全线开通运行。同期开工建设的广州地铁 1 号线也全套引进美国寇比克的系统，1998 年 6 月开通西朗—黄沙段 AFC 系统，1999 年 6 月 1 号线开通试运营时全线 AFC 系统开通运行。在 20 世纪 90 年代国内开通的 AFC 系统都采用磁卡技术。

随着 2000 年前后国内第一轮城市轨道交通建设高潮的到来，北京、上海、广州、大连、天津、深圳、武汉、重庆和南京的城市轨道交通项目陆续上马。在这一轮建设大潮中，AFC 系统不再是“豪华配置”，而是成为“标配”。其建设有两个特点，一是车票的介质从磁卡逐步变成了 IC 卡，二是在系统建设时要考虑与公交（市政）一卡通的对接。同时，知名 AFC 厂商纷至沓来，像欧美的寇比克、泰雷兹、英德拉（Indra）、泰尔文特（Telvent）、亿雅捷（ERG）、固力保（Gunnebo）、马格内梯克（Magnetic），日韩的欧姆龙（Omron）、日信、三星 SDS、乐金（LG CNS），新加坡的新科电子，以及国内的三商、优联、高明等，各公司在各种技术交流会、展览会上频繁出现。

当时，国内的业主一方面是基于建设资金贷款的问题需要，而选择贷款购买国内厂家的产品；另一方面是考虑系统成熟度和规避建设风险的需要，而采用全盘引进的方式，例如，2000 年上海明珠线（3 号线）采用西班牙英德拉公司的设备，2001 年广州 2 号线由美国摩托罗拉公司中标（在项目建设过程中由于摩托罗拉公司业务重组，合同转让给韩国三星 SDS 公司），2003 年北京地铁 13 号线采用日本信号产品，2003 年天津津滨轻轨采用西班牙英德拉公司和韩国乐金公司的产品，2004 年天津 1 号线设备采购由西班牙泰尔文特中标。虽然全盘引进的国外系统技术成熟、稳定，但却存在造价昂贵、运营费用高、技术对外方依赖性强以及功能与国内运营和管理要求匹配度低等问题，对降低成本、本土化产品的需求逐渐呈现产品。

国内 AFC 系统潜在需求市场的不断扩大，吸引了一大批国内的高新科技企业纷纷加入。他们积极与国外厂家合作，引进消化国外先进技术。例如南京熊猫与法国泰雷兹在南京地铁 1 号线合作，中软万维与日本信号在北京机场线合作，方正国际与日本欧姆龙在北京 5 号线合作，广电运通与法国泰雷兹在北京地铁 1、2 号线和八通线等项目的合作……这些项目探索和拓宽了国内企业与外国企业合作的道路，使国内企业在实际项目实施上得到锻炼，加速了对国外 AFC 技术的转化和吸收。

2. 国产化蓬勃发展阶段（2004—2015 年）

1999 年国务院办公厅转发国家计委《关于城市轨道交通设备国产化实施意见的通知》中明确规定：城市轨道交通项目，无论使用何种建设资金，其全部轨道车辆和机电设备的平均国产化率要确保不低于 70%，从此对 AFC 系统的国产化提出了明确的要求。

基于此，国内企业在与外国企业合作完成项目的同时，也投入大量资源进行 AFC 系统和设备软硬件的攻关与研发。例如上海邮通（上海普天）、上海华虹计通、上海华腾、南京熊猫、中软万维、方正国际、深圳现代、浙大网新、广电运通等厂家，在经历了国内组装、部件供应、合作开发等阶段之后，AFC 能力和经验不断提高，初步具备了独立设计和建造的能力，使 AFC 系统的国产化工作取得了重大进展。但是也有一些国内企业兴冲冲地进入这个行业，却是只做了一轮“买办”就悄然离场。

经过几年的 AFC 建设和运营实践后，AFC 行业的从业者们，不管是业主还是供货商都在总结经验和教训，逐渐形成共识——必须建立统一的 AFC 系统规范和标准，才能避免在轨道交通大建设的高潮中出现新旧线路不兼容或者建新线改旧线的情况，这样才能保证 AFC 的健康发展。于是，2003 年国家发布了《地铁设计规范》（GB 50157—2003），其中第十八章就是“自动售检票系统”，明确规定了 AFC 系统的功能和接口要求；2006 年发布了《城市轨道交通自动售检票系统工程质量验收规范》

（GB 50381—2006），明确了 AFC 系统的工程质量规范以及验收流程和标准；2007 年发布了《城市轨道交通自动售检票系统技术条件》（GB/T 20907—2007），明确了 AFC 系统的五层架构体系以及各层架构的技术条件和接口要求；2011 年发布了《城市轨道交通自动售检票系统检测技术规程》（CJJ/T 162—2011），明确了五层架构体系下 AFC 设备单机测试和联机测试的规程。上述这些规范的制定，使 AFC 在国家层面上形成了一套涵盖设计、建造、检测和验收全过程的标准体系。此外，北京、上海等城市还发布了有关 AFC 的地方标准，广州、深圳等城市的轨道公司也制定了有关 AFC 的企业标准，规定和统一了 AFC 系统和设备的功能需求、技术标准和数据接口规范，使 AFC 系统设备成为相对标准化的产品。

在这样的环境下，国内的 AFC 企业蓬勃发展，凭借着与外国 AFC 厂商的合作经验以及在金融、公交等领域的技术积累，快速崛起，打破了外国厂商的垄断，并逐步从市场的配角变成主角，国外企业在竞争下逐步退出国内 AFC 市场。如寇比克在 1999 年完成上海和广州的项目后，由于成本和系统理念等因素退出；西班牙英德拉和泰尔文特在完成了上海和天津的项目以后相继离场；摩托罗拉由于业务重组，在匆匆把项目转让给韩国三星后结束了 AFC 业务；日本信号和欧姆龙则把技术转让给国内合作伙伴后，专注做专有模块的供货商，不再充当系统集成商的角色；泰雷兹和亿雅捷则在国内分别设立合资公司，但所占市场份额都比较小；新科电子也在国内建立了合资公司，在将业务交给合作伙伴以后，也退出了国内市场；2015 年三星 SDS 宣布撤出中国城市轨道交通 AFC 市场，标志着外国企业在轨道交通 AFC 系统集成领域的全面退出。

在 AFC 国产化过程中，政府与城市轨道交通项目业主单位发挥了主导作用。在国产化工作起步阶段，政府强化产业政策的导向作用，通过制定产业发展规划、提供研发资金、出台优惠的税收政策等一系列措施，给国内企业以大力扶持。城市轨道交通项目业主单位则积极为国内企业创造条件，提供参与建设的机会，促成其与国外企业合作，学习国外的成熟技术和先进经验，进而开展自主研发工作，以尽快提高国产化产品质量。例如，深圳现代是最早进行国产化实践的国内企业，从 1999 年开始，以深圳地铁项目为依托，开始 AFC 的国产化研究，其参与的 2004 年年底开通的深圳地铁 1 号线就号称是第一条装备全国产化的 AFC 系统的线路；广电运通研发了拥有完全自主知识产权的纸币识别模块和纸币循环模块；艾弗士等许多厂家研发了国产的扇门模块；铭鸿数据 2004 年就开发出城市轨道交通专用的大读写器，后来这种模式逐步被推广应用。

经过了十余年的发展，目前国内 AFC 企业已经掌握了 AFC 系统的核心技术，能够自主开发全套应用软件，具备专用设备的整机与模块的设计和生产能力。各企业之间分工合作、各有侧重，大致分为以下几种类型：一是系统集成企业，如上海邮通（普天轨道）、上海华虹计通、中软华腾、南京熊猫信息、中软万维、方正国际、深圳高新现代、浙大网新、新科佳都、仪电物联、京投亿雅捷等；二是设备生产企业，如广电运通、上海华铭、上海怡力、苏州雷格特、青岛博宁福田、上海永邦/永旭、卓因达、康保等；三是专用模块生产商，如艾弗世、固力保、深圳雄帝、深圳德卡、北京迪科等；四是国外专用设备和专用模块的国内代理，提供纸币识别模块、硬币识别模块以及扇门模块等专用模块，如南方银通、德银、金瑞致达、海豚等；五是 AFC 专业维护服务商，如锦源汇智、南方银通、北京地铁科技、广电运通等。

3. “互联网+”发展阶段（2015 年以后）

2008 年 7 月，广州地铁与中国移动合作，在闸机上开通手机支付，乘客使用 NFC 手机或者装用特制 SIM 卡的手机直接刷手机过闸，但是由于各种原因，这个项目没有向乘客全面推广使用；2015 年 6 月，寇比克在伦敦地铁的闸机上测试刷 VISA、万事达、Apple Pay 等电子票证方式过闸功能。

与此同时，国内业主单位和供货商也将互联网等新技术运用到 AFC 系统上。2014 年，就有国内厂商在 AFC 年会上提出二维码和移动支付等技术在 AFC 系统上的应用；2015 年底广州和深圳两个城市先后上线了基于互联网支付技术的云售取票机设备；2016 年，广州地铁陆续开通了二维码/银联/NFC 过闸功能；上海、北京、深圳、苏州、宁波、长沙、南宁等 20 多个城市地铁也在 2016 年—2017 年陆续开通了“App+现场”取票或者使用移动支付在 TVM 购票或者刷手机过闸等功能。

广州是国内实施“互联网+AFC”的代表性城市。其 AFC 系统兼容现有的所有支付方式，已成功构筑基于互联网的乘车多元支付格局。2015 年 12 月 21 日，全线网开启“云支付”购票功能，广州成为全国首个支持地铁全线网“云支付”购票的城市，线网已覆盖云购票机 500 多台；2016 年，广州地铁同步进行对传统 TVM 设备的改造，使近七成的 TVM 具备扫码功能，结合线上预购，线下扫码等多种方式，手机支付所购的单程票量已超越现金支付所购。2016 年 2 月，广州地铁在 APM 线试点实现二维码联机扫码过闸；2016 年 8 月，广州地铁 APM 线率先支持银联云闪付及金融 IC 芯片卡付费过闸试点。APM 线成为全国首条拥有二维码、银联芯片卡、NFC 手机支付等多种移动支付手段的地铁线路；2016 年 12 月 28 日，广州地铁全线网率先实现金融 IC 卡、NFC 手机云闪付过闸；2017 年 9 月 26 日，广州地铁全线网支持 Apple Pay 过闸；2017 年 11 月 16 日，广州地铁成为首个实现全线网二维码过闸功能的城市。

“互联网+”与 AFC 的融合，不仅是技术发展的趋势，更是乘客和地铁运营管理者乐于接受的。乘客能免去现金兑换和找零烦恼，减少排队时间，乘车方便快捷了不少；地铁运营管理者则简化了设备，减少了车站的现金管理，同时能整合消费数据，打造增值服务平台，留存乘客实名信息，提高安保效率，大大提升运营企业服务水平。由此，短短 3 年，互联网+AFC 的应用便进入了快速普及阶段。当前各城市常用的是“互联网+”的城市轨道交通自动售检票系统架构。

互联网+时代下的 AFC，衍生出云平台、云闸机和云售票机等各式新型设备，同时也出现了新的企业面孔，如盘缠、如易行、优城科技、八维通、小码联城、大都会、佳都数据、武汉智慧地铁等从事互联网支付应用的企业。“互联网+”的城市轨道交通自动售检票系统架构如图 1-2 所示。

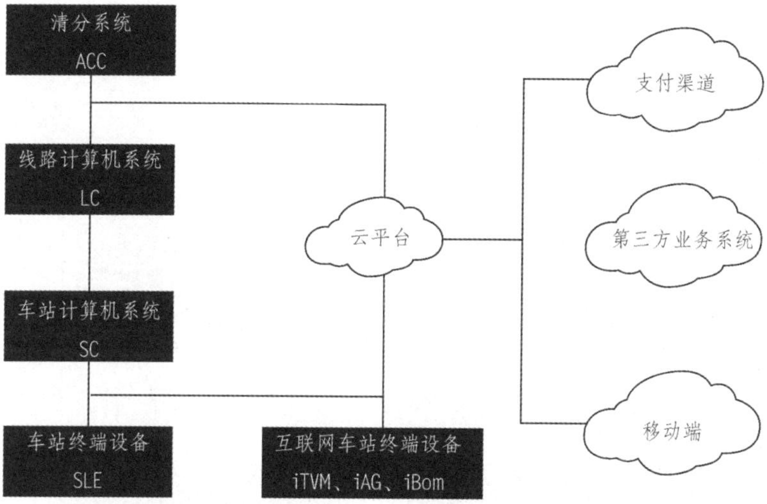


图 1-2 “互联网+”的城市轨道交通自动售检票系统架构

## 1.3.2 售检票系统的发展趋势

中国城市轨道交通协会正在组织编制《智慧城轨信息技术架构及信息安全规范》。该规范中明确了今后城轨行业云计算平台的发展思路：一是横向，将对城市轨道交通行业的应用系统全部纳入云平台进行整体设计，并按信息安全的要求，分级分域管理；二是纵向，按 IaaS、PaaS、SaaS 云计算三层架构设计，按照应用系统的成熟度和需求，整体部署或分层部署；三是既有应用系统的融合迁移，要预留既有云平台与新建平台资源融合以及非云平台应用系统迁移到云平台的条件和资源。根据规范要求，AFC 系统的清分中心（ACC）和线路中心（LC）/区域中心（ZLC）/多线路中心（MLC）要纳入线网中心云平台，车站服务器（SC）可纳入线网中心云平台，也可纳入车站系统云平台。按照这个说法，未来 AFC 系统的架构将演变成二层或者三层架构，即基于云技术的数据管理中心（DMC）-车站计算机（SC）-终端设备，原来的第五层——车票，将逐步被手机 NFC、二维码等虚拟电子票证代替。

根据规范要求，不仅 AFC 系统要向云架构迁移，AFC 系统的数据也将纳入大数据平台进行管理，而且覆盖整个轨道交通系统内所有的应用系统，原则上一个城市的轨道交通只建设一个轨道交通数据中心，根据统一的信息安全策略划分为安全生产网、内部管理网和外部服务网三个应用网。因此 AFC 系统架构的演进趋势将不仅仅关注系统自身，而是与其他机电生产系统共同演进，整体的架构演进趋势将呈现从多层级到扁平化的特征，在保留系统的功能性、降级保障、可用性前提下，尽量简化系统架构，使系统运行更敏捷，管理更简单。通过“中心-边缘”的融合型架构，中心是承载着各专业的各个系统的中心云，边缘是承载终端设备以及边缘所需的实时计算系统的边缘云，端与中心间需要完善的网络基础设施，如自动售检票系统的清分系统属于中心云范畴，车站计算机系统属于边缘云范畴，从而真正实现生产域的 IT 资源整合，提高中心和边缘强大的运算能力、弹性、高可用、可靠、安全等技术特性。演进过程如图 1-3 所示。

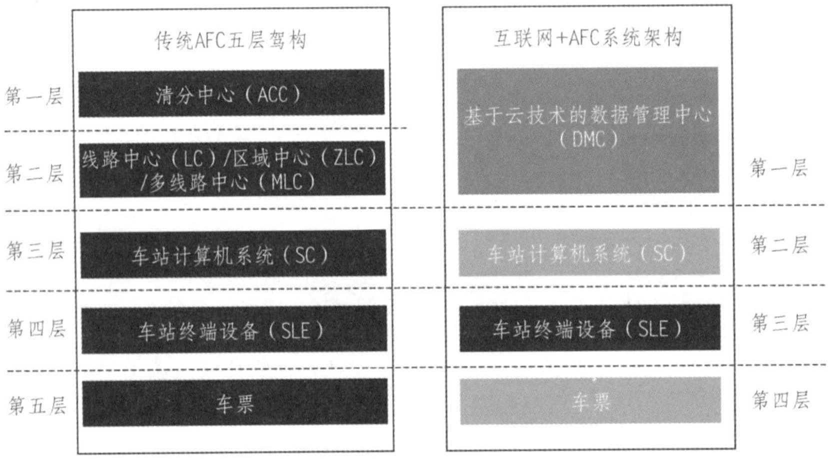


图 1-3　互联网+ AFC 的系统架构演进过程

1. iAFC 系统越来越智能

采用“互联网+”的模式，将移动通信、物联网技术、互联网计算技术、人工智能技术与传统的系统相结合，打造适合未来发展趋势的 iAFC。

2018 年，上海、南宁和深圳等地的地铁公司，分别开始测试人脸识别过闸、生物识别技术无感过闸，这可能是下一个 AFC 发展的趋势。“生物识别+信用支付”，乘客不仅无需刷卡，连手机都不用刷了，只要在闸机前“刷脸”就行，同时运营管理者也可以将生物识别与乘客实名制结合在一起，与地铁智慧安检结合起来使用。另外，IMSI 认证技术在实施手机实名制登记和使用支付绑定以后，也能实现乘客的无感过闸。

2017 年 10 月份，YoYo 人工智能服务机器人在广州地铁琶洲站上岗，提供智能咨询及引导服务；2018 年 4 月份，上海南站部分售票机可通过人机语音对话完成购票——乘客不用知道具体站点，只要说出目的地，售票机就会自动推荐站点，语音确认后即可完成购票。人工智能语音机器人与 TVM 和 BOM 的结合，会使乘客有更亲切的使用感受，也能将地铁的客服人员从繁杂的票务工作中解放出来，更好地做好对乘客服务和运营安全的管理工作。

智能技术的飞跃发展，将使 iAFC 的未来纷繁多姿，让人持有更多期待，AFC 行业也将迎来更加繁荣、宽广的发展天地。

2. 系统架构不断优化

随着国内城市轨道交通的快速发展，智能化与网络化运营时期已经到来。传统的五层架构在系统投资、设备改造、新线开通接入等方面逐渐暴露出弊端。为此，北京、上海、广州、深圳、天津、武汉、南京等城市地铁逐步采用 AFC 多线路中心（MLC）或区域中心（ZLC）取代单线路中心（LC）的方式，一定程度上减少了系统建设投资，降低了运营系统维护的工作量和人力资源，但这并未从根本上解决后续工程承包商受制于先建线路承包商等问题。部分城市轨道交通尝试采用整合清分中心和线路中心的方式，从而达到精简系统架构、高效利用资源的目的，并取得了初步成效。与此同时，随着互联网支付技术应用以及网络传输通道的升级换代，新建轨道交通的城市已经将互联网票务平台以及官方 App 一并纳入了 AFC 系统同步建设。互联网票务平台以及官方 App 在一定程度上已经成为 AFC 系统新架构的一部分。另外，随着云计算技术的快速发展，其应用于轨道交通系统中可以达到提高资源利用率和降低建设、运维成本的效果，因此，基于云计算的 AFC 系统架构也同样广泛受到关注。

2019 年 12 月 1 日《信息安全技术网络安全等级保护基本要求》(GB 22239—2019）正式实施，等保 2.0 时代对信息安全提出了更高的要求。AFC 系统直接涉及轨道交通收益、收益审核结算、票款清分对账等重要票务数据，事关轨道交通运营企业直接的资金收益来源，安全性不容忽视。在互联网支付和生物特征识别技术（如“人脸识别”）的应用引入以后，AFC 系统配套的互联网票务平台以及官方 App 同时负责存管乘客个人隐私信息，面临的互联网网络攻击、信息泄露等风险威胁进一步加大，因此各轨道企业在进行 AFC 系统的建设时，应将信息安全建设放在最重要的位置。在设备、网络、数据管理三个层面严格按照等保 2.0 的要求，构建安全、可靠、可信的 AFC 系统信息安全管埋体系。

在国内发展方面，考虑到在普通中小城市建设地铁会造成较大的资源浪费，许多造价相对较低、中小运量的新型轨道交通制式如有轨电车、空轨、磁悬浮、云轨、云巴、智轨等在二、三线城市不断涌现，例如凤凰磁浮 AFC 系统是一种与旅游项目深度结合的 AFC 系统，主要难点是如何用互联网售检票技术降低系统造价，并与景区门票系统实现联票通用。在国外市场方面，目前仍存在进一步的开拓空间，相关技术标准有待进一步研究。国外项目与国内差别较大，主要表现在项目模式、设计院的角色定位、技术标准等方面。如埃及斋月十日城市域铁路项目，设计院作为 EPC 联合体成员，除了担任传统设计角色，还需兼顾部分业主项目管理的工作。同时该项目主要依照国际、欧美标准，对技术参数等方面提出了更严谨的要求。

3. 票卡虚拟化、支付多样化

在票卡形式方面，随着智能手机的普及以及生物识别技术的发展，车票不再是传统意义上的实体卡片，它演变为乘客乘坐轨道交通的虚拟凭证，如手机二维码、手机蓝牙、人体生物特征（如人脸、掌/指静脉、虹膜等）等。目前，轨道交通采用互联网支付方式过闸的乘客比例正逐步提高，据统计，目前已有 17 座城市地铁互联网过闸客运量占比达到 30%以上。另外，各大城市正在对生物识别过闸进一步深入挖掘，其中，人脸识别技术已在北京、济南、深圳、郑州、天津等城市地铁 AFC 系统中得到应用，在福州、南宁、上海、合肥、贵阳、南京、广州等城市地铁 AFC 系统进行试点或试验。其他的新型识别技术也陆续上线，比如南宁地铁采用全态识别技术，福州地铁采用虹膜识别技术。在已经上线的生物识别技术试点案例中，广州地铁 APM 线广州塔站试点应用基于人脸生物特征识别的无感支付技术，已经运营 4 个月，注册量约 1.5 万人，日使用约 100 人次，票务异常 3 笔，异常率约万分之一，广州地铁通过此试点研究将在全线网应用生物特征识别技术（例如人脸识别技术）及非生物特征识别技术（例如射频识别及近距离蓝牙技术），结合乘客“画像”信息库，逐步将虚拟化票种向“无感支付”的无票卡化转变，实现乘客进出闸无感支付。深圳地铁 11 号线在 2019 年 9 月上线人脸识别边门检票机，年满 60 周岁及以上的老人、残疾人等人士可使用边门检票机免费乘坐深圳地铁，该刷脸乘车服务基于人工智能技术，老人只要通过智慧客服系统进行人脸注册成功后，即可通过人脸、指静脉等多模式组合验证实现刷脸过闸，人脸验证最快仅需 0.3 s。在支付方式方面，随着支付宝、微信、银联云闪付等新型支付方式与人民生活的高度融合，其在 AFC 系统也得到了广泛应用，乘客可以任意选择任意主流移动支付方式进行付款，支付方式呈现多元化发展的趋势。与此同时，随着生物识别技术在轨道交通 AFC 系统的逐步应用，为了保证系统的可用性和可靠性，需要对各类支付方式设置不同标签，便于 AFC 系统针对使用不同支付方式进出闸（比如人脸进闸、二维码出闸）乘客的匹配扣费，目前，广州地铁新线拟建设适用于多应用的服务共享型线网乘客“画像”信息库，信息库设计以传统设备生产为对象转变为以乘客为对象，关联乘客生物及非生物特征、身份、信用支付等标签信息，各应用系统可按需与乘客“画像”信息库进行数据交互，共同支撑精准信息资讯服务、多元化票务服务、生活增值服务等精准服务应用。

4. 区域互联互通

随着京津冀、长三角、珠三角、粤港澳大湾区等城市群的规划政策逐渐明确，实现城市群之间的互联互通工作已是刻不容缓，同时，近年来为加强城市间联系而不断兴起的市域铁路建设也对城市间的互联互通做了进一步要求。

（1）使用“Metro 大都会”App 的乘客已经可以在上海、杭州、宁波、温州、合肥、南京、苏州、无锡、徐州、常州、青岛、厦门、兰州十三个城市选择轨道交通时“一码”畅行；

（2）金义东市域轨道交通工程 AFC 系统要求金华、义乌及东阳三个城市的“市民卡”（预留其他票种及支付方式）以及交通运输部一卡通、银联云闪付、第三方支付、苏浙沪一码通等都可在金华市公交系统和轨道交通等领域内使用；

（3）上海市域铁路机场线工程 AFC 系统要求与国铁客票系统实现互联互通，采用“融合”性设备，满足各类乘客的混进混出。从而实现轨道交通各线路之间付费区内的换乘以及轨道交通（含市域铁路）与国铁、公交等系统之间的换乘；

（4）广州地铁 AFC 系统立足于粤港澳大湾区城际旅客的便捷出行需求，统筹规划建设适用于粤港澳大湾区城际通行的票务系统，各城市地铁之间通过互联互通规划统一票务技术标准，广州地铁清分中心预留升级为粤港澳大湾区城际清分中心的能力。初期实现广佛线网内所有票种的无障碍付费区互融互通，即乘客在广佛线网内实现“一票通”，近期实现粤港澳大湾区内岭南通、二维乘车码、NFC 票种、金融 IC 卡等非回收类票种联乘优惠，即乘客在粤港澳大湾区内实现“一卡通”，并逐步建立粤港澳大湾区城际乘客“画像”信息库，实现已经注册乘客的城际间“无感支付”乘车。

可以看出，实现各城市群的互联互通已成必然，同时实现跨区域的城市之间互联互通也是大势所趋，然而目前在城市群应用的实体卡和虚拟二维码票卡的互联互通推进方面还存在一定的分歧，不同城市（或城市群）互联网+AFC 系统的业务流程和数据规范将逐步标准化、统一化。

5. 乘车实名化、票检一体化

随着轨道交通行业的快速发展，地铁客运量与日俱增，如何增强公共交通搭乘安全指数，保障市民乘客上下班健康安全成为新的关注点。尤其是 2020 年 1 月份以来，国内爆发的新冠肺炎疫情防控进入关键期，通过实名制可以达到乘客出行信息可查询可追溯的目的，从而明确同行者中是否已有人被新型冠状病毒感染或是否是病例的密切接触者。同时，随着人脸识别等生物识别技术在轨道交通 AFC 系统的逐步应用，推行地铁乘车实名制，帮助构建先使用后付费的体系，从而建成更加智能、便捷、高效的 AFC 系统。自 2020 年 2 月 16 日起，深圳地铁全线网将全面启用实名制乘车，以确保地铁乘客信息可查询可追溯，实现重点疑似人员行程轨迹有效跟踪，保障市民乘客健康、安全出行。同时，深圳地铁在疫情防控期间将暂停发售单程票、日票；持普通深圳通卡、计次卡的乘客在进站时需扫描二维码完成实名制登记，实现对全体乘客的出行信息进行数字化管理，实现对与疑似病患密切接触者的高效追踪，以保证城市运行安全有序。2020 年 2 月 17 日，广州地铁宣布实行扫码实名乘车。2020 年 2 月 18 日起，青岛市公共交通和出租车行业实行实名制。

2020 年 2 月 15 日，腾讯宣布与国家信息中心联合推出的“健康码标准”，正式被推荐给各地作为技术标准规范，正联合各合作伙伴，在全国各地加速落地。2 月 16 日，阿里巴巴也宣布，根据浙江等地健康码模式的成功经验，在国务院办公厅电子政务办的指导下，支付宝正基于全国一体化政务服务平台，加快研发全国统一的疫情防控健康码系统。从以上情况看，今后轨道交通实名制乘车有可能成为常态。

另一方面，随着智慧安检需求和公安安全防范需求的提出，票检（AFC+安检）一体化方案也是势在必行,而乘车实名制也是推进票检一体化方案必不可少的条件。2019年上海地铁率先在7号线上海大学站、2号线静安寺站、2号线南京西路站试点“安检快捷通道”进站措施，上海地铁“METRO大都会”App已对部分在高峰时段有多次进站记录的实名注册乘客发出邀请，乘客在接受邀请并签订《上海地铁乘客安检快捷通道（试点）业务开通服务协议》后，可在试点的3座车站持App通过“安检快捷通道”刷码进站乘车。票检一体化可以通过与公安部门相关的互联平台对接，建立可信的乘客身份信息库，提高乘客乘车体验，实现“过闸”也是“过安检”。同时，北京、广州、武汉、深圳等城市地铁新建线路也正在开展票检一体化方案研究。

6. 票务服务自助化

随着手机票种产品的逐步普及和拓展，乘客使用乘车码、NFC云卡量的情况越来越多，乘客的票务异常处理，将逐步由车站人工服务向线上App手机自助服务转变，需要开发完善手机地铁App线上票务处理功能,乘客可通过手机地铁App登录实现乘车码、云卡、人脸等票种，通过NFC功能，方便地实现线上个性化各类票务的自助办理，如出行轨迹查询、平台支付核对、计费异常申斥等情况的自助办理等。另外，随着地铁智慧车站概念的提出，车站票务服务也需变得更加智能化。目前，广州地铁新线建设后台集中客服中心，设置专业客服代表群，通过智能语音应答、乘客信息的可视化、人工智能等手段，实现与乘客的远程音视频智能语音识别及自动应答交互、后台客服代表“一对一”的交谈互动，根据乘客的需要，解答客户的疑问，远程指导乘客操作，帮助乘客快速掌握和完成各种业务。前台票务设备与客服设备融合设计，可灵活地通过自助操作为乘客提供票务处理、票务查询、换乘指导、站内外导航、运营信息查询、周边信息查询等功能。深圳地铁拟采用智慧无人客服中心的远程可视服务代替传统有人客服中心，同时正在研究智慧车站AFC票务服务方案（如票务机器人，智能客服中心等）。

## 1.4 本书的内容框架

本书的主要内容是：基于对我国城市轨道交通售检票系统发展概况的分析和对新兴技术发展的总结，提出城市轨道交通智慧售检票系统的概念，分析了智慧售检票系统的组成与功能；分析了云平台、大数据、互联网支付、人工智能等智慧售检票系统的关键技术；研究了中央级系统、新型终端设备及系统的构成、功能、工作流程，探索了智慧售检票系统智能运维体系；最后以广州地铁为例进行了示范应用。

本书的知识体系可以分为四个部分，分别为智慧售检票系统的组成与功能、智慧售检票系统构建的关键技术、系统软硬件系统及运维、示范应用。

图1-4给出了本书的基本内容框架。

本书各章节主要内容如下：

第 1 章主要介绍研究背景及意义，城市轨道交通售检票系统国内外研究现状以及发展现状与趋势，并给出了本书的主要内容框架。

第 2 章主要界定了智慧售检票系统的概念及特征，设计了智慧售检票系统的架构体系，面向功能需求分析了系统组成及相应的功能。

第 3 章在互联网+背景下，对智慧售检票系统构建时涉及的最新的关键技术进行了详细阐述。

第 4 章分析了售检票系统中央级系统的功能需求，设计了系统总体架构，从基础架构设计和系统功能分类详细阐述了中央级系统的功能结构设计及关键技术。

第 5 章分析了智慧售检票系统的新型终端设备及系统构成，详细阐述了各类设备组成、关键模块、核心功能、工作流程及技术应用。

第 6 章针对售检票系统的运维需求，设计了智能维保信息化管理系统，从状态监控、数据分析和维修策略三个方面研究了系统的智能运维体系。

第 7 章以广州地铁为例，对城市轨道交通智慧售检票系统进行了示范应用。

本书的内容框架如图 1-4 所示。

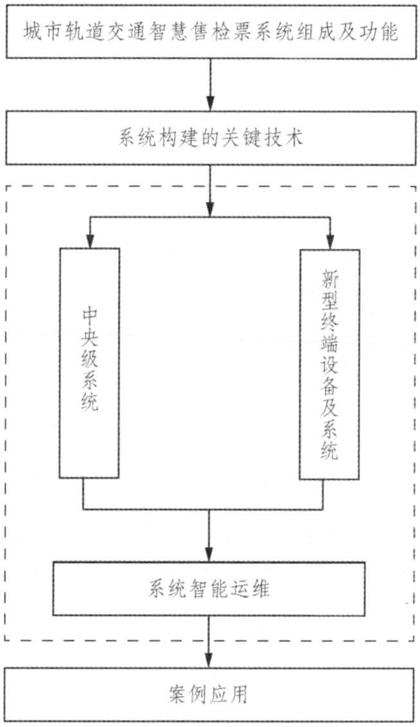


图 1-4　本书的内容框架

# 第 2 章

# 系统结构与功能

## 2.1 智慧售检票系统的概念与特征

智慧售检票系统是一个计程计时的全自动收费系统，基于后台大数据的分析及应用，系统所有站厅终端设备均具备处理非接触 IC 卡车票的能力，包括轨道交通专用非接触 IC 卡车票及第三方支付系统车票。基于传统的自动售检票系统的设备组成，如自动售票机、闸机、票房售票机等，传统自动售检票系统为封闭式的收费系统，具有五层架构（即综合中央计算机系统、线路中央计算机系统、车站计算机系统、车站售检票终端设备及读写器、车票），封闭式的票务系统只与城市交通一卡通有对账交互，对于其他支付体系并无直接或间接的数据交互。随着互联网技术、手机 NFC、二维码、移动支付、云计算等技术的发展及广泛应用，自动售检票系统也开始不断地升级与变更，最终发展为现有的智慧售检票系统的应用体系及系统架构。展望未来，随着智慧地铁的快速发展、大数据平台及云计算深度应用、区块链技术的成熟、基于地铁应用场景 AI 的应用等日益发展，智慧售票系统也将更加智能化、多元化。

智慧售检票系统主要设备组成包括车站智能管理系统、智慧通行闸机、智慧购票设备、智能客服设备、智能问询设备等。相比于传统自动售检票系统，基于网络化、多元化的二层架构系统，使得应用拓展性、便利性更为全面，所支持的票种多元化让乘客体验更为良好。车站（1）智能管理系统：智能管理车站的终端设备，收集设备运行的信息，除了统计及归整，结合智能运维系统的应用还能给出维修提示信息及预判。

（2）智慧通行闸机：传统通行过闸功能的基础上，结合生物识别系统提供基于乘客人脸信息、生物特征等信息的处理及无感过闸功能。

（3）智慧购票设备：支持多元化目的地选择及信息提示，多元化支付方式，使得乘客在购票之余提前获取搭乘路线信息。智能客服设备、智能问询设备与线网智能客服系统、电子发票系统的关联智慧应用，为乘客提供优质的问询服务，同时提供票卡自助处理功能、发票自助开具服务，随着乘客自助操作的习惯养成，逐渐减少地铁现场工作人员的工作量，优化车站管理的运转。

## 2.2 智慧售检票系统架构体系

智慧售检票系统按层级划分可分为中央级、车站级、票卡介质。架构体系主要由清分/清算中心、智能客服系统、线路网络汇聚节点、车站智能管理系统、车站智慧终端设备、车票、传输网络等组成。

### 2.2.1 系统架构内容

新时代智慧售检票系统主要由清分/清算中心、智能客服系统、线路网络汇聚节点、车站智能管理系统、车站智慧终端设备、车票、传输网络等组成。车站智能管理系统接入清分中心系统，实现与轨道交通各线路的收益清分和互联互通，并通过轨道交通清算管理中心系统实现与外部系统的连接。智慧售检票系统票务交易数据采用“终端-线网”两层传输，设备监控信息采用“终端-车站-线网”三层传输架构进行建设，车站级局域网以 1 000Mb/s 工业环形结构以太网为宜，通信协议为 TCP/IP，在线路控制中心设置线路数据汇聚节点设备，接入清分云平台满足数据共享、集中运营票务报表、客流分析、权限统一管理等需求，清分中心框架内的线路前置管理终端至各车站（含车辆段）通信传输网，设两条独立逻辑网络通道，保障互联网支付数据交互。

智慧售检票系统主要组成层级包括中央级、车站级、票卡介质，中央级设备组成主要为清分中心云平台，清分中心是智慧售检票系统的核心，基于数据安全性考虑，由主运行系统及灾备中心/系统组成，如广州地铁清分中心主系统位于镇龙车辆段，清分中心灾备系统位于公园前控制中心，系统热备确保系统稳定安全地运行，同时通过异地备份保障数据安全。车站设备级，主要为车站应用设备，协助车站管理人员进行站级设备管理，以及面向地铁乘客提供乘客服务及票务服务的设备终端，车站管理人员通过智能管理系统管理站级设备。智慧通行闸机、智慧购票设备、智能客服设备则为乘客提供购票、通行过闸、客服问询、自助票卡处理、电子发票开具等智能服务。票卡介质，则是作为乘客通行凭证及结算介质。传统自动售检票系统包括单程票、储值票、乘次票、员工票等，智慧售检票系统应支持金融 IC 卡票、二维码电子票、基于生物识别技术的虚拟类车票等。系统设计如图 2-1 所示。

根据未来智慧售检票系统规划及设计，主要设备组成包括车站智能管理系统、智慧通行闸机、智慧购票设备、智能客服设备等。此外智慧售检票系统还应包括智慧售检票维修系统、智慧售检票培训系统、智慧售检票模拟测试系统三个子系统，方便日程管理及测试工作的开展。同时智慧售检票系统还与线网智能客服系统、乘客实名账户管理系统等多个地铁内部功能系统有着紧密的关联应用，体现智慧售检票系统的智慧应用。

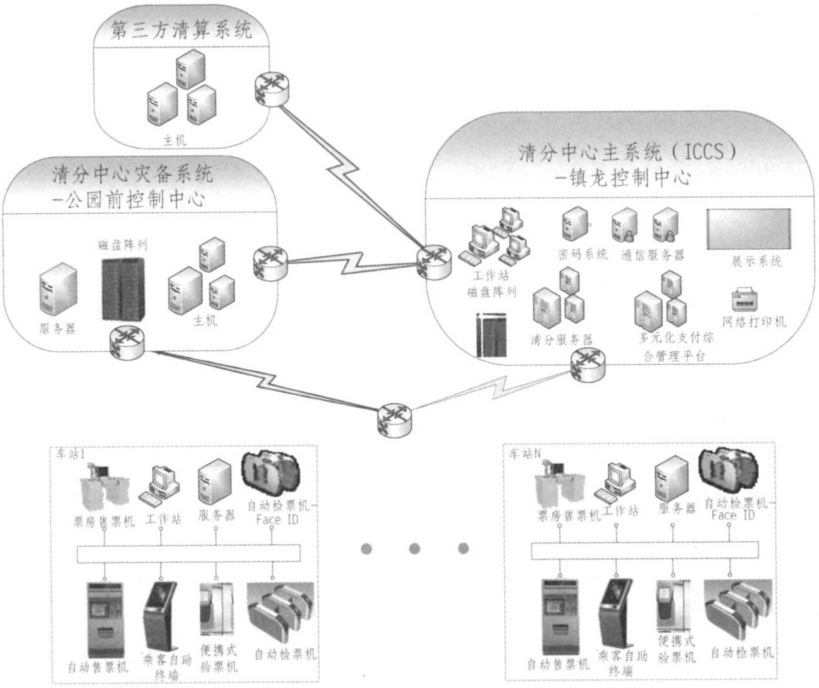


图 2-1　系统设计

### 2.2.2　架构体系详述

传统的自动售检票（以下简称 AFC）系统是自动售票、检票一体化信息管理，嵌入式系统综合控制，以及专用读卡器功能等关键技术的集成科技。这项技术是将数据库、计算机、网络通信、信息安全等领域的先进技术进行综合集成，为乘客提供智能化的便利服务。传统自动售检票（AFC）系统主要由以下几部分组成：综合中央计算机系统（ICCS/MCC）、编码分拣机（ES）；线路中央计算机系统（LCC）；车站计算机系统（SC）；车站售检票终端设备（SLE）、读卡器；车票。各组成部分科学交集、综合管理，形成科学的管理体系。

（1）综合中央计算机系统（ICCS/MCC）是 AFC 系统的中央级核心设备，制定 AFC 系统运营的各项规则，包括：车票、票价、清算、对账业务规则、车票使用管理及调配流程、运营模式控制管理流程、运营公共参数（含交易模式、交易类型、交易状态等交易参数、运行时间、设备编码和 IP 地址等参数）、安全管理的流程与授权、终端设备统一乘客服务界面、系统接口和编码规则等。

ICCS 统一发行轨道交通车票，并进行车票的动态调配和跟踪，实现轨道交通各线路统一的车票发行及车票管理。ICCS 通过其全局票务与安全系统支撑各线路 AFC 系统运行，负责收集、统计、分析、查询运营数据，负责一卡通车票交易收益在轨道交通系统不同线路之间的清分，实现轨道交通系统与一卡通系统间的清算、对账。ICCS

下载各类参数和命令，确保整个 AFC 系统正确、安全地运营。

（2）编码分拣机（ES）设备具有对车票的初始化、赋值、分拣、校验、注销等功能。具有自动供票、验票、编码功能；在初始化编码的同时可对储值票进行赋值；编码/分拣机能对轨道交通专用的员工票、储值票和单程票等进行初始编码。

（3）线路中央计算机系统（LCC）接收 ICCS 下达的参数及指令，能独立实现所辖线路 AFC 系统的运营管理、票务管理及设备管理。LCC 完成与 ICCS 清算对账和线路的收益管理。LCC 接收 ICCS 下载的车票种类、票价表、车费表、运营模式等参数，并通过 SC 下载到终端设备。接收来自 ICCS 的统一时钟信号并完成本线路的时钟同步，接收、上传、下载车票“黑名单”等。LCC 实现所辖线路内安全访问控制，包括线路内权限管理、数据审核、数据备份及恢复、线路内设备入网注册、系统间安全访问控制等。

（4）车站计算机系统（SC）监视和控制车站 SLE 运行状态，收集、统计各类运营数据，并上传到 LCC；根据需要启用紧急模式。SC 接收 LCC 下载票价表、车票种类、运营模式等参数，接收时钟信号完成时钟同步，管理本站设备，保障系统的正常运行。

（5）车站售检票终端设备（SLE）主要由 TVM（自动售票机）、BOM（票房售票机）、GATE（闸机）、TCM（验票机）、PCA（便携式验票机）构成。其中：TVM 完成车票自动发售、充值和查询工作。BOM 完成车票发售、充值、补票及查询工作。GATE 完成进出站自动检票。TCM、PCA 完成车票验票工作。

终端设备接受 SC 参数设定及指令，完成规定操作及信息提示；生成并上传全部交易数据、寄存器数据，生成日志数据；按要求存储数据；设备故障自诊断和故障提示；在发生通信故障等情况时能独立运行，并能通过外接媒体实现数据导出，故障恢复后数据自动上传。

车票是记录乘客乘车信息的媒介和载体，能记录车票的系统编号、安全信息、车票种类、个人信息、进出站信息、金额、有效期、历史交易记录等信息，与车站现场终端设备实现，完成自动售票、检票功能。

传统自动售检票系统的主要应用过程为：乘客在自动购票机前进行购票，乘客准备好相应的硬币或者对应面额的纸币，对于纸币本身的要求是比较高的，最好在八成新以上，才容易被成功检测，按照自动售票机屏幕的提示进行购票操作，如果纸币超过了里程对应的金额，购票机会以硬币的加纸币方式进行找零。购买车票后，人们要在闸机前进行刷票、刷卡，刷卡时，一人一卡，右手持卡，刷卡后进入，保存好卡票，在出站时投入闸机中回收，实现卡的循环利用，这是城市轨道交通自动售检票系统传统通行方式。随着多元化支付的广泛应用，票种的不断增加，包括单程票、储值票、乘次票、纪念票、员工票、金融卡票（含信用卡 ODA 票、银行 Qpooc3.0IC 卡票、HCE-NFC 云卡）、二维码电子票、基于生物识别技术的虚拟类车票、测试票及预留票种等，为了适应时代发展，以及票种的不断丰富，自动售检票系统也在不断升级演变，慢慢向智慧售检票系统进行升级演变。

城市轨道交通智慧售检票系统是一个计程计时的全自动收费系统，基于后台大数据的分析及应用，系统所有站厅终端设备均具备处理非接触 IC 卡车票能力，包括轨道交通专用非接触 IC 卡车票及第三方支付系统车票。对于实体电子票务，系统能对储值票卡、单程票、二维码、人脸车票、金融 IC 卡、手机 NFC 车票、羊城通、老年卡、学生卡、岭南通、全国一卡通、地铁储值票、员工卡、eID 电子身份证（预留）等车票进行处理。对于互联网电子票务，系统实现互联网购票，二维码乘车码、手机 NFC 票种、金融 IC 卡等互联网电子票务处理功能，同时预留未来发行的电子票种的处理条件。

以广州地铁为例，根据广州市城市轨道交通建设规划，设置在镇龙区域控制中心的广州市轨道交通 AFC 清分中心设置综合计算机系统（简称 ICCS），负责广州市已开通及在建的各线路的清分工作。ICCS 具有数据清分、密钥管理、发卡管理、运营管理、决策支持、通信服务和异地容灾等功能，实现整体处理车票交易数据及统计分析的功能，完成轨道交通各线路间以及轨道交通线路与第三方支付系统之间的清算分账，但不涉及具体线路的内部运作。ICCS 统一处理和下发相关的各运营线路共同的票务和系统参数；统一管理轨道交通系统的编码分拣设备，负责管理与监控票卡的初始化、编码和使用，统一管理轨道交通 AFC 系统的密钥系统；统一管理非轨道交通发行的票卡在轨道交通系统中的数据；具有对轨道交通线路范围内票款收益进行清分的功能，能对降级运营模式下各线收益做出清分处理；实现与第三方清算系统交易数据的交换，并完成与之相应的财务清算、对账及分账功能。

新时代智慧售检票系统主要由清分/清算中心、智能客服系统、线路网络汇聚节点、车站智能管理系统、车站智慧终端设备、车票、传输网络等组成。根据未来智慧售检票系统规划及设计，主要设备组成包括车站智能管理系统、智慧通行闸机、智慧购票设备、智能客服设备、智能问询设备等。此外智慧售检票系统还应包括智慧售检票维修系统、智慧售检票培训系统、智慧售检票模拟测试系统三个子系统，方便日程管理及测试工作的开展。同时智慧售检票系统与线网智能客服系统、乘客实名账户管理系统、生物识别系统、电子发票系统、智能运维系统等有着紧密的关联应用，体现智慧售检票系统的智慧应用。

智慧售检票维修系统，智慧售检票维修系统用于维修中心人员对智慧售检票系统设备和部件的检修和测试等。维修系统与清分云平台通过通信系统提供的通信传输网进行通信。能通过清分云平台接收智能管理系统上传的设备故障信息，并将故障信息（包括车站、设备号、故障信息和日期等）转发到相关维修部门。维修系统能生成并打印维修报表，并上传至清分云平台。维修系统由车站智能管理系统和车站终端设备等组成。设备维修状态信息应能对外发布到指定客户的移动手机终端上。

智慧售检票培训系统。智慧售检票培训系统是模拟车站智慧售检票系统运行的独立培训系统，用于对智慧售检票系统车站操作人员及设备维护和检修的技术人员进行培训。智慧售检票培训系统由车站智能管理系统和车站终端设备等组成。

智慧售检票模拟测试系统。模拟环境主要对系统对接、软件更新、重要系统参数的修改、新增设备的模拟测试和维修后设备的模拟进行测试。模拟测试环境能够接入

ICCS 测试系统，构成完整的模拟测试环境，可用于与 ICCS 的接口测试和联合集成测试。模拟测试系统由模拟测试服务器、智能管理系统和车站终端设备等组成。智慧售检票系统架构如图 2-2 所示。

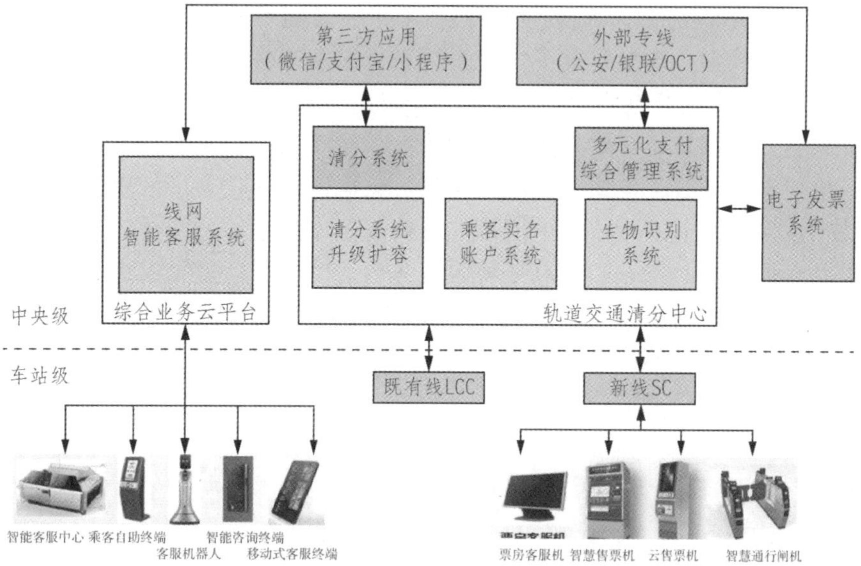


图 2-2　智慧售检票系统架构

线网智能客服系统是广州市轨道交通面向乘客服务的智能系统。系统整合了访客多渠道接入，包括 App、微信、官网，线下终端视频呼叫、地铁热线接入等一站式整合接入座席。系统优先使用智能机器人接待访客，有效地减轻座席的接待压力。并有访客信息管理、服务质量管理、工单和标签管理等来协助座席来管理和服务访客。通过自助客服中心及电子发票系统，可实现乘客票务、税务双自助，支持乘客现场或手机 App/微信/支付宝自助开具电子发票，支持单程票及持羊城通等各类储值票开具电子发票。

乘客实名账户管理系统旨在建立乘客实名制乘客信息管理体系，通过与人脸等生物特征信息注册终端对接以获取人脸实名信息，对收集的乘客建立统一的账户管理，建立大数据分库策略，辅助乘客生物特征过闸，同时对过闸信息进行管理与统计，为后续深化地铁实名制乘客信息应用提供坚实的数据基础。

生物识别系统旨在为乘客人脸、指静脉等生物特征过闸提供生物特征比对服务，乘客生物特征过闸中通过人脸识别闸机中内置的生物特征采集模块获取乘客生物特征信息，发送至生物特征识别后端进行比对，比对后将结果返回至闸机进行后续过闸操作。通过乘客实名管理系统、生物识别系统、清分系统及车站服务器与闸机的联通处理，实现人脸过闸功能。

智能运维系统是基于大数据技术建立的轨道交通现场维护维修信息平台，建立在地铁设备应用场景，以预测性维修、故障数据采集、智能维护指引等综合一体化平台，在大数据中心的支持下，实时监控轨道交通系统关键设备的运行状态、基于历史故障数据、专家模拟系统等，开展故障预测与设备劣化趋势的科学判断，实现轨道交通关键设备在线实时故障诊断，自动生成维护维修工单，自动调用相关的故障维修作业指导手册和规范标准，同时联动的物料、备件、资产等管理系统进行数据交互的智能管理系统。

电子发票系统与清分中心云平台通过现有的智慧售检票系统网络物理链路与部署在车站的自助客服中心连接，电子发票系统通过安全策略连接税务局，实现电子发票开票流程。向乘客提供开票界面，引导乘客开具电子发票；向手机 App 提供开票接口；集中管理乘客开票信息；可对接主流税控设备，便于税控设备的自由切换；对开票数据加密，生成电子发票，发票上传税局，相关数据留存备查等。区块链技术作为目前最新的技术成果，在电子发票上的应用充分体现了该技术的公开透明性、防篡改性、匿名性以及可追溯性的特点，有利于税收业务的透明公开，避免出现虚开发票或假发票的情况，在轨道交通行业中高度提升了用户开具发票的便捷性，同时与税务局实时对接，达到全流程监管的科技革新，实现无纸化智能税务管理。

智慧售检票系统信息安全等级定级，信息安全系统的建设标准与本系统的信息安全等级密切相关，不同安全等级的信息系统，对其安全防护措施的要求也不同。轨道交通智慧售检票系统是基于计算机、通信、网络、自动控制等技术，实现轨道交通售票、检票、计费、收费、统计、清分、管理等全过程的自动化系统。由于智慧售检票系统直接面向乘客，其安全稳定运行对于保证地铁运营起到非常重要的作用。随着信息技术的飞速发展，信息安全如今基于信息系统的安全防护已不能仅停留在普通网络安全设备的层面上，是一个需要部署完善的基于保护操作系统、数据、网络和应用的安全防护体系。推荐中央级按信息安全第三级考虑，车站按信息安全第二级考虑。在中央级智慧售检票系统部署入侵检测系统、工业防火墙、防病毒系统、数据库审计系统、漏洞扫描系统等。车站级智慧售检票系统部署工业防火墙、防病毒系统等。

新时代的智慧售检票系统与传统自动售检票系统相比，不在单单只与传统的地铁机电系统（如综合监控系统、FAS 系统等）存在功能接口，随着多元化票种的使用，电子发票、区块链发票的上线应用，随着乘客实名账户管理系统的搭建及完善以及日益成熟的人脸识别系统功能应用，智能客服功能的深度融合，智慧售检票系统已发生了翻天覆地的变化，终端设备的功能也更为智能化、多元化，以下章节将对智慧售检票系统整体功能及设备组成进行介绍。

## 2.3 智慧售检票系统组成及功能

智慧售检票系统的主要组成层级包括中央级、车站级、票卡介质：中央级设备组成主要为清分中心云平台，清分中心是智慧售检票系统的核心，负责系统数据的集中采集及管理，负责与第三方支付的清算工作，是智慧售检票系统的核心，基于数据安全性考虑，由主运行系统及灾备中心/系统组成；车站设备级，主要为车站应用设备，协助车站管理人员进行站级设备管理，以及面向地铁乘客提供乘客服务及票务服务的设备终端，主要包括车站智能管理系统、智慧通行闸机、智慧购票设备、智能客服设备等；票卡介质，作为乘客通行凭证及结算介质，包括单程票、储值票、乘次票、纪念票、员工票、金融卡票、二维码电子票、基于生物识别技术的虚拟类车票、测试票及预留票种等等。本节将重点对智慧售检票系统组成及功能进行介绍。

### 2.3.1 清分中心云平台

清分中心云平台是智慧售检票系统的核心，广州地铁智慧售检票系统的清分中心云平台设置在镇龙控制中心，具有对全线车站智能管理系统以及车站设备的监控、系统运作、票务收益和客流统计功能，并能实现系统数据的集中采集、存储、统计及管理功能。与ICCS主系统进行数据交换，同时通过ICCS主系统实现与第三方支付系统的收益清分。在控制中心设置线路网络汇聚节点设备，通过线路通信传输网及线网骨干网实现车站智能管理系统与清分中心云平台的数据传输。人脸识别信息采集及处理，主要组成包括云服务器、数据存储设备、视频分析服务器、应用服务器、功能工作站、网络设备和不间断电源等。智慧售检票系统架构如图2-3所示。

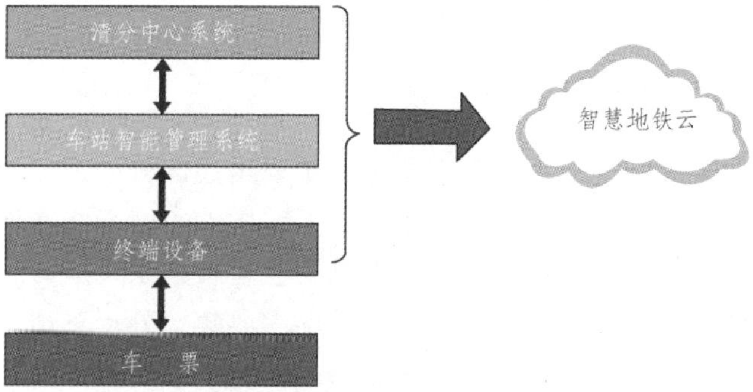


图2-3　智慧售检票系统架构示意

清分中心云平台是智慧售检票系统的核心部分，具有对车站智慧售检票系统设备监控、数据清算、对账、数据审核、设备维护、管理等功能，主要功能如下。

（1）具有与ICCS的数据通信和信息交换功能；能接收ICCS下载的车票属性参数、票价参数、“黑名单”参数、时钟新系统等，并将相关参数及时钟信息下发到车站；向ICCS上传车站的车票交易数据等相关数据。

（2）通过ICCS实现与第三方支付系统的数据交换，实现相关设备的认证和收益清算功能。

（3）设置系统各类参数，如车票种类、票价表、车费表、运营模式等参数并通过车站智能管理系统下载到终端设备。

（4）自动收集各车站上传的各种客流、票务和设备状态等数据，产生各种报表，统一管理系统的各类参数。审计每站每日票务、核准所售票值及现金数额、进行票务数据分析、客流分析、财务记账和结/转账管理，查询和报表处理，为运营管理决策提供有效依据。

（5）权限管理：能按不同的部门、工种设置工作终端，管理和设置操作权限。

（6）收益管理：包括现金核算、非即时退款和即时退款、收益统计、清算对账等。

（7）车票管理：包括车票异常、车票黑名单、车票交易查询等。

（8）“黑名单”管理：能跟踪检查储值票和员工票，能根据不同的票务管理需求编制“黑名单”（含第三方票卡下发的黑名单），并下达至各车站计算机系统，要求相关终端设备对“黑名单”车票的使用具有捕获功能和报警信息。

（9）运营管理：对各种车站终端设备（包括智能管理系统、智慧通行闸机、智慧购票设备、智能客服设备等）运作进行监控管理，下载运营参数、运营模式、控制参数、同步时钟、黑名单等，含操作权限和设备运行状态监控等，并能建立维修档案、向维修部门提供各车站终端设备故障报警信息和故障类型。

（10）通信处理通过通信专业的线路通信传输网及线网骨干网与各车站计算机进行数据传输及交换。

（11）具有为本地及远程工作站提供系统监控、数据管理及查询报表等功能。

（12）系统采用入侵检测、访问控制、防火墙、病毒防护等安全性措施以防止或阻止非授权的访问或活动，保护网络信息安全。

### 2.3.2 车站智能管理系统

车站智能管理系统是智慧售检票系统中的重要组成部分，车站服务器直接负责控制和管理车站的各类设备。在整个智慧售检票系统中，车站智能管理系统负责对本车站内部的所有设备进行实时监控，并可对车站智慧售检票系统运营、票务、收益以及维修等功能进行集中管理。车站智能管理系统能够收集、处理车站内各类数据，并上传到清分中心云平台；接收清分中心云平台下传的各类系统参数，并下载到车站各车站设备；可接收清分中心云平台下达系统各类命令，并下传到各车站设备；同时可根据需要自行向车站设备下达控制命令，并将该操作记录上传到清分中心云平台。车站智能管理系统包含视频分析服务器，智慧通行闸机的人脸比对请求优先发往本站的视频分析服务器上，通过当站车站智能管理系统做处理及当站惯用人脸数据库的管理，人脸比对请求由其中的调度服务来监测本机负载，若调度服务发现服务器进入繁忙状态，就把超出处理能力之外的比对请求分发到本站关联站点的算法引擎上，实现负载均衡。相对于传统 AFC 系统的车站服务器 SC，基于两层架构的智慧售检票系统，车站智能管理系统的功能更倾向于当站终端设备的管理及资源配置，当站惯用人脸数据库的管理及区域人脸分析资源的负载均衡,同时作为运维数据采集的车站级管理系统，为地铁智能运维系统、综合监控系统提供关键数据。

车站智能管理系统由车站服务器、视频分析服务器、监控管理工作站、紧急按钮控制模块、打印机、网络设备等构成。车站智能管理系统工作站和服务器之间以及各 SLE 与车站服务器之间通过车站以太网连接，并通过轨道交通通信骨干网与清分云平台相连，完成数据的上传和下载。

车站智能管理系统主要功能组成为：

（1）收集及保存车站设备的交易、审计数据，财务收益、客流、故障、状态等数据，并上传到清分中心云平台。

（2）储存由清分中心云平台下载的运营和设置参数，并下载到本站车站设备。

（3）设置车站系统运作参数，向车站设备下达运作命令及设置系统运行模式。

（4）有密钥管理系统，可对应用在本站的密钥进行管理和认证。

（5）接收清分中心云平台下传的命令和数据信息，包括各种命令、票价表、用户权限、设备运作模式、“黑名单”、同步时钟等信息，并将信息下发至相关的终端设备；向清分中心云平台发送车站数据信息，传输车站业务、终端设备的状态及设备维修等信息。

（6）在与清分中心云平台通信中断或清分中心云平台故障的情况下，车站智能管理系统能够独立工作，能保存车站终端设备的交易和状态信息，并具备数据恢复功能，在通信恢复或故障解除后可自动上传相关的数据。

（7）当车站智能管理系统与车站智能终端设备通信中断时，车站智能管理系统与车站终端设备均能独立工作；在通信恢复时车站智能管理系统能自动接收现场设备未上传的数据及自动向现场设备下载系统参数。

（8）提供图形化界面，监控和显示设备的状态、故障、报警信号，并能逐一查询车站设备的运行状况。

（9）车站发生紧急情况时，车站智能管理系统可向车站设备下达降级运行模式、紧急模式命令，也可通过智慧售检票系统的紧急按钮控制车站设备，保证车站设备完成最后一笔交易和检票通道的畅通无阻，快速疏散站内乘客。同时，车站智能管理系统能对紧急按钮的动作予以记录。

（10）在每日运营结束后，车站智能管理系统能自动处理当天的所有数据及文件，生成定期的统计报告。生成并打印车站收益（如需）、客流及维修等业务报表。

（11）具有自诊断功能，便于进行故障检测和日常维护。

### 2.3.3 智慧通行闸机

智慧通行闸机（布置于付费区与非付费区的交界处，用于隔离车站付费区与非付费区。在所有车站都设置智慧通行闸机控制乘客进入及离开付费区，可满足地铁线路换乘的需求。未来新线的智慧通行闸机均为双向通行的闸机设备，根据车站客流组织需要，可设置为单向进/出的智慧通行闸机设备。

智慧通行闸机由主机、乘客显示器、人脸识别模块、二维码模块、指纹模块、eID接口模块、Wi-Fi 模块、蓝牙模块、乘客通道传感器、扇门、方向指示器、警示灯、蜂鸣器、维修面板、单程票回收模块、车票回收箱、电源模块、不间断电源、紧急按钮和网络设备等组成。智慧通行闸机效果图如图 2-4 所示。

图 2-4　智慧通行闸机效果图

1. 智慧通行闸机主要功能模式

（1）正常服务模式。

智慧通行闸机能接受乘客刷卡，显示器提示乘客可以刷卡过闸，方向指示器显示“允许通行”标志。

（2）暂停服务器模式。

智慧通行闸机在收到车站智能管理系统的暂停服务命令或者在闸机后台设置暂停服务模式或者运营停止时间到达时，闸机自动进入暂停服务，此模式下扇门关闭，不接受票卡处理，显示器提示乘客不能刷卡，方向指示器显示“禁止通行”标志。

（3）自由通行模式。

闸机在收到车站智能管理系统的自由通行命令或者维护人员在后台设置自由通行模式，闸机进入此模式，通道打开，乘客可以自由通行，闸机显示器提示乘客能够无票通行，方向指示器显示“允许通行”标志，并统计乘客进闸和出闸人数，显示在闸机界面下部。

（4）拒收单程票模式。

闸机在检测到单程票模块故障、票箱不存在或者票箱已满时，自动进入此模式，闸机出闸端不再接收单程票，仅处理储值票、二维码车票、金融 IC 卡和人脸车票、地铁云卡等非单程票，出闸端显示器提示乘客此闸机不能接收单程票，并上传单程票模块状态到车站智能管理系统

（5）维修模式。

维护人员打开维修门，闸机自动进入此模式，扇门处于关闭状态，不再接受票卡处理，显示器显示维修信息，方向指示器指引显示“禁止通行”标志，并上报模式状态。维护人员可以在此模式下进行运营操作、运营状态查询、数据查询、模块测试、模块重置、系统设置、模式设置等操作；维护人员关闭维修门，闸机自动退出维护模式，并上报模式状态。

（6）故障模式。

闸机在检测到读写器模块、通道模块、单程票回收模块等关键模块故障时，自动进入此模式，并上报模式状态和故障信息到车站智能管理系统。闸机根据故障等级，关闭服务或者降低服务等级。若关闭服务，不能接受票卡处理，显示器提示乘客不能刷卡，方向指示器显示“禁止通行”标志；若降低服务等级，屏蔽一部分服务后继续正常服务运营。

（7）离线运行模式。

在与清分中心的网络中断时，闸机自动进入此模式，根据离线前保存的参数配置信息继续正常运行，能够保存离线期间产生的交易数据和收益数据（至少能保存 30 天的数据）。在网络恢复后，自动上传离线交易数据和收益数据到清分中心。

（8）降级模式。

智慧通行闸机在收到来自清分中心、车站下发的降级运行模式命令，能够根据命令进入列车故障模式、进出站次序免检模式、车费免检模式、乘车时间免检模式、日期免检模式等工作模式。闸机只能接收来自清分中心、车站下发的降级运行模式命令，并进入相应的运行模式。降级运行模式不能在本机设置，但某些授权的人员可以在本机上取消。在网络环境良好的情况下，中央级降级运行模式设置后所有闸机能在 30 s 内后进入相应的状态；车站级降级运行模式设置后该车站所有闸机能在 5 s 内进入相应的状态。同时通知读写器进入降级模式，根据模式对票卡进行处理，车票的处理遵循相关技术规范。

（9）紧急模式。

用户通过车站智能管理系统、车站控制室的紧急按钮及闸机本地控制，将闸机设置为紧急放行模式。在此模式下，闸机不接收和处理票卡，闸机所有扇门将保持开放状态，保证乘客无阻碍地离开付费区，在非付费区显示禁止乘客刷卡，方向指示器指引闪烁显示“禁止通行”标志；在付费区提示乘客无卡通行，方向指示器闪烁显示“允许通行”标志。

在车站火灾报警系统（FAS）的手动/自动开关设置为自动位置时，由 FAS 系统联动控制车站闸机进入紧急放行模式。在车站火灾报警系统（FAS）的手/自动开关设置为手动位置时，由车站控制室的紧急按钮控制闸机进入紧急放行模式。

紧急按钮包括 AFC 紧急释放按钮及通信专业一键式应急响应释放按钮。紧急按钮设在车控室的 IBP 盘（综合后备盘，由综合监控系统提供）上，由综合监控系统提供一个双回路、单常开无源干触点按钮。当按下紧急按钮后，车站全部闸机应能在 2 s 内进入紧急模式；释放紧急按钮，闸机恢复正常模式。紧急按钮的操作不依赖于车站智能管理系统，采用硬线直接在底层设备上控制。

（10）专用/普通/正常通道模式。

闸机通过接收车站智能管理系统命令进入专用通道模式、普通通道模式、正常通道模式，以实现专用通道功能。闸机收到模式设置命令后，在自身进入该模式的同时，通知读写器进入对应的模式。读写器根据模式对票卡进行相应的处理：专用通道：接收票种由参数设置；普通票通道：接收票种由参数设置；正常通道：闸机接受所有合法的车票。优惠车票与普通车票的定义由票卡参数实现。关于闸机专用通道功能下的图形界面、语音提示以及实现方法按照相关技术规范执行。

（11）扇门常开模式。

在常开状态下，智慧闸机若处于服务模式将保持开放状态；当有无效车票或乘客试图无票通过时将关闭扇门；智慧通行闸机若处于暂停服务状态时，扇门应关闭。

（12）扇门常闭模式。

在常闭状态下，无论智慧闸机是处于服务模式还是暂停服务模式，扇门均处于关闭状态；智慧通行闸机处于服务模式时，当接受了一张有效车票后，扇门打开，在乘客通过后，扇门在参数设置的时间段内若没有接受下一个乘客的有效车票或检测到有乘客试图无票通过时将关闭。

（13）大客流通行模式。

默认情况下（维修门关闭），闸机扇门自动常开。当乘客持正常有效车票刷卡后，乘客进入闸机通道并通过扇门界限后，闸机扇门不关闭。乘客持异常无效车票及无票进入闸机通道时，闸机不关门。反向闯闸时也不关闭闸门。

（14）通宵运营模式。

该模式下，智慧通行闸机不根据运营时间表进行自动停止运营操作。如有手动停止运营，在开始运营时间到，自动开始运营。数据库自动备份/清理、日志自动备份/清理不受通宵运营模式影响。

2. 智慧通行闸机主要功能组成

（1）按设定的票务规则处理车票。包括地铁专用单程票、储值票、广州公交“羊城通”、广佛通、手机地铁票、Face ID、指纹、eID 等。

（2）智慧通行闸机将车站的站厅分成付费区和非付费区，同时也将轨道交通系统围成一个封闭的区域。乘客在进入和离开付费区时，智慧通行闸机对车票的有效性进行检查，给持有效车票的乘客放行，阻挡并指示持无效车票的乘客到售票处。出闸时，回收单程车票；对于储值票，扣除车费后，由乘客保留。具备人脸识别功能、指纹识别功能的智慧通行闸机乘客可通过 Face ID 作为车票媒介，进、出闸均无需持卡。

（3）满足乘客右手持车票或通过 Face ID、指纹过闸的需求，能处理车票，让持有效车票的乘客通过，同时阻挡持无效车票或无注册 Face ID 及指纹的乘客通过，能发出声光提示，在乘客显示器显示指示信息。

（4）在智慧通行闸机的两端有明确的标志，显示智慧通行闸机的工作状态。

（5）智慧通行闸机（出闸端）在回收单程票时，能将设定种类的车票收入不同回收票箱中；车票无效时，将车票退回给乘客。

（6）智慧通行闸机能通过车站局域网向车站智能管理系统上传有关的车票处理交

易、审计及运行状态等数据。另外在设备状态发生变化时，也立即向智能管理系统发送运行状态数据。智慧通行闸机的运行状态数据至少包括：开 / 关、故障、内部部件通信故障。

（7）在正常的模式下，智慧通行闸机的乘客显示器显示允许乘客使用的信息。当一张车票接近智慧通行闸机读写器/天线并在其读写范围内时，智慧通行闸机将读取车票上的有关信息，对车票的进站有效性进行检查。

（8）若车票检查有效，智慧通行闸机在车票写入相关进/出站信息，并对写入的数据进行校验。智慧通行闸机开启扇门允许乘客通过，在乘客显示屏显示允许通过的信息。同时，智慧通行闸机对乘客的通过进行监控，在乘客通过了扇门后，自动关闭扇门。

（9）智慧通行闸机有通行方向指示和信息显示。显示内容包括车票的余额、设备故障和停止使用等。

（10）对员工票、优惠票、黑名单的使用有声光报警信号，以便站务人员监督。

（11）智慧通行闸机（出闸端）回收单程票的票盒快满或装满时，向车站智能管理系统报警，并显示设备号。回收票盒装满时智慧通行闸机自动停止使用，并有禁止通行标志显示。

（12）智慧通行闸机在正常情况下扇门双向锁定，停电时处于常开状态，恢复供电时，自动复位至锁闭状态。

（13）紧急状态下，车站控制室的值班员按下紧急按钮，车站所有智慧通行闸机的闸锁释放，扇门处于常开状态，导向牌自动切换为“出”的字样，提示乘客所有智慧通行闸机均可出站；恢复正常运行时，由值班员复位紧急按钮，使全部智慧通行闸机恢复正常。

（14）能由车站智能管理系统控制，置于特殊运行状态，如停机、试验、检修、停止服务等；能向车站智能管理系统上传车票交易、设备状态及设备维修报警信息，接受车站智能管理系统下发的运行参数和控制指令，包括各种命令、设备运作模式、“黑名单”、同步时钟等信息。

（15）能实现移动支付、人脸识别、指纹识别、eID 等多元化支付及过闸功能。

（16）可通过设置在客服中心的开门按钮实现宽通道智慧通行闸机的开门控制。且需实现进出站乘客计数功能。

（17）具备设备内测试功能，为维修人员提供模块或部件级检测功能，便于现场处理设备故障。

（18）具备故障自诊断和故障自动报警功能。

（19）当与智能管理系统的数据传输信道中断时，能独立运行；中断恢复后，能自动将保存的信息发送到智能管理系统。

（20）储存不少 7 天的交易数据和全部“黑名单”车票，必要时，可以通过拷贝的方式将数据传到智能管理系统进行处理。

人脸识别，是基于人的脸部特征信息进行身份识别的一种生物识别技术。用摄像机或摄像头采集含有人脸的图像或视频流，并自动在图像中检测和跟踪人脸，进而对检测到的人脸进行脸部的一系列相关技术。人脸与人体的其他生物特征（指纹、虹膜等）一样与生俱来，它的唯一性和不易被复制的良好特性为身份鉴别提供了必要的前提，与其他类型的生物识别比较，人脸识别具有如下特点。

① 非强制性：用户不需要专门配合人脸采集设备，几乎可以在无意识的状态下就可获取人脸图像，这样的取样方式没有“强制性”。

② 非接触性：用户不需要和设备直接接触就能获取人脸图像。

③ 并发性：在实际应用场景下可以进行多个人脸的分拣、判断及识别。

④ 符合视觉特性：“以貌识人”的特性，以及操作简单、结果直观、隐蔽性好等特点。

鉴于“人脸识别”具备的上述特点，建议基于生物识别技术的多元化支付方案主要以“人脸识别”过闸的支付方式为主要支付模式，智慧通行闸机从“认票过闸”多元化到“认票过闸”+“认人过闸”。人脸识别系统主要包括四个组成部分，分别为：人脸图像采集及检测、人脸图像预处理、人脸图像特征提取以及匹配与识别。

根据智慧售检票系统架构方案，基于智慧售检票系统的人脸识别功能主要由终端的人脸识别模块（与智慧通行闸机结合，统一设计）、人脸注册模块、人脸识别处理平台以及相关网络设备构建。现阶段轨道交通智慧售检票系统引入“人脸识别”实现“刷脸支付”还处于初期阶段，轨道交通客流密度大、强度高，人脸数据库数量级较大，且需满足乘客快速过闸的需求，因此轨道交通智慧售检票系统对上线“人脸识别”的技术制约点主要在于人脸识别速度。人脸识别速度主要取决于人脸图像信息存储和提取比对的方式。目前，人脸图像存储方式主要有基于文件和基于数据库两种比对方式。基于文件的比对方式速度可以达到 20 万人/s；基于数据库的比对方式，单服务器的速度可以达到 1 万人/s。现阶段通过将两种方式结合使用可实现在 10 万人的数据库中，40 ms 内完成人脸检测，2 s 内完成从人脸检测定位到人脸识别的全过程，当然在人脸识别技术快速发展的今天，这个数据随时都在被刷新。因此在实施初期建议限制使用人群，控制人脸档案库的大小，保证比对速度、控制误读产生的纠纷数量。

轨道交通智慧通行闸机的使用人群主要有普通乘客（主要适用于通用票务政策的乘客）、特殊乘客（主要适用于老年免费票、老年优惠票、学生票、残疾人优惠票等优惠政策的乘客）、工作人员（包括员工、安保人员等）。一直以来各城市地铁对于优惠卡的发行及使用存在一些管理难点：由于地铁站厅客流量太大，在实际操作中车站站务人员难以对每一个优惠卡持卡人员进行身份识别。随着地铁客流的增加，经常有乘客非法持优惠卡通行，每年给地铁运营造成不少票款损失，并影响了其他使用轨道交通乘客的公平性，运营部门需要配置专门的车票稽核人员，但在实际操作中，被稽核乘客经常会与车票稽核人员发生矛盾，人脸识别技术的引入可以使智慧通行闸机从“认票过闸”转变到“认人过闸”，彻底杜绝乘客冒用优惠卡等情况，并且可以减少车票稽核人员及站务人员的工作量，达到减员增效，实现智能化车站。

### 2.3.4 智慧购票设备

智慧购票设备设置于非付费区，具备模拟显示线路的触摸屏和乘客显示屏供乘客操作、显示票价和投币等信息。智慧购票设备在安装相应的模块后，具有储值票充值、硬币及纸币购买单程票和硬币、纸币找零等功能。由主机、单程票发售模块（选配）、储值票处理模块（选配）、二维码扫描器、废票箱（选配）、前面板、乘客显示器、触摸屏、运营状态显示器、维修面板、硬币处理模块（选配）、纸币处理模块（选配）、钱箱、电源模块、不间断电源、键盘、鼠标和网络设备等构成。

智慧购票设备正常服务模式是指购票设备主要硬件状态正常的情况下，设备处于完整功能的运行状态。此时设备根据每日列车开始运营时启动服务，每日列车结束运营时关闭服务。设备根据车站智能管理系统下发的指令、操作人员设置或本身模块故障分析，可转换到受限操作模式。受限操作模式中，主要包括无找零模式、只接收纸币模式、只接收硬币模式、只接收电子支付模式，根据车站运营需要或智慧购票设备单机状态进行模式选择或自动转换。

关闭服务模式是指智慧购票设备处于停止运营状态，此时不提供运营服务，但设备仍然处于运行状态，可接收车站智能管理系统的参数和控制指令。触发设备进入关闭服务主要有以下几个事件：第一，当前到达所设定的运营结束时间后，设备会自动转为停止服务。当时间到达设定的开始运营时间后，设备将自动转换到正常服务模式。第二，通过移动维护终端设置或车站智能管理系统下发指令，命令设备处于关闭服务模式。处于关闭服务模式的设备通过网络收到车站智能管理系统下发的模式切换命令后，可根据设备状态切换到相应的服务模式。通过车站智能管理系统可以对所辖范围内的一台、多台或全部智慧购票设备下发控制指令。

暂停服务模式是指智慧购票设备不能提供服务的模式。导致设备进入暂停服务模式主要有以下几个事件：第一，只发售单程票模式下，设备票箱已空，不能提供售票服务。由这个事件触发后，可通过操作人员添加车票，在完成操作后设备将自动切换到只售单程票模式。第二，设备的硬币接收装置和纸币接收装置功能同时不可用，且网络支付不可用。由这个事件所触发模式切换后，需要操作人员通过维修面板查找错误记录，解决故障后，设备将自动切换到正常服务模式。第三，设备所有的钱箱满，网络支付不可用，且无法取票。此时设备将无法再接纳乘客投入的硬币和纸币，将自动切换到暂停服务模式。操作人员对设备重新更换钱箱后，设备将恢复到正常服务模式。第四，当发售单程票的读写器主钱包低于下限，可通过信用管理服务器对设备主钱包充值，在完成后设备将自动切换到正常服务模式。第五，读卡器发生故障，连续3 次写票失败后，设备会自动转为暂停服务，可以通过维修面板查找错误原因，解决故障后，设备自动切换到正常服务模式。第六，当发生少找零交易时，设备会转暂停服务，并且提示找零失败，直至维护门被打开。少找零的发生可能是由于找零器卡币或少放找零到储币箱导致，可以通过维护面板查看故障信息，解决故障后，设备将自动切换到正常服务模式。

无找零模式指设备在正常情况下，可接收乘客使用硬币和纸币付费，并根据所付金额计算找零，设备对乘客的找零采用硬币和纸币任意混合的形式。设备控制程序中保存了硬币、纸币找零箱中的找零数量与金额，当找零箱内的金额和数量下降到参数设置的预设值时，智慧购票设备将停止找零功能，并向车站智能管理系统上传无找零的状态消息。此时设备将停止找零，并且停用纸币接收，只接收硬币。在进入无找零模式后，乘客显示器将给予乘客明确的提示信息，告诉乘客当前设备无找零。找零/无找零模式的切换，能够有效提高设备对硬币的利用率，降低车站操作人员的工作强度，是智慧购票设备自动化处理的重要功能。可通过维修面板操作或车站智能管理系统下发命令，设置当前设备为无找零模式。

只接收纸币模式表示设备当前只能够接收乘客使用纸币付费购票，该功能模式下找零功能可用但硬币接收功能停止使用。有以下几个事件会导致设备操作模式转换到只收纸币模式：第一，硬币接收装置故障、卡币或硬币钱箱满、硬币钱箱故障、无硬币钱箱且电子支付方式故障。在排除硬币接收装置故障后，设备可自动转换到正常服务模式下工作。第二，可通过维修面板操作或车站智能管理系统下发命令，设置当前设备为只收纸币模式。这种方式导致的模式转换，设备需要通过维修面板操作或车站智能管理系统重新下发命令来更改到新的模式。

只接收硬币模式表示设备当前只能够接收乘客使用硬币付费购票，该功能模式下纸币功能停止使用。有以下几个事件会导致设备操作模式转换到只收硬币模式：第一，纸币接收装置故障、卡币或纸币钱箱满且电子支付方式故障。在排除纸币接收装置故障后，复位纸币接收模块成功后设备可自动转换到正常服务模式下工作。第二，可通过维修面板操作或车站智能管理系统下发命令，设置当前设备为只收硬币模式。这种方式导致的模式转换，设备需要通过维修面板操作或车站智能管理系统重新下发命令来更改到新的模式。设备找零模块故障，无法提供找零功能。为了避免乘客使用纸币付费而出现无找零引发的账务不平衡问题或进行交易时频繁由于无法找零而取消交易的问题，在无找零功能的情况下，只能接收硬币付费。在找零模块恢复功能后，设备可自动切换到正常服务模式。在只收硬币模式下，运营状态显示器使用明确的提示信息如："当前只收硬币"或"仅接收硬币购票"。

只接收电子支付模式表示设备当前只接收扫码支付，该模式下纸币、硬币模块不可使用，银行卡支付、储值卡支付不可用。有以下几个事件会导致设备操作模式切换到该模式：第一，设备纸币模块，硬币模块都发生故障，不能接收现金。在排除纸币及硬币模块故障后，重新复位纸币及硬币模块，设备可自动切换到正常服务模式下工作。第二，可通过维修面板禁用纸币和硬币模块或车站智能管理系统下发命令设置设备不接收纸币和硬币。这种方式导致的模块转换，需要通过操作维修面板或车站智能管理系统重新下发命令更改到新的模式。在此模式下，运营状态显示器使用明确的提示信息如："本机仅接收电子支付"。智慧购票设备如图 2-5 所示。

图 2-5　智慧购票设备

智慧购票设备主要功能组成为：

（1）发售单程车票，储值票充值（选配功能）。

（2）具有识别伪钞的功能，能识别人民币 0.5、1 元两种硬币（安装硬币模块的智慧购票设备），识别人民币的 5、10、20、50、100 元纸币（安装纸币模块的智慧购票设备），将不能经过防伪验证的钱币或其他钱币自动退回给乘客。

（3）接受硬币、纸币、互联网电子支付/银联卡支付等付费方式，具备一次出售多张车票的功能、硬币及纸币找零功能。

（4）可通过手机购票 App/微信/支付宝等多元化支付方式购票界面自行进行网上购票，获得购票二维码，然后在有效期内到相应站点的云购票机进行购票二维码验证；通过验证后，获得当时发售的车票。

（5）可预留移动电话付费方式出售车票的条件，预留接收银行信用卡、储蓄卡转账的接口。

（6）对钱箱、票箱的操作及设备门的开启具备检测功能；在检测到钱箱、票箱或设备门非法打开的情况下，能发出声光报警并停止服务，同时自动向车站监控工作站报警。在钱箱满/空及票箱空的情况下，能自动向车站监控工作站报警并停止服务。

（7）乘客显示器显示轨道交通线路、票价、运行状态等信息。

（8）具备与车站智能管理系统通信的接口；可接受车站智能管理终端下发的数据和指令，接受车站智能管理终端下传的命令和数据信息，包括各种命令、设备运作模式、“黑名单”、同步时钟等信息；实时向车站智能管理终端发送设备状态信息、票箱钱箱操作信息、故障信息及交易数据等。

（9）当智能管理系统故障或与智能管理系统的数据传输信道中断时，能独立运行；中断恢复后，能自动将保存的信息发送到智能管理系统。

（10）储存不少于 7 天的交易数据记录，可以通过拷贝的方式将数据送到车站智能管理终端进行处理。

（11）具备故障自诊断和故障自动报警功能。

（12）在紧急模式及设备断电情况下，依靠 UPS 或蓄电池支持，自动完成最后一笔交易，保证交易数据的完整性；具备设备内测试功能，为维修人员提供模块或部件级检测功能，便于现场处理设备故障。

### 2.3.5 智能客服设备

随着各类多元化客服载体的开发和应用，如地铁客服 App、智能客服中心、乘客自助客服机、智能客服机器人等服务载体的多元化，逐步将查询、咨询、更新、视频对讲、电子发票、补票、兑零、充值、实名验证等办理类业务由人工服务转变为自助设备/智能设备/远程客服完成，实现“劳动密集型”转向“技术密集型”转变。

智能客服设备主要包括设备智能客服终端、乘客自助终端、移动式客服终端、智能问询终端等。智能客服终端设置于智能客服中心，由乘客自助操作。乘客可通过智能客服终端自助操作享受现金及非现金票务、电子发票、咨询、导航、投诉、查询服务、增值服务等服务。智能客服设备由工控机、乘客触摸显示器、硬纸币模块、充值模块、单程票模块、读写器、二维码模块、维修键盘、视频头、话筒、耳麦等组成。终端提供人脸、指静脉的检测功能，进行生物特征采集，当乘客通过人脸或指静脉进行过闸时，客服终端可检测人脸采集终端前 0.3 ~ 1.2 m 范围内的人脸，并实时框出人脸和采集人脸抓拍照片、检测指静脉采集终端是否有放入手指，并通过蜂鸣声提示检测成功，采集指静脉成像照片。生物特征采集终端支持将采集的生物特征信息上送至生物识别系统进行比对，默认将比对请求上送至本站车站智能管理系统，当本站车站智能管理系统出现故障时，支持将比对请求上送至中心人脸识别中央处理库进行比对。智能问询设备嵌入式安装于站厅及站台墙面/柱面等方便乘客操作的区域，支持触屏功能，支持 NFC 及二维码处理功能，并由乘客自助操作以实现咨询功能。

智能客服终端主要功能组成为：

（1）与线网智能客服中心实现音视频交互，能够进行乘客人脸生物识别，乘客可接受客服代表的指导进行设备自助操作，或向客服代表处获得问询、投诉等服务。

（2）乘客自助操作或应用智能语音技术按设定的票务规则处理车票，包括车票（含多元化票种）的分析、零钱兑换、无效更新、现金及网络支付、电子发售、充值、延期、退款、电子发票、交易查询、行政收款，可选择打印单据。

（3）乘客自助操作实现票卡及其他信息查询操作，包括票卡金额、余额、有效期、交易记录及线网地图、列车运营时间、票价表、站内导航、换乘查询、地铁商业、地铁周边地理信息查询等。

（4）具备人体感应模块，在没有乘客操作时，可以根据参数自动播放预先录制的影音片段，自动播放的时间、频率、时间间隔可以通过参数下达设置。

（5）能记录设备处理的交易的数据，根据参数按一定的周期自动生成并打印班次报告。

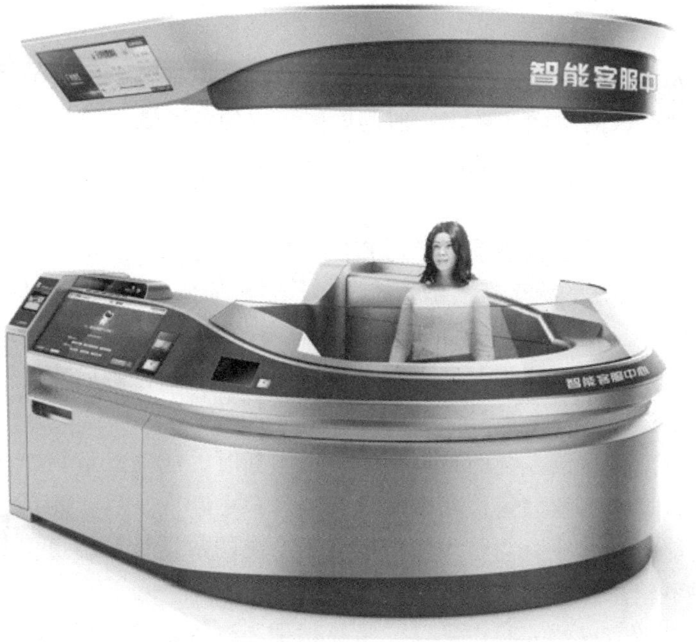


图 2-6　智能客服终端效果图

（6）通过车站智慧售检票系统专用局域网与系统连接，上传交易、班次、审计数据、状态数据，并接受系统运行参数。通过车站客服局域网与线网智能客服系统连接，上传乘客音视频信息及实名生物特征信息。

（7）具备权限管理，维修人员只有在输入用户 ID 和密码后才能进行维护管理和测试操作，保证设备的安全性。

（8）当与智慧售检票系统的数据传输信道中断时，能独立运行，必要时，可以通过拷贝的方式将数据送到智慧售检票系统进行处理；中断恢复后，能自动将保存的信息发送到车站智能管理终端。当与线网智能客服系统的数据传输信道中断时，应在乘客呼叫时显示提醒信息并通知车控室。

乘客自助终端设置于非付费区，由乘客自助操作，实现非现金票务、电子发票、咨询、查询、导航、投诉、查询、增值服务、人脸/指纹过闸注册等服务。乘客自助终端由主机、电源模块、乘客显示屏、二维码模块、维修面板、单据打印机、维修键盘、视频头、话筒、耳麦、人脸识别注册模块、指纹识别注册模块等组成。

乘客自助终端的主要功能组成为：

（1）与线网智能客服中心实现音视频交互，能够进行乘客人脸生物识别，乘客可接受客服代表的指导进行设备自助操作，或向客服代表实现问询、投诉等服务。

（2）乘客自助操作或应用智能语音技术按设定的票务规则处理车票，包括车票（含多元化票种）的分析、无效更新、网络支付、非现金充值、延期、电子发票、交易查询。

（3）乘客自助操作实现票卡及其他信息查询操作，包括票卡金额、余额、有效期、交易记录，及线网地图、列车运营时间、票价表、站内导航、换乘查询、地铁商业、地铁周边地理信息查询等。

（4）具备人体感应模块，在没有乘客操作时，可以根据参数自动播放预先录制的影音片段，自动播放的时间、频率、时间间隔可以通过参数下达设置。

（5）能记录设备处理的交易的数据，根据参数按一定的周期自动生成并打印班次报告。

（6）通过车站智慧售检票系统专用局域网与系统连接，上传交易、班次、审计数据、状态数据，并接收系统运行参数。通过车站客服局域网与线网智能客服系统连接，上传乘客音视频信息及实名生物特征信息。

（7）具备权限管理，维修人员只有在输入用户 ID 和密码后才能进行维护管理和测试操作，保证设备的安全性。

（8）当与智慧售检票系统的数据传输信道中断时，能独立运行，必要时，可以通过拷贝方式将数据送到智慧售检票系统进行处理；中断恢复后，能自动将保存的信息发送到车站智能管理终端。当与线网智能客服系统的数据传输信道中断时，应在乘客呼叫时显示提醒信息并通知车控室。

（9）乘客自助完成“人脸识别”、“指纹识别”过闸的注册。

移动式客服终端主要功能组成为：

（1）移动式客服终端用于站务员随身携带，支持触屏功能、支持轨道交通各类票卡的读写、支持 NFC-hce/NFC-sim 功能和二维码处理功能，支持 WIFI。

（2）可实现常见的乘客事务的快速在线/离线处理，如车票（含多元化票种）的分析、无效更新、延期、电子发票、交易查询等。

（3）具备线网地图、列车运营时间、票价表、站内导航、换乘查询、地铁商业、地铁周边地理信息等查询功能，需要时显现给乘客。

（4）可实现站务员或稽查人员对乘客使用车票进行检查的设备，并具备手持检票功能。

（5）通过车站无线 WIFI 网与智能客服系统连接，并接受系统的设备管理及接受客服代表的呼叫。

（6）车站无线 WIFI 局域网内的移动式客服终端可相互之间进行音视频对讲，用于站务员之间工作联络。

（7）使用可充式电池作为工作时的供电电源，可对电池进行反复充电。

智能问询设备主要功能组成为：

（1）通过乘客自助操作，实现与线网智能客服中心实现音视频交互，能够进行乘客人脸生物识别，实现与客服代表的问询、投诉等服务。

（2）应具备智能声音识别系统，即语音识别技术的应用，具备自动语音应答反馈系统，即通过声音识别系统获取乘客问题后，实现问题的自助回复。能够通过智能语音或乘客自助操作实现企业介绍、站内导航、换乘指导、运营时刻、周边信息查询、线网地图、票价体系、票种介绍等自动应答。

（3）具备本站内乘客引导功能：根据地铁的实际情况显示车站内相关的信息，包括：出入口信息、卫生间信息、售检票设备、自助客服设备、无障碍设施信息（如电梯、楼梯升降机）、一通卡充值点、银行等；

（4）具备本站外乘客引导功能：根据地铁的实际情况显示车站外相关的信息，包括：各出入口街道、公交线路、主要机构、重要建筑、银行、超市、便利店、一通卡充值点等（名称、距离、地图位置）。智能问询设备如图 2-7 所示。

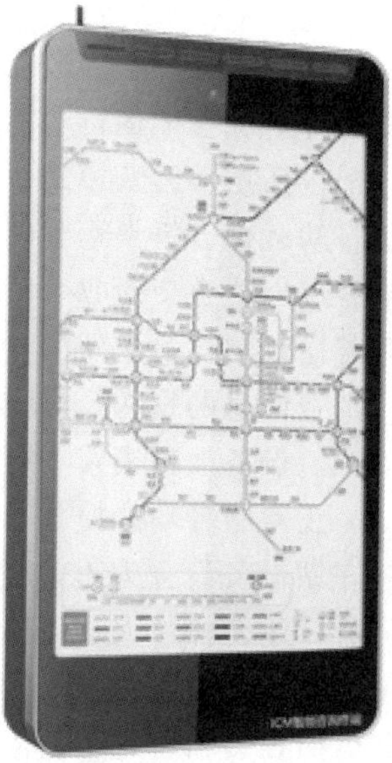

图 2-7　智能问询设备

智能语音乘客服务的核心技术是语音识别技术，应用于线网智能客服系统的语音识别系统根据其技术路线的发展可以分为命令词识别、关键词检出、自由说语音识别及连续语音听写 4 个阶段。综合分析四种语音识别技术方案特点，随着智能语音技术的逐步发展，目前自由说语音识别技术已经成熟并得到广泛应用，结合地铁客服系统业务查询办理的使用场景常为乘客短语或短句式提问。自由说话语音识别技术的实现主要依赖于声学模型建模、语言模型建模和分类技术。

在声学模型方面，结合目前语音识别领域主流的声学模型建模方法，使用上下文相关的建模单元、区分性特征、区分性模型训练等技术建立应用于“随意说”环境下的声学模型。开展语料设计、语料收集、语料标注等处理，进行声学模型训练。同时，分析乘客拨打客服热线时的车站的噪声环境，使用降噪、特征增强等方法来改善声学模型在噪声环境下的性能。分析客服的实际信道，乘客查询业务时的说话风格，使用客服的历史数据进行声学模型自适应，持续提升声学模型对目标用户群口音、信道等声学特征的适应性。

在语言模型方面，采用主流的语言模型建模算法，对文本数据进行数据设计、收集、清洗、分类及质检等处理，进而开展语义训练，持续提升语言模型的适应性。通过客服历史数据的人工转写，收集地铁领域相关的语言模型训练文本，使得系统能有效地学习与地铁业务相关的语言层知识，保证其在用户进行业务相关的咨询时有更高的识别准确率。

在分类技术方面，以目前主要业务选项作为分类目标，对主流的分类算法进行分析与实验，使用文本分类器的区分性训练、支持向量机、最大熵等分类技术，研究可适用于复杂任务的分类算法；根据分类技术的使用情况，研究多分类器的可行性，以解决实际业务的路由问题。解决语音识别错误对路由的影响，通过利用语音识别模块产生的多候选信息，达到即使在语音识别产生错误的情况下，仍能进行正确的路由功能。

运用智能语音技术，实现乘客以自然语言方式进行自助交互服务的功能，变选择流程为语音输入方式，通过分析乘客自然对话中的关键语义，自动判断其需求，为乘客提供最适合的查询、办理、咨询服务，乘客不需要记住业务名称，便可以直达需要的功能。此外，用户可以随时直接说出需求，无须等待系统提示语。用新的智能语音交互模式替代传统交互模式，为乘客带来自然极简的交互式服务，一种新颖的体验，缩短用户操作和等待时间，提高了客户满意度，能获得和人工服务一样的良好感知。

### 2.3.6 智慧售检票系统功能模式

智慧售检票系统包括整体的功能模式，以及各类组成设备及独自的主要功能，本章将对系统整体运行功能模式以及各类组成设备的功能进行介绍。在整体运营功能模式上包括正常运营模式、降级运营模式和紧急放行模式。通常情况下在正常运营模式下自动运行。正常运营模式就是系统按照所制定的各项轨道交通运行、运营规则进行乘客进出轨道交通收费区及收益的管理，包括车票的发售及储值票的充值、乘客进出智慧通行闸机、车费的计算及扣除、运营业绩的统计打印、第三方票卡、互联网支付等消费信息的发送及对账、系统维护等。包括：正常服务模式、关闭模式、暂停服务模式、设备故障模式、维修模式和离线运行模式。

正常服务功能模式、关闭模式和暂停服务模式：在每日列车开始运营时，系统将各车站设备设置为正常服务模式；每日列车结束运营时，系统将设备置于关闭模式。同样，运营操作人员可以通过车站智能管理终端将车站设备设置为正常服务模式或关闭模式。当设备由于无找零硬币/纸币、钱箱满、票箱满、票箱空等原因，或设备门被打开时设置自动进入暂停服务模式，在此模式下设备不能对车票作任何处理。

设备故障模式及维修模式，智慧售检票系统设备发生故障时，将自动进入设备故障模式，在设备的故障修复或者故障消除后，自动进入正常服务运营模式或关闭模式。维修模式，通过本地控制，维护人员应可将智慧售检票系统现场设备设置为维修模式，对设备进行测试及维护。在维修模式下，所有设备应不能处理车票及现金，但在特定命令下可以使用测试车票；智慧通行闸机的方向指示器应显示“禁止通行”标志，智慧通行闸机扇门应处于关闭状态，各设备乘客显示器应显示设备暂停服务及相关的维修信息。

降级运营模式：当轨道交通在运营过程中出现列车故障、火灾、电力供应中断等意外故障时，可通过 ICCS、车站智能管理终端下达命令，将某个车站或者全部车站设置为降级运营模式，包括列车故障模式、进出站次序免检模式、乘车时间免检模式、车票日期免检模式、车费免检模式所有设置降级运行的记录数据传至 ICCS。列车故障模式：当运营列车出现故障，使部分车站暂时中止运营服务时，暂停服务的车站需根据相关规定的要求设置列车故障模式。进出站次序免检模式：在进站乘客拥挤的情况，或车站全部的智慧通行闸机故障的情况下，可根据运营工作的需要及相关规定的要求设置进出免检模式，可以允许乘客不通过智慧通行闸机验票进入轨道交通。乘车时间免检模式：如果由于运营的原因，各种引起列车延误、时钟错误或其他原因导致大量持票乘客超时无法出闸的情况，可根据相关规定的要求设置时间免检模式。若设备时钟出现故障，系统能自动避免对车票时间及日期方面的检查，而不需设置时间及日期的免检模式。车票日期免检模式：若由于运营的原因，导致车票过期，根据运营工作的需要及相关规定的要求设置日期免检模式。若设备时钟出现故障，系统能自动避免给车票时间及日期方面的检查，而不需设置时间及日期的免检模式。车费免检模式：如果由于车站因事故或者故障而关闭，导致列车越过该站后才停车，可根据相关规定的要求设置车费免检模式。

紧急放行模式：当车站发生紧急情况时，设置紧急放行模式。可通过 ICCS、车站智能管理终端，在车站控制室的紧急按钮及智慧通行闸机本地控制多种方式，将车站设备设置为紧急放行模式。所有智慧通行闸机扇门将打开，并保持开放状态，保证乘客无阻碍快速地离开付费区，所有 TVM/STM 完成最后一次交易后关闭并停止售票。同时，所有智慧通行闸机的乘客显示器显示紧急放行信息，所有在向付费区的末端指示器闪烁显示“通行”标志，所有在向非付费区的末端指示器闪烁显示“禁止通行”标志。单程票不回收，所有智慧通行闸机不对车票进行写处理。如有车票放于验卡器上，智慧通行闸机要发出响声，表示成功验票，但不对车票进行写操作。单程票不回收。智慧通行闸机自动判断车票的售出时间或进闸时间是否符合条件，应允许在范围内的车票在任何车站进闸使用。车票出闸时根据实际车费进行检查、回收，车费不足或不在范围内的问题车票应到智能客服中心或乘客自助终端进行超乘更新。

系统运营模式是智慧售检票系统的功能基础，围绕各种运营模式，智慧售检票系统终端设备进行响应的功能开发及功能模式的细化，针对各种功能运营模式，系统终端设备进行对应的状态响应及联动，确保在常规情况下、特殊情况下的智能场景应用，其中智慧通行闸机的响应模式更为多元化，体现在不同客运场景的功能应用。其他终端设备则根据不同的模式需求，进行对应的功能调整及配合，确保联动机制的智能化。

# 第 3 章

# 系统的关键技术

## 3.1 概　述

经过近二十年的发展，我国城市轨道交通已经迈向了“路网化”建设的发展阶段，各地的城市轨道交通自动售检票系统（以下简称 AFC）建设已不是单线路建设及管理问题，已成为一个城市层面的社会建设及运营管理问题。传统的 AFC 支付方式以现金为主，包括纸币支付、硬币支付或纸币/硬币混合支付。主流的车票介质以非接触式 IC 卡为主，形式上以单程票与储值卡为主，均需要以现金的形式先付费购票或充值后持票过闸消费。然而在网络化运营环境下，地铁客流与日俱增，对于实体票卡或现金流的需求越来越大，给企业带来巨大负担，大量小面额现金的应用对线网化建设、运营管理和乘客使用带来了诸多问题。

（1）设备采购和维护成本高：支付找零设备占据自动售票机建造成本的 60%以上，而且其中的关键部件纸币识别器、纸币找零器、硬币识别器、硬币找零器，长期被国外厂商垄断，运营维护成本居高不下。

（2）设备故障率高，维护频繁：支付找零设备的故障占据自动售票机总故障数的 60%以上，支付找零设备由于可接收钱箱满或可找零钱箱空导致的设备正常降级运营，也影响设备可用性，排队较长时，设备的故障或降级运营常会导致乘客不满。

（3）实体卡采购和流失成本问题：车票在运营过程中的流失是不可避免的，造成了企业资产的流失，不利于企业的长期发展。

（4）大客流情况下带来安全疏导问题：由于站厅空间有限，较长的排队导致进出站客流与排队客流交叉，易引发乘客心态失衡、拥堵，在节假日及高峰期存在踩踏等安全隐患。

（5）乘客服务满意度不高：各地地铁运营中均出现过因为提供找零硬币不足而导致服务品质下降的问题，极大地损害了企业形象，降低了乘客出行的便利性。

传统的五层 AFC 架构由来已久，在功能及系统稳定性质方面依然能够满足目前需求，但是在业务数据实时性、存储、计算与应用方便性方面已经越来难以满足地铁业务未来发展与信息化趋势对数据应用的需求。

基于分布式架构，虚拟化云平台技术实现数据中心平台资源的统一管理，线性扩展；闸机、购票机、票房售票机等车站设备直连 AFC 数据中心系统，向 AFC 两层架构演进，实现票务数据的实时接入，实时清结算，客流数据实时掌控，便于运营的实时调度。

建设统一的云平台管理功能，实现软硬件资源的统一管理及部署，形成软硬件一体动态资源监控和调配，解决业务实时响应、资源的集中管理及部署、业务系统快速部署横向扩展等当前业务痛点。

我国正处于“互联网+”技术发展与应用的黄金时期，政府大力提倡“互联网+”传统业务的融合，随着移动互联网的普及，云计算、大数据以及移动支付技术的迅猛发展，高品质、便捷的生活将成为社会发展的主旋律。在传统 AFC 技术体系的基础上，引入新的技术手段和业务模式，将传统 AFC 系统与移动互联网技术进行融合，使现有的 AFC 业务体系得到简化，从而减轻线网建设和运营所带来的成本问题、资金管理问题、设备维护问题和乘客体验问题。

地铁为适应移动互联网的飞速发展，快速试点了多种支付业务。由于试点系统的报文格式、业务风格、部署方式存在一定的差异，而且不同系统的数据没有统一，存在着多个用户、账户系统，分别与第三方进行结算对账，随着各系统的使用乘客越来越多，也为整个运营带来了压力，没有形成地铁统一的发卡发码系统，财务对账结算烦琐，乘客的用户体验不一致等。

为适应地铁“互联网+”发展，践行“智慧地铁出行”理念，提升乘客的用户体验，需建立集二维码支付业务、金融 IC 卡业务、云卡业务和 ITS 业务于一体的统一平台，达到统一数据、统一支付、统一管理的日标，并采集碎片化的用户票务信息，结合互联网线上支付厂商用户信息，构建精准、实时的营销体系。

统一数据：通过建立统一的实名账户系统，将碎片化的用户信息、票务信息、客流信息等各种数据进行整合，从而为地铁行业大数据的建立奠定基础。

统一支付：将多种支付渠道进行整合管理，提高支付效率，有效降低支付成本，统一结算对账，从而提升人员效率，解放人力资源。

统一管理：将多个零散的业务系统整合，减少开发周期，提高开发部署效率，降低维护成本，并根据市场需求快速响应，从而提升乘客出行效率，加快地铁互联网化的步伐，这将有效提高乘客通行效率、降低企业运营成本、全面提高地铁的服务质量。

系统的建设是整合现有系统，集中数据管理，深度挖掘信息价值，基于私有云平台，提高系统资源利用率实现自动化获取高效率，在降低 IT 成本的同时，快速响应不断变化的业务需求，并从数据存储安全、数据访问安全、数据安全审计等多个方面提升系统的安全性和控制力。

同时通过虚拟化的基础技术，构建应用自动交付的私有云平台，充分利用池化的资源，用户可以以自助的方式一键式地获取所需要的 IT 服务资源，在业务不中断的前提下充分利用平台资源，从效率、风险、健康等多个维度提升效率。实现跨开发、测试、QA 和生产环境快速调配基础架构和应用资源，从初始调配到停用，高效管理资源，以实现资本支出和运维支出效用最大化。

在此之上为满足业务需求快速变化，系统进行层级设计，分为不同的业务层级和子系统，具体包括通信层、业务处理层、数据层、展示层及基础支撑层。而业务处理层建立在微服务架构的平台基础上，将各类子系统和功能模块集成在一起，并实现各业务子系统的服务化、模块化，形成完整的平台化体系，层级模块之间在系统内部既能够相互独立，独立部署，又能够通过统一的数据接口无缝集成，实现一致对外的统一接口。

通过整合第三方开放平台的能力，如实名授权、信用授信、路径规划等，结合自身的账户、支付、发卡发码等功能，为 App/SDK 等提供能力输出。业务系统也获得更大程度的灵活性和扩展性的能力，在使得每个服务独立部署的同时，又能够根据每个服务的规模来部署，实现资源的动态调配和伸缩，建设成一个高可用、高性能、弹性伸缩的服务化、平台化的系统，实现在线扩容、平滑升级，快速响应业务变化，提升交付效率，服务运维省时省心的目标。

平台设计在整合现有各个业务的同时，必须满足对多种过闸方式的支持。使用融合读写器，通过升级闸机、车载机等前端设备和后台软件，将移动技术整合到轨道交通 AFC 系统中，从而在兼容传统票务（单程票、城市通卡）的基础上，支持 NFC 刷卡（如：银联闪付、云闪付、地铁云卡等）、支持扫码（如：支付宝、微信、银联钱包、地铁乘车码）、二维码主扫和被扫的购取票业务等。

在设计的同时，须考虑技术的发展，支持人脸、指纹等生物特征的识别。建立起整合现有资源的“支付入口+营销平台+对账系统”的综合性多元化平台，以支持业务的发展。实现多种支付方式的逐笔核对和集中对账，通过对支付数据进行分析，为联合营销提供精准促销的决策依据。

根据系统的定义，基于数据共享及标准化管理的建设思路，系统是数据交换的创新通道，与现有传统票卡业务数据统一整合，形成数据统一规范，为地铁集团提供企业统一的数据视图支撑。

首先在现有业务数据应用及管理的基础上，结合传统票卡数据接口，对生产运行过程中各业务应用形成的历史/实时数据进行采集、存储、集中、整合、共享和分析，同时提供标准统一的访问方式，为基于系统，特别是跨专业部门的综合业务应用在历史/实时数据层面提供技术支撑的信息基础设施。

其次实现构建大数据环境，深化建设和应用，促成企业目标实现。充分利用现有信息化建设成果，结合信息化现状、信息化发展战略以及未来智能地铁的发展特点，探索并制定数据整体技术规范与技术发展框架、数据与传统信息技术的整合利用方案，确保在现有数据基础之上深度挖掘业务需求，探索创新数据应用。

# 3.2 云计算概要

按照“美国国家标准与技术实验室”的定义：云计算是一种模型，它可以实现随时随地、便捷地从可配置计算资源共享池中获取所需的资源（例如网络、服务器、存储、应用或其他服务），相关资源能够快速供应并释放，使管理资源的工作量和与服务提供商的交互减小到最低限度。云计算的相关概念很多，按照服务对象的不同，可划分为公有云、私有云以及介于二者之间的行业云与混合云；按照服务层次不同，可划分为三大云服务系统（其中 SaaS 为软件即服务、PaaS 为平台即服务、IaaS 为基础设施即服务）以及衍生的 BaaS（备份作为一种服务）与 DRaaS（容灾作为一种服务）等，如图 3-1 所示。

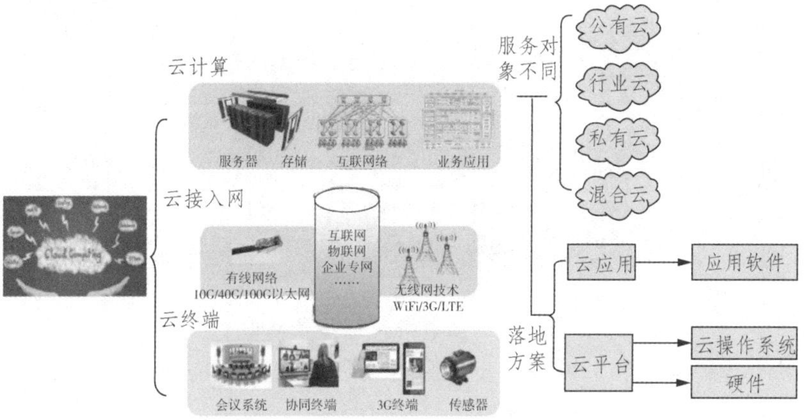

图 3-1 云计算的相关概念

云计算从三个层面以服务的形式提供给使用者：首先是 IaaS（基础架构服务），提供的是虚拟化服务器、存储服务器及网络资源、安全防护资源等；其次是 PaaS（平台服务），提供的是优化的中间件，包括应用服务器、数据库服务器等；最后是 SaaS（软件服务），包括应用、流程和信息服务。云计算是一种新兴的计算模式，以虚拟化技术为基础，整合大规模可扩展的计算、存储、数据、应用等分布式计算资源，将计算任务分布在大量计算机构成的资源池上，以网络为载体，提供上述三个层面的服务形式，使用户能够按需获取计算能力、存储空间和信息服务。

## 3.2.1 云计算架构

云计算是商业模式和技术架构的双重创新。从商业模式上讲，消费者从“购买软硬件产品”向“购买信息服务”转变；从技术角度讲，云计算使用虚拟化、分布式等创新技术，将计算资源、存储资源等进行池化，进而根据业务需要灵活地调度和管理。私有云、公有云等在商业模式、运营管理上存在显著差别，但是从技术架构上看，云计算整体架构划分为云运营、云运维以及云平台系统（IaaS、PaaS、SaaS）这三大子系统，是完全解耦的关系。其中云平台和云运维是重用的，仅云运营子系统对于不同云模式存在一定差异。云计算的架构如图 3-2 所示。

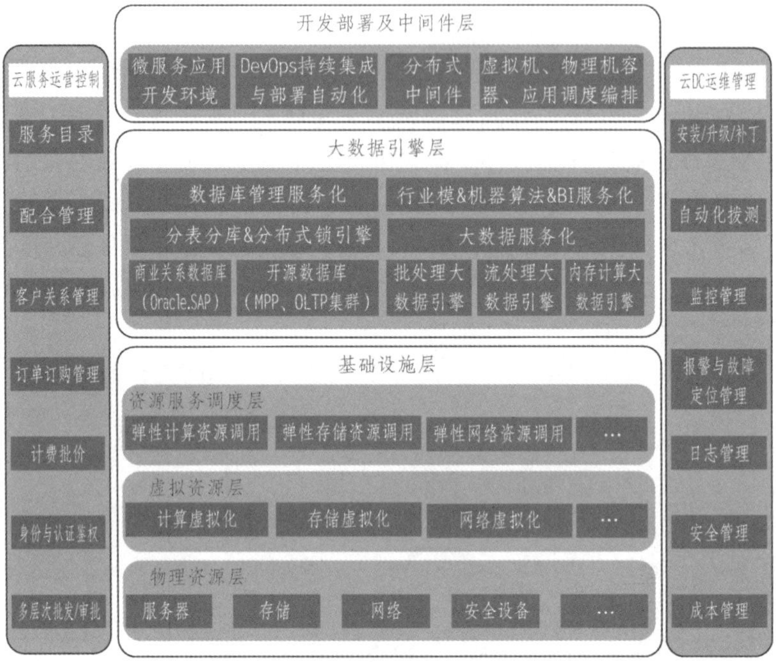


图 3-2　云计算架构详细框图

IaaS 层（基础设施层）可进一步划分为物理资源层、虚拟资源层以及资源服务与调度层。

（1）物理资源层：所有支撑 IaaS 层的 IT 基础设施硬件，包括服务器、存储、数据中心交换机、防火墙、VPN 网关、路由器等网络安全设备。

（2）虚拟资源层：云计算架构中处于最为核心的位置。该层次和“资源服务与调度层”一同对来自上层操作系统及应用程序的资源访问指令进行“截获”。指令和数据被截获后进行“多虚一”的分布式资源聚合处理、“一虚多”的虚拟化隔离处理以及必要的异构资源适配处理。这种处理可以实现在上层操作系统和应用程序基本无感知的情况下，将分散在一个或多个数据中心的基础设施资源进行统一虚拟化与池化。

（3）资源服务与调度层：相对于虚拟化层在业务执行面和数据面上的“资源聚合与分割仿真”，该层次主要实现管理平面上的“逻辑资源调度”。

考虑到和传统操作系统（OS）的作用相似，我们把 IaaS 层中的软件（包括虚拟资源层以及资源服务与调度层）称为云。

## 3.2.2　云计算关键技术

### 1. 海量数据存储技术

交通运输系统运行过程中涉及的来自数据中心以外的信息数据包括道路基本信息

数据、交互水运信息数据、气象信息数据、道路流量数据、地理信息数据等，利用海量数据存储技术能够将这些数据信息进行全面的分类存储及备份，数据分类时要能够按照数据的大小、不同数据的存储要求等，将基础数据、历史数据、实施数据区分开来。为了确保系统出现故障、设备停机之后，数据信息能够快速恢复，备份系统中配备有同规格的磁盘阵列，采用磁盘阵列方案，虚拟化资源池中单独有一台虚拟机可以用于备份软件系统的运行。

2. 虚拟化技术

根据不同业务系统的具体需求，数据中心在虚拟机上能够部署不同的应用系统，且能够根据实际需求自由调配虚拟机之间的资源。运行过程中，如果硬件系统出现故障导致虚拟化计算单无法正常运行，为了保证整个系统能够正常工作，部署在上面的虚拟机可以自动的飘逸到其他的计算单元工作，且计算单元更换后，应用系统不需要手动部署，可以自动完成。

3. 数据跨平台共享技术

某个点产生云计算数据之后，通过新数据中心存储发布，各平台之间可以实现无缝连接，都能够访问到该数据信息，不需要借助其他的技术手段或者仪器设备进行额外转化，数据跨平台共享技术可以有效地节约数据传输的成本。

### 3.2.3 云票务管理平台

随着国内城市轨道交通的快速发展，智能化与网络化运营时期已经到来。传统的五层架构在系统投资、设备改造、新线开通接入方面逐渐暴露出弊端。为此，北京、上海、广州、深圳、天津、武汉、南京等城市地铁逐步采用 AFC 多线路中心（MLC）或区域中心（ZLC）取代单线路中心（LC）的方式，一定程度上减少了系统建设投资，降低了运营系统维护工作量和人力资源，但这并未从根本上解决后续工程承包商受制于先建线路承包商等问题。部分城市轨道交通尝试采用整合清分中心和线路中心的方式，从而达到精简系统架构、高效利用资源的目的，并取得了初步成效。

比如，2019 年 1 月，温州市域铁路 S1 线西段投入试运营，同步开通的 ACC 系统是国内轨道交通首次在私有云平台上部署搭建的线网管理中心系统，通过将互联网票务平台、ACC、LCC 进行整合，形成 ACC-SC-SLE-车票的四层架构，实现线网区域化管理、动态精准清分等功能。四层架构能够减少系统建设投资、降低运营系统维护工作量和人力资源，提升乘客服务水平。

又如，地铁第三期建设规划（2017—2023）建设的新线将传统五层架构系统调整为票务交易数据采用“终端-线网”两层实时数据传输架构，设备监控信息采用“终端-车站-线网”三层传输架构。该架构与温州相比，系统交易数据传输减少了线路层和车站层的数据转发及处理时间，大大减少交易时间，有效地保障了交易的实时性。

与此同时，随着互联网支付技术的应用以及网络传输通道的升级换代，新建轨道交通的城市已经将云票务平台以及官方 App 一并纳入了 AFC 系统同步建设。据不完全统计，在 38 个已实现了互联网支付功能的城市中，有 36 个城市地铁开发上线了扫码过闸的官方 App，另外 2 个城市也通过其他 App 实现了过闸乘车。云票务平台以及官方 App 在一定程度上已经成为 AFC 系统新架构的一部分。

云票务管理平台主要借助云票务平台、人脸检测、手机二维码应用，以实名制账户为依托，将移动支付、乘车码过闸，生物特征实名认证以及与个人金融或信用账户挂钩，形成卡、码、生物识别为一体的账户票务系统，推动地铁公共服务从以“票”转向以“人”为核心的场景升级，实现对乘客的精准、细致的乘车票务服务。

云票务管理平台基于信息安全技术、快速支付确认技术、跨行业通用设计技术以及云服务技术，开发“互联网+自动售检票”系统结构，统一各行业应用结构为：人脸识别系统、管理系统、支付平台、终端设备、电子/互联网支付凭证。其中，管理系统、支付平台具有并行结构，不是上下结构。图 3-3 所示为基于支付宝、微信支付的应用于城市轨道交通的“互联网+自动售取票”系统的结构图。

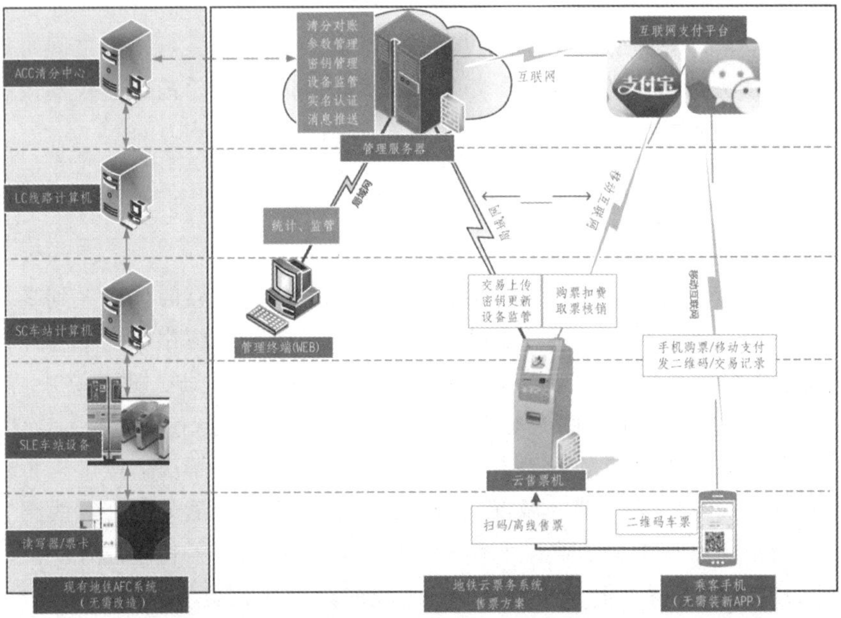


图 3-3　基于支付宝、微信支付的互“联网+自动售取票”系统

云票务管理平台相关智能终端设备包括以下两种：

（1）云售取票机。

云受取票机系统如图 3-4 所示。

云售票机安装在车站非付费区内，由乘客操作自动购买单程票或储值票充值。云售票机具备互联网售票取票功能，支持互联网支付方式购票和充值功能（人脸识别、语音识别、二维码或银行云闪付卡或 NFC 手机支付）、二维码取票、地铁票查询功能。

刷二维码取票功能：乘客提供取票二维码信息，设备扫描解码后，通过支付平台验证二维码信息的有效性并核销后，根据码内的信息数据，向乘客发出一枚或多枚单程票。

刷二维码售票功能：乘客选择购买单程票功能，在设备屏幕上选择目的车站和张数，用互联网方式支付，设备根据要求发售单程票；还可预留预赋值储值票（日票、次票、纪念票）发售功能，并可选择相应票种和张数，用上述方式支付并发售。

刷人脸取票功能：向乘客提供刷人脸取票功能，设备识别人脸后，获取关联账户，根据关联账户订单信息，向乘客发出一枚或多枚单程票。

刷人脸售票功能：乘客提供刷人脸取票功能，设备识别人脸后，获取关联账户，根据关联账户余额信息，进行扣款，向乘客发出一枚或多枚单程票。

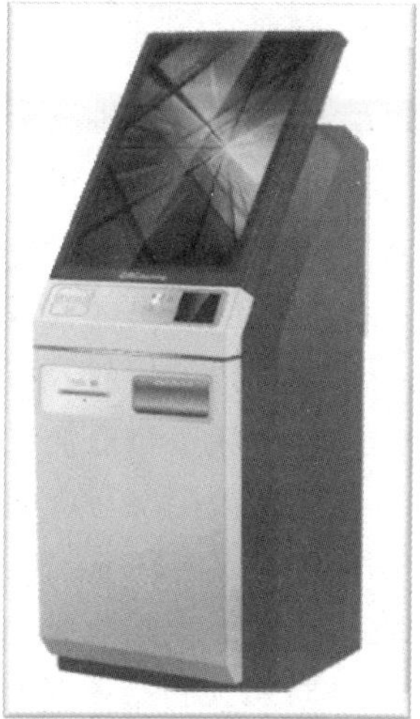

图 3-4　云受取票机系统

（2）“多模态生物识别+信用支付”云闸机。

借助云票务平台和手机二维码应用，以实名制账户为依托，将生物特征与账户挂钩，形成卡、码、人脸为一体的账户系统，将站内多个场景的乘客数据联通，结合既有闸机升级改造的人脸识别模块，配合实名账户和生物识别管理系统，通过“行人再识别”模式，多级缩小人脸识别的检索库，以及联合“人脸识别+指静脉+虹膜+指纹”等生物特征，实现“身份识别+扣费凭证”的无感支付。人脸识别闸机效果如图 3-5 所示。

图 3-5　人脸识别闸机效果图

云票务管理平台构建以互联网售取票机、云闸机与云票务系统的新产品线，结合生物特征识别技术、多元支付技术、大数据挖掘技术及智能感知与决策综合管理平台实现车站级的“智慧服务”，通过云平台系统连接原有票务系统和新型互联网终端，实现第三方支付与系统级的“智慧票务服务”。平台可保障大客流通行效率，提高乘客的用户体验，并降低城轨交通的运维成本，具有巨大的社会经济效益，可以为我国建设智慧城市的蓝图上构造“多元支付+生物识别+智能安全”的新一代智能化出行场景。

## 3.3 互联网支付技术

互联网支付是指客户为购买特定商品或服务，通过计算机等设备，依托互联网发起支付指令，实现货币资金转移的行为。互联网支付是一种网上交易形式，互联网支付技术主要有二维码支付、NFC 支付等。

在城市轨道交通领域，乘客购票检票，属于典型的小额多频支付领域，基于二维码技术的扫码支付随着第三方支付如微信、支付宝的广泛应用，已成为手机支付的主要途径，在城市轨道交通领域应用不断普及。

同时随着金融行业的不断发展以及银联《基于非接触式小额支付的扩展应用规范》的制定，基于 NFC 技术、HCE 和 ODA 技术开发的银联云闪付技术也在轨道交通行业得到快速发展，逐渐成为 AFC 互联网支付的主流方式之一。

互联网支付技术在城市轨道交通领域发展迅速，已成为国内各地铁建设公司的重点推进项目，目前我国国内 38 个城市地铁均已通过不同的技术手段实现互联网支付购票。

### 3.3.1 二维码支付技术

1. 二维码支付购票方式

二维码，使用黑白矩形图案表示二进制数据符号信息，用若干个与二进制相对应的几何形体来表示文字数值信息，是具有可读性的条码，其安全性与加解密算法有关，通过图像输入设备或光电扫描设备自动识读以实现信息自动处理。二维码技术适合于小额充值及消费，采用图片作为虚拟凭证，具有数据输入快速、可靠，识别操作简单、灵活等优点。二维码支付可通过各地铁 App、小程序或第三方支付接口实现。根据乘客购票方式以及实现购票支付入口，二维码支付购票主要通过以下 2 种方式。

（1）线上购票，线下取票：乘客通过官方指定 App 或微信小程序，在线提前购票、由互联网票务平台生成订单和取票码信息，App 或微信小程序生成二维码，乘客持二维码至车站指定设备扫码读取订单信息，并将该信息上传给票务平台，由它转发至票务平台进行订单的验证和核销，完成后，再通过票务平台下发通知，由设备出票。

（2）现场互联网支付购取票：乘客在站厅摆放的售取票机终端选择起始站与终点站购票或票价购票模式后，确认所需要购买的数量及支付方式，终端向票务平台提交订单创建信息，生成订单请求，终端根据产生的订单请求在设备端产生订单确认界面，同时生成付款界面，乘客通过主扫或者被扫的方式，实现二维码的读取，设备端识别二维码后，经由票务平台提交扣费请求，完成扣费后设备端最终完成售票流程，并同时完成出票。

不管是线上购票，线下取票还是互联网支付购取票，其本质均属于通过非现金支付方式代替现金支付购买单程票，乘客持单程票正常入闸和出闸，支付入口多样性，可实现乘客无现金购票，购票速度更快，在便利乘客购票的同时可有效减少乘客排队购买单程票的时间，很好减轻现场运营服务的压力。

在使用电子支付实现购票过程中均需要有一个中间设备终端来实现购票业务，目前国内通用的主要是通过具有二维码兑票功能的客服机，或者在传统的个售取票机基础上增加互联网支付功能，即通过互联网售取票机（即 iTVM）来实现互联网售取票功能。

2. 二维码购取票业务系统

（1）管理系统。

管理系统负责对购兑票机进行上一级的管理，其正常运作与否决定了是否能对购兑票机进行有效管理。可以通过管理系统对购兑票机进行补票、故障管控、状态维护、打印报表、数据审核。采用车站计算机 sc 作为二维码购票机的管理系统，可对云购票机状态及时维护，可对设备进行操作。可以及时补充车票，排除故障周期较短。由于会上传寄存器和交易明细，可进行数据审核，对账成功率较高。

（2）网络架构。

网络架构是指云购票机和轨道交通 AFC 系统、第三方支付系统的连接方式。采用终端直连模式,云购票机终端将通过自身配置的网络连接模块直接与支付宝网关通信，云购票终端直接连接支付宝，相对成熟、简单和速度快，而且容灾比较好，不会因为服务器 DOwn 掉就影响到全部终端使它们无法使用。地铁服务器可以通过查询和升级来对机具进行统一管理，管理较方便。

（3）工控机结构。

工控机是云购票机的中央处理单元，负责按轨交标准生成售票交易明细上送 sc，上传设备状态，接收下发参数，接受管理控制命令。云购票机工控机采用主辅机模式，把购兑票机应用程序部署在主机和辅机两个工控机上。主机和车站计算机 sc 进行交互，辅机和第三方支付平台进行数据交换，主机和辅机用 RS232 串口通信。云购票机和第三方支付平台的接口协议包括所有的业务所需要的必要信息，例如流水号、订单号、商户号、终端号、付款码、交易日期时间、订单金额等。

主机和辅机的通信协议，确保主机向辅机发出的指令，辅机都能调用第三方支付平台的相应接口，包括付款、兑款、交易查询、兑票、撤销兑票、出票、票号上传等业务场景。

（4）购兑票方式。

购兑票方式是指对购兑票凭证的认证方式，购兑票凭证是一个有逻辑意义的二维码，云购票对购票兑票凭证进行有效性认证后，完成相应出票。采用在线购兑票，购兑票交易都是联机交易，对购兑票凭证有效识别，保证对账成功率，车票收益可实时到账。

采用统一的兑票二维码定义，提高了第三方平台的处理效率。如果云购票机没有本地数据库，则兑票成功的交易号记入日志文件。云购票机的本地数据库或日志文件，可有效区分兑票码重复尝试或反复兑票。

当面付购票失败时，云购票机提示乘客再次支付。支付超时，云购票机查询订单状态。与第三方平台建立心跳测试，间隔为 20 ~ 30 min，交易期间不进行心跳测试，保证网络正常，和任何一个第三方平台的网络出现故障，则不允许用这个第三方条码购兑票。

（5）调试账户。

调试支付账户是指在云购票机调试过程中网上购票支付或当面付的支付账户。不需要产生调试费用。采用测试账户，协调第三方支付对测试账户充值，不发生交易金额，测试成本较低，测试效率高，不需要退款，可完成执行所有案例的测试。

（6）票务处理。

票务处理选择是指在乘客在云购票机上购票失败时，为完成当前交易的票务处理方式。由车站介入票务纠纷的处理，遇到兑票发生卡票或网络故障，云购票机打印故障小票，乘客只需要把故障小票给服务中心，由车站进行后续处理。异常处理成功率较高，而且基本没有投诉。

面付出现卡票故障，云购票机发起全部退款或部分退款，不需要客服人员处理。网上购票现场兑票出现卡票故障，云购票机打印故障小票，乘客持故障小票到服务中心寻求帮助，服务中心按照小票提示，给乘客补票。遇到网络故障，当面付乘客已付款，云购票机自动发起撤销冲正，给乘客退款。兑票券显示已取票，则服务中心给乘客补票。兑票券显示未取票，服务中心引导乘客去另一台终端兑票，或者请乘客在手机应用上退票。

3. 二维码兑/取票流程

是指乘客在 App 或小程序完成选择乘车信息以及支付订单后，系统可根据用户请求生成取票订单和取票二维码。乘客在车站终端（云购票机）上通过扫描手机二维码兑换券，云购票机对二维码取票凭证进行有效性检查，若有效则自动完成二维码核销，发售单程票。二维码兑/取票的流程如图 3-6 所示。

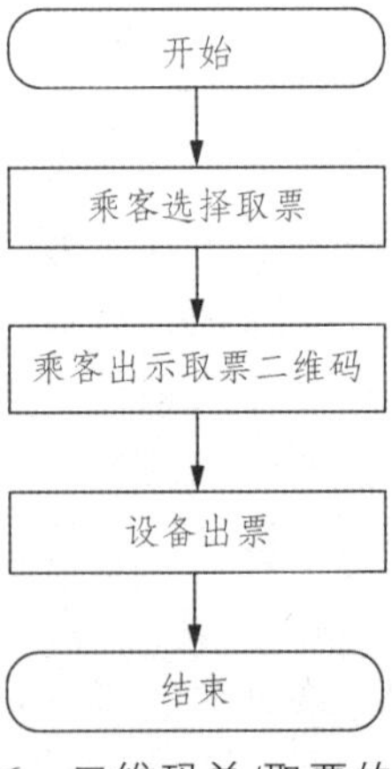

图 3-6　二维码兑/取票的流程

出票认证：乘客通过 App 或者公众号生成的二维码取票凭证去云购票机取票，购票机扫取票凭证后向支付平台发送出票认证请求，收到请求后，支付平台响应反馈订单信息给云购票机。

通知订单开始：订单信息确认后，云购票机向支付平台发送通知订单开始执行请求，开始发售出票，支付后台响应。云购票机收到确认后做票。

订单执行故障：云购票机发售车票失败，向支付平台发送订单执行故障请求，支付后台响应。二维码兑/取票的交互流程如图 3-7 所示。

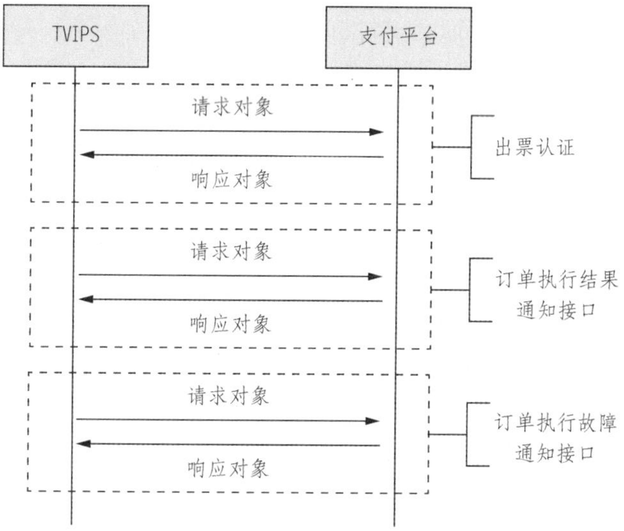


图 3-7　二维码兑/取票的交互流程

注：云购票机本地维护一套数据库或者文件，确保同一笔订单在本机只能成功进行一次出票认证，第二次发起出票认证前，先检查订单是否已经完成出票认证流程，若已经有出票认证成功记录，则不再次向后台发起请求。

4. 二维码购票流程

二维码售取票主要分为 2 种模式，即：（1）扫码付售取票：即乘客手机主扫，是指乘客在完成自助选站的操作后，终端通过预下单请求向第三方下单并生成一个二维码，乘客扫描打开客户端的“扫一扫”功能，扫描车站终端设备上的二维码确认订单信息进行支付。（2）条码付售取票：即乘客手机被扫，指乘客在终端设备上自助选站后购票时，终端设备扫描乘客手机客户端的付款码以完成支付的模式。

购票流程：（1）乘客选择自己要到达的目的站点或目的站点的票价，然后选择购票张数，自动售票机会在界面上显示相关车站名称、票价等信息。（2）乘客根据选择使用的支付方式，默认为现金支付；若需要使用移动支付，则选择相应的移动支付方式，选择移动支付后，自动售票机会显示相应的支付二维码，乘客可以使用手机扫码进行支付。（3）乘客完成支付足够的票款，自动售票机开始发售单程票，并根据条件找零给乘客（若需要找零）。（4）最后自动售票机显示此次交易的购票信息，并提示乘客取票和取零。

5. 购票技术方案

乘客在 TVM 上选择车票信息（包括目的车站/票价、车票数量）后，点击 TVM 界面上的“拍码支付”按钮，进入拍码购票流程。

TVM 向地铁支付平台提交预订单信息，预订单信息包括设备 ID、车票信息、交易时间等。

地铁支付平台生成订单，并向第三方支付平台申请下单。

第三方支付平台生成预支付交易，并返回预支付交易链接（即二维码串）到地铁支付平台，地铁支付平台再返回预支付订单信息给 TVM。

TVM 根据返回的二维码串生成二维码图片并显示在 TVM 界面上，提示乘客使用微信或支付宝拍码支付。

展示二维码后，TVM 开始定时向地铁支付平台查询设备申请的预支付交易订单状态。

乘客打开 App（微信/支付宝）扫描二维码，直接向第三方支付平台提交扫描链接。

第三方支付平台验证链接有效性后，提示乘客输入密码。

乘客输入支付密码后，直接向第三方支付平台提交支付授权，扣款成功后，第三方支付平台异步通知地铁支付平台该订单已支付，地铁支付平台更新订单状态。

此时 TVM 查询到订单已经支付成功，根据订单中的信息开始写票、送票，TVM 界面提示乘客取走车票。

TVM 向地铁支付平台上传出票通知（接口编码 S1-004）/出票故障通知（接口编码 S1-005），告知本次出票的具体信息（含票号、出票数量等）。

地铁支付平台再次更新订单状态。

扫描购票流程如图 3-8 所示。扫码购票 TVM 和支付平台交互流程如图 3-9 所示。

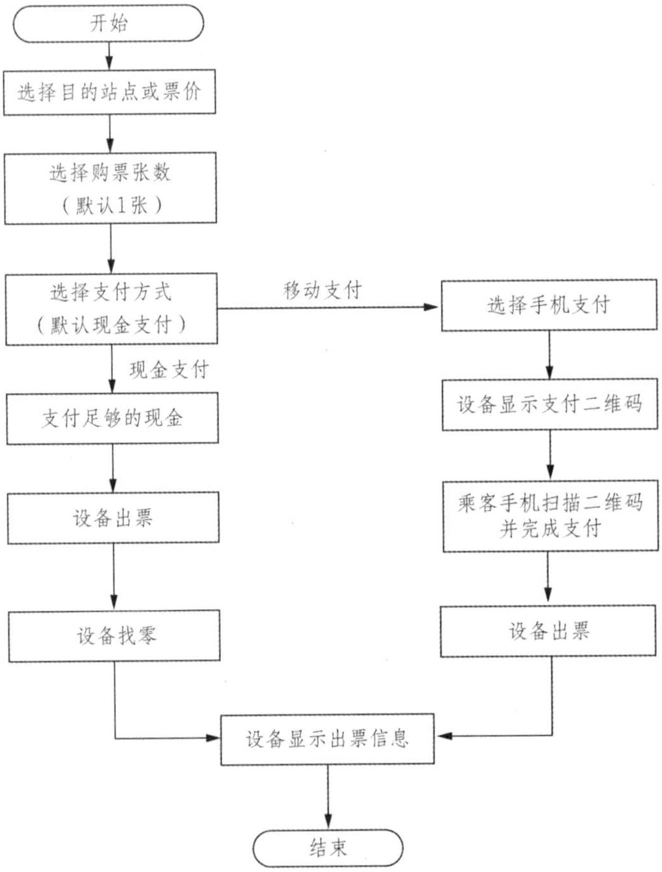


图 3-8　扫描购票流程

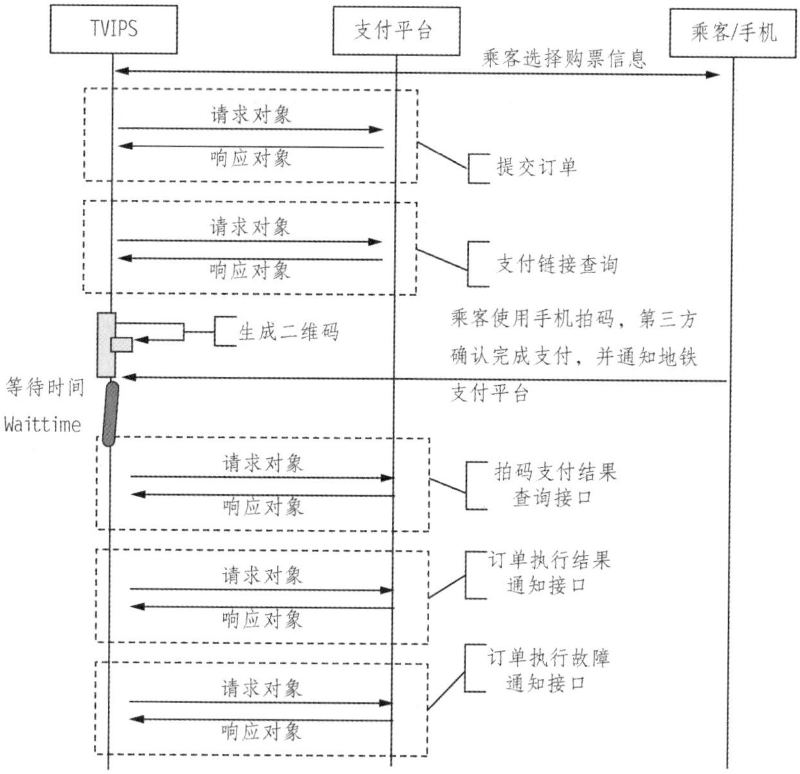


图 3-9　扫码购票 TVM 和支付平台交互流程

（1）提交订单：乘客在 TVM 上操作，确定购票信息，选择扫码支付后，TVM 向订单系统提交订单，并收到订单系统响应。

（2）预支付链接查询：TVM 向订单系统查询预支付链接，获取链接后生成扫码支付二维码。乘客扫码完成支付（Waittime 需确定，建议做成配置根据测试调整）。

（3）扫码支付结果查询：TVM 向支付平台发起扫码支付结果查询，查询是否完成支付。支付完成后支付平台回复支付完成。收到确认后 TVM 出票。

（4）订单执行成功：TVM 发售车票成功，向支付平台发送订单执行故障请求，支付后台响应。

（5）订单执行故障：TVM 发售车票失败，向支付平台发送订单执行故障请求，支付后台响应。结合订单执行故障通知接口请求和数据库记录对订单进行撤销支付处理。

注意事项：

（1）TVM 提交订单后，TVM 与后台交互每 1 s 轮询一次，进行预支付链接查询。

（2）TVM 展示二维码后 60 s（此时间待定）内，TVM 与后台交互每 1 s 轮询一次，进行支付结果查询。

（3）TVM 本地维护一套数据库或者文件，确保同一笔订单在本机只能成功进行一次支付结果查询，第二次发起支付结果前，先检查订单是否已经完成支付结果查询流程，若已经有支付结果查询成功记录，则不再次向后台发起请求。

（4）后台确保同一笔订单只能成功出票一次。

（5）在 TVM 出现二维码乘客扫码之前乘客取消购票，TVM 向后台发送订单执行故障接口；乘客支付超时（设备收到二维码链接倒计时 1 min，若 1 min 内支付结果查询失败则认为超时，TVM 关闭二维码显示），TVM 向后台发送订单执行故障通知接口订单执行故障接口。

6. 二维码取票流程

取票流程：乘客预先在手机在页面上（网页或 App）进行预购票（可在到达站上前进行操作）。乘客在自动售票机上选择取票功能，自动售票机显示取票二维码。乘客使用手机扫描二维码，并在手机页面上关联已预购票订单。自动售票机获取已关联的预购票订单，并根据订单信息开始发售单程票。最后自动售票机显示此次交易的购票信息，并提示乘客取票。

（1）拍码取票技术方案。

乘客点击 TVM 界面上的“取票”按钮，进入拍码取票流程。

TVM 生成二维码，并展示在屏幕上（其中随机因子作为一笔交易的唯一标识），提醒乘客使用支付宝/微信拍码取票。

展示二维码后，TVM 开始根据随机因子定时向地铁支付平台查询本设备的出票订单。

乘客打开 App（微信/支付宝）扫描二维码，解析后跳转到指定的第三方支付平台页面（附带了本交易的随机校验因子等信息）。

第三方支付平台页面向地铁支付平台查询用户本支付宝或微信账号的订单信息，平台根据账号信息检索订单并回送，第三方支付平台页面上显示有效订单列表供乘客选择。

乘客选择页面上的一个有效订单并确认。

第三方支付平台页面向地铁支付平台发起订单核销请求，平台处理后更新订单状态（订单状态中关联了本次交易的随机校验因子），并向第三方支付平台页面返回核销结果。

此时 TVM（根据随机校验因子）查询到本设备有一个订单已经核销成功，根据订单中的信息（起始车站、目的车站、票价、车票数量、账号信息）开始写票、送票，TVM 界面提示乘客取走车票。

TVM 向地铁支付平台上传出票通知/出票故障通知，告知本次出票的具体信息（含票号、出票数量等）。

地铁支付平台再次更新订单状态。拍码取票流程图如图 3-10 所示。

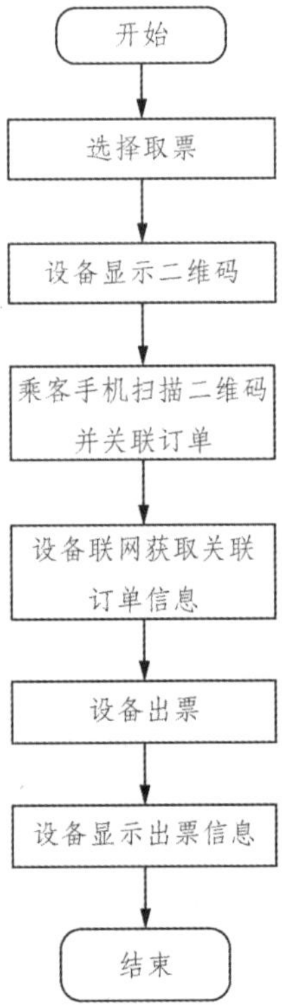

图 3-10　拍码取票流程图

（2）扫码取票交互流程。

现场扫码取票 TVM 和支付平台交互流程如下：

① 乘客通过手机成功购票，生成一个或多个订单。

② 乘客在 TVM 上选择取票功能，TVM 生成并展示二维码。

③ 查询订单信息：乘客通过拍二维码向支付平台查询已交易成功的购票订单。

④ 确认订单：乘客在手机上操作，确认要取票的订单，为防止乘客混淆，一次只允许乘客选择一个订单进行取票。

⑤ 扫码取票订单查询：TVM 向支付平台发起扫码取票结果查询，收到请求后，支付平台响应，将乘客确认取票的订单信息反馈给 TVM。

⑥ 订单执行结果通知：订单信息确认后，TVM 收到确认后出票成功。TVM 向支付平台发送订单执行结果通知请求，支付后台响应。交易完成。

⑦ 订单执行故障：TVM 发售车票失败，向支付平台发送订单执行故障请求，支付后台响应。结合订单执行故障请求和数据库记录对订单进行撤销支付处理。

扫码取票交互流程如图 3-11 所示。

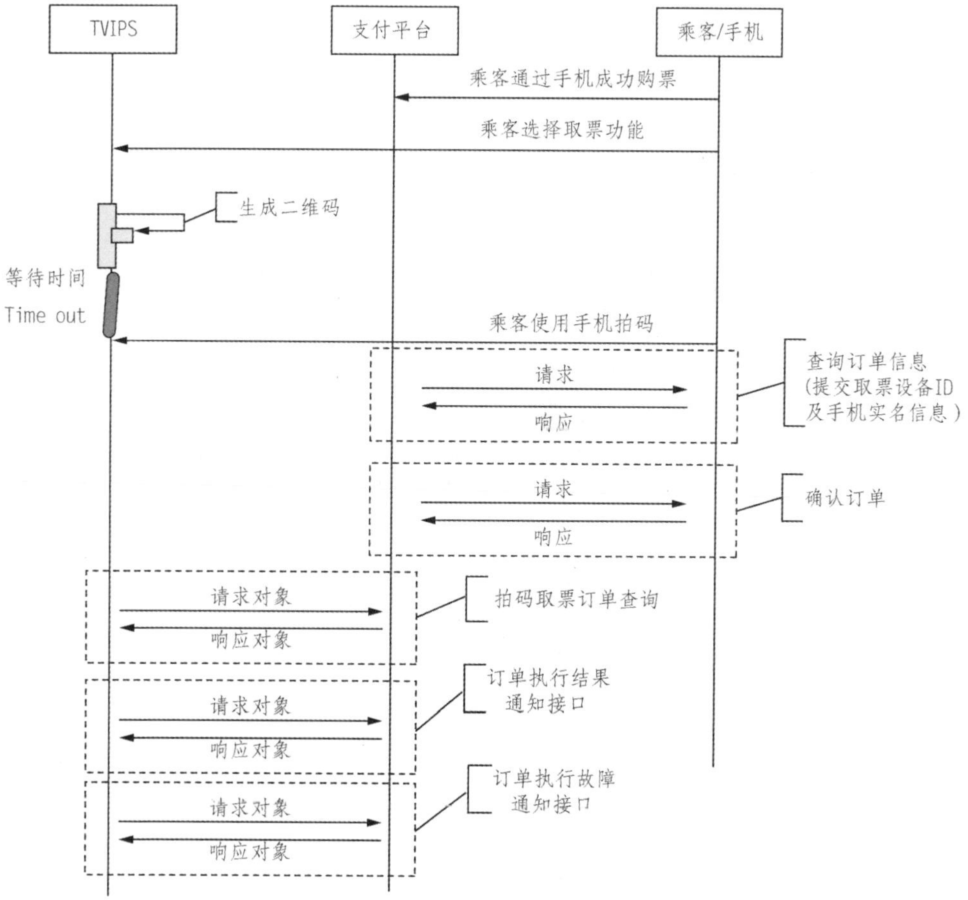


图 3-11　扫码取票交互流程图

（3）注意事项：

① TVM 展示二维码后 40 s（此时间待定）内，TVM 与后台交互每 1 s 轮询一次，进行扫码取票订单查询。

② TVM 本地维护一套数据库或者文件，确保同一笔订单在本机只能成功进行一次出票认证，第二次发起出票认证前，先检查订单是否已经完成出票认证流程，若已经有出票认证成功记录，则不再次向后台发起请求。

### 3.3.2 银联云闪付技术

银联云闪付是利用银联金融 IC 卡的小额免密免签“闪付”功能，实现线下快速支付购票，经车站终端设备售出实体单程票，实现乘客无现金购票，持单程票正常入闸和出闸。

随着人民银行和中国银联对于金融 IC 卡的推广，符合 PBOC2.1 标准的金融 IC 卡普及金融 IC 卡已在部分城市小额高频交易场景进行应用，主要分为两种方式：（1）对现有 TVM 进行改造，配置带银联“闪付”功能的电子支付售取票机（简称 eTVM），实现乘客的无现金式闪付购票功能。（2）对现有闸机及 AFC 系统进行改造，配置带银联“闪付”功能的 AGM 闸机，利用 ODA 技术，直接取消售取票过程，乘客可直接在入闸和出闸的时候通过银联 IC 卡闪付功能实现购票、验票。

1. 购票方案实现

通过在城市轨道交通 AFC 系统中接入具有银联“闪付”的 POS 及 eTVM，即可向乘客提供一种非现金购买单程票的途径。非现金购买单程票的设备架构如图 3-12 所示。

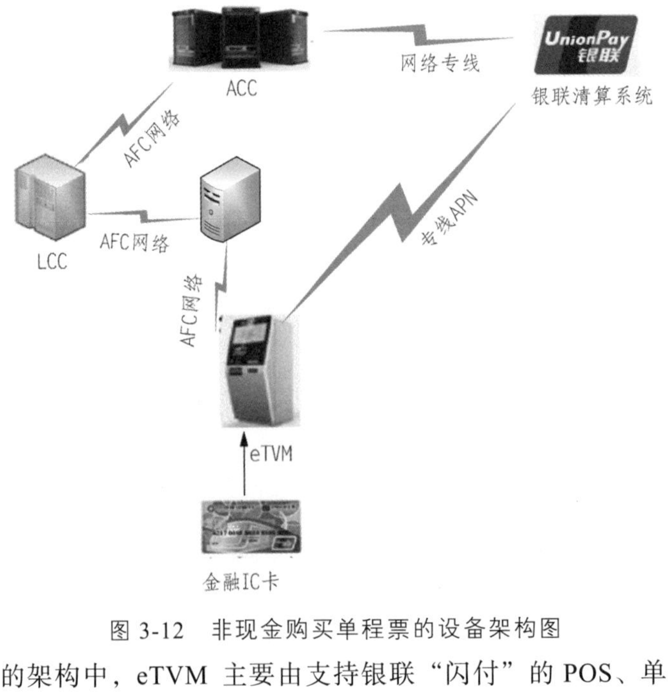


图 3-12 非现金购买单程票的设备架构图

上图 3-12 的架构中，eTVM 主要由支持银联“闪付”的 POS、单程票发卡模块、工控机以及票款选定模块等部件组成。POS 通过专线 APN（接入点名称）与银联清算系统连接，完成金融 IC 卡小额免密免签的快捷支付业务。当持卡人持金融 IC 卡在 eTVM 的 POS 的感应区一挥时，POS 将会扣除乘客购买单程票的票款；并在扣费成功后，向银联清算系统及 eTVM 单程票的发卡模块发送扣费成功的信息，同时向 ACC 发送金融 IC 卡扣费金额信息。eTVM 单程票发卡模块接收到扣费成功的信息后，向乘客发售单程票，并将发售的单程票信息依次通过 SC、LCC 发送给 ACC。其中，单程票包涵单程票卡号及其对应的票价等信息，ACC 通过网络专线与银联清算系统连接。该链路用于将 ACC 记录的金融 IC 卡扣费金额统计数，与银联清算系统记录的金融 IC 小额免密免签下账金额统计数进行对账使用。

另外，为提高系统网络的“健壮”性，当 POS 与银联清算系统之间的专线 APN 出现通信故障时，POS 可以依次通过与工控机的链路、eTVM 与 ACC 之间的 AFC 网络，以及 ACC 与银联清算系统之间的网络专线，建立通信链路。同时，为保证 AFC 系统的安全，除 POS 与银联清算系统之间采用专线 APN 进行连接通信外，工控机使用 AFC 系统内网网络地址负责 eTVM 在 AFC 系统内的数据交互，与使用专网 APN 私有地址的 POS 不进行网络互连，二者之间的数据交互通过应用程序实现，从而有效地保证了 AFC 系统的安全。

2. 购票业务流程

小额免密免签购票业务流程如下。

（1）S11：乘客在 eTVM 上，通过票款选定模块，选定购买单程票的票价、目的站点及购票张数，即确定此次购票的总票款。

（2）S12：乘客将金融 IC 卡靠近 eTVM 的“闪付”感应区，POS 寻到金融 IC 卡后，按照小额免密免签业务流程对金融 IC 卡进行扣款操作。

（3）S13：判断扣费操作是否成功，“是”则执行步骤 S14，“否”则执行步骤 S15。

（4）S14：eTVM 单程票发卡模块向乘客发售购买的单程票。

（5）S15：结束购票流程，并退出。

3. 对账业务流程

小额免密免签对账业务流程如下。

（1）S21：eTVM 按照小额免密免签业务流程对乘客金融 IC 卡完成扣费操作后，将扣费成功信息发送给银联清算系统和 eTVM 单程票发卡模块，同时将金融 IC 卡扣费金额信息发送给 ACC。

（2）S22：eTVM 单程票发卡模块将发售单程票的信息依次通过 SC、LCC 发送给 ACC，单程票的信息包括单程票卡号及其对应的票价等信息。

（3）S23：ACC 将 eTVM 发售单程票票价的统计数与金融 IC 卡扣费金额的统计数进行对账，达到 AFC 系统内部对账的目的。

（4）S24：ACC 将金融 IC 卡扣费金额的统计数与银联清算系统记录的金融 IC 卡下账金额的统计数进行对账，达到 AFC 系统外部对账的目的。

二维码和闪付支付手段已经成熟，在城市轨道交通上应用的具体技术方案也验证可行。在应用新型支付技术前，城市轨道交通支付基本以现金充值储值卡和现金购买单程票为手段，乘客需携带现金或储值卡，还可能要排队购票，非常不方便。现在，我们在传统 AFC 技术体系的基础上，引入新的技术手段和业务模式，将传统 AFC 系统与移动互联网技术进行融合，使现有的 AFC 业务体系得到简化，新型支付技术改变了这一现状，不仅减少了现金使用量，还减少了自动售票机找零需使用的货币总量，地铁公司到银行兑换的零钱备用金也逐渐减少。此外，通过使用手机二维码支付，有效避免了 TVM 在购票过程中的纸币模块以及单程票发卡机构的使用率，消除了 TVM 设备的主要故障源，因此，TVM 设备的周故障率在逐渐降低，相应的维护成本在减少。目前，深圳、广州、上海、杭州、郑州等等城市先后陆续上线或准备上线使用，这将给更多的乘客带来便利，也给地铁公司节省了很多设备建造和维护成本、人工成本和企业管理成本等等。同时，有效解决城市轨道交通面临的站厅狭窄、设备有限、客流量远超预测数据、排队人流与通行客流拥堵而造成的安全隐患，为市民快速高效出行提供了技术保障。

## 3.4 多元支付过闸技术

随着技术地不断发展，轨道交通过闸的方式发生了翻天覆地的变化，过闸介质趋向多元化，便捷化，同时也兼顾了安全性，乘客在搭乘轨道交通工具时有了更多的选择。

### 3.4.1 二维码乘车码

1. 二维码概念

二维码（2-dimensionalbarcode），又称二维条码，是在一维条码的基础上扩展出的一种具有可读性的条码。设备扫描二维条码，通过识别条码的长度和宽度中所记载的二进制数据，可获取其中所包含的信息。相比一维条码，二维码记载更复杂的数据，比如图片、网络链接等。

二维条码/二维码（2-dimensionalbarcode）是用某种特定的几何图形按一定规律在平面（二维方向上）分布的黑白相间的图形记录数据符号信息的。在代码编制上，二维码巧妙地利用构成计算机内部逻辑基础的“0”“1”比特流的概念，使用若干个与二进制相对应的几何形体来表示文字数值信息，通过图象输入设备或光电扫描设备自动识读以实现信息自动处理：它具有条码技术的一些共性：每种码制有其特定的字符集；每个字符占有一定的宽度；具有一定的校验功能等。同时还具有对不同行的信息自动识别的功能、并拥有处理图形旋转变化功能等特点。在许多种类的二维条码中，常用的码制有：DataMatrix、MaxiCode、Aztec、QRCode、Vericode、PDF417、Ultracode、Code49、Code16K 等，QR 码是 1994 年由日本 Denso-Wave 公司发明。QR 是英文

"QuickResponse"的缩写，即快速反应的意思，源自发明者希望 QR 码可让其内容快速被解码。QR 码最常见于日本、韩国，并为目前日本最流行的二维空间条码。

多行组成的条形码，不需要连接一个数据库，本身可存储大量数据，应用于：医院、驾驶证、物料管理、货物运输等场景，当条形码受一定破坏时，错误纠正能使条形码能正确解码二维码。它是一个多行、连续性、可变长、包含大量数据的符号标识。每个条形码有 3 ~ 90 行，每一行有一个起始部分、数据部分、终止部分。它的字符集包括所有 128 个字符，最大数据含量是 1 850 个字符。

2. 手机二维码

手机二维码是二维码技术在手机上的应用。二维码是用特定的几何图形按一定规律在平面（二维方向上）分布的黑白相间的矩形方阵记录数据符号信息的新一代条码技术，由一个二维码矩阵图形和一个二维码号，以及下方的说明文字组成，具有信息量大、纠错能力强、识读速度快、可全方位识读等特点。将手机需要访问、使用的信息编码到二维码中，利用手机的摄像头识读，这就是手机二维码。手机二维码可以印刷在报纸、杂志、广告、图书、包装以及个人名片等多种载体上，用户通过手机摄像头扫描二维码或输入二维码下面的号码、关键字即可实现快速手机上网，快速便捷地浏览网页、下载图文/音乐/视频、获取优惠券、参与抽奖、了解企业产品信息，省去了在手机上输入 URL 的烦琐过程，实现一键上网。同时，还可以方便地用手机识别和存储名片、自动输入短信，获取公共服务（如天气预报），实现电子地图查询定位、手机阅读等多种功能。3 G 及更高速网络环境的到来，二维码可以为网络浏览、下载、在线视频、网上购物、网上支付等提供方便的入口。

3. 二维码的特点

① 高密度编码，信息容量大：可容纳多达 1 850 个大写字母或 2 710 个数字或 1 108 个字节，或 500 多个汉字，比普通条码信息容量高了几十倍。

② 编码范围广：该条码可以把图片、声音、文字、签字、指纹等可以数字化的信息进行编码，用条码表示出来；可以表示多种语言文字；可表示图像数据.

③ 容错能力强，具有纠错功能：这使得二维条码因穿孔、污损等引起局部损坏时，照样可以正确得到识读，损毁面积达 30%仍可恢复信息。

④ 译码可靠性高：它比普通条码译码错误率百万分之二要低得多，误码率不超过千万分之一。

⑤ 可引入加密措施：保密性、防伪性好。

⑥ 成本低，易制作，持久耐用。

⑦ 条码符号形状、尺寸大小比例可变。

⑧ 二维条码可以使用激光或 CCD 阅读器识读。

4. 乘车码系统架构

乘车码系统架构如图 3-13 所示。

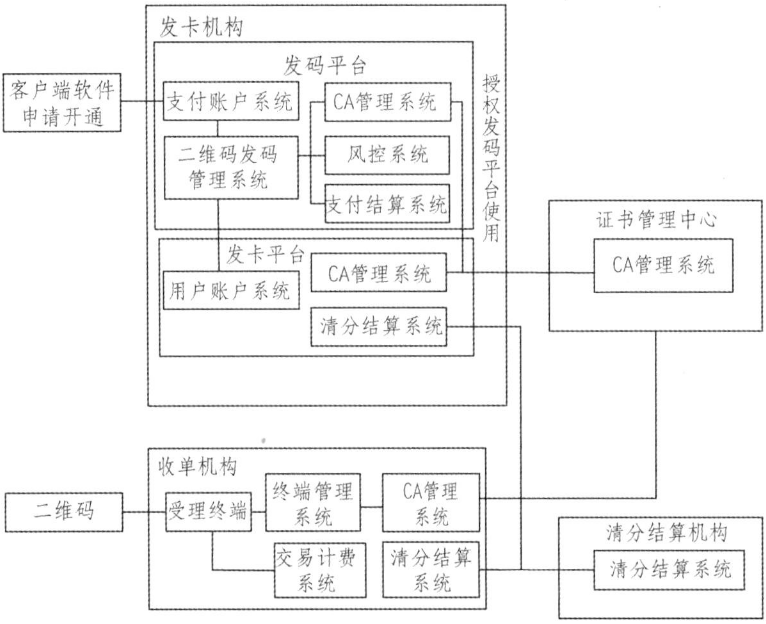


图 3-13 乘车码系统架构图

自发乘车码体系：由发卡机构、收单机构、证书管理中心、清分结算机构组成。如表 3-1 所示。

表 3-1 乘车码架构组成表

| 机构 | 子系统 | 功能描述 |
|---|---|---|
| 发卡机构 | 支付账户系统 | 对支付账户的交易进行记录和管理 |
| | 二维码发码管理系统 | 生成二维码数据，并将二维码数据下发到客户端软件 |
| | 发码平台 CA 管理系统 | 为用户分配公私钥 |
| | 风控系统 | 根据用户交易情况、信用等级等进行风险控制，负责二维码发码安全管理工作 |
| | 支付结算系统 | 为发行的二维码消费记录进行支付、结算等资金操作 |
| | 用户账户系统 | 对用户账户所有交易进行记录与管理 |
| | 发卡平台 CA 管理系统 | 向证书管理中心申请发卡机构公钥证书，并存储证书 |
| | 清分结算系统 | 接收跨区域清分结算数据，并对跨区域交易数据进行验证 |
| | 客户端软件 | 展示二维码数据、为用户提供界面展示、用户消费记录查询、账户信息查询等 |

续表

| 机构 | 子系统 | 功能描述 |
| --- | --- | --- |
| 收单机构 | 终端管理系统 | 与收单机构的CA管理系统进行对接，将中心根公钥证书下发至所有受理终端、管理受理终端软件更新、远程监控终端等 |
| | CA管理系统 | 与证书管理中心的CA管理系统对接，接收并存储证书管理中心下发的中心根公钥证书 |
| | 交易计费系统 | 采集受理终端上传的原始交易数据，并根据计费规则计算交易金额 |
| | 清分结算系统 | 上传跨区域二维码交易数据.接收清分结算机构的清算结果文件 |
| 证书管理中心 | | CA管理系统为入网机构签发机构公钥证书，实现二维码互联互通 |
| 清分结算 | | 清分结算系统，实现跨区域二维码交易数据转发、清分、结算和差错处理等 |

5. 乘车码系统工作流程

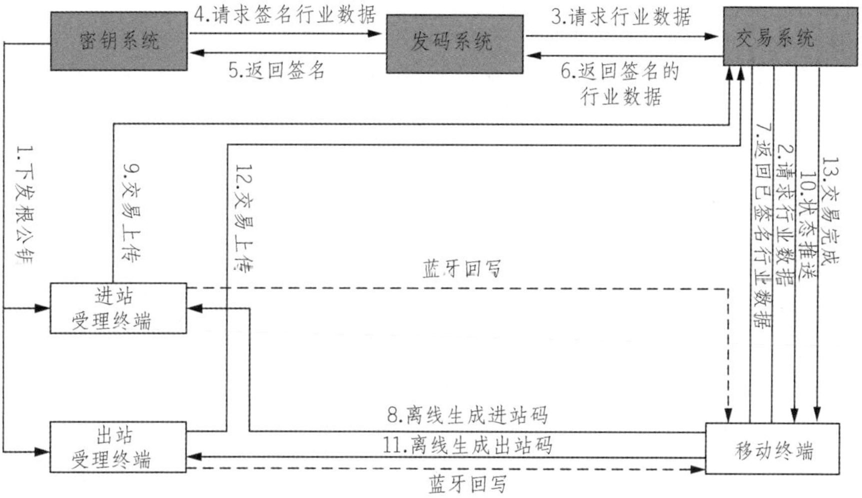


图 3-14　乘车码系统工作流程图

6. 二维码支付和清算

二维码支付和清算具体流程如下：

（1）发卡机构的CA管理系统向证书管理中心的CA管理系统申请签发交通一卡通二维码支付互联互通发卡机构公钥证书。

（2）证书管理中心（以下简称“中心”）的CA管理系统将中心公钥证书下发至收单机构，收单机构负责将中心公钥证书下发至其所有二维码受理终端。

（3）发码平台应评定账户的信用等级、风险等级等，并综合各因素决定可否为该用户生成的二维码 数据。若可生成二维码，发码平台应根据用户账户信息、二维码有效期等生成二维码数据。

（4）用户持交通一卡通二维码进行扫码时，受理终端应验证二维码的真实性、有效性和完整性，成功识别二维码后进行记录，并将二维码交易信息准确实时发送至收单机构交易计费系统。

（5）收单机构的交易计费系统接收到受理终端上传的交易数据后，根据分时分段消费和单次消费的计费规则进行计费。分时分段消费交易根据进出站交易记录进行匹配，计算交易金额。单次消费交易根据受理终端或后台计算交易金额。交易计费系统根据交易记录以及交易金额组成完整的交易记录并传送至收单机构清分结算系统。

（6）收单机构清分结算系统根据发卡机构代码判断跨区域交易数据.并将跨区域交易数据上传至清分结算机构。

（7）清分结算机构的清分结算系统将跨区域交易数据转发至发卡机构，并对跨区域交易数据进行清分结算。

（8）发码平台根据发卡机构清分结算系统的用户消费情况进行清账，并完成支付结算。

乘车码支付结算流程如图 3-15 所示。

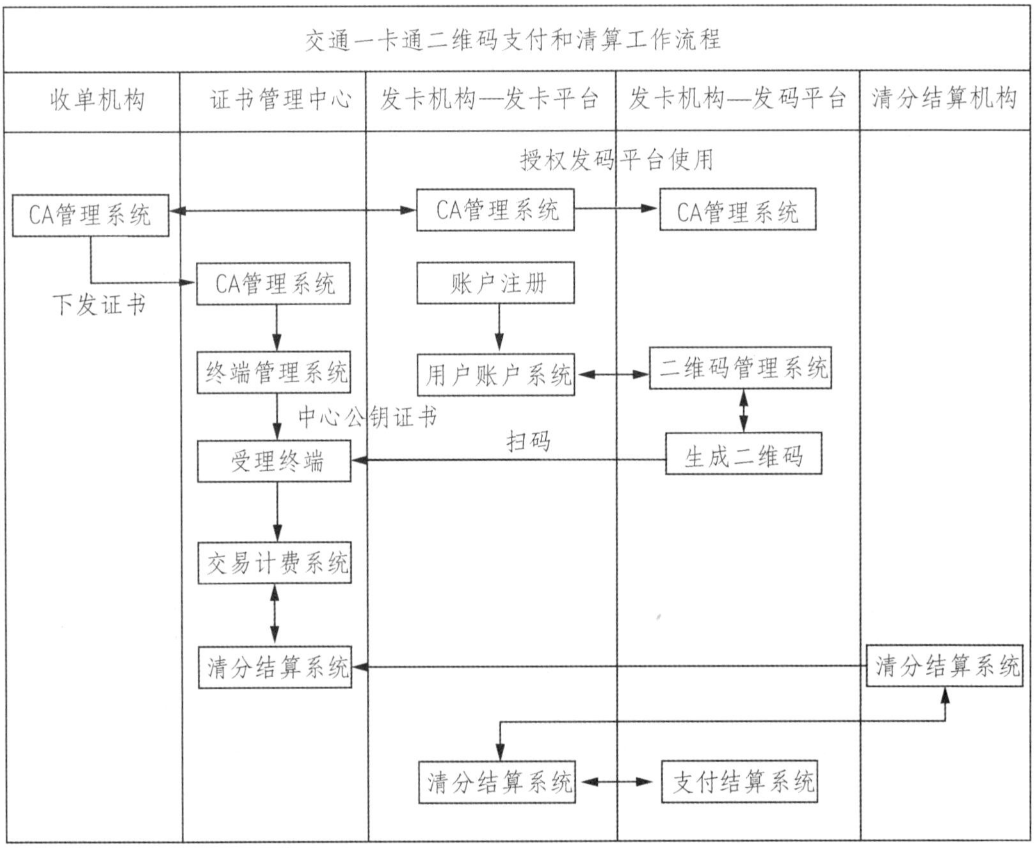


图 3-15　乘车码支付结算流程图

7. 二维码申请流程

申请乘车码具体流程如下：

（1）客户端软件采集用户申请生成乘车码的请求信息，包括用户账户信息等。

（2）发码平台判断申请用户账户信息是否可生成乘车码。

（3）若允许用户生成乘车码，生成乘车码行业数据。

（4）如果是脱机码，发码平台将签名后的行业数据下发至客户端软件，并由客户端软件生成最终的乘车码数据。

（5）如果是联机码，发码平台生成完整的乘车码数据，并下发至客户端软件。

（6）若发码平台拒绝乘车码生成请求，交易终止。

（7）客户端软件收到来自发码平台发送的乘车码数据后，对乘车码数据的完整性与有效性进行验证。

（8）若验证通过，将乘车码数据存储在客户端软件的安全区域中，若验证不通过，则交易终止。

（9）用户展示乘车码时，从安全存储区域中取出乘车码数据，生成乘车码图片。如果是脱机码，则从安全存储区域中取出行业数据，生成乘车码数据，再生成乘车码图片。

8. 二维码校验流程

验证二维码流程如图 3-16 所示，具体内容如下。

（1）用户将生成的交通一卡通二维码放置在受理终端二维码扫码处。

（2）受理终端读取二维码信息，并根据二维码版本号判断是否符合相应的规定。

（3）若符合规定，则受理终端进行以下验证流程；若不符合，则终止交易。

受理终端验证二维码的签名数据的步骤分别为：

（1）中心公钥验证二维码数据中的发卡机构公钥证书，若验证通过，则进行下一步验证；否则验证交易终止。

（2）使用发卡机构公钥证书中的公钥验证二维码数据中发卡机构的私钥签名数据，若验证通过，则进行下一步验证；否则验证交易终止；

（3）使用用户公钥验证用户私钥的签名数据，若验证通过，则二维码证书验证通过，受理终端应获取到所有二维码数据信息；否则验还交易终止。

（4）受理终端获取二维码数据后，验证二维码数据中的发卡机构代码及发码平台编号是否为互联互通机构，若不是交易终止。

（5）验证二维码数据是否在有效使用期内，有效期包括发卡机构公钥证书有效期、支付账户系统授权过期时间、二维码有效期以及二维码生成时间，若在有效期内，受理终端记录二维码交易，并对交易成功或刷卡成功进行提示；否则验证交易终止。

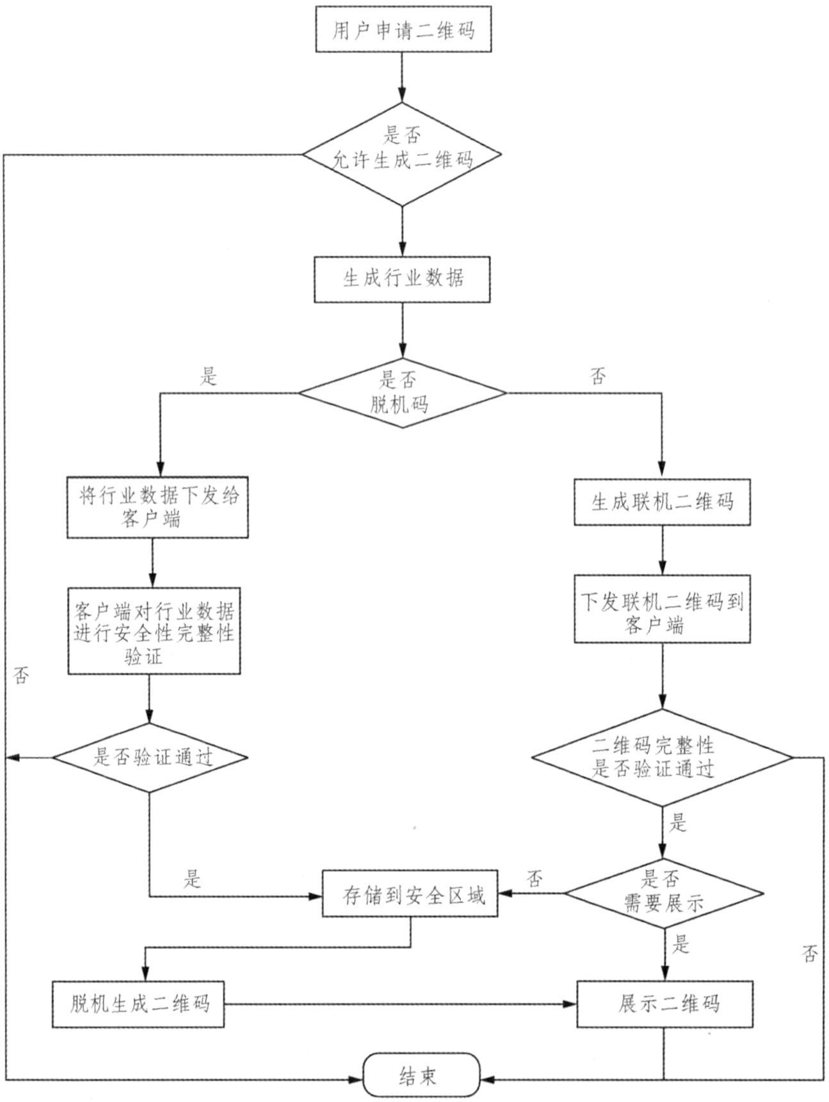


图 3-16　二维码申请流程图

二维码校验流程如图 3-17 所示。

9. 二维码加密流程

（1）用户公钥添加到行业数据中，作为行业数据的一部分。

（2）使用根私钥对用户私钥及其他行业数据进行签名（SM2 或者 RSA），得到行业数据签名值。

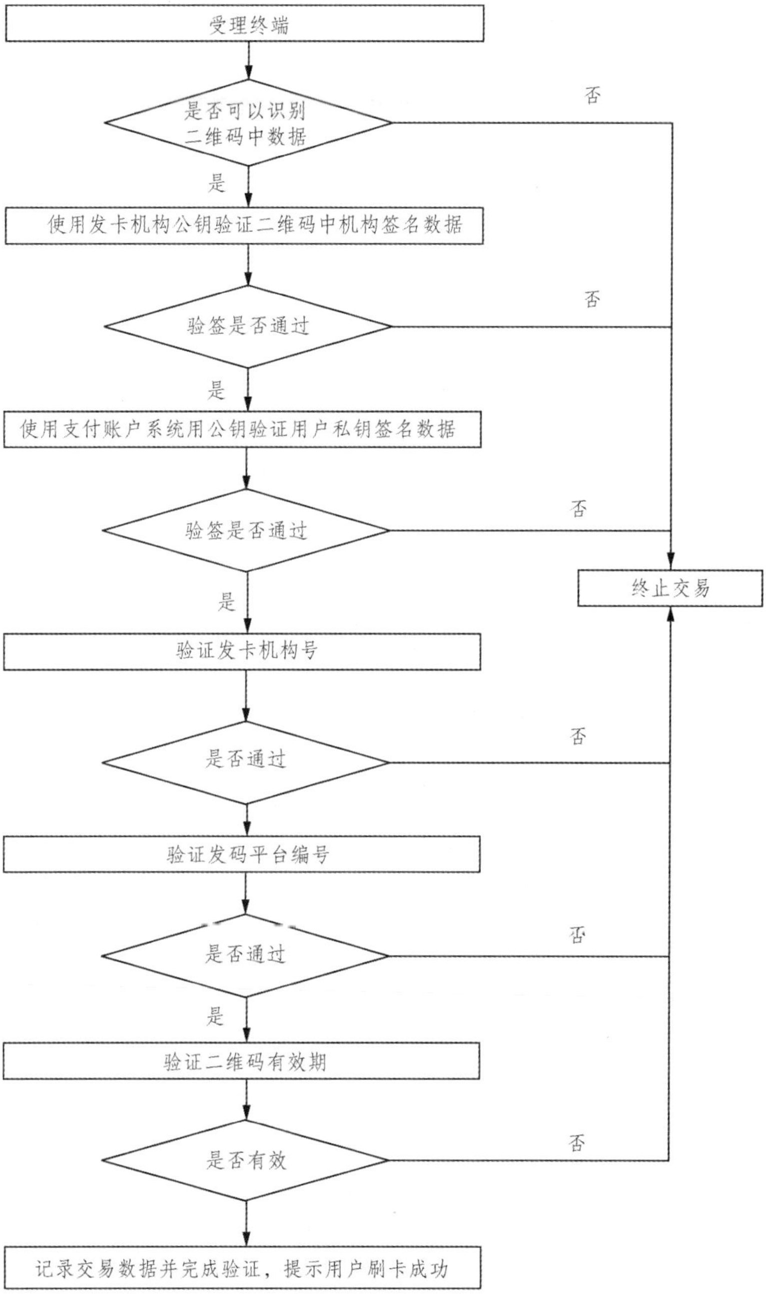


图 3-17　二维码校验流程

（3）将行业数据签名值附加到原始行业数据后面，得到已签名的行业数据。

（4）用户使用用户私钥，对行业数据和原始用户数据进行签名（SM2 或者 RSA），得到乘车码数据签名值。

（5）将乘车码数据签名值添加到用户数据后面，得到已签名的乘车码数据。

二维码加密流程如图 3-18 所示。

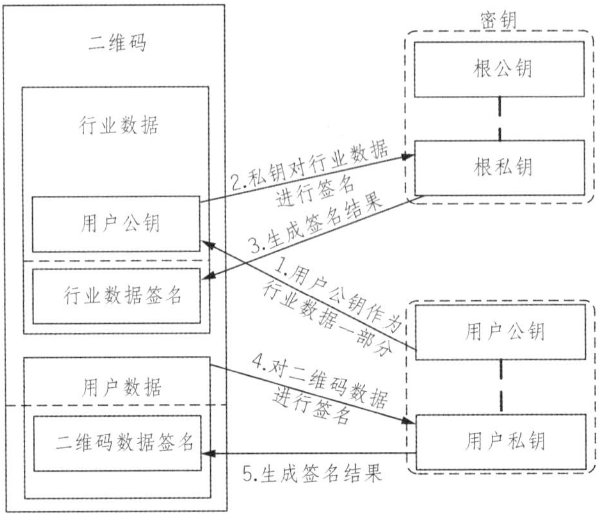

图 3-18　二维码加密流程图

10. 二维码加签流程图

乘车码采用两级密钥的安全加密体系，其签名验证过程如图 3-19 所示，具体内容如下：

（1）使用根公钥验证行业数据签名数据的合法性。

（2）如果签名验证合法，从行业数据中提取用户公钥；否则乘车码验签过程失败。

（3）使用用户公钥验证乘车码数据签名的合法性，得到最终签名验证结果。

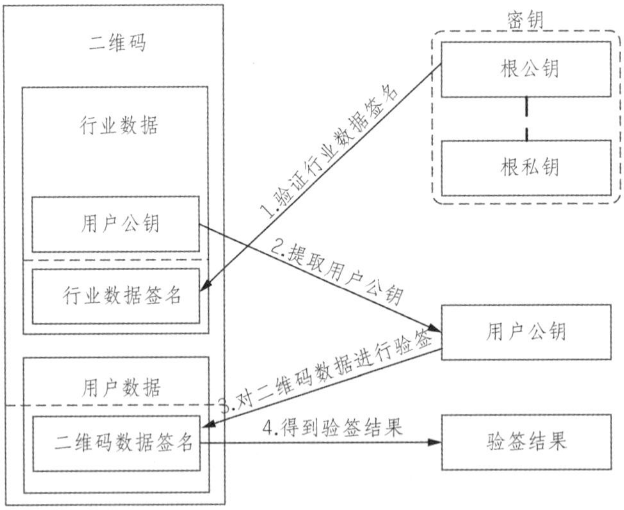

图 3-19　二维码加签流程图

11. 二维码结构

二维码结构如表 3-2 所示。

表 3-2　二维码结构

| 序号 | 字段名称 | 字段长度 | 字段格式 | 是否必坏 | 字段说明 |
|---|---|---|---|---|---|
| 1 | 二维码版本 | 1 | B | M | 版本范围 0x80～0xFF |
| 2 | 二维码数据长度 | 2 | B | M | 本表序号第 3～17 字段的总长度 |
| 3 | 发卡机构公钥证书 | 117 | B | M | 发卡机构公钥证书内容 |
| 4 | 支付账户号 | 16 | ans | M | 由支付账户系统自定义 |
| 5 | 用户账户号 | 10 | B | M | 由发卡机构用户管理平台定义 |
| 6 | 发卡机构代码 | 4 | B | M | 由清分结算机构统一分配 |
| 7 | 发码平台 as 号 | 4 | B | M | 由清分结算机构统一分配 |
| 8 | 用户类型 | 1 | B | M | 用户账户的类型。见 JT/T 978.2—2015 中表 A.1 中发卡机构特殊数据元第 20 字节卡种类型 |
| 9 | 单次消费金额上限 | 3 | B | M | 二维码支付单次消费金额上限。<br>由支付账户系统根据当前用户消费状态进行授权。<br>此域在单次消费交易时可作为能否乘车的判断依据 |
| 10 | 支付用户公钥 | 33 | B | M | 经过压缩的支付账户系统中用户公钥数据压缩方法见 GB/T 32918 |
| 11 | 支付败户系统<br>授权过期时间 | 4 | B | M | 支付账户系统授权过期时间，使用 UTC（0 时区）时间 1970 年 1 月 1 日 00:00:00 到当前的秒数 |
| 12 | 二维码有效时间 | 2 | B | M | 以秒为单位，此域在坏写时无须带单位 |
| 13 | 发卡机构自定义域长度 | 1 | B | M | 发卡机构自定义域数据长度，最大 32 |
| 14 | 发卡机构自定义域 | N…32 | B | C | 发卡机构自定义，由发卡机构自定义域 |
| 15 | 发卡机构授权签名 | 65 | B | M | 发卡机构私钥签名，签名数据包括本表中序号为 3～14 字段 |
| 16 | 二维码生成时间 | 4 | B | M | 二维码生成的时间戳使用 UTC（0 时区）时间 1970 年 1 月 1 日 00:00:00 到当前的秒数 |
| 17 | 支付账户用户私钥签名 | 65 | B | M | 支付账户用户私钥签名数据，签名数据包括本表序号为 1～16 字段 |

12. 接口框架

清分结算机构与发卡机构、收单机构在信息交互过程中的信息接口：包括文件接口、文件存取方式和通信方式。接口数据流如图 3-20 所示。

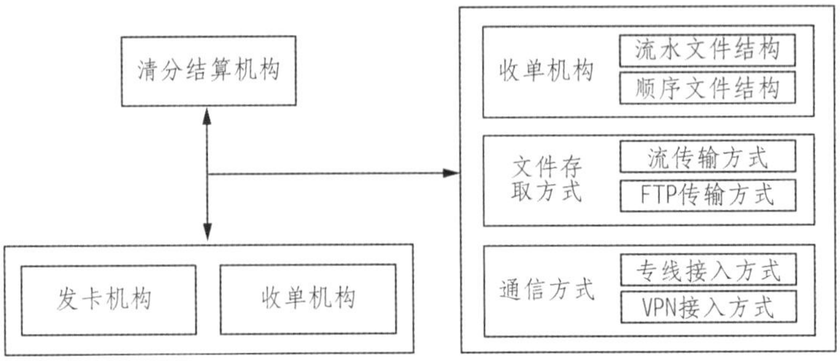


图 3-20　接口数据流

13. NFC 技术介绍

NFC 的全称为“近场通信技术”。NFC 是在非接触式射频识别（RFID）技术的基础上，结合无线互联技术研发制成，它给日常生活中越来越普及的各种电子产品提供了一种十分安全快捷的通信方式。NFC 中文名称中的“近场”是指临近电磁场的无线电波。因为无线电波实际上就是电磁波，所以它遵循麦克斯韦方程，电场和磁场在从发射天线传播到接收天线的过程会一直交替进行能量转换，并在进行转换时相互增强，例如我们的手机所使用的无线电信号就是利用这种原理进行传播扩散的，这种方法就叫作远场通信。而在电磁波 10 个波长以内，电场和磁场是相互独立的，这时的电场没有多大意义，但磁场却可以用于短距离通信，我们称之为近场通信。

近场通信业务结合了近场通信技术和移动通信技术，实现了电子支付、身份认证、票务、数据交换、防伪、广告等多种功能，是移动通信领域的一种新型业务。近场通信业务增强了移动电话的功能，使用户的消费行为逐步走向电子化的进程，建立了一种新型的用户消费业务模式。

而 NFC 技术的应用在世界范围内也受到了广泛关注，国内外的电信运营商、手机厂商等等不同的角色纷纷开展试点应用，一些国际协会组织也积极进行标准化的制定工作。据业内相关机构预测，基于近场通信技术的手机应用将会成为移动增值业务的下一个重量级应用。

14. NFC-HCE 技术介绍

CE（host-based cardemulation）即基于主机的卡模拟。

在一部配备 NFC 功能的手机实现卡模拟，目前有两种方式：一种是基于硬件的，称为虚拟卡模式（Virtual Card Mode）；一种是基于软件的，称为主机卡模式（Host Card Mode）。

在虚拟卡模式下，需要提供安全模块 SE（Secure Elemen），SE 提供对敏感信息的安全存储和对交易事务提供一个安全的执行环境。NFC 芯片作为非接触通信前端，将从外部读写器接收到的命令转发到 SE，然后由 SE 处理，并通过 NFC 控制器回复。

在主机卡模式下，不需要提供 SE，而是由在手机中运行的一个应用或云端的服务器完成 SE 的功能，此时 NFC 芯片接收到的数据由操作系统或发送至手机中的应用，或通过移动网络发送至云端的服务器来完成交互。两种方式的特点都是绕过了手机内置的 SE 的限制。这一标准的妙处在于，它不需要整个行业为了控制安全元件而“争斗”。

### 3.4.2 卡仿真与 SE

当使用安全元件（Secure Element）提供 NFC 卡模拟时，将通过 Android 应用程序将要模拟的卡提供到设备上的安全元件（Secure Element）中。然后，当用户通过 NFC 终端握住设备时，设备中的 NFC 控制器将来自读卡器（NFC Reader）的所有数据直接路由到安全元件（Secure Element）中。

安全元件(Secure Element)本身执行与 NFC 终端的通信,并且完全不涉及 Android 应用。交易完成后，Android 应用程序可以直接查询 SE 的交易状态并通知用户。

### 3.4.3 基于主机的卡模拟

当使用基于主机的卡仿真来仿真 NFC 卡时，数据将被路由到直接运行 Android 应用程序的主机 CPU，而不是将 NFC 协议帧路由到 SE。图 3-21 中展示了基于主机的卡仿真如何工作。

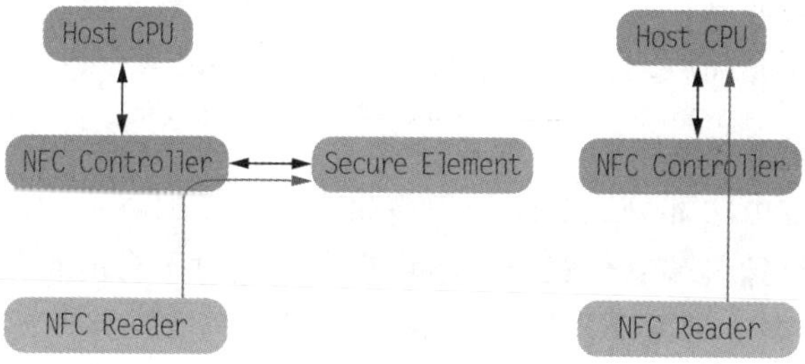


图 3-21　NFC 仿真技术

1. 云卡技术

（1）概述。

基于移动终端设备兼容 HCE、ESE、SWP 三种主流手机 NFC 技术，支持 Android、iOS 手机操作系统，iOS 平台采用：蓝牙 NFC 手环、SWP、ID 后付费等应用方式，对云通卡采用前置 SDK 的集成调用方式满足不同用户人群需求；支持不同运营商和厂商相关接口，有统一的密文交易计算方案和发卡应用数据格式。

NFC 云卡系统架构图如图 3-22 所示。

云支付方案组成实体由六大部分组成，分别为：云通卡 SDK、云账号体系、运营清分云系统、云支付系统、云码付系统、HCE 前置等子系统模块。

云支付平台对接上游银联、各银行、微信、支付宝等第三方支付，对接各上游积分系统，对接下游各商户，包括商城系统、积分系统等等。

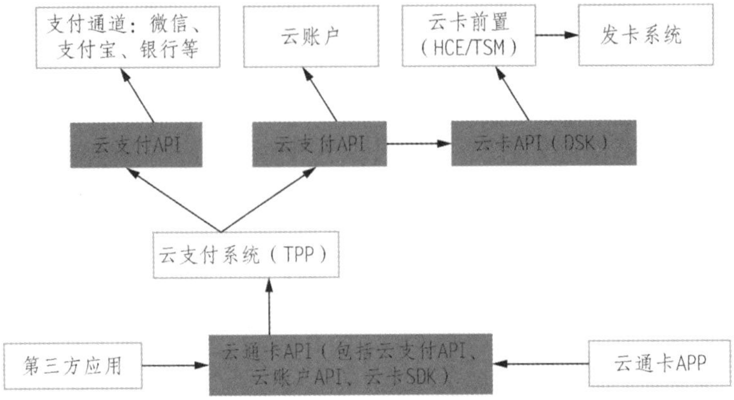


图 3-22　NFC 云卡系统架构图

日常管理：支付管理门户，用于支付功能的日常管理和维护，如商户信息登记、管理、支付接入、测试、统计数据查看、销售收入结算等。

在线交易：虚拟账户托管；账户充值、查询、扣款；完成在线交易闭环。

云支付平台对云通卡提供一套配套选项，可以根据这些选项设置一些与持卡人体验及风险管理有关的参数，例如云通卡可设置账户参数刷卡次数、交易限额等。保证云通卡的用户体验的一致性，也可以根据不同的配置选项进行个性化设置以满足需求。

移动端后台管理系统，它负责移动应用与云支付平台之间的数据交互，它可以由云端支付平台提供者提供，也可以由第三方提供。如现有商城一些管理可以支持商家自行在移动端管理商品，客户交易数据是基于云平台的。

### 2. 接入 API 参数

云支付账户参数由两部分组成，静态参数与动态参数。

静态参数主要包括云端支付账户（主账户在云支付平台的替代账户，其形式可以为 Token 等）、有效期等每次交易均保持不变的数据。

动态参数主要包括密钥及交易中用于应用密文生成的动态数据等。

交互方式：以 HTTP 协议进行通信。接入方和佳都支付服务器以申请-响应的方式实时通信，一方发出申请数据后，另一方需在约定的时间内返回响应结果数据。如果为资金结算类接口，则系统还将主动发送交易结果的后台异步通知。

字符集：所有请求和应答报文均采用 UTF-8。

通信报文安全机制：通过对称加密数据报文进行验证签名数据。

云通卡交易安全证书：通过 ca 服务器进行认证。

### 3. 云卡交易要求

（1）通用要求。

非接通信协议要求：基于用户移动设备应用处理器的交易，如 HCE 应用，基于与 SE 同样要求的非接通信协议。

交易时间要求：基于移动设备操作系统的移动应用交易时间要求与基于 SE 的 CPU

卡交易时间要求一致，云通卡交易中用户设备（移动应用）与读卡器的交互时间不应超过 300 ms。

（2）APTU 执行要求。

① APTU 来源：基于安全的考虑，移动应用必须保证只能接收来自 NFC 控制器的 APDU 指令，来自其他应用的 APDU 指令必须拒绝。移动应用如何判断 APDU 指令的来源由移动设备的操作系统如 Android 系统决定，此方法不在本规范中定义。

② 未定义的 APDU：如果移动应用接收到来自 NFC 控制器的不能识别的 APDU 指令（未在附录 B 中列出），应立即拒绝，并返回错误码。

③ APDU 命令响应结构：在移动应用中如果命令成功执行则应在命令响应中包括响应数据和状态码，否则应仅包含状态码（命令执行失败）。

④ APDU 命令执行失败：如移动应用不能成功执行一条命令，则应在命令响应中返回执行错误的状态码。例如移动应用无法返回终端所要求的数据，则移动应用应返回一个执行错误的状态码。

⑤ 数据更新要求：为保证移动应用数据的完整性和可识别性，当移动应用与外部实体（非接读卡器交互，或者通过移动应用平台与云端支付平台）交互时，如需要修改移动应用状态或修改存储的数据，则必须保证一次性全部完成或不做任何修改。

4. 交易预处理流程

（1）获取 PSAM 卡终端机编号指令【终端向 PSAM 卡发送】：00B0960006，返回值即为 PSAM 卡终端机编号。

（2）PSAM 卡选择互联互通应用指令【终端向 PSAM 卡发送】：00A4040006BDA8C9E8B2BF。

（3）获取 PSAM 卡密钥索引指令：00B0970001，返回值即为密钥索引 XX。

（4）用户卡选择互联互通应用指令【终端向用户卡发送】：00A4040009A00000000386980701。

（5）读应用下公共应用基本信息文件指令：00B095001E，返回结果即为公共应用基本信息文件的所有信息。

（6）获取用户卡安全认证识别码指令【终端向用户卡发送】：80CA000009，返回结果即为 CPU 用户卡 9 字节安全认证码。

（7）PSAM 卡验证安全认证码别码指令【终端向 PSAM 卡发送】：80CA000009XXXXXXXXXXXXXXXXXX（80CA 指令返回结果）。

云卡交易预处理流程如图 3-23 所示。

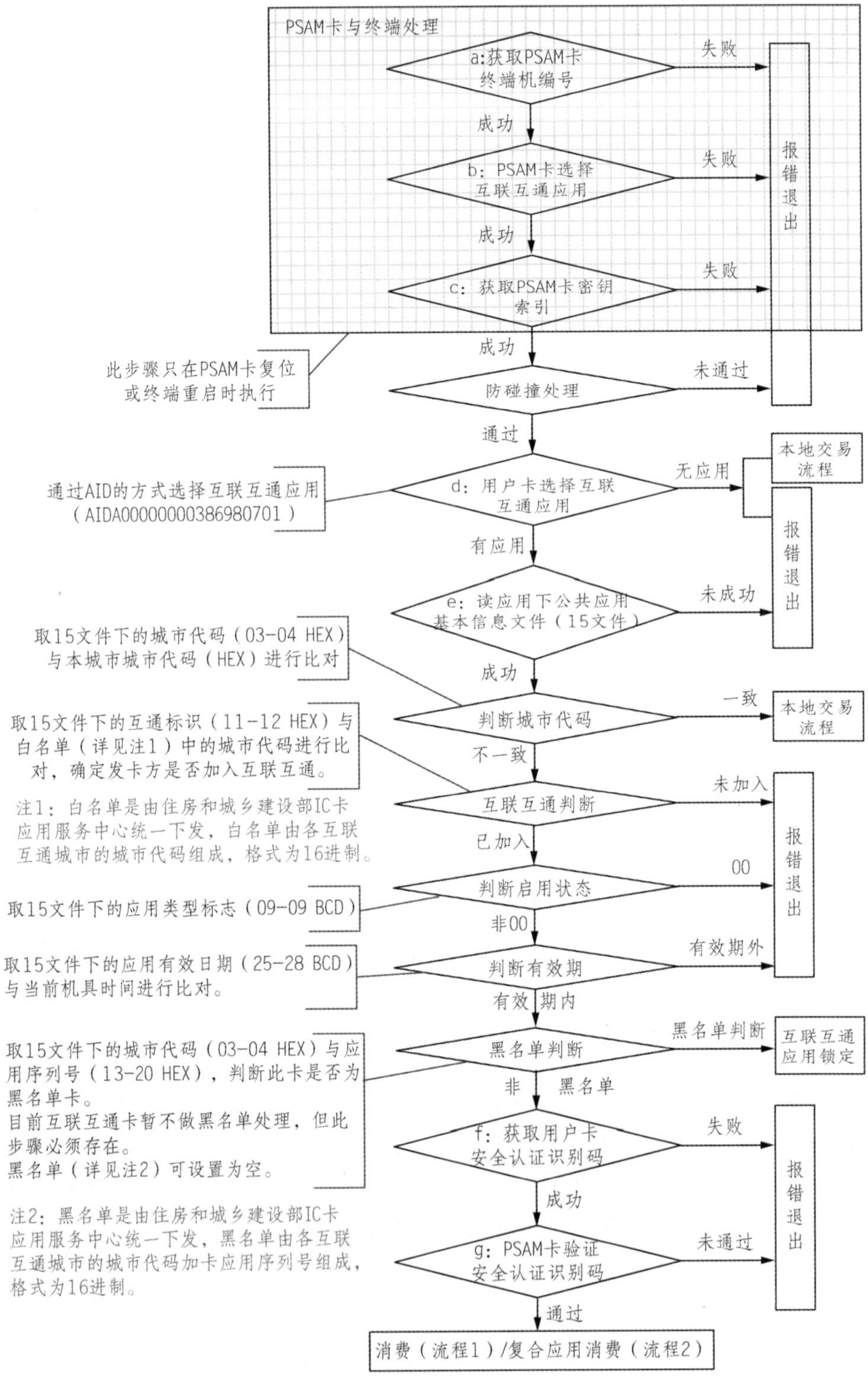


图 3-23　云卡交易预处理流程

5. 普通交易流程

（1）用户卡交易初始化指令[终端向用户卡发送]：805001020B XX（密钥索引 PSAM 卡 00B0970001 指令返回）XXXXXXXX（本次交易金额）XXXXXXXXXXXX（终端机编号 PSAM 卡 00B0960006 指令返回）。

（2）用户卡返回结果：XXX（余额）XXXX（CPU 卡脱机交易序号）XXXXXX XX（密钥版本）XX（算法标识）XXXXXXXX（随机数）。

（3）PSAM 卡产生 MAC1 指令[终端向 PSAM 卡发送]：8070 000024 XXXXXXXX（随机数 用户卡 8050 指令返回）XXXX（CPU 卡脱机交易序号 用户卡 8050 指令返回）XXXXXXXX（本次交易金额）06（消费交易 固定值）XXXXXXXXXXXXXX（交易日期及时间 终端系统日期与时间）XX（密钥版本 用户卡 8050 指令返回）XX（算法标识 用户卡 8050 指令返回）XXXXXXXXXXXXXXXX（卡应用序列号 15 文件下 13—20 字段）XXXX（城市代码 15 文件下 03—04 字段）FF0000000000（固定值），返回结果为：XXXXXXXX（终端脱机交易序号）XXXXXXXX（MAC1）。

（4）用户卡扣款指令[终端向用户卡发送]：8054 01000F XXXXXXXX（终端脱机交易序号 PSAM 卡 8070 指令返回）XXXXXXXXXXXXXX（交易日期及时间 与 8070 指令时间一致）XXXXXXXX（MAC1 PSAM 卡 8070 指令返回）[本指令执行成功后用户卡会自动记录交易记录明细]，返回结果为：XXXXXXXX（TAC）XXXXXXXX（MAC2）。

（5）PSAM 卡校验 MAC2 指令[终端向 PSAM 卡发送]：8072 000004 XXXXXXXX（MAC2 用户卡 8054 指令返回）。

云卡普通交易流程如图 3-24 所示。

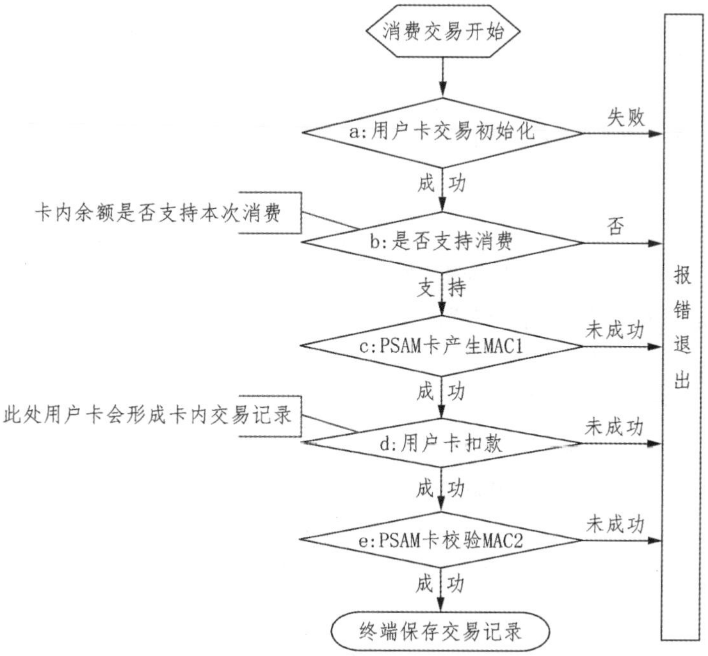


图 3-24 云卡普通交易流程

6. 复合交易流程

（1）复合交易开始流程。

① 读取用户卡复合交易记录信息指令[终端向用户卡发送]：00B209B830。

② 终端分析用户卡 00B209B830 指令所返回的记录内容，成功解析则分为需补扣与无须补扣，需补扣则执行补扣流程，无须补扣则执行后续步骤；未成功解析则直接执行后续步骤。

③ 用户卡交易金额为 0 的复合消费初始化指令[终端向用户卡发送]：805003020B XX（密钥索引 PSAM 卡 00B0970001 指令返回）00000000（本次交易金额）XXXXXXXXXXXX（终端机编号 PSAM 卡 00B0960006 指令返回）

④ 返回值：XXXXXXXX（余额）XXXX（CPU 卡脱机交易序号）XXXXXX XX（密钥版本）XX（算法标识）XXXXXXXX（随机数）。

⑤ PSAM 卡产生 MAC1 指令[终端向 PSAM 卡发送]：8070 000024 XXXXXXXX（随机数 用户卡 8050 指令返回）XXXX（CPU 卡脱机交易序号 用户卡 8050 指令返回）00000000（本次交易金额）09（复合消费交易 固定值）XXXXXXXXXXXXXX（交易日期及时间 终端系统时间）XX（密钥版本 用户卡 8050 指令返回）XX（算法标识 用户卡 8050 指令返回）XXXXXXXXXXXXXXXX（卡应用序列号 15 文件下 13 ~ 20 字段）XXXX（城市代码 15 文件下 03 ~ 04 字段）FF0000000000（固定值），返回结果为：XXXXXXXX（终端脱机交易序号）XXXXXXXX（MAC1）。

⑥ 用户卡更新 17 文件指令[终端向用户卡发送]：80DC09B830+数据域（09+2E+00+数据）本指令需要更新的数据域只有在用户卡扣款成功后才由 COS 内部自动完成更新。

注：复合应用消费交易开始阶段，由于本指令数据内容仅供本城市使用，故此数据内容由城市自定义。

⑦ 用户卡扣款指令[终端向用户卡发送]：8054 01000F XXXXXXXX（终端脱机交易序号 PSAM 卡 8070 指令返回）XXXXXXXXXXXXXX（交易日期及时间 与 8070 指令时间一致）XXXXXXXX（MAC1 PSAM 卡 8070 指令返回），返回结果为：XXXXXXXX（TAC）XXXXXXXX（MAC2）

⑧ PSAM 卡验证 MAC2 指令[终端向 PSAM 卡发送]：8072 000004 XXXXXXXX（MAC2 用户卡 8054 指令返回）。

具体流程如图 3-25 所示。

（2）复合交易结束流程。

① 读取用户卡复合交易记录信息指令[终端向用户卡发送]：00B209B830。

② 终端分析用户卡 00B209B830 指令所返回的记录内容，成功解析则分为本次交易复合消费开始正常完成，正常完成则执行后续步骤，未正常完成则进入其他流程；未成功解析则直接进入其他流程。

③ 用户卡实际交易金额的复合消费初始化[终端向用户卡发送]：805003020B XX

（密钥索引 PSAM 卡 00B0970001 指令返回）XXXXXXXX（本次交易金额）XXXXXXXXXXXX（终端机编号 PSAM 卡 00B0960006 指令返回），返回值：XXXXXXXX（余额）XXXX（CPU 卡脱机交易序号）XXXXXX XX（密钥版本）XX（算法标识）XXXXXXXX（随机数）

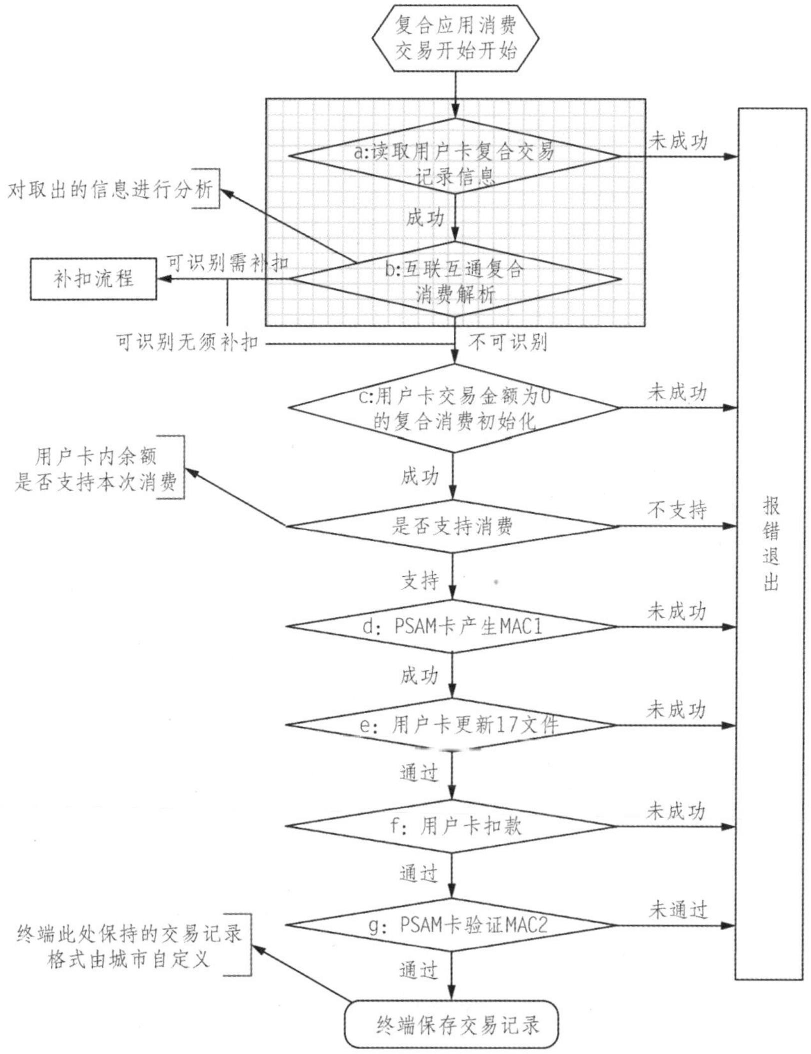


图 3-25　云卡复合交易开始流程

④ PSAM 卡产生 MAC1 指令[终端向 PSAM 卡发送]：8070 000024 XXXXXXXX（随机数 用户卡 8050 指令返回）XXXX（CPU 卡脱机交易序号 用户卡 8050 指令返回）XXXXXXXX（本次交易金额）09（复合消费交易 固定值）XXXXXXXXXXXXXX（交易日期及时间 终端系统时间）XX（密钥版本 用户卡 8050 指令返回）XX（算法标识 用户卡 8050 指令返回）XXXXXXXXXXXXXXXX（卡应用序列号 15 文件下 13～20 字段）XXXX（城市代码 15 文件下 03～04 字段）FF0000000000（固定值），返回结果为：XXXXXXXX（终端脱机交易序号）XXXXXXXX（MAC1）。

⑤ 用户卡更新 17 文件指令[终端向用户卡发送]：80DC09B830+数据域（09+2E+00+数据）本指令需要更新的数据域只有在用户卡扣款成功后才有 COS 内部自动完成更新。

⑥ 用户扣款指令[终端向用户卡发送]：8054 01000F XXXXXXXX（终端脱机交易序号 PSAM 卡 8070 指令返回）XXXXXXXXXXXXXX（交易日期及时间 与 8070 指令时间一致）XXXXXXXX（MAC1 PSAM 卡 8070 指令返回），返回结果为：XXXXXXXX（TAC）XXXXXXXX（MAC2）。

⑦ PSAM 卡验证 MAC2 指令[终端向 PSAM 卡发送]：8072 000004 XXXXXXXX（MAC2 用户卡 8054 指令返回）。

具体流程如图 3-26 所示。

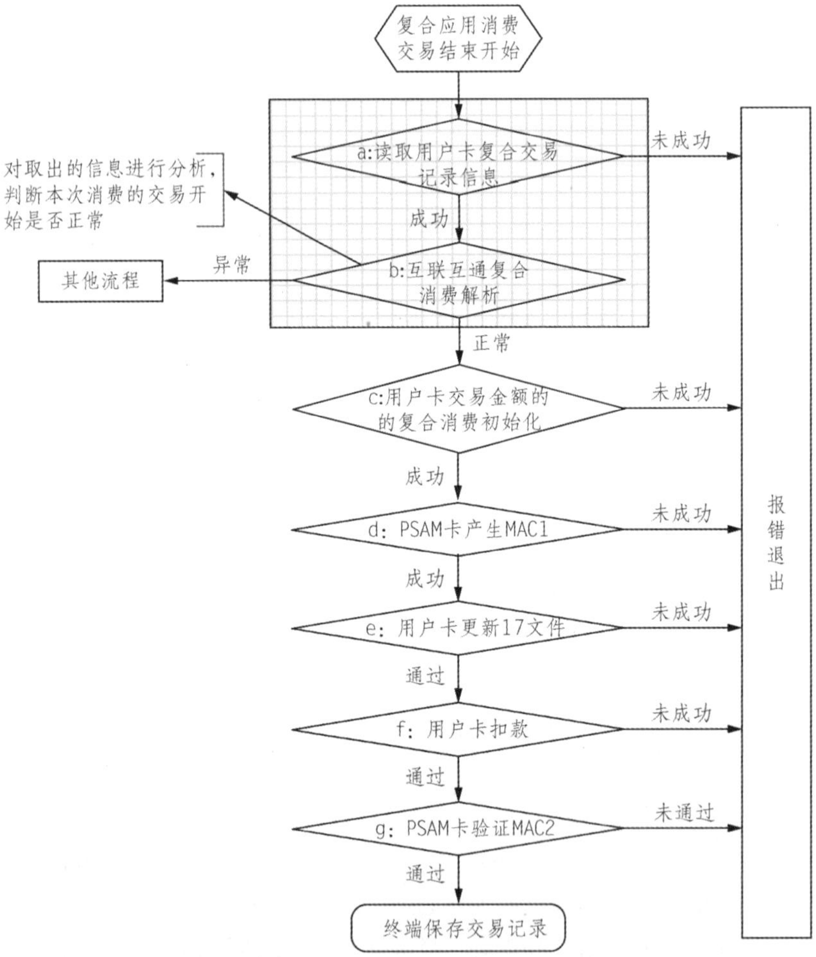


图 3-26　云卡复合交易结束流程

7. 密钥安全要求

（1）移动应用密钥。

表 3-3　MF 下的密钥

| 密钥名称 | 密钥代码 | 密钥类型 | 密钥标识 | 分散级别 | 分散因子 | 密钥作用 |
|---|---|---|---|---|---|---|
| 卡片主控子密钥 | DCCK | 主控密钥 | 00 | 2 | L1：城市代码<br>L2：应用序列号 | 控制 MF 下文件添加 |
| 卡片维护子密钥 | DCMK | 维护密钥 | 00 | 2 | L1：城市代码<br>L2：应用序列号 | MF 下有关信息文件的更新保护 |
| 注 1：城市代码的编码内容应满足 CJ/T166 中规定的相关要求。 | | | | | | |

表 3-4　应用密钥

| 密钥名称 | 密钥代码 | 密钥类型 | 密钥索引 | 分散级别 | 分散因子 | 密钥作用 |
|---|---|---|---|---|---|---|
| 应用主控子密钥 | DACK | 主控密钥 | 00 | 2 | L1：业务总控因子<br>L2：应用序列号 | 控制应用区内结构添加和删除 |
| 应用维护子密钥 | DAMK | 维护密钥 | 00 | 2 | L1：业务总控因子<br>L2：应用序列号 | 另作要求 |
| 消费子密钥 | DPK | 消费密钥 | 01～05 | 2 | L1：城市代码<br>L2：应用序列号 | 产生消费 MAC |
| 圈存子密钥 | | 圈存密钥 | 01～02 | 2 | L1：城市代码<br>L2：应用序列号 | |
| TAC 子密钥 | DTK | TAC 密钥 | 00 | 2 | L1：城市代码<br>L2：应用序列号 | 产生交易 TAC |
| 应用锁定子密钥 | | 应用维护密钥 | 00 | 2 | L1：城市代码<br>L2：应用序列号 | 锁定互联互通应用 |
| 应用解锁子密钥 | | 应用维护密钥 | 00 | 2 | L1：业务总控因子<br>L2：应用序列号 | 解锁互联互通应用 |
| 文件更新子密钥 | | 应用维护密钥 | 00 | 2 | L1：业务总控因子<br>L2：应用序列号 | 应用区内有关信息文件的更新保护 |
| PIN 解锁密钥 | | | 00 | 2 | L1：城市代码<br>L2：应用序列号 | |
| PIN 重装密钥 | | | 00 | 2 | L1：城市代码<br>L2：应用序列号 | |

（2）PSAM 卡技术要求。

① 应用流程。

首先应符合住建部 PSAM 卡规范。GMPK 是整个系统的根密钥，如果一旦被盗取或被非法使用，就可能会伪造出大量的假卡，所有的城市 IC 卡将不得不停止使用，从而带来政治、经济上的重大损失。所以，从安全的角度来说，全国所有的 PSAM 卡必须在建设部密钥管理总中心统一安全装载 GMPK。除了全国密钥管理总中心外，任何其他个人和组织无法得到 GMPK 的明文，也无法通过 PSAM 卡来利用 GMPK 进行非法的密钥运算。各个城市可以向建设部密钥管理中心申报所需 PSAM 卡的数量，由建设部密钥管理总中心按需求量统一洗卡。

建设部密钥管理总中心从生产商处得到一批 PSAM 卡，卡片已经过预个人化处理，卡片 MF 区域和全国密钥管理总中心 ADF 区域下的文件已由厂商建好，生产商密钥（建设部规定的卡片主控密钥）也已装载。在 IC 卡生产商将这一批 IC 卡交给建设部密钥管理总中心的同时，存放生产商密钥的生产商母卡也要交给建设部密钥管理总中心。

建设部密钥管理总中心在接到这批卡之后，用生产商母卡中的生产商密钥 kMprd 来鉴别每一张 IC 卡。鉴别通过后，建设部密钥管理总中心将用自己产生的密钥 kIctlR，来替换卡上的生产商密钥 kMprd，成为卡上的卡片主控密钥。

kIctlR 是建设部密钥管理总中心随机产生或采用其他方法产生的，被加密导入后作为这一批 PSAM 卡的主控密钥，控制 MF 区域下文件创建和密钥更新。

建设部密钥管理总中心必须在卡片主控密钥的控制下装载和更新密钥。

具体的过程如下：

——在生产商密钥（卡片主控密钥）的控制下，更新卡片主控密钥。

——在卡片主控密钥的控制下，装载卡片维护密钥。

——在卡片维护密钥的控制，安全更新卡片 MF 区域的文件。

——在卡片主控密钥的控制下，装载应用主控密钥。

——在应用主控密钥的控制下，装载应用维护密钥。

——在应用主控密钥的控制下，装载应用主工作密钥。

——在应用维护密钥的控制下，安全更新卡片 ADF 区域的文件。

② 安全特性。

密钥装载：采用安全报文的方式实现密钥装载，利用 WRITE KEY 命令来进行。安全报文产生的方式参见命令的说明。

密钥装载的控制过程如下：

卡片主控密钥在卡片主控密钥的控制下更新；

卡片维护密钥在卡片主控密钥的控制下装载和更新；

应用主控密钥在卡片主控密钥的控制下装载；

应用主控密钥在应用主控密钥的控制下更新；

应用维护密钥在应用主控密钥的控制下装载和更新；

应用主工作密钥在应用主控密钥的控制下装载和更新。

密钥访问：必须在主控密钥的控制下更新，密钥不允许直接读。

消费密钥不能被外界直接访问，只能接受内部操作系统发来的进行 MAC 计算的指令，按照指定的流程计算出 MAC。

计算临时密钥产生的结果只保留在卡片内部，不能被外界直接访问。

密钥属性：密钥使用具有一定限制，必须满足密钥属性的要求，详细如下：

密钥属性应包括以下几项：

密钥用途长度为 1 字节，低 5 位为密钥类型，高 3 位为密钥分散级数，主要类型约定如下：

——0，主控密钥。

——1，维护密钥。

——2，消费密钥。

——3，PIN 解锁密钥。

——4，重装 PIN 密钥。

——5，用户卡应用维护密钥。

——6，MAC 密钥。

——7，加密密钥。

——8，MAC、加密密钥。

——9，decrypt。

——10，安全计算方式 0。

——11，安全计算方式 1。

——12—31，保留。

密钥算法标识：指定了密钥所支持加密算法，长度 1 字节，算法标识约定如下：

——0，3DES

——1，DES

——2—255，保留

密钥版本：指定某种类型密钥的标识，长度 1 字节。对消费密钥来说，密钥版本是用于消费交易密钥选择过程中的密钥版本号，而对于其他密钥来说，密钥版本是密钥标识。

加密算法描述：

a. DES 算法。

DES 算法遵循国际标准，加密模式采用 ECB 模式。

利用加密密钥对 8 字节块的输入数据 X1，X2，X3…加密，得到 8 字节块的输出数据 Y1，Y2，Y3…。

其中，

YI = DES（加密密钥）[ XI ]

b. 3DES 算法。

3DES 算法是指使用双长度（16 字节）密钥 K =（KL||KR）将 8 字节明文数据块加密成密文数据块，如下所示：

Y = DES（KL）{ DES-1（KR）[DES（KL[X]）] }

解密的方式如下：

X = DES-1（KL）{ DES（KR）[DES-1（KL[Y]）] }

c. 密钥分散算法。

简称 Diversify，是指将一个双长度的密钥 MK，对分散数据进行处理，推导出一个双长度的密钥 DK。

推导 DK 左半部分的方法是：

将分散数据的最右 16 个数字作为输入数据；
将 MK 作为加密密钥；
用 MK 对输入数据进行 3DEA 运算。
推导 DK 右半部分的方法是：
将分散数据的最右 16 个数字求反，作为输入数据；
将 MK 作为加密密钥；
用 MK 对输入数据进行 3DEA 运算。
d. 安全计算（Secure Calculation）。
用 KeyID 指定的密钥对输入数据进行运算，具体过程如下所示：
方式 0：
首先用卡内密钥对最后 8 字节序列号加密。
用加密的结果作为临时密钥对 input data1 进行解密运算，解密的结果与 input data2 异或后再用临时密钥解密，依此类推。
解密运算的结果与 input data N-1 异或同，用临时密钥解密，将最后的解密运算的 8 字节结果送出。
方式 1：
首先用卡内密钥对最后 8 字节序列号解密，解密的结果与输入异或后作临时密钥。
用临时密钥对 input data1 进行加密运算，加密的结果与 input data2 异或后再用临时密钥加密，依此类推。
加密运算的结果与 input N-1 异或，用临时密钥加密，将最后的加密运算的 8 字节结果送出。

### 3.4.4 金融 IC 卡

1. 概　况

伴随着改革开放，我国从 20 世纪末开始在公共服务的小额支付领域尝试运用金融 IC 卡，并取得了一定进展。近几年，社会经济的迅速发展和 IC 卡的兴起进一步推动了金融 IC 卡的普及应用。公共服务领域关系千家万户，涉及国计民生，已成为金融 IC 卡服务于经济和社会发展的重点领域。

在公共服务领域推进金融 IC 卡应用是经济与社会发展的客观需求，快速、便捷的小额支付是现代公共服务领域对支付手段的普遍需求。随着现代社会生活节奏的加快，日常生活中的各类支付内容明显增多，支付行为极为频繁，而公共服务领域的绝大多数支付需求恰恰是和人民群众生活密切相关的小额支付，如支付各种公共交通工具和公共医疗卫生设施等费用、一般性的娱乐活动和日常购物消费。现金支付在携带、找零、存储等场景存在不便之处，银行票据一般不适用于日常生活中的普通小额支付，银行磁条卡由于其接触式联机交易的特点也逐步难以适应越来越多的快捷、多发的小额支付需求，而具备非接触式优势、可以脱机交易的金融 IC 卡则能够最大限度地满足快捷的小额支付要求，从而适应人民群众日常生活中的普遍需要。

通用、安全是现代公共服务领域对支付手段的基本需求。近年来，社会上各种形式的新的支付工具亦不断出现，这一方面在某种程度上满足了一部分社会公共要求，另一方面由于各个部门的技术标准、安全保障程度、管理方式不尽相同，这些创新工具也对现代支付的安全性提出了挑战，这就要求金融部门提供安全、通用的支付服务。多应用性是现代公共服务领域对支付手段的拓展需求。目前我国存在各种针对不同行业的支付卡，导致人们在生活中常常需要携带多个支付卡，事实上造成了新的不便利性，从而影响了效率。

2. 金融 IC 卡介绍

金融 IC 卡的概念：金融 IC 卡又叫芯片银行卡，也就是以集成电路芯片作为介质的银行卡。

金融 IC 卡的特点：安全保密性高，难以伪造；存储容量大，可以扩展多种功能，如社会保障、军人保障等特殊行业功能，还可以拓展电子钱包功能，支持非接触式快速支付，即所谓的“闪付”；耐用性好，不易磨损。

金融 IC 卡的分类：按交易方式可以分为接触式 IC 卡和非接触式 IC 卡，非接触式 IC 卡就是带有电子钱包功能的 IC 卡，在卡的背面有银联电子钱包标志或在正面有闪付标志，非接触式金融 IC 卡同样支持接触式交易。按社会功能分可分为普通金融 IC 卡、社会保障卡、军人保障卡、交通卡等等；按金融功能可分为借记卡、贷记卡、信用卡；按介质分可分为 IC 卡，IC+磁条复合卡，作为过渡，广州市目前发放的金融 IC 卡为 IC+磁条复合卡，可以完全兼容老式的受理环境。根据人民银行的统一规划，2015 年金融 IC 卡将全面取代磁条银行卡。

金融 IC 卡的用途：简单来说，金融 IC 卡可以完全覆盖金融磁条卡的功能，可以如原来的磁条卡一样进行银行存取款、转账和各种消费支付，此外，金融 IC 卡可以具有很强的扩展性，可以加载其他特殊行业功能，如社会保障、军人保障、医疗等功能，可以扩展电子钱包，支持非接触式快速支付。作为过渡，目前金融机构发行的金融 IC 卡一般是 IC+磁条复合卡，所以不会影响用户原来的用卡习惯。

金融 IC 的电子钱包：是绑定在金融 IC 卡上的电子现金账户，进而实现金融 IC 的一卡多账户、一卡多功能，满足人们一卡在手，跨行业、跨区域小额快速支付的需求。

持卡人在使用电子钱包闪付前，要向电子钱包预存一定的金额（圈存），电子钱包中的金额视同现金，称为电子现金，电子现金如同现金一样不挂失、不计息，不能透支、不能取现。电子现金可以圈提（电子钱包退回到金融 IC 卡银行账户上）。

中国人民银行规定，金融 IC 卡电子钱包余额最高不得超过 1 000 元人民币，单笔最高支付金额不得超过 1 000 元人民币。

金融 IC 电子钱包的充值（圈存）：圈存可以通过银行网点、自动柜员机、金融多媒体终端等方式进行实现，具体操作持卡人可向发卡银行咨询。

发展金融 IC 的意义（金融 IC 卡广泛应用的意义）如下：

一是有利于提高我国银行卡的整体风险防控能力，维护金融安全和社会稳定。

二是有利于银行卡在各行业的拓展能力，实现“一卡多用”。

三是便民惠民，方便各种支付。

四是方便商户的结算，降低现金流的风险，减轻工作强度。

五是减轻市场现金压力。

六是有利于防范假币。

七是提高交易的透明度，有利于政府部门的监管。

八是提升城市形象，促进城市信息化和金融信息化的结合。

九是和国际支付体系接轨的要求。

总体来看，金融 IC 卡的应用具有广泛的社会效益和经济效益。

3. 金融 IC 卡的应用

金融 IC 应用范围：目前，受理银行卡支付的特约商户均可受理金融 IC 卡的接触式支付，遵义医院和遵义医学院附属医院已可使用金融 IC 卡代替诊疗卡，社保部门正在和金融系统合作，推出带金融功能的社会保障卡，在城市公交和部分零售商户开通了金融 IC 卡闪付功能，开通闪付功能的受理机具张贴有闪付标志。

金融 IC 卡具有多应用性的特点，它不仅可以增强金融机构服务于社会管理的能力，而且也为社会政府部门或其他行业支付卡片的整合应用提供了技术支持。目前全国各地的城市交通、费用代缴、社会保障、医疗保险、公共事业服务以及政府服务项目，都对金融 IC 卡的应用领域和功能拓展提出了新的要求。

4. 金融 IC 卡在我国公共服务领域应用的探索

我国银行业在 20 世纪 90 年代中后期开始涉足 IC 卡，是国内较早使用 IC 卡技术的一个重要行业。1997 年 12 月，中国人民银行颁布我国金融行业第一项 IC 卡标准——《中国金融集成电路（IC）卡规范（1.0 版）》，这为我国金融 IC 卡的发展奠定了基础。

1998 年，人民银行组织协调各商业银行开始在北京、上海、长沙等地区进行银行 IC 卡试点，随后逐步扩展到天津、福州、杭州、宁波、贵阳、重庆等城市。试点城市通过开展电子钱包业务，推动了银行 IC 卡应用，部分城市还在医疗、交通和社保行业进行了尝试，取得了一定成效，但由于当时银行卡业务联网通用程度较低，社会对小额支付的认识不够，公共服务领域对金融服务的需求不强，跨行业应用合作不深，加上卡片终端国产化率低，导致价格高，试点城市虽投入大量精力，但总体的应用效果不理想，银行 IC 卡在国内未能实现大范围、大规模的应用。

2005 年 3 月，人民银行在前期探索的基础上，颁布了《中国金融集成电路（IC）卡规范（2.0 版）》，该版本参考国际主流标准，兼容行业应用要求，在银行借贷记功能应用之外，自主设计基于借贷记的电子钱包业务，具有更高的安全性和业务创新能力。

自 2005 年天津、福州等城市启动“城市一卡通”项目以来，集政府公共服务和金融服务为一体的金融 IC 卡推广工作开始在全国各地开展，2008 年中国人民银行批准宁波为全国首个金融 IC 卡多应用试点城市，由该市政府牵头协调各行业主管部门、人民银行组织各商业银行积极参与的市民金融 IC 卡试点项目最具代表性。该项试点成果对全国各地推广应用金融 IC 卡具有积极的引导和参考作用。

宁波试点不但验证了金融 IC 卡标准的可行性和安全性，而且通过实践为人民银行进一步修订、完善一系列涉及金融 IC 卡的标准提供了依据。2009 年以来，人民银行先后颁布了《银行卡卡片规范》《银行卡 POS 终端规范》《银行卡 ATM 终端规范》和《银行卡联网联合技术规范》等标准。特别是 2010 年 4 月《中国金融集成电路卡规范》的颁布标志着中国金融 IC 卡应用进入了一个的新的历史发展阶段。

在上述试点经验的启示下，目前我国金融 IC 卡在公共服务领域的应用已经引起各级政府部门的高度重视，许多城市纷纷拟定应用金融 IC 卡改善市政服务的计划，并将其作为改善民生工程的重要组成部分予以实施。

5. 金融 IC 卡规范

（1）标准性。

标准是产业的生命线，也是社会效益最大化的基础。银行卡产业始终坚持统一标准，包括统一的规范、统一的卡片、统一的系统接口、统一的终端要求、 统一的使用方式、统一的清算处理等。标准统一不仅规范和促进了银行卡的发展，更重要的是方便了持卡人的认知和使用。金融 IC 卡作为银行卡的换代产品，继续坚持统一标准、联网通用的原则，为我国各类支付卡的发行和使用提供了统一、规范的金融 IC 卡标准，为我国个人支付产业的长远、稳定发展奠定了坚实基础。

（2）安全性。

近年来，社会上各种商业储值卡发展迅猛，部分行业和企业也发行了形式多样的带有支付功能的电子钱包，其中有一些明显缺乏规范管理。如资金的收付缺乏有效的监管，甚至出现卷款走人的事件，由此造成资金所有人的权益得不到有效保障，对单位和个人的支付安全乃至社会经济金融秩序的稳定带来冲击，而符合我国金融行业标准的金融 IC 卡，既遵循金融支付的制度规定、风险管理、补偿机制等基础性规范，又在技术上顺应国际金融支付技术发展的潮流和应用趋势，采用了先进、开放和安全的技术标准，具备磁条卡无可比拟的安全性，成为提高我国银行卡安全标准和服务能力的新型金融产品。

它具有技术先进、标准统一、由金融机构发行、结算渠道可控、个人资金始终在银行账户内存放和支付的特点，从而彻底改变了目前因银行磁条卡技术相对落后和易被复制伪造的状况，使其成为最安全、可靠的新型金融支付工具，对于规范和引导我国社会支付，维护支付秩序具有积极意义。

（3）便利性。

金融 IC 卡交易速度快捷、充值方便（无论是在银行柜台上，还是通过 24 小时自助式银行、圈存设备等方式均可对金融 IC 卡的电子钱包进行充值），具有很大的发展空间，将极大优化和方便人民群众日常生活。

（4）经济性。

推广使用标准统一的金融 IC 卡，可以节约社会成本，提高经济金融效率。从持卡人角度讲，可以减少现金携带，免除现金找零和存储的不便，避免携带五花八门、互不联网通用的各类卡片；从商户角度讲，使用统一标准的受理设施，可以方便受理卡片，避免一柜多机，同时 IC 卡可以实现脱机功能，减少商户的通信费用开支；从银行角度讲，可以在保持金融支付的基础上，依托联网通用的银行网络，研发多应用的增值服务可提高现有金融资源利用效率；从行业角度讲，可以避免各行各业为搭建庞大的支付网络和建设独立的支付系统而重复投资，从而节约社会成本，实现集约化发展。

（5）广泛性。

金融 IC 卡不但可以满足银行业需要,也可以满足其他行业特别是公共服务领域的金融要求，庞大、先进和日益完善的银行卡受理网络可以为公共服务领域的金融 IC 卡应用提供更加广泛的空间。同时，金融 IC 卡也适应了国际卡组织在全球推行 EMV 芯片迁移计划的大趋势，有利于提高我国在电子支付领域的国际话语权和竞争力。

（6）创新性。金融 IC 卡通过技术创新促进银行业务创新，金融机构可以充分利用金融 IC 卡支持多应用的特点，加大对金融服务市场细分、业务细化和个性化设计等方面的研发力度，按照市场需求的多样性、风险控制的复杂性、业务管理的差异性设计开发银行卡产品，克服银行磁条卡功能同质化、创新空间受限的缺点，进一步丰富和创新金融服务。

6. 金融 IC 卡轨道交通应用

（1）非接触 IC 卡支付技术。

基于非接触式界面的支付有以下两种流程：

——非接快速支付（以下简称“qUICS”）流程；

——非接触式标准借记/贷记 UICS 流程。

① qUICS 流程。

为了满足引入了非接触式接口而产生交易速度上的要求，需要对标准的借记/贷记流程进行调整和优化。qUICS 对标准的借记/贷记指令和交易流程进行了优化，体现在：

——把多条借记/贷记流程命令压缩成尽可能少的命令，以减少交易的时间；qUICS 采用了标准借记/贷记流程命令子集：SELECT、GPO、READRECORD 和 GETDATA 命令。

——将卡片和终端的交互过程集中完成，当卡片离开终端的感应范围后，终端再进行脱机数据认证、终端风险管理和终端行为分析，并允许卡片离开终端的感应范围之前或之后进行密码操作，使卡片在终端感应范围停留的时间尽可能短。

② qUICS 有两大特点。

——联机交易采用联机卡片认证。

——脱机交易采用脱机数据认证，并对于交易金额低于最低限额的交易采用清算密文。为限制脱机交易，可规定某一交易金额的下限。

非接标准借记/贷记流程。

非接标准借记/贷记流程与接触式标准借记/贷记流程完全一致，仅通信方式不同，因此，本规范不再累述。本规范所述的交易流程仅针对 qUICS。

非接标准借记/贷记流程与 qUICS 的互用性。

对于含有接触界面的双界面卡，非接触式借记/贷记应用是可选的。

对于仅非接触式卡片，脚本处理（如充值交易的脚本处理）应通过非接触式借记/贷记路径来执行。对于此类情况，终端交易属性应指明支持非接触式借记/贷记应用。

非接触应用要求卡片必须支持 qUICS 流程，可选支持非接标准借记/贷记流程。如果终端和卡片都同时支持 qUICS 流程和非接标准借记/贷记流程，卡片和终端应执行非接标准借记/贷记流程完成交易。

③ 非接触式卡片和终端的适用范围。

表 3-5　接触式卡片和终端的适用范围

| 非接触卡片性能终端配置 | 仅支持 qUICS | qUICS 和非接标准借记/贷记 |
|---|---|---|
| 仅支持 qUICS | qUICS | qUICS |
| 支持 qUICS 和非接标准借记/贷记 | qUICS | 非接标准借记/贷记 |
| 仅支持非接标准借记/贷记 | - | 非接标准借记/贷记 |

（2）qUICS 概述。

① 交易预处理。

如果终端支持 qUICS，在提示持卡人出示卡片和终端被激活之前，应进行交易预处理。交易预处理过程中，终端的非接触界面应该处于下电状态，即本阶段无需卡片参与。为了减少终端和卡片的交互时间（即持卡人出卡时间），终端应在本阶段获得交易金额并执行终端风险管理。

② 寻卡。

终端在完成交易预处理之后，应给非接触界面上电，并提示持卡人出卡，同时，在通信区域中进行寻卡。寻卡过程可参考 JR/T 0025.8—2018。

寻卡阶段持卡人必须出示卡片，终端和卡片的交互已经开始。

③ 应用选择。

终端完成寻卡后立即执行应用选择。终端将非接界面下共同支持的应用放入候选列表，并选定最终应用完成交易。

支持非接应用的卡片必须使用近场支付系统环境 PPSE。卡片在返回终端 PPSE 选择的应答中，将其支持的所有应用的应用标识符（以下简称“AID”）返回给终端。终端建立候选列表，并同卡片一起选择和确定应用，在确定应用的过程中，卡片将处理选项数据对象列表（以下简称“PDOL”）返回给终端。

④ 应用初始化。

终端通过向卡片发送 GETPROCESSINGOPTIONS（简称“GPO”）命令，通知卡片交易开始。GPO 命令中将包含 PDOL 要求的终端数据元。卡片根据 fDDA 要求，计算出动态签名数据。

应用初始化阶段，卡片需要根据终端属性和自身功能，决定使用的支付流程（qUICS 还是非接标准借记/贷记流程）。

图 3-27 为卡片确定路径的总体示意图。

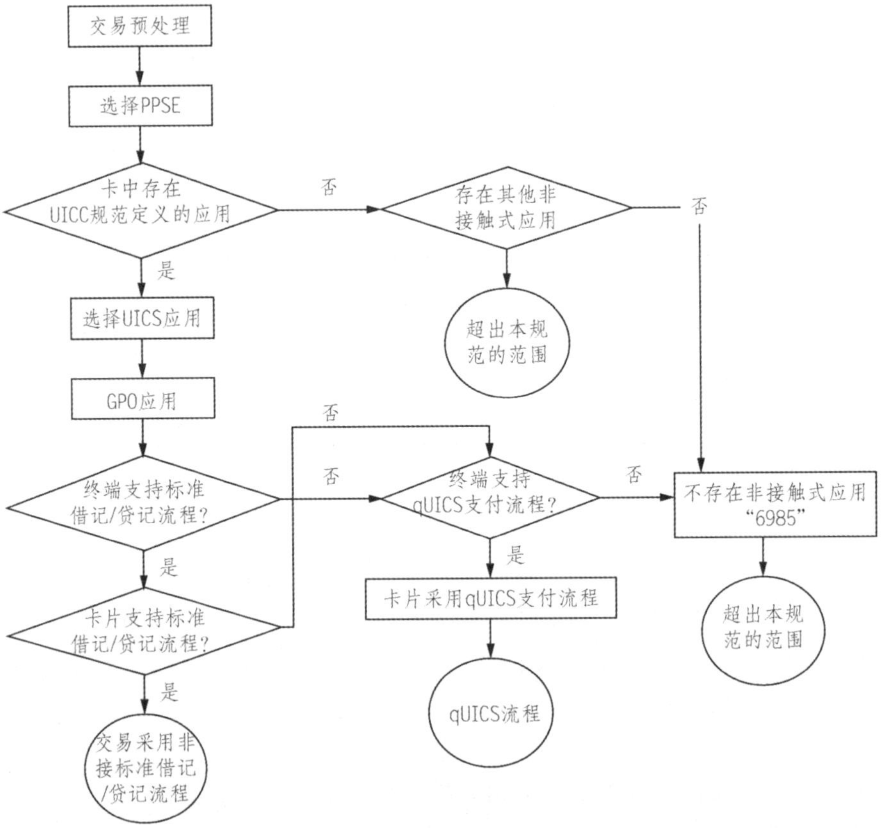


图 3-27 qUICS 卡片确认流程

此外，卡片要执行卡片行为分析并生成应用密文，若密文要求脱机授权，需生成动态签名数据并选择应用文件定位器（以下简称“AFL”）。将密文和所有应用相关的数据返回给终端。

如果卡片生成联机授权密文，则卡片在返回 GPO 响应后即可离开通信区域。

⑤ 读应用数据。

仅在脱机授权的情况下才需要执行读应用数据。

如果卡片在 GPO 应答中要求脱机授权，必须同时返回 AFL。终端根据 AFL 给出的短文件标识（以下简称“SFI”）和记录号，发送 READRECORD 命令读取数据。

如果卡片要求联机授权，则不返回 AFL，终端无须读取卡片数据。

卡片在最后一条记录被读取的步骤中完成防拔位复位。卡片发送最后一条记录后，即可离开通信区域。

⑥ 脱机数据认证。

脱机数据认证只在脱机授权的情况下被执行。

具有脱机能力的终端应同时支持 SDA 和 DDA。SDA 可验证重要的应用数据没有被非法更改，但不提供防复制保护。快速动态数据认证（以下简称“fDDA”）则不仅验证了卡片数据没有被非法更改而且验证卡片本身是有效卡（不是拷贝数据复制的伪卡）。因此推荐终端具有在需要的情况下能够迅速地屏蔽 SDA 支持功能的能力。如果 SDA 被屏蔽，除非卡片支持 fDDA，否则交易不能被脱机批准。如果卡片支持 DDA，则终端应执行 DDA。

在 qUICS 中，脱机数据认证和标准借贷记中的脱机数据认证有以下不同：

——动态签名生成由 GPO 命令发起，不再使用内部认证（InternalAuthenticate）命令，也不使用 DDOL；

——SDA 或 fDDA 的结果不放在终端验证结果（TVR）中联机发送给发卡行，或通过联机授权或清算密文进行保护。

qUICS 不要求所有借记/贷记应用必备数据包含在卡片中，或者如果包含在卡片中，也不要求将其读出。

⑦ 联机处理。

如果卡片在 GPO 应答中要求联机授权，则有联机能力的终端执行联机处理。

终端将认证请求发送给后台系统，由发卡行决定是否接受交易。如果发卡行决定接受交易，则直接从后台借贷记账户中将授权金额扣除。发卡行系统验证卡片真伪并执行一系列发卡行自定义风险控制，生成相应的交易接受或拒绝的授权响应密文返回给终端。

⑧ 交易结束。

脱机授权交易中，终端以卡片返回的应用密文及脱机数据认证结果为依据，通知持卡人交易结果。联机授权交易中，终端以发卡行返回的授权响应密文为依据，通知持卡人交易结果。

（3）终端要求。

① 通用终端要求。

——终端应最小支持 qUICS，或同时支持 qUICS 和非接触 UICS 标准借记/贷记。

——具有脱机能力的终端应支持 fDDA。

——支持多界面（接触式、非接触式、磁条刷卡）的终端在无交易的时候应保持非接界面处于下电状态，交易预处理结束后才可上电。终端一旦发现卡片发起接触式交易或磁条刷卡交易，应立即对非接界面下电，且非接界面在整个交易过程中都保持下电状态。

——支持多界面的终端在进行接触式或磁条刷卡的交易初始化时，如果非接触式交易正在进行，终端应终止非接触式交易，放弃从卡片得到的所有数据，然后重新启动其他界面进行交易。

——UICS 如果卡片返回拒绝应用认证密文（AAC）来拒绝交易，交易不应再通过其他界面方式进行。

——对于非接触交易采用 qUICS 流程，终端应明确通知持卡人和商户。

出卡。

交易结果——批准、拒绝或终止。

——对于非接触交易采用非接 UICS 标准借记/贷记流程，终端应明确通知持卡人和商户：

出卡。

交易处理中及“勿移走卡片”提示

交易结果——批准、拒绝或终止。推荐的终端信息有：

出卡；

读卡成功；

处理中，请勿移走卡片；

交易批准；

交易拒绝；

出示单一卡片[防冲突]；

插入或刷卡。

当提示出卡时，终端应显示授权交易金额（标签“9F02”）。

如果卡片提供可用的脱机交易金额时，终端应显示该金额，以表示读卡操作成功，并可打印在交易凭条上。

（4）卡片要求。

① 通用卡片要求。

——卡片应最小支持 qUICS；

——UICSUICS 如果接触式界面被激活，卡片不应响应非接触式界面；

——磁道 2 等价数据对于 qUICS 是必备的；

——具有脱机能力的卡片（qUICS）应支持 DDA。

注：为了用目前的芯片满足时间要求，推荐卡片以中国余数定理模式存放与使用 RSA 私钥。

② 推荐卡片采用 iCVN。

除了非接触风险管理特征外，当不使用 Dcvn（见 Q/CUP045.1）时，推荐 qUICS 采用 iCVN（见 Q/CUP045.1）。发卡行应对芯片卡中的磁道数据用 iCVN 进行编码。iCVN 用于防止复制芯片数据，并基于芯片数据制作空白塑料磁条卡。在非接触交易采用 iCVN 具有同样的用途。

（5）交互时间。

使用 qUICS 流程完成支付，卡片无需在整个交易过程中都被放置在通信区域。交互时间是指卡片在通信区域放置的时间，这段时间内终端和卡片进行信息传递和部分行为分析。

qUICS 流程中终端与卡片的交互时间不能超过 500 ms。在脱机授权交易中，这个时间开始于卡片在寻卡过程中对终端的第一次应答，结束于卡片发送最后一条记录，不包括终端的脱机数据认证；在联机授权交易中，这个时间开始于卡片在寻卡过程中对终端的第一次应答，结束于卡片返回 GPO 应答，不包括联机认证。

注：除了实现本章描述的所有需求和元素的完全 qUICS 路径外，还定义了卡片仅联机 qUICS 的实现，以提供尽可能快的交易时间。

（6）预处理。

为了使终端和卡片的交互时间最小化，qUICS 终端在提示持卡人出卡和激活（即给界面上电）非接触界面前，进行一系列处理。这个阶段无需卡片参与。

交易预处理非必备处理项，在某些应用场景下，为更进一步提高交易速度，可不执行交易预处理。通常为消费金额固定的终端，即消费金额已预先存储在终端中，而无需在交易过程中通过人机交互输入。例如，自动贩卖机、景区门票销售机等。不进行交易预处理的终端可对非接触界面立即上电。

收单行应认真考察交易环境，分析交易场景，权衡交易速度与风险，决定是否进行交易预处理。

① 终端数据。

在预处理阶段被使用到的数据元。

表 3-6　数据元

| 数据元 | 描述 |
| --- | --- |
| 授权金额（“9F02”） | 借贷记流程和 qUICS 流程共有的数据元，用以存放消费金额。如无法获取，则默认使用 0 |
| 终端交易属性（“9F66”） | qUICS 流程特有的数据元，指示终端能力、要求及对卡片的参数选择。根据交易类型和交易预处理结果进行设置，并在应用初始化阶段发送给卡片 |
| 终端非接交易限额 | qUICS 流程特有的终端内部数据元，不参与与卡片的交互。<br>此值用以判断交易是否可以在非接触界面下完成。如果授权金额大于或等于此值，则交易终止，若终端有其他交易界面，提示切换界面 |
| 终端非接脱机交易最低限额 | qUICS 流程特有的终端内部数据元，不参与与卡片的交互。<br>此值用以判断交易是否可以脱机完成。如果授权金额大于此值，支持联机交易的终端应请求联机密文；只支持脱机交易的终端应终止交易 |
| 终端执行 CVM 限额 | qUICS 流程特有的终端内部数据元，不参与与卡片的交互。<br>此值用以判断是否需要执行持卡人验证。如果授权金额大于或等于此值，终端根据自身 CVM 能力和卡片的 CVM 要求执行持卡人认证（本规范，仅支持联机 PIN 和签名） |
| 终端不可预知数（“9F37”） | 用以计算密文和脱机交易的动态签名。<br>为使终端和卡片的交互时间最小化，终端可在预处理阶段生成终端不可预知数 |
| 终端最低限额（“9F1B”） | 借贷记流程和 qUICS 流程共有的数据元。在 qUICS 流程中，只在终端非接脱机交易最低限额缺失的情况下使用，使用方法同终端非接脱机交易最低限额 |

② 终端处理。

终端采用终端交易属性（“9F66”）表示其非接触能力和交易对卡片的要求。预处理阶段，终端对终端交易属性中的动态位进行重置并根据风险管理结果进行置位。终端交易属性（“9F66”）的标签和长度将被包含在 PDOL 中，由卡片在 SELECT 命令响应中发送给终端，终端通过 GPO 命令提供具体值。终端交易属性（“9F66”）。

进行交易预处理最初阶段，终端应执行以下处理：

——置终端交易属性第 2 字节第 7 位和第 8 位为“0”；

——终端应获取授权金额（标签“9F02”）。

收单行可以根据需求开启或部分开启以下终端风险控制检查。

③ 终端非接交易限额检查。

如果授权金额大于或等于终端非接交易限额，终端应终止交易，提示持卡人采用另一种界面方式（如果存在）；

若终端支持本项检查，建议将其设定为第一检查项。若符合非接交易要求，则可终止后续检查。

④ 终端非接交易脱机最低限额检查。

如果授权金额（标签“9F02”）大于终端非接脱机交易最低限额或（如果终端非接脱机交易最低限额不存在）可用的终端最低限额（“9F1B”），则终端应在终端交易属性（“9F66”）第 2 字节第 8 位表示要求联机应用密文。

⑤ 状态检查。

如果终端配置为支持状态检查，并且授权金额为一个货币单位（这是状态检查要求的），则终端用终端交易属性字节 2 中的第 8 位表示需要联机应用密文。支持状态检查应是一可配置的选项，在实施时应打开才能操作。这种检查的缺省行为为关闭。

⑥ 授权金额为零的检查。

如果授权金额（“9F02”）为零，除非终端支持 qUICS 扩展应用，否则：

具有联机能力的终端应将终端交易属性（“9F66”）字节 2 的第 8 位置 1，表示要求联机应用密文；

仅支持脱机的终端应终止交易，提示持卡人使用另一种界面（如果存在）。

⑦ 终端执行 CVM 限额检查。

如果授权金额大于或等于终端执行 CVM 限额，则终端应在终端交易属性（“9F66”）中表示要求 CVM（第 2 字节第 7 位）以及支持的 CVM 种类。本部分当前版本支持联机 PIN（第 1 字节第 3 位）和签名（第 1 字节第 2 位）。

交易预处理成功完成后，若终端认为交易允许通过非接触界面进行，则终端应要求出卡，并对非接触界面上电，开始寻卡处理。若终端在这一步终止交易，则不应对非接界面上电，而是切换至其他界面（如果存在）。

### 7. 系统设计

（1）架构设计。

金融 IC 卡系统架构如图 3-28 所示。

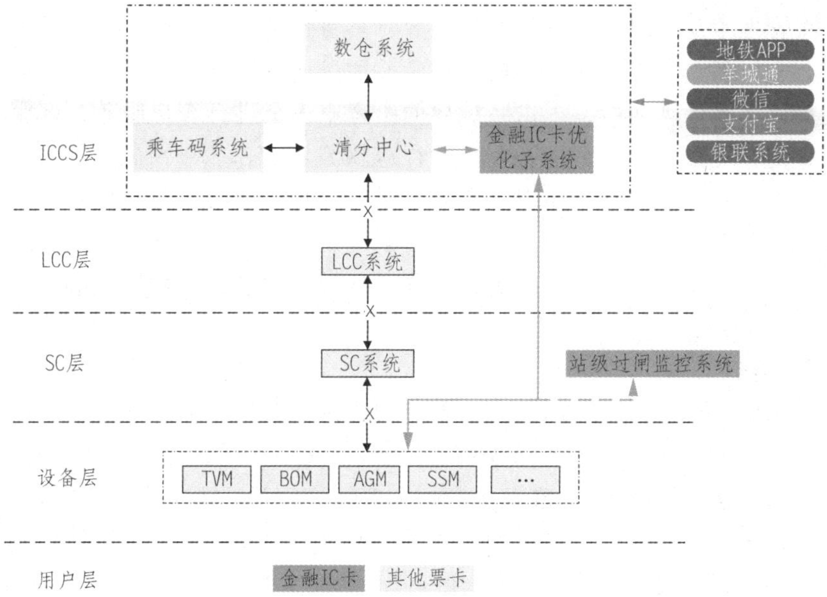


图 3-28 金融 IC 卡系统架构图

ODA 匹配金融 IC 卡使用 ODA 模式，系统金融 IC 卡沿用 ODA 的方式，但是针对 ODA 实现新的业务规则，使用更加严谨的业务规则来实现金融 IC 卡的 ODA 匹配，并进行行程扣款。扣款使用准实时扣款，对已经行程匹配完成的数据进行准实时方式扣款，降低系统压力。

针对不同的线路、站点、卡号、时间进行多维度扣款规则选择、进行扣款模式选择、进行差异化设置，使得系统具备灵活的操作空间。可根据需要选择配置使用预授权模式、ODA 模式、准实时扣款模式等。

系统提供统一运维管理系统，使用可视化界面管理支持设备状态监控、交易查询、业务报表、黑名单管理、白名单管理、参数管理、客服处理等内容。

系统通过终端设备接口，接收设备信息包含：设备各类参数版本，设备软件版本，设备各模块信息、状态。后台一体化管理系统可以通过接收设备状态信息，接收设备各个模块状态，从而监控设备准实时状态。当设备模块发生故障时，可实时检测故障上送至后台系统。

系统提供两类数据查询方式可视化界面和查询接口，可视化界面可以登录到后台系统查看或者嵌入第三方系统界面查看，查询接口提供给第三方系统接入式查询时使用。

系统提供专业报表软件，针对业务规则以及数据统计口径出具报表，并提供图表化的界面展现。

系统具备风控管理功能，黑名单管理为风控管理的一部分功能，系统黑名单来源于两个方面，第一个方面来自银联每天实时的黑名单以及日终整体黑名单，第二方面来自因为系统自身风控规则所拉黑的票卡黑名单。系统提供黑名单的解黑入黑功能，用于灵活操作实际运用的黑名单数量。

系统将管理本身系统和设备的各类参数，具备参数版本管理、参数回滚、参数下发等功能，进行参数文件生成、存放管理，并通过文件服务器进行参数下载。

系统提供客服处理功能，提供系统界面给客服人员进行客户服务，客服处理界面提供行程查询，行程更新，行程补登，行程退款等功能。

系统具备针对不同线路、站点、卡号、时间配置不同的运营商户号的功能。

系统具备降级模式切换功能，通过运营管理系统模式切换功能，切换降级模式状态，模式切换后，系统下发模式变更指令同设备模式切换，并切换前端与后台的处理流程。

① 两层传输架构。

现有金融 IC 卡业务使用地铁 AFC 五层架构进行数据传输，乘客刷卡后由车站设备上送至 SC 站点系统，SC 站点系统打包上送至 LCC 线路计算机系统，再由 LCC 线路计算机系统上送至清分中心。在业务数据实时性方面无法满足金融 IC 卡相关系统要求，比如线网级过闸监控以及联机预授权等，对既有数据传输架构进行优化。

根据本项目招标要求，需要实现金融 IC 卡的准实时扣费以及实时收集进、出、更新等交易信息，限制金融 IC 卡重复进、出闸的过闸监控要求，采用“终端设备↔线网平台”的两层架构进行交易数据的传输，车站设备直连线网中心的金融 IC 卡优化子系统，实现对票卡数据的实时接入，提高后台对数据的实时清算和分析的能力，同时也可实现对软件和硬件资源的统一集中管理。

② 过闸监控安全化。

过闸监控采用“线网过闸监控+站级过闸监控+单设备过闸监控”相结合的方式，有效实现金融 IC 卡防重和 A/B 卡进出闸功能。

在系统正常运营情况下对金融 IC 卡采用线网过闸监控，提高整体线网过闸监控功能。制定一套完整的防重规则进行防重，有效限制金融 IC 卡，使其不断在全线网重复进、出闸，并且限制卡片只能一进一出。

考虑到网络出现异常或其他异常的情况，在站点设备无法连接线网过闸监控系统的情况下，系统设计站级过闸监控系统，在站点设备离线或应急情况下使用，限制金融 IC 卡使其不能重复进、出闸。为了尽量减少票务的损失，将在线网级过闸监控系统与站级过闸监控系统建立数据同步机制。线网过闸监控系统将会使用消息中间件将线网过闸数据实时同步给站级过闸监控系统，使站级过闸监控系统具备线网过闸监控系统的能力。

在终端设备完全脱机离线的情况下，无法连接到线网过闸监控，同时也无法连接到站级过闸监控系统。系统在闸机保留一定量的交易数据以实现单个设备的过闸监控，限制金融 IC 卡使其在同一设备不能重复进、出闸。

③ 运营模式多样化

采用多种运营模式相结合的方式进行金融 IC 卡的统一运营管理，以应对各种业务需要和突发情况。运营模式包括如下三种模式：“纯联机模式”“纯 ODA 模式”以及

"联机+ODA 并存模式"。

纯联机模式：纯联机模式需要联机进行预授权认证，可以有效降低单边交易率和短款风险，但对网络要求较高，该模式下设备在脱机的情况下将无法进行金融 IC 卡业务。

纯 ODA 模式：ODA 模式不需要联机认证，对网络要求不高，但存在短款风险，该模式下设备在脱机的情况下也能进行金融 IC 卡业务。

"联机+ODA"并存模式：采用"联机+ODA"并存的方式进行金融 IC 卡业务，并存模式相对于纯联机模式来说，可以确保在网络情况不好的情况下依然可以持金融 IC 卡正常进出，而相对于 ODA 模式来说，又可以确保降低短款的票务风险。

系统提供可视化人机操作界面进行运营模式的管理，系统管理员可根据业务需要和实际情况进行运营模式的切换。

（2）功能架构设计。

金融 IC 卡优化子系统功能架构图如图 3-29 所示。

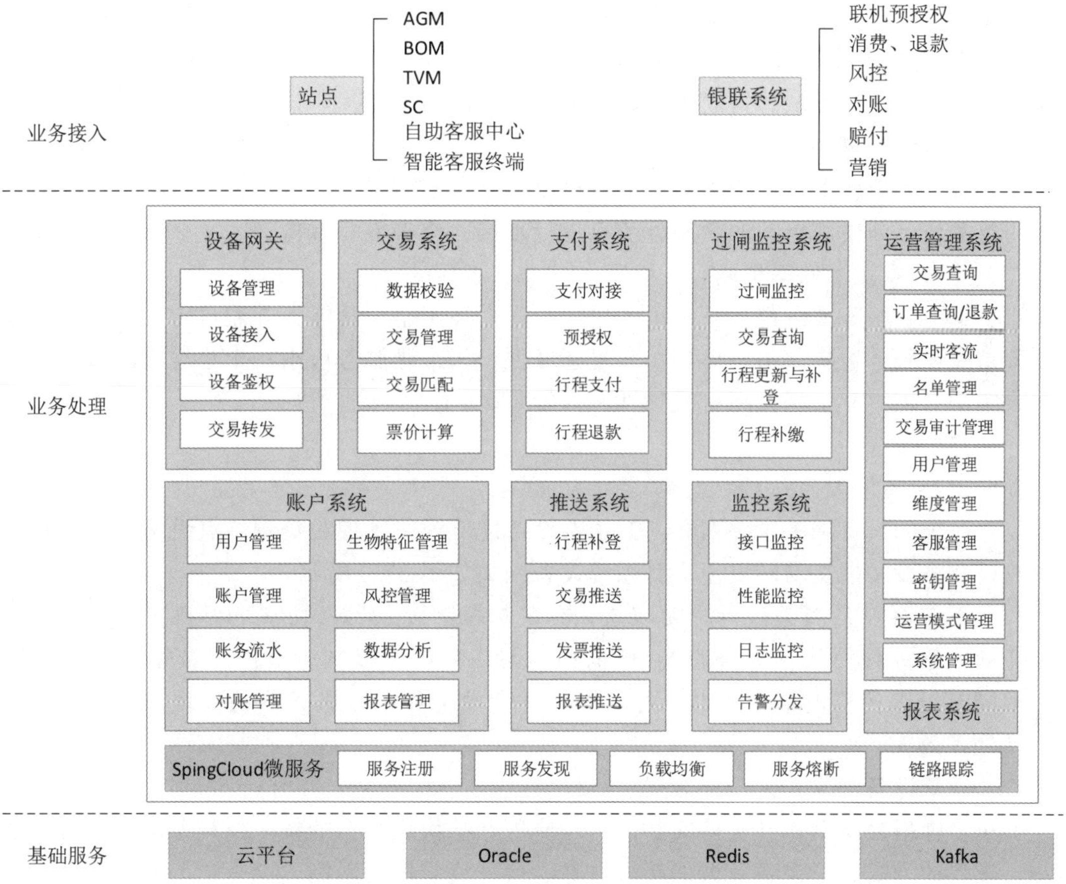

图 3-29　功能架构设计

基础服务采用私有云平台搭建并提供云资源服务；物理数据库采用 Oracle 数据

库；缓存数据库采用 Redis 三主三从集群服务搭建；中间件采用 Kafka 进行异步消息处理。

采用 SpringCloud 微服务集群的分布式架构进行设计，支持纵向扩展原则，可根据业务需要进行服务的自由扩容，以满足对业务响应能力的要求。根据对业务的深刻理解，本项目将业务系统划分成多个微服务，主要包括设备网关、交易系统、支付系统、过闸监控系统、账户系统、推送系统、监控系统、报表系统以及运营管理系统。

微服务架构具有如下优势。

① 可扩展性。

在增加业务功能时，单一应用架构需要在原先架构代码的基础上做比较大的调整，而微服务架构只需要增加新的微服务节点，并调整与之有关联的微服务节点即可。在增加业务响应能力时，单一架构需要进行整体扩容，而微服务架构仅需要扩容响应能力不足的微服务节点。

② 容错性。

在系统发生故障时，单一应用架构需要进行整个系统的修复，涉及代码的变更和应用的启停，而微服务架构仅仅需要针对有问题的服务进行代码的变更和服务的启停。其他服务可通过重试、熔断等机制实现应用层面的容错。

③ 技术选型灵活。

微服务架构下，每个微服务节点可以根据完成需求功能的不同，自由选择最适合的技术栈，即使对单一的微服务节点进行重构，成本也非常低。

④ 开发运维效率更高。

每个微服务节点都是一个单一进程，都专注于单一功能，并通过定义良好的接口清晰表述服务边界。由于体积小、复杂度低，每个微服务可由一个小规模团队或者个人完全掌控，易于保持高可维护性和开发效率。

（3）系统功能说明。

① 设备网关。

系统的设备网关主要对 AFC 站点设备进行统一管理，负责站点设备的接入和鉴权，并将设备的交易转发至交易系统设备网关如图 3-30 所示。

系统对设备网关进行多协议接入，在原有对接 socket 协议的基础上，支持低消耗的网络连接协议，如 Mqtt。低消耗的网络协议可以减少对网络带宽的使用，使得同时可以传输的请求提升，可以提高终端设备和中心服务器的处理速度，提高交易处理效率。

系统设备网关支持多种方式进行设备接入，如 socket、https、mqtt 等方式，可以解析多种报文类型，并支持文字、图像流等非结构化数据的接入。设备网关也可以通过配置的方式，对设备数据的接入数量、接口流量进行限制。

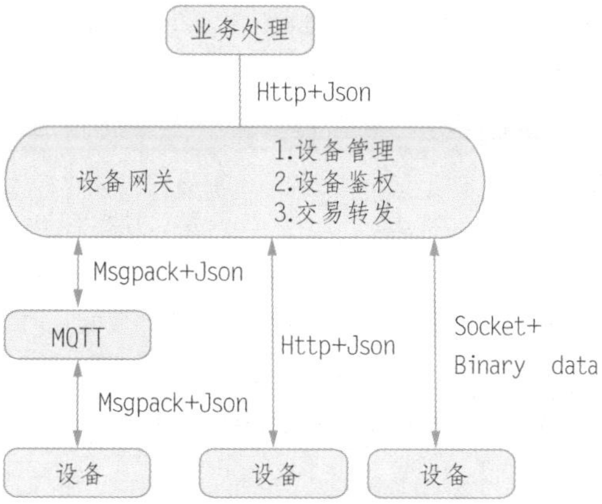


图 3-30 设备网关图

系统除了设备网关外，还具有应用网关和文件网关，具体描述如下。

a. 应用网关。

应用网关图如图 3-31 所示。

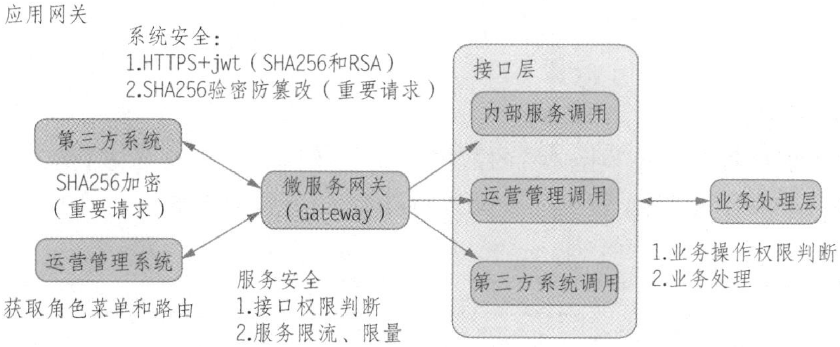


图 3-31 应用网关图

应用网关用于对接其他系统，应用网关具备的功能说明如下：

b. 使用 https 方式进行 SSL 加密传输，同时使用 JWT 接口认证规范，加强应用端对端之间通信交互的安全。应用网关会校验颁发的 Token 是否合法。使用 SHA256 加密算法对重要接口的参数进行防篡改校验，防止数据在传输过程中被篡改。

c. 操作权限判断，系统根据请求端的类型进行接口的分类权限校验，只有具有接口访问权限的应用才能对该接口进行访问，由运营管理系统对接口的访问权限进行配置管理。

d. 菜单权限校验，对于运营管理系统分为不同的操作角色，系统对不同角色进行菜单权限判断，由超级管理员对菜单权限进行分配管理。

e. 服务接口限流，为防止系统崩溃提供算法对接口的接入访问进行限流，同时通过配置的方式，对各个应用的接入接口限流配置进行管理。

文件网关，图如图 3-32 和图 3-33 所示。

文件网关用于传输比较大的文件或者图片，对内使用 ftp 或者 sftp 的方式进行传输，文件传输如果有涉及外网，则需要通过 https 方式包装对外协议，进行通信方式变更，保证 ftp 的账户和密码不会有泄露的风险。

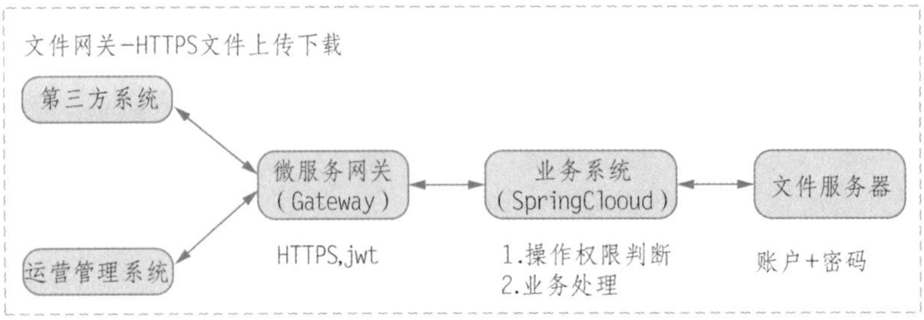


图 3-32　文件网关图-HTTP

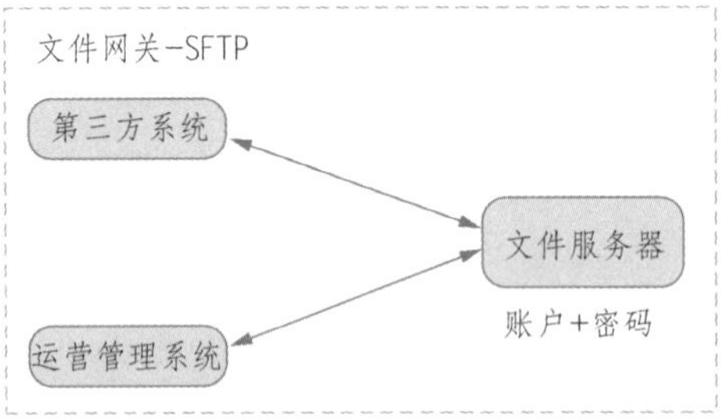


图 3-33　文件网关图-FTP

② 交易系统。

交易系统负责金融 IC 卡交易的数据校验与入库，并对交易进行实时匹配和票价计算，将扣费请求发送至支付系统进行扣费。交易系统的大概处理流程图如图 3-34 所示。

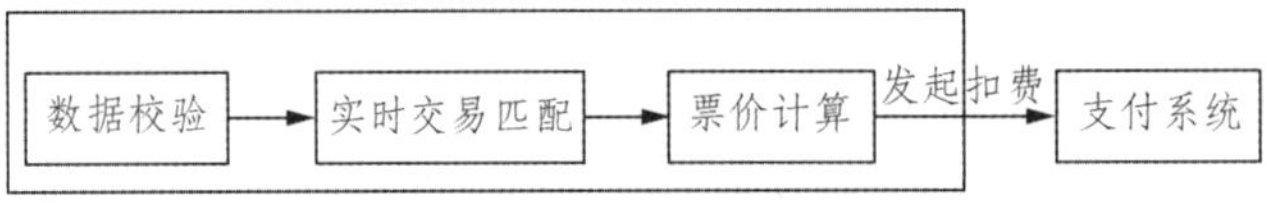


图 3-34　交易系统处理流程

交易系统接收到设备网关转发的金融 IC 卡交易后，先进行数据校验，然后进行实时交易匹配和票价计算，最后向支付系统发起扣费。

a. 数据校验。

系统对金融 IC 卡交易的合法性、有效性以及重复性进行校验，校验不通过的保存至错误数据表，校验通过的保存至正常交易数据表并进行实时交易匹配。

b. 交易匹配。

系统具备交易匹配模块，用于匹配用户进站出站后完整的行程。匹配模块以每一个用户账户 ID 为中心，利用过闸时间先后进行行程匹配，行程匹配依照地铁票务规则进行匹配，匹配完成后由票价计算模块进行票价计算。接下来对匹配依据、匹配规则以及匹配类型做如下说明：

匹配依据。

a. 用户账户号。

使用用户账户 ID 作为唯一确定用户身份的依据，并确定同一个用户的交易数据列表。

b. 交易时间。

确定用户的交易数据列表后，会根据交易数据中的交易时间顺序排列交易，形成匹配时间轴。

c. 交易类型。

形成匹配时间轴后，会从时间轴中第一笔交易开始进行行程匹配。

进闸交易往后找寻下一笔交易，如果类型不同则进行匹配，如果相同则判断交易时间间隔，间隔在重复区间则剔除重复交易，不在重复区间则前一条交易不进行匹配，继续下一笔交易匹配。

出闸交易往前找寻上一笔交易，如果类型不同则进行匹配，如果相同则判断交易时间间隔，间隔在重复区间则剔除重复交易，不在重复区间则后一条交易不进行匹配，继续下一笔交易匹配。

匹配规则：

a. 进站匹配。

对于进站记录，系统往进站记录的过闸时间后时间轴寻找最近一条乘客出站的记录进行匹配，匹配为一笔行程。

b. 出站匹配。

对于出站记录，系统往出站记录的过闸时间前时间轴寻找最近一条乘客进站的记录进行匹配，匹配为一笔双边行程。

c. 更新匹配。

系统无法找到最近的进站记录或出站记录的行程，乘客需要在 BOM 或 App 上进行补录，在一定周期内依然没有找到对应的闸机的行程记录的，匹配模块以乘客补录的行程进行匹配，匹配为一笔双边行程。

d. 单边匹配。

在一定周期内无法找到对应的行程记录以及补录记录，系统将该笔交易认为单边交易，匹配为一笔单边行程。

e. 匹配重组。

因为闸机交易会出现延时上传的情况，特在运营结束后进行匹配重组。将错误匹配的行程进行拆分重组后进行重新匹配，将一笔错误匹配的行程拆分成 $N$ 笔行程。同时将错误匹配的行程进行退款处理，将重组后匹配的行程进行补扣处理。

匹配类型如表 3-7 所示。

票价计算。

系统具备票价计算模块，用于行程匹配后进行票价计算。

票价计算规则遵循地铁票价规则进行计算，同时具备可以对特定票种进行优惠，或者接收其他系统推送的票种优惠，支持在原有的票价计算规则上进行票卡营销，使得票价更加灵活，以匹配各种轨道交通使用场景，所以独立票价计算模块用于增加营销的灵活度。

表 3-7 匹配类型

| 序号 | 字段 | 描述 |
| --- | --- | --- |
| 1 | 正常双边 | 正常进站+出站 |
| 2 | 双边超时 | 正常进站+出站，但乘车时间超过规定时间 |
| 3 | 单边进站 | 有进站、无出站和更新 |
| 4 | 单边出站 | 有出站、无进站和更新 |
| 5 | 进站更新 | 有进站、无出站、有进站更新 |
| 6 | 出站更新 | 有出站、无进站、有出站更新 |
| 7 | 重复进站 | 重复进站交易超过规定的时间范围内或者不在同一个站点 |
| 8 | 重复出站 | 重复出站交易超过规定的时间范围内或者不在同一个站点 |
| 9 | 重组匹配 | 进行匹配拆分后的匹配 |

③ 支付系统。

系统具备支付网关模块，用于对接第三方支付系统。

支付网关模块独立于其他模块，根据交易系统产生的行程支付请求，生成支付订单对接第三方支付系统。支付网关保存各类第三方支付系统对接参数，可以同时对接多个第三方支付系统，并且自动处理各类支付异常，自动对异常订单进行发起补扣，保证票款的完整支付。支付网关支持订单退款以及行程补缴，并对接第三方支付平台的签约，将对第三方支付平台的对接进行统一管理。

支付系统对接银联系统主要包括如表 3-8 所示的接口或内容。

表 3-8 支付系统对接银联系统接口

| 序号 | 字段 | 描述 |
| --- | --- | --- |
| 1 | 预授权 | 发起预授权请求，预先冻结乘客账户内部分资金 |
| 2 | 预授权完成 | 针对已经发生的预授权交易进行部分款项承兑 |
| 3 | 预授权撤销 | 撤销已经发生的预授权交易 |
| 4 | 预授权完成撤销 | 撤销已经发生的预授权完成交易 |
| 5 | 交易查询 | 当预授权等交易在超时时限内没有得到应答时，地铁前端可以发起该交易查询超时交易的状态 |
| 6 | 消费 | 发起一笔扣款申请 |
| 7 | 冲正 | 各类交易超时冲正 |
| 8 | 消费退货 | 发起消费交易的退款申请 |
| 9 | 申请重置密钥 | 地铁系统将申请重置密钥请求发送给银联系统申请密钥 |
| 10 | 重置密钥请求 | 银联系统将生成的新密钥下发给地铁系统 |
| 11 | 黑转白 | 黑名单转白名单 |
| 12 | 卡号名单文件 | 金融 IC 卡黑名单文件 |
| 13 | 黑名单删除文件 | 金融 IC 卡黑名单删除文件（即黑转白文件） |
| 14 | 再请款成功文件 | 再次请款成功通知文件 |
| 15 | 对账文件 | 用于资金对账文件 |
| 16 | 待赔付文件 | 资金赔付的文件 |
| 17 | 待清偿文件 | 待清偿的文件 |
| 18 | 参数文件 | 其他相关的参数文件，比如卡公钥参数、卡密钥 Aid 参数等 |

④ 过闸监控系统。

过闸监控系统负责限制金融 IC 卡重复进、出闸，并且限制卡片只能一进一出。同时提供交易查询、行程更新与补登以及行程补缴等功能。

采用多重过闸监控的方式对乘客进行过闸监控，主要说明见下文。

⑤ 线网过闸监控。

在系统正常运营情况下对金融 IC 卡采用线网过闸监控,提高整体线网过闸监控功能。制定一套完整的防重规则进行防重，有效限制金融 IC 卡重复进、出闸，并且限制卡片只能一进一出，同时过闸监控系统满足实时添加黑名单并进行实时名单校验，减少名单未及时下发带来的票务风险。站级过闸监控系统将会变为离线降级或应急情况时使用，线网过闸监控系统在运营结束后会定时下发黑名单参数到闸机和站级过闸监控系统，线网级过闸监控可以实时添加黑名单、校验黑名单。

⑥ 站级过闸监控。

因考虑到网络出现异常或其他异常的情况，在站点设备无法连接线网过闸监控系统的情况下，导致无法进行有效的金融 IC 卡过闸监控，系统设计站级过闸监控系统，在站点设备离线或应急情况下使用，限制金融 IC 卡使其不能重复进、出闸。同时由于线网中心会将黑名单下发至站级过闸监控系统，站级过闸监控系统具有黑名单过闸监控的功能。

为了尽量减少票务的损失，将在线网级过闸监控系统与站级过闸监控系统建立数据同步机制。线网过闸监控系统将会使用消息中间件将线网过闸数据实时同步给站级过闸监控系统，使站级过闸监控系统具备线网过闸监控系统的能力。

⑦ 单设备过闸监控。

在站点设备完全脱机离线的情况下，无法连接到线网过闸监控，同时也无法连接到站级过闸监控系统。同时地铁运营方希望在站点设备完全脱机的情况下依然能使用金融 IC 卡，系统在闸机保留一定量的交易数据以实现单个设备的过闸监控，限制金融 IC 卡在同一设备不能重复进、出闸。同时由于线网中心会将黑名单下发至站点设备，站点设备具有黑名单过闸监控的功能。

⑧ 账户系统。

账户系统负责搭建地铁实名账户体系，主要的核心功能包括用户管理、账户管理、账务流水、对账管理、生物特征管理、风控管理以及数据分析与报表管理等功能。如图 3-35 所示。

账户管理系统架构采用自下往上的分层设计方式，分为数据层、基础层、服务层以及对外接口层。

a. 数据层。

数据层负责账户体系基础数据的建立，主要存储用户数据、员工数据、运营商数据、服务商数据、管理系统数据为主的数据。

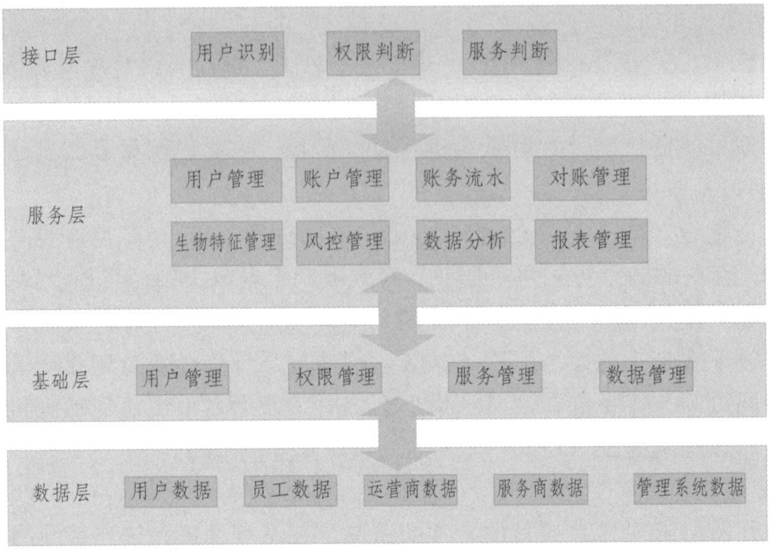


图 3-35 账户系统设计图

b. 基础层。

基础层主要提供基础通用的服务，主要包括用户管理、用户权限管理、用户开通服务管理以及数据管理等功能模块。

c. 服务层。

服务层主要进行账户系统的业务服务体系的建立，主要包括用户注册、用户实名认证、签约管理、支付管理、账户管理、账务流水、数据分析、对账管理等功能。

d. 接口层。

接口层主要基于服务层提供的服务的基础上对外提供接口服务，通过 API 接口接入使用账户管理提供的服务，同时对用户进行识别，判断用户是否有访问权限以及是否具有相应的开通的服务，没有开通的服务则无法进行访问。

系统针对地铁的用户，以一人一入口一户的原则进行账户管理，同时可以通过附加实名功能，对用户进行实名制认证，并进一步进行入口统一，从而实现介质混合通行，同一个用户匹配，降低票务损失的风险。

以一人一入口一户为原则进行风控管理，当个人有多个地铁票卡时，账户系统以个人为单位进行风控管理，对于有多种通行方式的票卡介质的乘客，当其中一种票卡有票务风险时系统对该个人的其他所拥有的票卡进行统一的风险控制，以用户为单位进行风控管理可降低票务损失的风险。

系统统一用户系统 api，方便其他系统进行调用，方便业主对整体系统用户进行管理，同时可收集用户各类数据，通过大数据分析，对地铁乘客进行一个用户画像的分析。

⑨ 推送系统。

系统具备推送模块，用于推送各类消息给各个系统，包括各接入渠道、清分内部系统以及其他外部系统，推送的消息类型包括短信、邮件、群消息、系统推送、接口推送等，内容包括系统告警、补登交易推送以及行程交易推送、电子发票推送以及报表推送等。

推送模块可以针对个人或者群组进行推送，并根据不同的推送级别对不同用户采用不同的方式进行推送，确保用户能及时接收到系统所推送的消息，保证各类情况的事件可以得到及时的处理。

⑩ 运营管理系统。

系统提供运营管理模块，提供可视化界面与后台系统相结合，使用 B/S 架构，方便用户登录系统进行便捷的运营操作。运营管理系统负责金融 IC 卡的日常运营管理，主要包括交易查询、订单查询和退款、实时客流查询、名单管理（黑名单/白名单）、交易审计管理（与设备或第三方系统的交易审计）、用户管理、维度管理、客服管理、密钥管理、运营模式管理以及系统管理等功能。

a. 交易查询。

系统管理员可查看金融 IC 卡相关的票卡交易数据。

b. 订单查询与退款。

系统管理员可查看行程支付订单以及进行订单退款。

c. 实时客流查询。

系统管理可对金融 IC 卡的实时客流进行查询，按不同的时间维度进行统计，时间维度主要包括 5 min 客流、15 min 客流、30 min 客流、小时客流、日客流等。

d. 名单管理。

系统管理员可查看黑名单和白名单，同时新增、删除黑名单和白名单。对于银联的白名单仅提供查询功能，系统对银联白名单不提供手工删除和修改等功能。

e. 交易审计管理。

金融 IC 卡优化子系统需对接各方系统，包括车站设备以及相关系统、清分内部系统、银联系统以及其他第三方系统等，为保证在数据交换过程中保证数据交换的一致性，系统对交易进行审计管理。系统管理员可查看各系统之间的交易审计情况，漏传的数据可通知补传。

f. 用户管理。

系统管理员可查看金融 IC 卡的用户基本信息，对敏感信息进行脱敏处理。

g. 维度管理。

系统管理员可对票种、票价参数、线路、站点、设备类型、设备参数、票卡区域等进行统一的管理。

h. 客服管理。

系统管理员可对乘客事务进行管理，包括乘客的行程交易查询、扣费情况、发起退款以及退款进度查询等。

i. 密钥管理模块。

系统提供密钥管理界面以及后端管理，监控密钥过期时间，优化密钥管理流程，提供可视化界面，可以对其他密钥系统进行接入，提供统一密钥管理。

设备下发密钥需要通过密钥管理接口获取密钥信息以及密钥存放位置后进行下发。

j. 运营模式管理

系统同时支持联机预授权和 ODA 模式的管理，运营模式包括：纯联机模式、“联机+ODA”并存模式以及纯 ODA 模式。系统提供可视化人机操作界面进行运营模式的管理，并可根据线路、站点、卡号、时间等维度进行配置。系统管理员可以查看当前系统所采用的运营模式以及对运营模式进行配置和切换。

k. 系统管理。

系统超级管理员可对运营管理系统的登录用户、用户角色、系统菜单/按钮以及角色权限分配进行统一管理。

⑪ 监控系统。

监控系统负责对金融 IC 卡优化子系统的监控，主要包括如下功能。

a. 可自定义报警策略，超过设定的阈值系统自动通过 PC 端、手机端等报警。

b. 实现通过统一的综合监控平台全局性管理全部设备及网络资源，包括服务器、防火墙、交换机系统平台设备的状态以及设备的 CPU、内存、存储空间、网络等性能状态的监控管理，出现异常进行报警。

c. 实现监控通过统一的综合监控平台，监控应用程序运行状态、业务完成情况、交易处理情况等，出现异常进行报警。

d. 能分层次监控系统资源，提供最简洁的故障诊断。

e. 系统提供报表统计分析功能，能够有序地展现网络运维的所有管理指标，生成各种分析报告和图表，全面地呈现网络系统的设备资源、告警统计、系统运行状况等，为故障诊断、领导决策提供科学的、可量化的决策依据。

f. 系统提供网络性能、TOPN 排名、链路性能、性能趋势及端到端链路性能统计分析报表，以及设备的日志事件分析及事件统计分析报告。

g. 系统提供报表的模板自定义功能。

h. 提供多种预警、报警方式，能够根据告警信息的严重程度、影响范围以及与企业相应考核指标的关系进行告警级别划分，并能对事件和监测故障进行自动处理。

i. 支持定制视图，可根据规则将特定资源集中管理，能够生成动态业务处理视图，并可根据用户的管理模式进行方便的拓扑定制操作；支持图形关联，能够在被管理对象的图标上启动相关的操作。

j. 提供多种阈值设置方式，可全局（所有设备）、全设备（设备下每个 KPI 监控指标）、单个 KPI 监控指标的阈值设备，设置内容包括告警级别范围、KPI 监控指标采样时间、KPI 监控指标告警信息等。

k. 监控系统获取监控指标的方式应进行优化，避免采用直接查询应用系统的方式，以减少监控系统对系统资源的消耗。

⑫ 报表系统。

系统具备独立的报表模块，报表模块采用成熟的商用报表软件，可以支持 SC、LC、ICCS 的图像化报表界面的展现和文件导出，可以针对运营需要灵活地进行各个维度查询，出具各类数据报表，同时可以生成导出各类图形报表。

报表类型主要包括车站客流报表、结算报表、收益报表、审计报表、对账报表、异常报表以及其他专题分析报表等。

# 3.5 生物特征识别技术

## 3.5.1 人脸识别

人脸识别是一种重要的身份认证生物特征技术，在交通、金融、公安、日常生活等领域得到了广泛的应用。一般而言，传统方法尝试着通过浅层学习的表达来识别人脸，研究人员分别对预处理、局部描述、特征变换进行深入研究，但这些方法对人脸识别精度的提高并不显著。而且，大多数的方法只针对面部无光线、姿势、表情或伪装等影响的情形。因此，没有任何集成技术可以完整地解决这些无限制的挑战。

深度卷积神经网络，使用多层处理单元的级联进行特征提取和变换。它们学习与不同抽象层次对应的多个层次的表示。这些层次构成了概念的层次结构，显示出面部姿态、光线和表情变化的不变性，如图 3-36 所示。从图中可以观察到第一层网络与人类科学家凭借多年经验发现的 Gabor 特征有几分相似；而第二层学习了更多的纹理细节；第三层提取了更复杂的特征并开始出现了简单的结构，如鼻子，眼睛等；到了第四层网络的输出就能够足以解释某些面部特征了，可以对一些清晰的抽象概念做出特殊反应，如微笑、咆哮、蓝眼睛等。

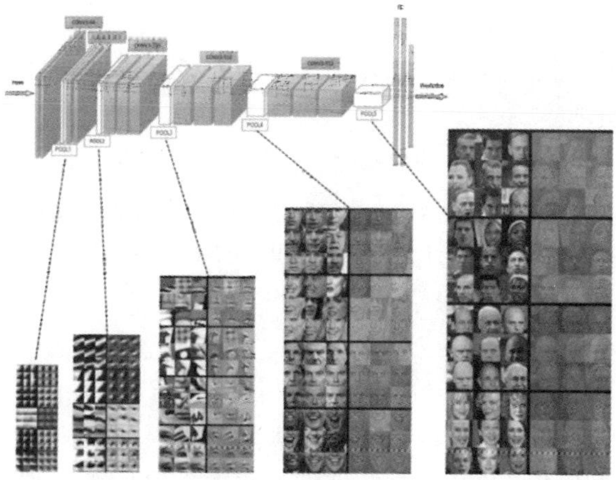

图 3-36　深度卷积网络层级结构及其学习到的特征示例.

深度卷积网络在浅网络层自动学习如 Gabor、SIFT 等类似人工设计的特征，在深层网络进一步学习高层次的抽象。最后，这些高层次抽象的组合构成了高判别能力的人脸识别。

人脸识别系统主要由三个模块组成，如图 3-37 所示。从左侧起，首先，人脸检测器负责在视频或图片中检测人脸；随后，将检测到的人脸通过仿射变换进行矫正对齐；最后，人脸识别模块负责处理对齐后人脸的图像。

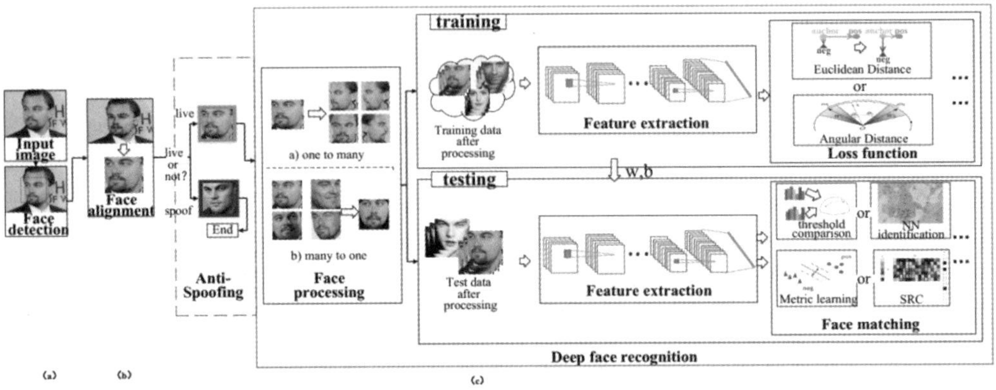


图 3-37 人脸识别系统组成.

图 3-37 人脸识别系统组成从左到右分别为人脸检测、人脸对齐矫正以及人脸识别模块。

人脸识别模块。主要由三部分组成，分别是人脸预处理、深度特征提取以及人脸匹配。

（1）人脸预处理。

一对多增广：从单个图像生成多个位姿变化的补丁或图像，以使深度网络能够学习位姿不变表示。

多对一的归一化：从一个或多个非正面图像中恢复人脸图像的标准视图；然后，人脸识别可以像在受控条件下一样执行。

除了以上所述，人脸处理也被设计用来处理姿势、表情变化等。

（2）深度特征提取。

深度特征提取主要由深度网络负责，深度网络的结构可以划分为主流网络（backbone network）和集成网络（assembled network）。经典卷积神经网络结构的网络，如 AlexNet、VGGNet、GoogleNet、ResNet 和 SENet 被广泛地作为人脸识别任务的评判基准。

（3）人脸匹配。

人脸匹配函数具体可分为以下两大类。

基于欧氏距离损失：缩小类内距离，增大类间距离。

基于角度/余弦间隔损失：从角度相似性的角度学习可能会使得学习到的特征之间有更大的角度/余弦可分性的人脸特征。

（4）人脸应用场景。

通行场景：分为免费通行和付费通行，目前在公共交通应用场景里存在付费区域和非付费区域，乘客人脸将作为乘车的通行凭证，目前应用实施阶段是主要针对免费人群使用和小范围试点人脸支付付费使用。

支付场景：这个就是与互联网金融行业的结合了，目前这一领域也是非常的热火，在超市、商店、饭店等都推出了自助买单时使用“扫脸支付”。在地铁员工饭堂也推行了扫脸付款吃饭的应用。

考勤场景：上班不再是“打卡”，而是“刷脸”，通过升级企业的考勤系统来实现刷人脸打卡。

门禁场景：住宅区、写字楼、政府、企业或其他非闲杂人等不得进入的区域，人脸识别可以作为一种更精确，也更快速的方式来保障安全。

### 3.5.2 指　纹

指纹识别技术通过分析指纹的全局特征和局部特征，特征点如嵴、谷和终点、分叉点或分歧点，从指纹中抽取的特征值可以非常的详尽，以便可靠地通过指纹来确认一个人的身份。平均每个指纹都有几个独一无二可测量的特征点，每个特征点都有大约七个特征，我们的十个手指产生最少 4 900 个独立可测量的特征。指纹识别示意图如图 3-38 所示。

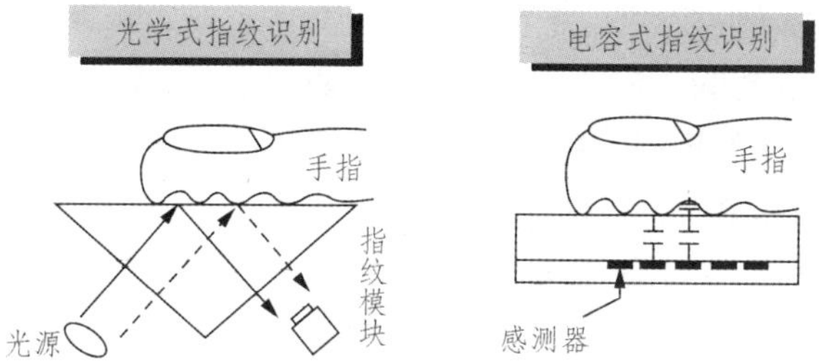


图 3-38　指纹识别示意图

读取指纹图像、提取特征、保存数据和比对。在一开始，通过指纹读取设备读取到人体指纹的图像，取到指纹图像之后，要对原始图像进行初步的处理，使之更清晰。接下来，指纹辨识软件建立指纹的数字标识——特征数据，一种单方向的转换，可以从指纹转换成特征数据但不能从特征数据转换成为指纹，而两枚不同的指纹不会产生相同的特征数据。有的算法把节点和方向信息组合产生了更多的数据，这些方向信息表明了各个节点之间的关系，也有的算法还处理整幅指纹图像。总之，这些数据，通常被称为模板，保存为 1K 大小的记录。无论它们是怎样组成的，至今仍然没有一种模板的标准，也没有一种公布的抽象算法，而是各个厂商自行其是。最后，通过计算机模糊比较的方法，把两个指纹的模板进行比较，计算出它们的相似程度，最终得到两个指纹的匹配结果。

我们手掌及手指、脚及脚趾内侧表面的皮肤凸凹不平产生的纹路会形成各种各样的图案。这些纹路的存在增加了皮肤表面的摩擦力，使得我们能够用手来抓起重物。人们也注意到，包括指纹在内的这些皮肤的纹路在图案、断点和交叉点上各不相同，也就是说，是唯一的。依靠这种唯一性，我们就可以把一个人同他的指纹对应起来，通过对他的指纹和预先保存的指纹进行比较，就可以验证他的真实身份。这种依靠人体的身体特征来进行身份验证的技术称为生物识别技术，指纹识别是生物识别技术的一种。

指纹识别系统算法实现过程如图 3-39 所示，具体内容如下。

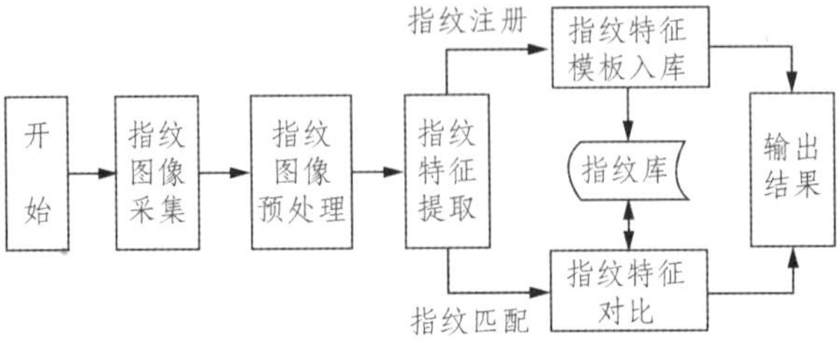


图 3-39　指纹识别系统算法实现过程图

（1）指纹图像采集，指纹采集模式主要通过与计算机联机的先进指纹传感器的专用指纹采集设备，将真实的人体指纹直接变成数字图像数据，实时传输给计算机。

（2）指纹图像预处理原始指纹图像需要进行滤波除噪、脊线增强、动态二值化、方向信息计算、初分类、背景分割、纹线间隔估计等处理。图像预处理的效果好坏直接影响系统性能。个别应用还需要指纹图像的压缩编码。

（3）指纹特征提取包括纹线细化、特征点（交叉点、断点、中心点、三角点等）检测与分类、伪特征点消除、特征点特性参数计算、特征参数压缩编码、全局特征（“斗”“箕”“旋向”等）检测等步骤。特征提取算法应能适应噪声、畸变、位移、旋转、缺损、变形等常见的实际情况。

经预处理后的指纹图像通过相应的处理算法自动提取指纹的全局特征和细节特征。自动指纹识别系统中一般把指纹的类型分为弓、左箕、右箕、斗、杂和不可分六类。细节特征主要由其位置和方向确定，因此细节特征一般只考虑纹线的端点和分叉点（包括汇合点），眼和桥等也用相应的分叉点表示，不再特殊区分，在有的系统中，还将细节特征与中心之间、或与细节特征之间的纹线数提取并记录下来。提取后的特征还需要进行后处理以去掉假特征。

（4）指纹特征比对即比较现场提取的某一个指纹特征点集合和原先建立的数据库中的某一个指纹特征点集合的相似程度。通常用代价函数（或匹配能量）来表示相似程度，取合适的门限将给出该两组指纹特征是否来自同一枚指头的判断。特征比对的方法有点图松弛匹配方法、最小距离图法和 Delaunay 三角形化变换等。

### 3.5.3　指静脉

指静脉认证技术是一种新的生物特征识别技术，它是基于人类手指中流动的血液可吸收特定波长的光线这一原理研发的。使用特定光线的照射，可得到手指静脉的特征影像，进一步对影像进行分析处理即可获得手指静脉的生物特征，通过将其与事先注册的特征进行比对来实现识别认证。指静脉技术原理图如图 3-40 所示。

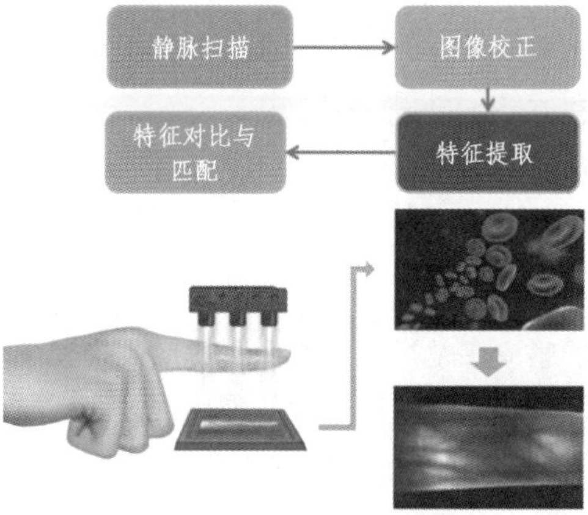


图 3-40　指静脉技术原理图

1. 指静脉识别技术特征

（1）高度防伪。

静脉信息处于手指内部，无法改变，高度防伪，被盗用和复制的机会小。

（2）高度准确。

每个人的静脉都不同，同卵双胞胎的静脉也不同，信息终身不变，稳定性非常高；FAR（认假率）小于 0.0001%。

（3）活体特征。

真正活体身份认证，被砍断的手指无法使用，实现本人亲临现场的身份唯一性。

（4）简便易用。

采集认证采用非接触方式，不留痕迹；此外识别扫描过程简单自然，减整个特征过程不到 1 s，减轻用户担心使用麻烦而可能存在的抗拒心理。

2. 指静脉算法流程

指静脉识别流程图如图 3-41 所示。

注册阶段：应用指静脉采集装置采集指静脉图像，应用谷形检测、Hessien 矩阵等图像增强方法实现指静脉图像分割，并将分割图像输入数据特征提取算法实现该指静脉特征提取，将指静脉特征图像提取（$x1$，…，$xn$）形式的特征向量并存储，完成指静脉图像注册。

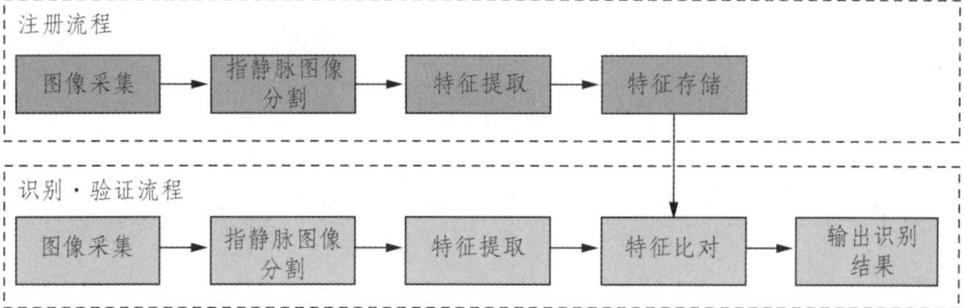


图 3-41　指静脉识别流程图

识别验证：采用与注册阶段相同的方法获取待识别（或验证）图像的特征向量（y1，…，yn），读取已注册的指静脉特征，进行特征比对，特征比对方法一般应用预先相似度或欧式举例等方法。

### 3.5.4 掌静脉

掌静脉识别技术是新一代多模态、高精度、活体生物特征识别技术，利用近红外线照射手掌，并由传感器感应手掌反射的光。其中的关键在于流到静脉红细胞中的血红蛋白对特定波长的近红外线会有吸收，导致静脉部分反射较少，在影像上就会产生静脉图案。掌静脉技术原理图如图 3-42 所示。

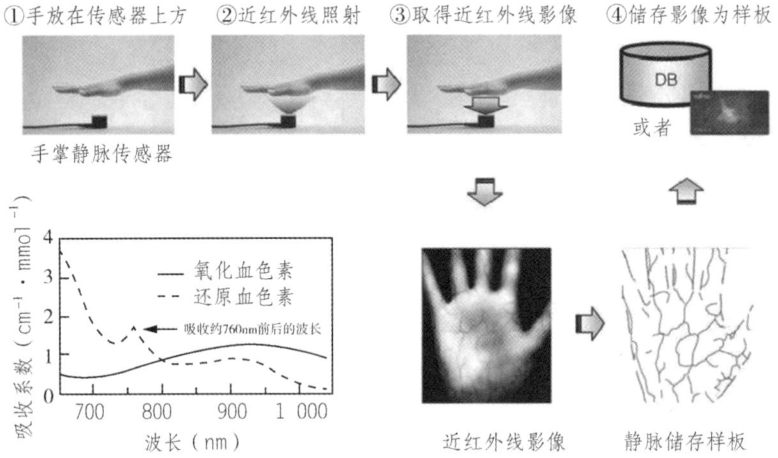


图 3-42 掌静脉技术原理图

掌静脉识别系统主要有静脉图像采集装置和识别算法两部分组成，其中识别算法包括图像预处理、特征提取、特征值比对与匹配等部分。

掌静脉识别流程图如图 3-43 所示。

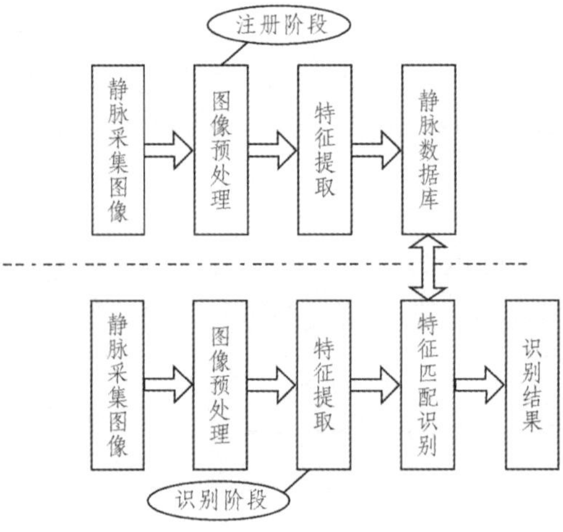


图 3-43 掌静脉识别流程图

主要包括以下两个阶段。

（1）注册阶段，通过静脉采集装置获取掌静脉血管图像，然后依据可靠而有效的识别算法从掌静脉血管分布图中提取静脉特征，将静脉特征值存储并建立掌静脉数据库。

（2）识别阶段，通过静脉采集装置实时获取掌静脉血管图像，经图像预处理后提取手掌静脉特征、并与存储在数据库中静脉特征对比匹配，从而确认人员身份。

### 3.5.5 虹 膜

虹膜识别技术是基于眼睛中的虹膜纹理信息对进行人身份识别的一种技术，属于人工智能中的生物识别技术。基于深度识别的人脸识别技术作为身份认证手段目前已被广泛使用，虹膜与人脸天然一体，且具有唯一性、稳定性、防伪性、生物活性、非接触性等特点，为“虹膜+人脸”的多模态生物识别技术提供了先天条件。

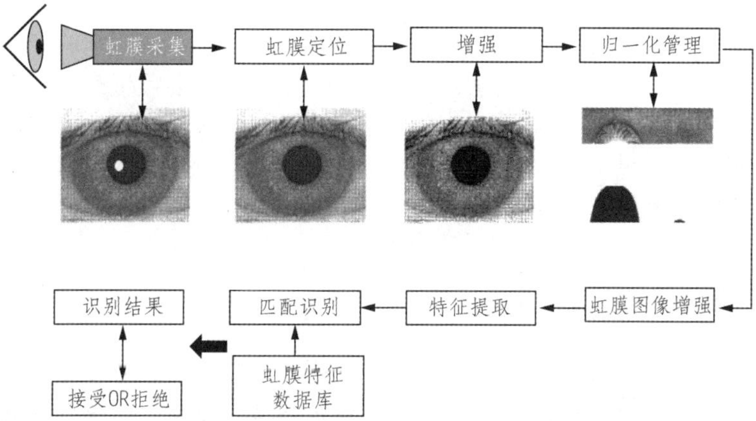


图 3-44 虹膜识别系统

虹膜识别系统包括：虹膜定位、预处理（对准、图像增强、归一化）、特征提取、匹配识别。

1. 虹膜定位

定位虹膜的内外边界，检测并排除侵入的眼睑，将虹膜从整幅图像中分割出来。

2. 预处理

（1）虹膜对准：确定两幅图像之间特征结构的对应关系，将原始坐标映射到一个极坐标系上，使虹膜组织的同一部位映射到这个坐标系的同一点，利用图像配准技术来补偿尺度和旋转的变化。

（2）归一化&图像增强：将获取的图片数值变换到一定范围内，利用图像增强技术增强纹理细节。

3. 特征提取

利用特征提取技术获取输入虹膜图像的特征表示，如 GaborBP、PCA、线性子空间等以及深度学习方法。

4. 匹配识别

利用距离度量（如欧式距离、余弦相似度）衡量两虹膜特征表示之间的相似性.

在传统算法下，虹膜识别的主要难点在于虹膜定位以及特征提取。比如：瞳孔形状非正圆、用户配合度要求高（位置、姿态）、图像模糊、光照强度和明暗变化、瞳孔尺度变化、睫毛头发遮挡等，都会影响识别系统的性能。相比之下深度学习方法能够更有效地再非标准情况下定位虹膜以及提取更准确的特征，如利用深度学习检测方法和利用 MTCNN 网络进行虹膜检测，能够有效地从针对模糊图像，光照强度和明暗变化过大、用户配合度低的情况下进行虹膜定位；利用深度语义分割技术从图像进行虹膜分割能够处理非圆、不同尺度的瞳孔等。

## 3.6 区块链

纵观人类历史上的几次工业革命，如：我们不难发现，新技术的产生能够被广泛地应用在各个领域并产生持续性的影响，从而改变人类社会的生产方式和商业模式。这一类新技术具有普适性、持续性、结合性和颠覆性。从历史上看，国家的实力体现在科技的创新上，优先掌握新兴科技技术及应用主导权，就能在国际社会中占据主要的优势。区块链技术就是这样的一种新兴通用技术。

### 3.6.1 国内外发展现状

目前，英国将区块链列入国家战略部署，计划投资 2 660 万美元支持区块链的发展；俄罗斯发布了国家区块链项目数据库，涉及金融、保险、医疗、交通等；在国际上，以比特币、以太坊为代表的区块链开源项目不断持续推进，Intel、IBM 等巨头公司通过建立开源社区吸引全球各产业参与，加快打造行业解决方案；甲骨文、谷歌等公司利用云平台提供区块链服务，推动技术与应用结合和落地。德国是首个承认比特币合法地位的国家，将其纳入国家监管系统，2016 年，联邦金融监管局对分布式分类账的潜在应用价值提进行探索，包括在跨境支付中的应用，银行之间转账和交易数据存储。

在国内，《十三五国家信息化规划》中提及区块链，强调加强区块链等新技术的基础研发和前沿布局，构筑新赛场和先发主导优势。2015 年 12 月，区块链研究联盟、区块链应用研究中心成立，2016 年 2 月，中关村区块链产业联盟成立；2016 年 2 月，央行行长指出，数字货币必须由央行发行，区块链是可选技术；同年 4 月，中国分布式总账基础协议联盟成立。中国人民银行于 2017 年正式成立了数字货币研究所，积极探索区块链技术发展。重庆渝中、雄安新区、贵州贵阳、浙江杭州、江苏无锡、山东青岛、上海宝山、广州黄埔等地在发展规划中明确将区块链作为发展重点，贵阳、重庆、广州、青岛等地更是结合当地实际情况出台了专项扶持政策。

工业和信息化部指导成立了中国区块链技术和产业发展论坛，发布《中国区块链技术和应用白皮书（2016）》，引导社会各界正确认识、使用区块链。中国电子标准化研究院、中国信息通信研究院、工业和信息化部电子第五研究所等机构围绕参考架构、数据格式、测评方法、评估规范等，加快区块链标准制定，形成《区块链参考架构》《区块链数据格式规范》《区块链与分布式记账信息系统评估规范》等一系列团体标准，并成立区块链和分布式记账标准委员会，推动首个区块链国家标准立项，积极参与国际标准 TC307 的制定工作。

### 3.6.2 区块链基础技术概述

什么是区块链？从科技层面来看，区块链涉及数学、密码学、互联网和计算机编程等很多领域的科学技术问题。从应用视角来看，简单来说，区块链是一个分布式的共享账本和数据库，具有去中心化、不可篡改、全程留痕、可以追溯、集体维护、公开透明等特点。这些特点保证了区块链的“诚实”与“透明”，为区块链创造信任奠定基础。而区块链丰富的应用场景，基本上都基于区块链能够解决信息不对称问题，实现多个主体之间的协作信任与一致行动。

区块链是分布式数据存储、点对点传输、共识机制、加密算法等计算机技术的新型应用模式。区块链（Blockchain），是比特币的一个重要概念，它本质上是一个去中心化的数据库，同时作为比特币的底层技术，是一串使用密码学方法相关联产生的数据块，每一个数据块中包含了一批次比特币网络交易的信息，用于验证其信息的有效性（防伪）和生成下一个区块。

区块链本质上是一个去中心化的分布式账本，其本身是一系列使用密码学而产生的互相关联的数据块，每一个数据块中包含了多条经比特币的网络交易有效确认的信息。这些信息构成的区块链具有去中心化、不可篡改、开放性、匿名性、可追溯等特点。

1. 区　块

区块链是由一个一个的区块连接起来构成的，每个区块由包含元数据的区块头和包含交易数据的区块主体构成。区块头包含三组元数据：

（1）用于连接前面的区块父区块哈希值的数据。

（2）挖矿难度、Nonce（随机数，用于工作量证明算法的计数器）、时间戳。

（3）能够总结并快速归纳校验区块中所有交易数据的 Merkle 树根数据。

区块链系统大约每 10 min 会创建一个区块，其中包含了这段时间里全网范围内发生的所有交易。每个区块中也包含了前一个区块的 ID（识别码），这使得每个区块都能找到其前一个节点，这样一直倒推就形成了一条完整的交易链条。

表 3-9　区块头构成

| 区块头 | |
| --- | --- |
| 大小（字节） | 字段 |
| 4 | 版本信息 |
| 32 | 父区块哈希值 |
| 32 | Merkle 树根 |
| 4 | 时间戳 |
| 4 | 难度值 |
| 4 | Nonce |

2. Hash 算法

哈希算法是区块链中保证交易信息不被篡改的单向密码机制。哈希算法接收一段明文后，以一种不可逆的方式将其转化为一段长度较短、位数固定的散列数据。

$$y = Hash(x) \tag{3-1}$$

在已知 $y$ 的情况下，很难反推出 $x$ 的值。

哈希链：假设要有序产生三个数据块 $x_0$ 、 $x_1$ 、 $x_3$ ，则

$$y_0 = Hash(x_0) \tag{3-2}$$

$$y_1 = Hash(y_0 \| x_1) \tag{3-3}$$

$$y_2 = Hash(y_1 \| x_2) \tag{3-4}$$

其中$\|$标识连接。通过上面的计算，即可以形成一个哈希链。

哈希算法有以下两个特点：

（1）加密过程不可逆，意味着我们无法通过输出的散列数据倒推输入变量值是多少。

（2）输入变量与输出的散列数据一一对应，任何一个输入信息的变化，都必将导致最终输出的散列数据的变化。

在区块链中，通常使用 SHA-256（安全散列算法）进行区块加密，这种算法的输入长度为 256 位，输出的是一串长度为 32 字节的随机散列数据。区块链通过哈希算法对一个交易区块中的交易信息进行加密，并把信息压缩成由一串数字和字母组成的散列字符串。区块链的哈希值能够唯一而准确地标识一个区块，区块链中任意节点通过简单的哈希计算都可以获得这个区块的哈希值，计算出的哈希值没有变化也就意味着区块中的信息没有被篡改。

3. Merkle 树根

区块链中的每个区块都包含了某段时间内的所有交易信息，以 Merkle 树形式表示。Merkle 树是一种哈希二叉树，这种二叉树包含加密哈希值。生成一棵完整的 Merkle 树需要递归地对哈希节点对进行哈希，并将新生成的哈希节点插入到 Merkle 树中，直到只剩一个哈希节点，该节点就是 Merkle 树的根。Merkle 树根如图 3-45 所示。

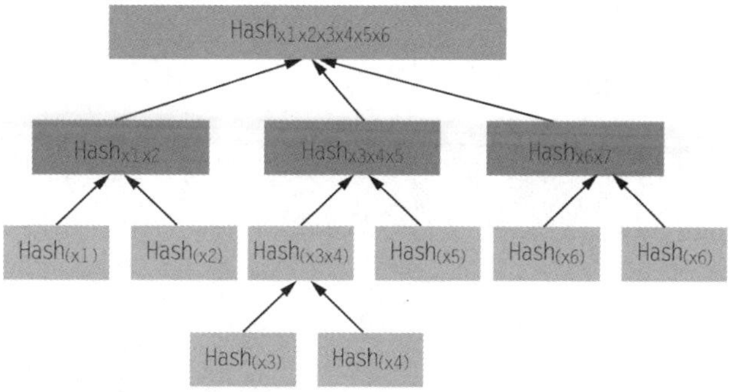


图 3-45 Merkle 树根

Merkle 树的子节点是数据信息的哈希值，非子节点对其下面所有子节点的组合进行哈希计算后得出的哈希值。区块中任意一个数据的变更都会导致 Merkle 树结构发生变化。

4. 非对称加密

公开密钥与私有密钥是一对，如果用公开密钥对数据进行加密，只有用对应的私有密钥才能解密；如果用私有密钥对数据进行加密，那么只有用对应的公开密钥才能解密。因为加密和解密使用的是两个不同的密钥，所以把这种算法叫作非对称加密算法。

A 方生成一对密钥并将其中的一把作为公用密钥向其他方公开；得到该公用密钥的 B 方使用该密钥对机密信息进行加密后再发送给 A 方；A 方再用自己保存的另一把专用密钥对加密后的信息进行解密。

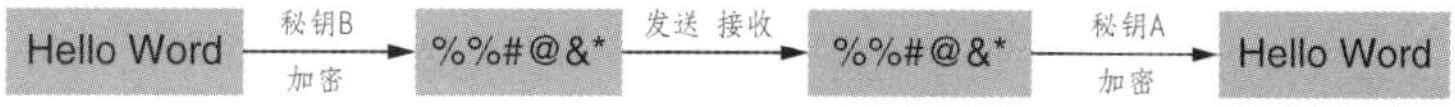


图 3-46 非对称加密信息传递过程

5. 时间戳

从创世纪区块开始，时间戳就一直存在于整个区块链中，时间戳最为重要的作用就是保证交易的真实性，防止对信息的篡改，一旦修改，则相应的哈希值会变化。每一个时间戳会将前一个时间戳也纳入其随机哈希值中，这一过程不断重复，依次相连，最后会生成一个完整的链条。

6. 区块链的模型架构

区块链由数据层、网络层、共识层、激励层、合约层以及应用层共 6 层组成，其中数据层、网络层和共识层是必须存在的，其余可根据实际情况而定。区块链架构如图 3-47 所示。

数据层即我们记录区块信息，确保区块中信息真实性、有效性、不可篡改性。

网络层即完成网络中节点到节点的通信。

共识层封装了网络节点的各类共识机制算法，共识机制算法是区块链的核心技术，影响整个系统的安全性和可靠性。

激励层主要的工作是鼓励节点参与安全验证工作。

合约层主要是指各种脚本代码、算法机制以及智能合约等。

应用层指在各产业的相关应用。

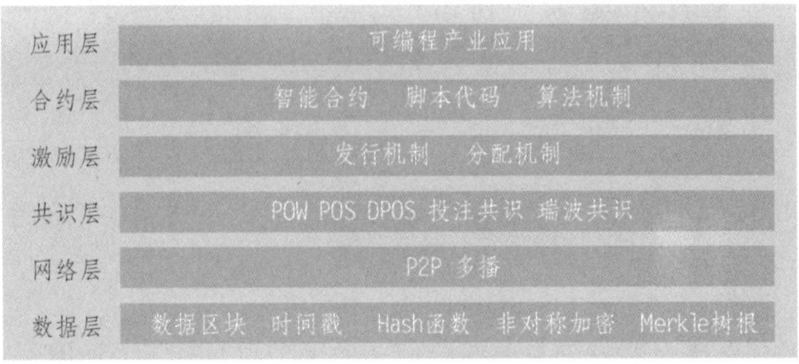


图 3-47 区块链架构

7. 区块链类型

（1）公共链。

公共链是真正意义上的去中心化分布式区块链，系统安全性由工作量证明或权益证明机制来保证，容易进行应用程序部署，全球范围可以访问，不依赖于单个公司或者辖区。

公共链参与者往往匿名性强，任何参与者都可以在其中写入、读取并参与交易验证，比特币区块链即是公共链最好的代表。

（2）联盟链。

联盟链采取部分去中心模式，参与成员为预先根据一定特征所设定。系统内交易确认的节点一般也是事先设定好的，并通过共识机制确认。

联盟链容易进行控制权限设定，拥有更高的应用可扩展性，对于跨产业或跨国家的清算、结算、审计等有很大应用价值。

联盟链可以大幅降低异地结算成本和时间，比现有的系统更简单，效率更高，同时继承去中心化的优点，减轻垄断压力。

（3）私有链。

私有链采用部分中心模式，具有分布式特点。中心控制者指定可以参与和进行交易验证成员的范围。

私有链对公司政府内部的审计测试以及同联盟内银行机构的交易结算有很大价值。

8. 区块链特点

（1）去中心化。

区块链由众多节点共同组成一个端到端的网络，不存在中心化的设备和管理机构。节点之间数据交换通过数字签名技术进行验证，无需互相信任，只要按照系统既定的规则进行，节点之间不能也无法欺骗其他节点。

（2）开放共识。

任何人都可以参与到区块链网络，每一台设备都能作为一个节点，每个节点都允许获得一份完整的数据库拷贝。节点间基于一套共识机制，通过竞争计算共同维护整个区块链。任一节点失效，其余节点仍能正常工作。

（3）匿名。

区块链的运行规则是公开透明的，所有的数据信息也是公开的，因此每一笔交易都对所有节点可见。由于节点与节点之间是去信任的，因此节点之间无需公开身份，每个参与的节点都是匿名的。

（4）不可篡改、可追溯。

单个甚至多个节点对数据库的修改无法影响其他节点的数据库，除非能控制整个网络中超过 51%的节点同时修改，这几乎不可能发生。区块链中的每一笔交易都通过密码学方法与相邻两个区块串联，因此可以追溯到任何一笔交易的前世今生。

### 3.6.3 共识机制

现有的公有链系统大多采用 POW、POS 等最终一致性的共识机制。PoW 共识机制通过挖矿的方式争夺记账权，只有获得记账权的节点才能获取最终的区块奖励。然而，巨大的挖矿算力竞争带来巨大电力等资源消耗的同时，似乎并没有给人类社会带来任何的积极影响。例如，目前的比特币拥有全球大部分的数字货币挖矿算力，使其余使用该类共识机制的区块链系统很难获得足够强大的算力来确保系统的安全性。同时，由于该类算法通常依据最长链原则达成数据账本的最终一致性，是一种弱一致性算法。因而，该类交易通常需要等待多个确认，交易确认周期较长，如比特币交易一般需要等待 6 个确认，每个确认的平均时间约为 10 min，并不适用于高频交易的场景。而在 POS 共识机制中，拥有的代币及其币龄越高的节点拥有的权利越大，越容易挖矿产生新区块。该算法能够在一定程度上解决算力依赖及能源消耗问题，但也存在公平性问题，例如 PoS 的初次分配问题，会出现“穷者越穷，富者越富”的情况，更严重的是，PoS 机制使得作恶的节点可以不用顾虑损失的在不同分叉上同时出块，因此存在安全隐患。

现有的联盟链系统中则多采用 PBFT 等传统的拜占庭容错算法。PBFT 算法是 Miguel Castro 和 Barbara Liskov 于 1999 年提出来的一种拜占庭容错算法，该算法能够在分布式系统中存在有恶意节点的情况下，实现正确节点就某个输入达成一致，其通常包含多轮共识协商的过程。该类算法多采用轮流记账的方式以提高共识效率并消除算力竞争，进而避免了资源浪费，因而多被应用于多方协作的联盟链系统。

1. POW

工作量证明（Proof of Work，简称 POW），简单理解就是一份证明，用来确认你做过一定量的工作。监测工作的整个过程通常是极为低效的，而通过对工作的结果进行认证来证明完成了相应的工作量则是一种非常高效的方式。因此比特币在区块的生成过程中使用了 POW 机制，一个符合要求的区块哈希值由 N 个前导零构成，零的个数取决于网络的难度值。要得到合理的区块哈希值需要经过大量的尝试计算，计算时间取决于机器的哈希运算速度。当某个节点提供一个合理的区块哈希值，说明该节点确实经过了大量的尝试计算，当然，这并不能得出计算次数的绝对值，因为寻找合理的哈希值是一个概率事件。当节点拥有占全网 $n$%的算力时，该节点即有 $n$%的概率找到区块哈希值。POW 依赖机器进行数学运算来获取记账权，资源消耗大、共识机制高、可监管性弱，同时每次达成共识需要全网共同参与运算，性能效率比较低，容错性方面，允许全网 50%节点出错。

POW 的优点：完全去中心化，节点自由进出。

POW 的缺点：目前比特币已经吸引全球大部分的算力，其他再使用 POW 共识机制的区块链应用很难获得相同的算力来保障自身的安全；挖矿造成大量的资源浪费；共识达成的周期较长。

2. POS

权益证明（Proof of Stake，简称 POS）由“Quantum Mechanic”于 2011 年在比特币论坛讲座上首先提出，后经 Peercoin（点点币）和 NXT（未来币）以不同思路实现。POS 的主要理念是节点记账权的获得难度与节点持有的权益成反比，相比于 POW，其在一定程度上减少了数学运算带来的资源消耗，性能也得到了相应的提升，但依然是基于哈希运算，竞争获取记账权的方式，可监管性弱。该共识机制的容错性和 POW 相同。它是 POW 的一种升级，根据每个节点所占代币的比例和时间，等比例地降低挖矿难度，从而加快找到随机数的速度。在 POW 中，一个用户可能拿 1 000 美元来购买计算机，并加入网络来挖矿以此产生新区块，从而得到奖励。而在 POS 中，用户可以拿 1 000 美元购买等价的代币，并把这些代币当作押金放入 POS 机制中，这样用户就有机会产生新区块而得到奖励。

总体而言，这个系统中存在一个持币人的集合，他们把手中的代币放入 POS 机制中，这样他们就变成验证者。比如对区块链最前面的一个区块而言，POS 算法在验证者中随机选取一个（选择验证者的权重依据他们投入的代币量，比如一个投入押金为 10 000 代币的验证者被选择的概率是一个投入 1 000 代币验证者的 10 倍），给他权利产生下一个区块。如果在一定时间内，这个验证者没有产生一个区块，则选出第二个验证者代替产生新区块。与 POW 一样，POS 以最长的链为准。

随着规模经济（指扩大生产规模引起经济效益增加的现象）的消失，中心化所带来的风险减小了。价值 1 000 万美元的代币带来的回报不多不少，是价值 100 万美元代币的 10 倍，不会有人因为负担得起大规模生产工具而得到不成比例的额外回报。POS 的优点：在一定程度上缩短了共识达成的时间；不再需要大量消耗能源去挖矿。POS 缺点：还是需要挖矿，本质上没有解决商业应用的痛点；所有的确认都只是一个概率上的表达，而不是一个确定性的事情，理论上有可能存在其他攻击影响，例如，以太坊的 DAO 攻击事件造成以太坊硬分叉，而 ETC 随之出现，事实上证明了此次硬分叉的失败。

3. 股份授权证明

BitShares（比特股）社区首先提出了股份授权证明（简称 DPOS）机制，它与 POS

的主要区别在于节点选举若干代理人，由代理人验证和记账，但其合规监管、性能、资源消耗和容错性与 POS 相似。类似于公司的董事会投票，持币者投出一定数量的节点，进行代理验证和记账。DPOS 的工作原理如下：每个股东按其持股比例拥有相应的影响力，51%股东投票的结果将是不可逆且有约束力的，其挑战是通过及时而高效的方法达到“51%批准”。为了达到这个目标，每个股东可以将其投票权授予一名代表。获票数最多的前 100 位代表按既定时间表轮流产生区块。每位代表分配到一个时间段来生产区块。

所有的代表将收到等同于一个平均水平的区块所含交易费的 10%作为报酬。如果一个平均水平的区块用 100 股作为交易费，一位代表将获得一股作为报酬。网络延迟有可能使某些代表没能及时广播所持有的区块，而导致区块链分叉。因此制造该区块的代表可以与该区块前后区块的代表建立直接连接。从而确保持有本区块的代表得到报酬。DPOS 的投票模式可以每 30 s 产生一个新区块，并且在正常的网络条件下，区块链分叉的可能性极其小，即使发生也可以在几分钟内得到解决。执行该模式的基本步骤如下：

成为代表：要想成为一位代表，必须在网络上注册公钥，并获得一个 32 位的特有标识符。该标识符会被每笔交易数据的“头部”引用。

授权投票：每个钱包有一个参数设置窗口，在该窗口里用户可以选择一位或更多的代表，并将其分级。一经设定，用户所做的每笔交易将把选票从“输入代表”转移至“输出代表”。一般情况下，用户不会创建专门以投票为目的的交易，因为那将消耗他们一笔交易费。但在紧急情况下，某些用户可能觉得通过支付费用这一更积极的方式来改变他们的投票是值得的。

保持代表诚实：每个钱包将显示一个状态指示器，让用户知道他们的代表表现如何。如果他们错过了太多的区块，那么系统将会推荐用户更换一位新的代表。如果任何代表被发现签发了一个无效的区块，那么所有标准钱包将在每个钱包进行更多交易前要求选出一位新代表。

抵抗攻击：在抵抗攻击上，前 100 位代表所获得的权力是相同的，即每位代表都有一项平等的投票权，因此，无法通过获得超过 1%的选票而将权力集中到单一代表上。由于只有 100 位代表，不难想象一个攻击者可以对每位轮到其生产区块的代表依次进行拒绝服务攻击。但由于每位代表的标识是其公钥而非 IP 地址，这种特定攻击的威胁很容易被减轻。这将使确定 DDoS（分布式拒绝服务）攻击目标更为困难。而代表之间的潜在连接将使妨碍他们生产区块变得更为困难。

DPOS 的优点：大幅缩小参与验证和记账节点的数量，可以达到秒级的共识验证。

DPOS 的缺点：整个共识机制依旧依赖于代币，而很多商业应用是不需要代币的。

4. 投注共识

Casper（投注共识）是以太坊下一代的共识机制。属于 PoS。但与 PoS 按链达成共识不一样的是，Casper 共识是按块达成的，为防止验证人在不同的世界中提供不同的投注，投注共识设置有一个简单严格的条款：如果验证人有两次投注序号一样，或提交了一个无法让 Casper 合约处理的投注，验证人将失去所有保证金。Casper 与传统的 PoS 不同的是 Casper 有惩罚机制，这样非法节点通过恶意攻击网络不仅得不到交易费，而且还面临着保证金被没收的风险。Casper 协议下的验证人需要完成出块和投注两个活动。具体内容如下：出块是一个独立于其他所有事件而发生的过程，验证人收集交易，当轮到他们的出块时间时，他们就制造一个区块，并签名，然后发送到网络上。投注的过程更为复杂一些，目前 Casper 默认的验证人策略被设计为模仿传统的拜占庭容错共识：观察其他的验证人如何投注，取 33%处的值，向 0 或者 1 进一步移动。

而客户端确认当前状态的过程是这样的：一开始先下载所有的区块和投注，然后用上面的算法来形成自己的意见，但是不公布意见；它只要简单地按顺序在每个高度进行观察，如果一个区块的概率高于 0.5 就处理它，否则就跳过它。在处理所有的区块之后所得到的状态就可以显示为区块链的“当前状态”。客户端还可以给出对于“最终确定”的主观看法：如果高度 $k$ 之前的每个区块形成的意见高于 99.999%或者低于 0.001%，那么客户端就可以认为前 $k$ 个区块已经最终确定。

5. 瑞波共识算法

瑞波共识算法使一组节点能够基于特殊节点列表形成共识。初始特殊节点列表就像一个俱乐部，要接纳一个新成员，必须由该俱乐部 51%的会员投票通过。共识遵循这些核心成员的“51%权力”，外部人员则没有影响力。由于该俱乐部由中心化开始，它将一直是中心化的，而如果它开始腐化，股东们什么也做不了。与比特币及 Peercoin 一样，瑞波系统将股东们与其投票权隔开，因此，它比其他系统更中心化。

6. POOL 验证池

基于传统的分布式一致性技术以及数据验证机制，Pool（联营）验证池是目前行业内大范围使用的共识机制。它的优缺点如下。

优点：不需要代币也可以工作，在成熟的分布式一致性算法（Pasox、Raft）的基础上，实现秒级共识验证。

缺点：去中心化程度不如比特币，更适合多方参与的多中心商业模式。

7. 实用拜占庭容错

在分布式计算上，不同的计算机通过信息交换尝试达成共识，但有时候，系统中的协调计算机或成员计算机可能因系统错误交换错的信息，以致影响最终的系统一致性。对于拜占庭将军问题，若根据错误计算机的数量，寻找可能的解决办法，这其实无法找到一个绝对的答案，只可以用来验证一个机制的有效程度。而拜占庭将军问题的可能解决方法为：在 $N \geqslant 3F+1$ 的情况下，一致性是可能实现的（$N$ 为计算机总数，$F$ 为有问题的计算机总数）。信息在计算机间互相交换后，各计算机列出所有得到的信息，以大多数的结果作为解决办法。

最早由卡斯特罗和利斯科夫在 1999 年提出的实用拜占庭容错（PBFT）是第一个得到广泛应用的拜占庭容错算法。只要系统中有 2/3 的节点是正常工作的，就可以保证一致性。实用拜占庭容错算法的总体过程如下：客户端向主节点发送请求调用服务操作，如“<REQUEST，$o$，$t$，$c$>”，这里客户端 $c$ 请求执行操作 $o$，时间戳 $t$ 用来保

证客户端请求只会执行一次。每个由副本节点发给客户端的消息都包含了当前的视图编号，使得客户端能够追踪视图编号，从而进一步推算出当前主节点的编号。客户端通过点对点消息向它自己认为的主节点发送请求，然后主节点自动将该请求向所有备份节点进行广播。视图编号是连续编号的整数。主节点由公式 $p = v \bmod |R|$计算得到，这里 $v$ 是视图编号，$p$ 是副本编号，$|R|$是副本集合的个数。

副本发给客户端的响应为“<REPLY，$v$，$t$，$c$，$i$，$r$>”，$v$ 是视图编号，$t$ 是时间戳，$i$ 是副本的编号，$r$ 是请求执行的结果。

主节点通过广播将请求发送给其他副本，然后就开始执行三个阶段的任务。

（1）预准备阶段。

主节点分配一个序列号 $n$ 给收到的请求，然后向所有备份节点群发预准备消息，预准备消息的格式为“<<PRE-PREPARE，$v$，$n$，$d$>，$m$>”，这里 $v$ 是视图编号，$m$ 是客户端发送的请求消息，$d$ 是请求消息 $m$ 的摘要。

（2）准备阶段。

如果备份节点 $i$ 接收了预准备消息，则进入准备阶段。在准备的同时，该节点向所有副本节点发送准备消息“<PREPARE，$v$，$n$，$d$，$i$>”，并且将预准备消息和准备消息写入自己的消息日志。

（3）确认阶段。当“（$m$，$v$，$n$，$i$）”条件为真的时候，副本 $i$ 将“<COM-MIT，$v$，$n$，$D$（$m$），$i$>”向其他副本节点广播，于是就进入了确认阶段。所有副本都执行请求并将结果发回客户端。客户端需要等待不同副本节点发回相同的结果，作为整个操作的最终结果。

如果客户端没有在有限时间内收到回复，请求将向所有副本节点进行广播；如果该请求已经在副本节点处理过了，副本就向客户端重发一遍执行结果；如果请求没有在副本节点处理过，该副本节点将把请求转发给主节点；如果主节点没有将该请求进行广播，那么就认为主节点失效；如果有足够多的副本节点认为主节点失效，则会触发一次视图变更。

实用拜占庭容错机制是一种采用“许可投票、少数服从多数”来选举领导者并进行记账的共识机制，该共识机制允许拜占庭容错，允许强监管节点参与，具备权限分级能力，性能更高，耗能更低，而且每轮记账都会由全网节点共同选举领导者，允许33%的节点作恶，容错性为 33%。由于特别适合联盟链的应用场景，实用拜占庭容错机制及其改进算法为目前使用最多的联盟链共识算法，其改进算法在以下几方面进行了调整：修改底层网络拓扑的要求，使用 P2P 网络；可以动态地调整节点数量；减少协议使用的消息数量。

### 3.6.4 区块链电子发票

1. 国内发展现状

2018 年 8 月 10 日，全国首张区块链电子发票在深圳国贸旋转餐厅开出，深圳成为区块链电子发票的首个试点城市。深圳市区块链电子发票经过一年多落地应用，目前已接入企业超过 7 600 家，开票数量突破 1 000 万张，开票金额超 70 亿元。区块链电子发票被广泛应用于金融保险、零售商超、酒店餐饮、停车服务等上百个行业。

2. 研究目的

基于区块链技术建立轨道交通区块链电子发票体系，从而提高轨道交通开票效率、简化消费者报销流程，同时创新税局监管体系。

3. 研究意义

传统发票存在参与方多、流转周期长、各参与方信息不互通、存在篡改等问题。发票造假、一票多开、偷税漏税等问题层出不穷，区块链电子发票为报销及税务监管提供了全新的解决方案。

将区块链电子发票与轨道交通融合，可以使得轨道交通的发票系统对地铁及乘客都更加方便，同时易于监管。基于区块链技术构建新型数字票据业务模式，借助分布式和非对称加密算法，税局、开票方、流转方、报销方多方参与共同记账，可实现票据价值的去中心化传递，降低系统中心化带来的运营和操作风险。区块链技术不可篡改的时间戳和全网公开的特性，改变了税局的监管模式，能有效防范一票多开、打款背书不同步等问题。区块链电子发票推动税务改革，是发票报销及税务监管的重大发展方向。

区块链电子发票与传统发票及电子发票比较起来都是具有其必要性和便捷性的。传统发票需要先向税务机关申领发票，流程繁杂，且发票不易保存，纸张开票成本较高。电子发票其实就是电子形式的传统发票，相较于传统发票来说更加便捷、成本更低。对电子发票进行防伪验证时，利用发票上的税控码进行验证，比如增值税专业发票的税控码区域的 84 位密文包括发票代码、发票号码、开票日期、购销方纳税人识别号、金额、税率、税额等七个方面的内容，开票时经过加密以后形成 84 位税控码，起到防伪的作用，通过发票扫描认证，将 84 位税控码解密还原成发票代码、发票号码、开票日期、购销方纳税人识别号、金额、税率、税额等与发票票面相比对，只要有一项错误，就无法通过认证。而区块链电子发票是通过扫描发票上的哈希来进行认证。所以区块链在包含电子发票的优势的基础之上，同时在防伪验证上更加便捷。发票在税收征管中具有非常重要的作用。

区块链电子发票的安全性更高。电子发票的无纸化以及修改的不留痕迹性，使得电子发票的使用场景面临着一个严重的安全问题，即如何防止发票被篡改，解决电子发票重复报销问题，保证电子发票真实性。另一方面，电子发票所涉及的主体包括税务机关、营销者、消费者，需要各方的身份认证。区块链技术的不可篡改性以及去中心化的特点可以为此提供解决方案，安全性得以保障。

区块链电子发票具有全流程完整追溯、信息不可篡改等特性，与发票逻辑吻合。采用区块链电子发票，轨道交通可以在区块链上实现发票申领、开具、查验、入账；消费者可以实现链上储存、流转、报销；而对于税务监管、管理方的税务局而言，则可以达到全流程监管的科技创新，实现无纸化智能税务管理，是“推进税收现代化，推动税务改革创新”的重要技术应用。

4. 区块链电子发票解决方案

结合区块链技术，构建一个联盟链模式的电子发票区块链，以税务机关为监管机构、轨道交通内部机构（包括客服中心、自助服务中心、远程工作站等）、手机 App 终端等均接入联盟链，由轨道交通方统一制定区块链的运行标准和合约条件，区块链上的各节点都必须按照交易规则参与和运行。

所构建的电子发票区块链中,第三方服务平台具有税务机关颁发的税务数字证书，并作为区块链发票的产生者，负责发票数据的真实性和有效性；区块链上的每个节点按照事先预定的相关发票业务的共识算法进行自行运转，维护区块链的正常运行，并负责分布式记录发票账本。这样就可以在区块链中形成不可篡改、不可抵赖、可追溯、可查阅的分布式发票管理系统如图 3-48 和 3-49 所示。

<table>
<tr><td rowspan="5">CA 管理体系</td><td colspan="6">轨道交通电子发票开票系统</td><td>业务应用</td></tr>
<tr><td colspan="6">区块链数据接口权限管理</td><td rowspan="4">区块链系统</td></tr>
<tr><td>发票产生接口</td><td>发票信息查验</td><td>售票信息获取</td><td>发票入账报销</td><td>发票信息检索</td><td>其他发票接口等</td></tr>
<tr><td colspan="3">共识算法</td><td colspan="3">智能合约</td></tr>
<tr><td colspan="6">分布式存储系统</td></tr>
<tr><td colspan="7">基于 P2P 的分布式网络</td><td>网络层</td></tr>
</table>

图 3-48　基于区块链的轨道交通电子发票系统网络模型图

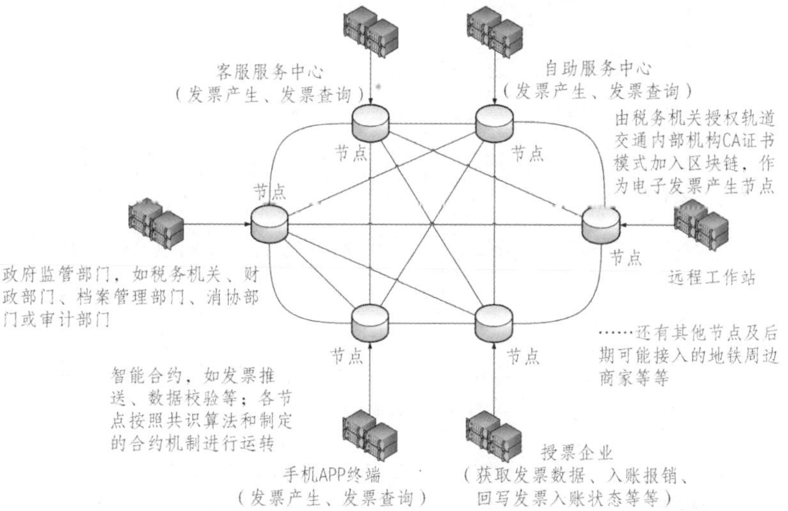


图 3-49　基于区块链的轨道交通电子发票系统网络示意图

采用区块链电子发票，地铁运营方可以在区块链上实现发票申领、开具、查验、入账；消费者可以实现链上储存、流转、报销；而对于税务监管方、管理方的税务局而言，则可以达到全流程监管的科技创新，实现无纸化智能税务管理。如图 3-52 所示。

在轨道交通区块链电子发票成功实施以后，还可以将地铁内商家接入联盟链，逐步扩大区块链电子发票的应用范围，使得区块链电子发票的优势进一步发挥。

上链信息主要有：区块头信息、父节点哈希值、本次交易哈希值、交易记录索引编号、本次交易数字签名、本次交易时间戳、本次交易随机数、本次交易记录大小。

区块数据主体主要由开票企业信息、售票企业信息、发票主体信息、发票版式文件 URL、企业公钥信息等构成。

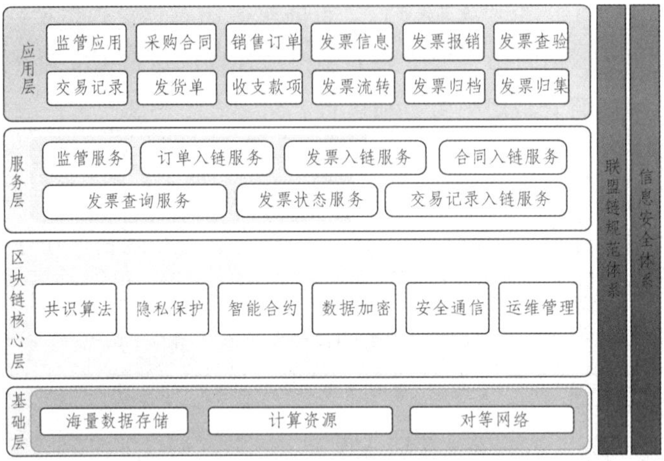


图 3-50 系统架构

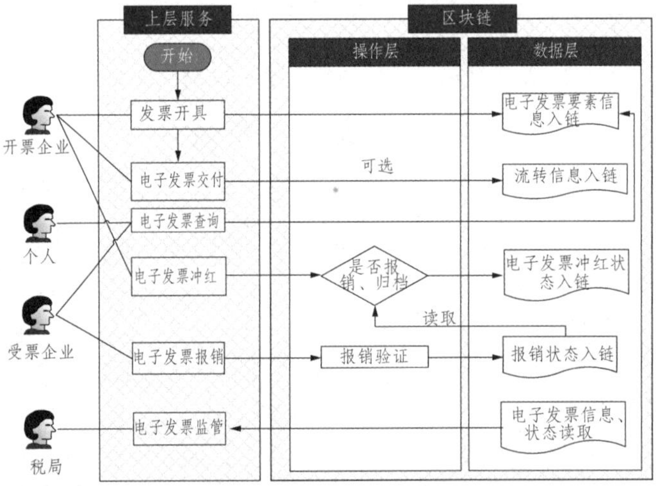


图 3-51 系统流程

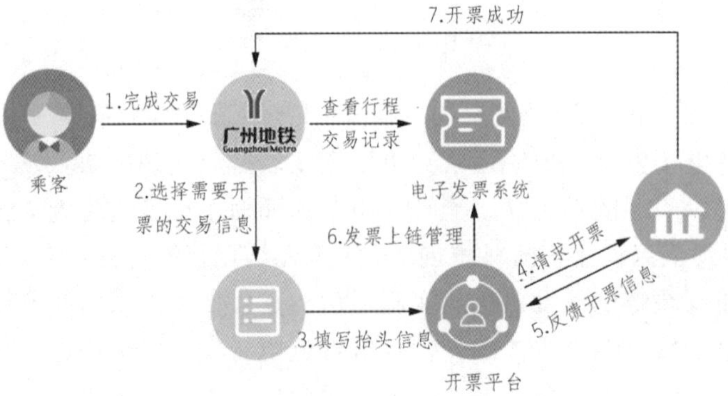


图 3-52 开票业务流程

5. 技术创新性

本方案所采用的核心技术——区块链技术是分布式数据存储、点对点传输、共识机制、加密算法等计算机技术的新型应用模式。所谓共识机制是区块链系统中实现不同节点之间建立信任、获取权益的数学算法。区块链技术是利用块链式数据结构来验证与存储数据、利用分布式节点共识算法来生成和更新数据、利用密码学的方式保证数据传输和访问的安全、利用由自动化脚本代码组成的智能合约来编程和操作数据的一种全新的分布式基础架构与计算方式。

（1）利用块链式数据结构来验证与存储数据。

区块链技术利用块链式数据结构来验证与存储数据。区块链是一种按照时间顺序将数据区块以顺序相连的方式组合成的一种链式数据结构，将数据以区块为单位进行验证与存储，由于不存在中心化的硬件或管理机构，任意节点的权利和义务都是均等的，系统中的数据块由整个系统中具有维护功能的节点来共同维护。

（2）利用分布式算法来生成和更新数据。

交易记账由分布在不同地方的多个节点的算法共同完成，而且每一个节点记录的都是完整的账目，没有任何一个节点可以单独记录账目，利用分布式节点算法不仅可以生成数据，更可以更新数据。如图 3-53 所示。

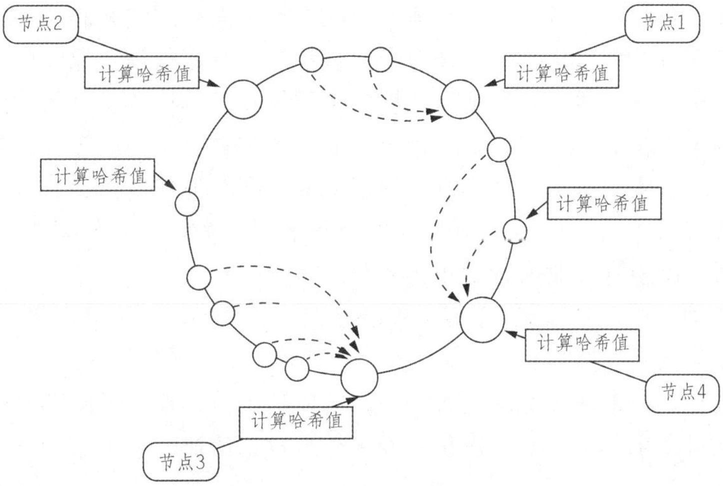


图 3-53　分布式节点算法

（3）利用密码学的方式来保证数据传输和访问的安全。

存储在区块链上的交易信息是公开的，但是账户身份信息是高度加密的，只有在得到数据拥有者授权的情况下才能访问到，从而保证了数据的安全和个人的隐私。

## 3.7 信息安全

2019 年 12 月 1 日《信息安全技术　网络安全等级保护基本要求》GB 22239—2019）

正式实施，等保 2.0 时代对信息安全提出了更高的要求。AFC 系统直接涉及轨道交通收益、收益审核结算、票款清分对账等重要票务数据，事关轨道交通运营企业直接的资金收益来源，安全性不容忽视。在互联网支付和生物特征识别技术（如“人脸识别”）的应用引入以后，AFC 系统配套的互联网票务平台以及官方 App 同时负责存管乘客个人隐私信息，面临的互联网网络攻击、信息泄露等风险威胁进一步加大，因此各轨道企业在进行 AFC 系统的建设时，应将信息安全建设放在最重要的位置。在设备、网络、数据管理三个层面严格按照等保 2.0 的要求，构建安全、可靠、可信的 AFC 系统信息安全管理体系。

随着轨道交通行业的快速发展，地铁客运量与日俱增，如何增强公共交通搭乘安全指数，保障市民乘客上下班健康安全成为新的关注点。尤其是 2020 年 1 月份以来，爆发的新冠肺炎疫情防控进入关键期，通过实名制可以达到乘客出行信息可查询可追溯的目的，从而明确同行者中是否已有人被新型冠状病毒感染或是病例的密切接触者。同时，随着人脸识别等生物识别技术在轨道交通 AFC 系统的逐步应用，推行地铁乘车实名制，帮助构建信用后付费的体系，从而建成更加智能、便捷、高效的 AFC 系统。目前，深圳地铁“下一代 AFC 系统”通过构建“三户模型”实现实名制、账户制；建设深圳轨道交通线网发码平台，实现轨道交通线网“第一码权，第一信息权”的自主发码。自 2020 年 2 月 16 日起，深圳地铁全线网将全面启用实名制乘车，以确保地铁乘客信息可查询可追溯，实现重点疑似人员行程轨迹有效跟踪，保障市民乘客健康、安全出行。同时，深圳地铁在疫情防控期间将暂停发售单程票、日票；持普通深圳通卡、计次卡的乘客在进站时需扫描二维码完成实名制登记，实现对全体乘客的出行信息的数字化管理，实现对与疑似病患密切接触者的高效追踪，以保证城市运行的安全有序。2020 年 2 月 17 日，深圳地铁宣布实行扫码实名乘车。2020 年 2 月 18 日起，青岛市公共交通和出租车行业实行乘车实名制。

2020 年 2 月 15 日，腾讯宣布与国家信息中心联合推出的“健康码标准”，正式被推荐给各地作为技术标准规范，正联合各合作伙伴，在全国各地加速落地。2 月 16 日，阿里巴巴也宣布，根据浙江等地健康码模式的成功经验，在国务院办公厅电子政务办的指导下，支付宝正基于全国一体化政务服务平台，加快研发全国统一的疫情防控健康码系统。

从以上情况可以看，今后轨道交通实名制乘车有可能成为常态。

# 第 4 章

# 中央级系统

中央级系统通过云计算、大数据、人工智能等技术手段，改善传统中央级系统形式下的数据孤岛、信息离散、平台封闭、响应被动、决策失当等现阶段存在的问题，综合增强运营管理的多态场景应用能力，满足数字化、网络化、智能化的运营品质要求，并与乘客服务的需求相协调，不断适配轨道交通线网发展需求，持续推动技术变革创新实践，全面构筑精准高效的自动售检票中央级系统管理体系。

中央级系统广泛运用大数据、云计算等新兴技术，为轨道交通线路提供准确、及时的票务清分服务，并统一发行所有轨道交通专用单程票卡，统一制定轨道交通 AFC 系统的运营政策，为城市轨道交通控制中心实时提供各线路客流、各种业务数据的分析服务等，并且统一对外提供票务业务数据接口，构建城市轨道交通的票务数据平台、AFC 技术平台、业务平台，形成智慧型的自动售检票中央级系统。在车票层面，可支持灵活可变的多维票种机制，通过大数据分析、云平台技术能力，实现中央系统后台可灵活配置的多元票种制定功能，打造智慧型的车票管理平台；在结算层面，在不改动中央级系统后台的前提下，可满足线网多元化支付不断更新迭代的结算需求，实现整体的实时收益精准支付、对账、报警，和整体现金、非现金收益自动核对，提升票务管理效率，保障整体收益安全，具备多元支付结算支撑拓展能力；在数据层面，通过对收益数据、客流数据、系统运行、乘客行为等数据的深挖应用，支持系统运维、收益管控优化，完善票务体系，形成数据中台挖掘及对外服务能力；在业务层面，中央级系统具备“多元支付手段+多元票种选择+多元购票方式”于一体的乘车支付系统，再通过引入生物特征无感过闸方式，响应乘客更便捷地过闸服务需求。同时通过搭建线上自助票务处理渠道，乘客可灵活使用手机终端自助办理异常票务处理、车程查询、支付核对等业务，实现多元支付方式与轨道交通出行的深度融合，具备智能票务与智慧服务的综合融合能力；在效率层面，建设集成可靠的中央级系统后台，实现票务交易数据实时上传、票款支付金额实时到账、系统运维实时报警等功能，逐步实现非实时性到实时性的智能化转变。

## 4.1 中央级系统功能需求

中央级系统的建设应能满足城市轨道交通近期线网规划线路及已有线网接入和清分需要，并预留远期线网规划线路接入所需的扩展和升级条件。系统应具有良好的扩展性，能够满足轨道交通线网建设和运营的需求。

### 4.1.1 业务功能需求

中央级系统在业务层面，应满足各轨道交通线网工程自动售检票系统运营管理、收益清算、车票发行和管理、数据采集分析处理和联网收费的需要，还应充分考虑线网扩展的需求，为后续线路的接入预留条件。并可根据轨道交通运营需求、乘客需要，实现多维票种可配置的功能，适应乘客定制化、灵活多变的出行场景。

中央级系统的核心功能是为轨道交通运营商提供清分结算服务，根据票务规则、清算规则，及时对轨道交通线网票务收入进行清分和清算。同时中央级系统应与第三方清算中心互联，实现轨道交通与其他公共交通的一票换乘和清分功能，同时满足移动支付、生物特征等多元支付方式接入的结算扩展功能。

中央级系统在业务延展性方面，需实现基于大数据挖掘的系统运营管理功能，通过挖掘分析线网票务数据、乘客出行数据等，为乘客提供个性化、精准化的服务，具备智慧服务融合功能；同时需提供轨道交通线网与外部系统之间的统一数据接口、统一多元化支付网关，能够在保证整个系统数据安全的前提下为各个外部应用系统提供统一的统计信息源，以满足系统网络结构和通信协议应符合国际和国内标准规范的相关规定，便于系统之间互联，整个轨道交通网执行轨道交通自动售检票系统统一的接口标准、资费标准、安全标准和管理原则。

### 4.1.2 运维能力需求

中央级系统应全面构建基于状态感知及运维全过程数据的精准维护模式，结合系统、设备设施全寿命周期健康管理体系，实现面向线网运营场景需求的智能决策，达成体系迭代的运维能力。中央级系统运维以系统、设备精准维护维修为导向，结合大数据、云计算等技术手段，进行运维体系变革，从人员、系统、设备、隐患、故障、分析、决策等方面实现面向多对象的主动型全域感知、电子化规范流程及场景化决策控制，实现两层架构下对终端设备的可视化监视和故障自动报警，促进运维精准高效，提升后台系统运维及资源调配的衔接能力，以及网络化运营下系统设备设施健康管理水平。

中央级系统在运维能力层面，具备安全性、高响应性、可扩展性和易维护性的特点。在安全性方面，应具有多功能、高性能的安全措施，保证各类信息的安全，对系统各种非法操作情况进行监控和记录。充分运用防火墙、加密、用户权限、认证体系等技术，防止非法侵入和信息的误传。中央级系统应具备完备的智能审计功能，对终端到后端的全链条数据进行完整性、及时性的自动审计，对故障及时响应，来保障轨道交通线网业务正常运营；在高响应性方面，中央系统应具备通用运行平台，冗余的设备配置，不易出现单点故障。应具有数据备份和自动恢复功能，设置灾备系统，保证业务持续对外运行；在可扩展性方面，中央级系统应搭建云平台，提供基础设施即服务（Iaas），平台即服务（Paas），软件即服务（Saas）层面的服务，且云平台架构应满足可搭建私有云，也可接入公有云，亦可根据业务需求将指定业务漂移至公有云，形成混合云模式。系统所采用的技术应符合当今技术发展的方向，保证今后系统的软件硬件能平滑地扩容和升级，保证业务的可扩展性；在易维护性方面，中央级系统应采用构成合理、技术先进、功能完善、使用方便、易于维护的中央级系统设备，同时应具备良好的操作界面，具有高可靠性，便于使用和维修，适应于各地轨道交通环境条件。

## 4.2 总体原则及架构

### 4.2.1 设计原则

中央级系统应基于经济实用性、安全性、可靠性、成熟和先进性、高可用性、规范性、可持续发展性以及可运营管理性原则进行设计和建设。

1. 经济实用性原则

在满足现行中央级系统功能需求前提下，充分发挥设备性能，在节省投资的同时，充分考虑未来其他线路接入的扩展能力，实现硬件资源统一管理，实现硬件资源的合理动态分配，满足运营将来不同时期的系统灵活应用开发的需求。

2. 安全性原则

中央级系统可提供网络层、数据层、虚拟化层、管理维护层等的安全手段防止系统外部成员的非法侵入以及操作人员的越级操作，保护网络建设者的合法利益。

3. 可靠性原则

中央级系统能有效地避免单点故障，在设备的选择和关键设备的互联时，提供充分的冗余备份，一方面最大限度地减少故障的可能性，另一方面要保证网络能在最短时间内修复。

4. 成熟和先进性原则

中央级系统的网络、安全、计算、存储、云计算系统结构的系统配置、系统管理方式等方面采用国际上先进的，同时又是成熟、实用的技术。

5. 高可用性原则

中央级系统在保证较高的可靠性和可用性的前提下，保证业务系统的正常运行。

网络、安全、计算、存储、云计算等设备及方案具备在线故障恢复能力，关键设备、线路能做到实时备份和故障切换。

6. 规范性原则

中央级系统采用的技术和设备应符合国际标准、国家标准和业界标准，为系统的扩展升级和与其他系统的互联提供良好的基础。

7. 可持续发展原则

中央级系统不但满足当前需要，并在扩充模块后满足可预见将来需求，如带宽和设备的扩展、应用的扩展、地铁车站的扩展等。保证系统在向新的技术升级时，能保护现有的投资。

8. 可运营管理性原则

中央级系统可实现智能化运行维护功能。整个系统平台易于管理，易于维护，操作简单，易学，易用，便于进行系统配置，在设备、安全性、数据流量、性能等方面得到很好的监视和控制，并可以进行远程管理和故障诊断。

### 4.2.2 总体架构

中央级系统总体架构设计遵循面向业务需求、信息安全、冗余可靠的设计思路，整体业务上，保证业务的连续性，满足同区域的业务和数据容灾机制，搭建具备主、备系统的中央级系统架构。整体技术上，采用云计算资源池的设计方法，实现基础架构模块与业务模块松耦合、资源池的模块化交付横向扩展。通过云管理平台保证资源的快速交付和统一管理，支撑业务快速上线、融合运营、统一运维。网络区域划分上，结合智慧中央级系统业务特点和应用场景，划分生产区、测试区、接入区（包含互联网中立区、外部中立区和内部接入区）三大区域，其中核心业务系统、数据处理系统、业务支撑系统等部署在生产区，对外前置应用系统、内部接入系统部署在网络接入区域，测试云平台部署在测试区域，各个不同网络区域使用相关安全设备等进行互相隔离。

中央级系统由主中央系统机房和备中央系统中心机房两大区域构成，如图 4-1 所示，如图 4-1 所示。两个机房之间通过专用网络实现、服务器主机、存储及管理网之间的互联互通。主/备智慧 AFC 中央系统各自由生产区、测试区、互联网中立区以及外部中立区组成。需要满足可靠性、稳定性、安全性、兼容性的要求。整体分区规划如下。

1. 生产区

生产区是智慧车中央计算机系统的核心区域，核心业务清算业务、多元支付业务的正常生产都在该区域进行，主要的业务包括交易数据采集、清算、对账、报表生成、数据智能化业务、运营数据以及相关的系统管理、安全管理等。生产区主要包含：结算类系统、数据分析类系统、接口及测试系统、运作管理类系统、安全类系统等。

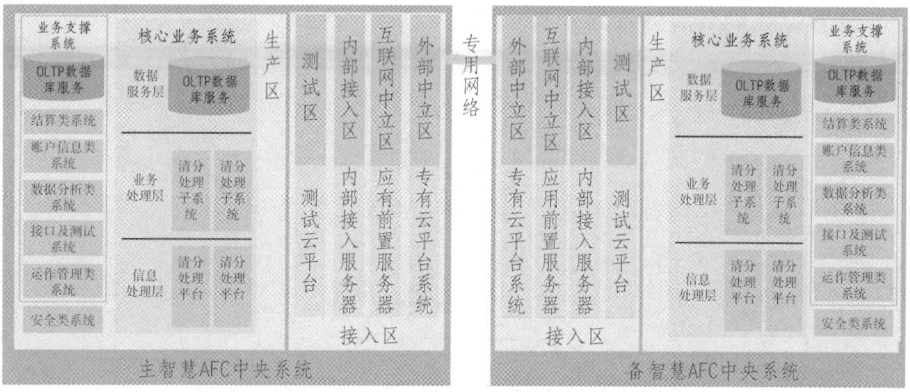


图 4-1　中央级系统总体架构图

2. 测试区

测试区主要进行应用软件与 App 接入的开发测试、压力测试、接口测试，内部应用软件的二次开发等业务。测试区使用测试云平台统一管理。

3. 接入区

（1）互联网中立区。

互联网中立区主要用于提供互联网业务的访问服务，部署应用系统的前置服务器，互联网服务区通过相应的防火墙、入侵防御并应用防火墙 WAF 等安全设备及系统进行安全防护，为全线网用户提供如手机 App 的接入服务。互联网中立区需适应后续智慧化发展的需求，建立接入标准平台。

（2）外部中立区。

外部中立区对外部单位提供专项服务，主要运行中央级系统与外部其他政企之间采用专线对接的专有系统，如银联、第三方支付（一卡通公司、微信、支付宝）等。形成企业级的标准接口平台，外部服务区服务器采用专有云平台统一管理。

（3）内部接入区。

内部接入区统一管理车站线路接入、票库接入以及公司内部其他同等级系统的接入，形成生产系统之间跨系统的交互格式。内部服务区统一由内部服务器统一管理。

## 4.3　基础架构设计

### 4.3.1　网络设计

城市轨道交通智慧售检票系统中央系统网络设计按功能区域划分，各区域根据其业务需求部署网络安全设备，配置特定网络安全策略，以实现其内部及外部的网络交互。网络架构是系统搭建的核心，良好的网络架构是系统安全稳定运行的基础。智慧化系统的网络架构应具备功能区域划分管理，冗余的网络链路，适应业务的网络带宽，以满足各种智慧化设备的持续对外提供服务。

1. 功能分区规划

功能分区逻辑如图 4-2 所示。

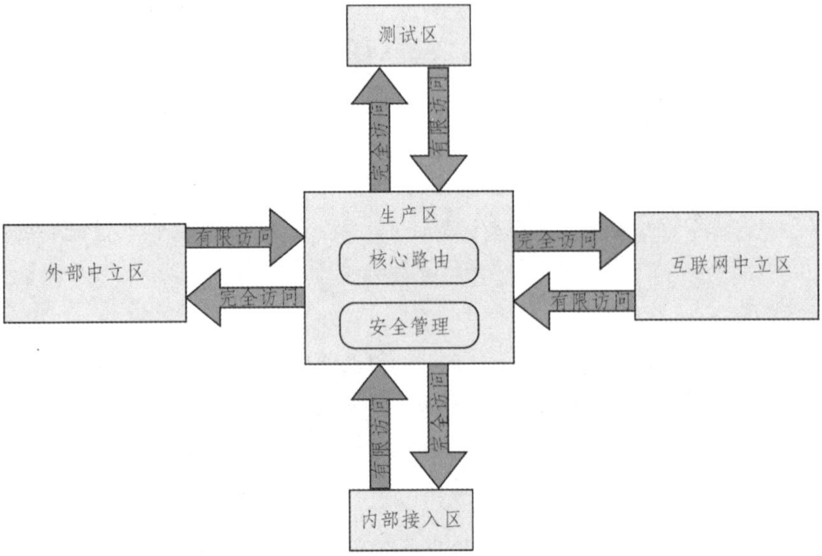


图 4-2　功能分区逻辑图

各区域规划设计如下。

（1）生产区。

生产区是中央计算机系统的核心区域，承载着内部的核心路由网络分发及安全管理。生产区部署着系统的数据库及核心业务系统，是系统正常运行的关键区域，安全风险是各区域最低的，可以完全访问各个其他区域，而其他区域访问该区域需根据实际业务需求配置有限网络访问。

（2）互联网中立区。

互联网中立区作为外部互联网接入区域，其安全风险高于内部生产区。互联网中立区承载着外部互联网访问业务需求，是整个系统的最高风险区域。

（3）外部中立区。

外部中立区作为外单位专线接入的区域，其安全风险高于内部生产区。外部中立区承载着外单位通过专线访问的业务需求，如一卡通公司、第三方支付公司以及其他外单位数据交互，其安全风险相对较高，比互联网中立区低。

（4）内部接入区。

内部接入区作为内部车站线路接入、票库接入以及公司内部其他同等级系统接入，其安全风险高于内部生产区，较外部及互联网中立区风险低，是整个智慧售检票系统与车站交互的主要交互通道。

（5）测试区。

测试区作为智慧售检票系统中央级系统的测试系统部署区域，网络流按业务使用需求才会产生，该区域安全风险相对较低，需做好系统测试的管理。

2. 架构设计

智慧售检票系统中央级系统根据实际业务需求，各实时业务接口均需实现主备配置，杜绝单点故障，从而保障业务的连续性。各对外接口均配置防火墙、入侵防御、入侵检测等安全设备，保障系统外部防护的有效性，满足信息安全等保要求。网络架构设计图如图 4-3 所示。

网络架构根据网络功能区域设计，在各自区域部署相应的网络安全设备以满足其业务及信息安全需求，生产区与其他业务区需主备冗余对接，保证相互间网络交互的持续稳定运行。

（1）生产区。

生产区包括主机房及备用机房，部署核心交换机配置网络核心路由，以及其他业务及管理交换机，实现网络流量的分发与管理。内部可部署入侵检测、安全审计、加密机、堡垒机、安全管理中心等安全设备，实现网络安全流量监控与分析，保障业务生产区的网络安全。

（2）互联网中立区。

互联网中立区部署防火墙、接入交换机，对网络流量进行限制与管理。内部可部署负载均衡服务器以实现互联网专线的冗余，保障互联网业务交互的持续稳定；可部署入侵防御、WAF 防火墙、DDOS 防火墙等网络安全设备进行安全管理。该网络区域统一负责互联网敏感流量网络接入及限制的管理工作。

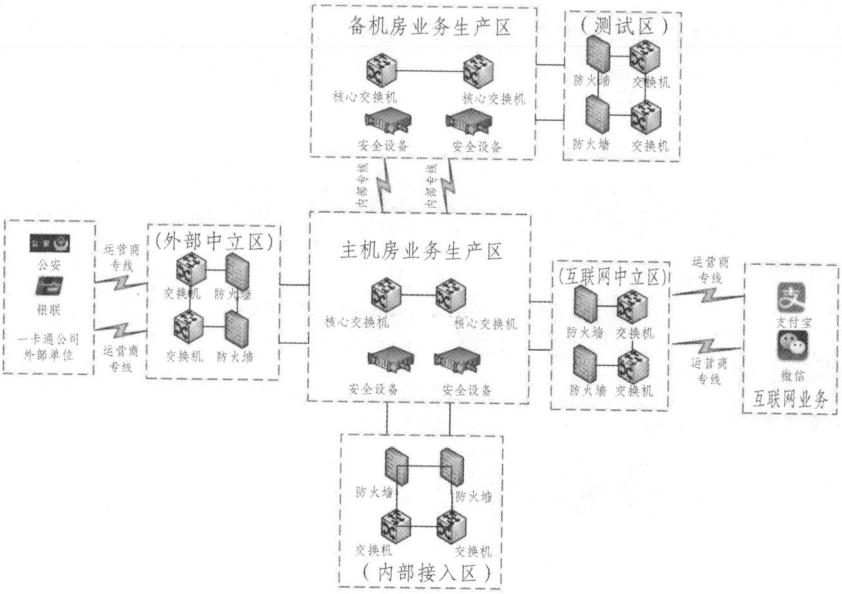


图 4-3　网络架构设计图

（3）外部中立区。

外部中立区部署防火墙、接入交换机，对网络流量进行限制与管理。内部可部署入侵防御网络安全设备。该区域统一管理外单位专线业务流量的网络接入及限制。

（4）内部接入区。

内部中立区部署防火墙、接入交换机，对网络流量进行限制与管理。该区域统一负责车站线路接入、票库接入以及公司内部其他同等级系统网络接入及限制的管控工作。

（5）测试区。

内部中立区部署防火墙、接入交换机，对网络流量进行限制与管理。该区域统一管理测试系统的网络接入及限制。

### 4.3.2 云架构设计

云平台，是指基于硬件资源和软件资源的服务，提供计算、网络和存储能力。信息化系统的构建从单机时代、双机时代走向平台时代，极大地促进了计算机资源的利用能力。自动售检票系统的后台搭建经历以 IBM、Oracle、EMC 等国际厂家的高性能服务器逐步转变为以整合计算、存储以及网络资源的云平台，灵活的资源交付，能持续提升对外服务能力。云平台是智慧自动售检票系统后台的核心组成部分，云架构是云平台建设的重要组成部分。如何构建一个稳定、安全、高效的云平台是自动售检票系统智慧化运行的一个重要部分。

1. 数据中心虚拟化架构

轨道交通智慧售检票系统云平台需要实现轨道交通车站各种智慧化设计接入，因此除了常规的云平台计算虚拟化、存储虚拟化以及网络虚拟化设计以外，根据业务功能需划分云计算、语音及视频分析资源池，通过云管理区服务器实现其统一管理，架构如图 4-4 所示：

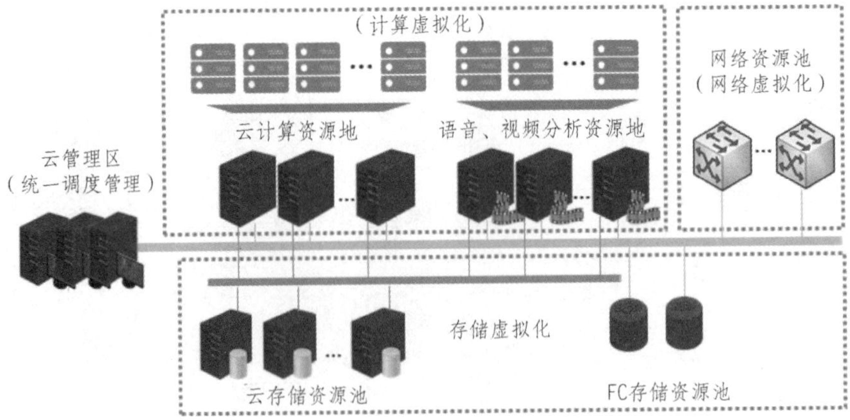


图 4-4　中央级系统云平台架构图

如图 4-4 所示，中央级系统虚拟化架构由云存储资源池、云管理区、云计算资源池、语音及视频分析资源池以及相关网络设备组成，采用高并发、高冗余、稳定性强的基础架构，实现计算虚拟化、存储虚拟化、网络虚拟化。

（1）计算虚拟化。

利用硬件服务器之上的虚拟化软件层，实现多个相互隔离、互不干扰的独立虚拟服务器或者容器。

虚拟机与物理服务器类似，它们主要的区别在于虚拟机并不是由电子元器件组成的，而是由一组文件构成的。每台虚拟机都是一个完整的系统，它具有 CPU、内存、网络设备、存储设备和 BIOS，因此操作系统和应用程序在虚拟机中的运行方式与它们在物理服务器上的运行方式没有任何区别。支持不同的 x86 服务器品牌设备进行在线扩容，实现高效弹性的扩展且虚拟化服务不中断。

（2）存储虚拟化。

云存储资源池：利用 x86 服务器的内置硬盘，通过成熟稳定的存储虚拟化软件融合成企业级的虚拟共享存储。能够与虚拟机的迁移、高可用、容错、分布式资源调度、无缝集成，通过分布式 RAID 和缓存镜像来确保在发生磁盘、主机、网络或机架故障时绝不丢失数据。具有灵活扩展、与计算资源同步扩展的特性。

FC 存储资源池：利用集中式存储资源，通过成熟稳定的集中式存储设备实现共享存储。不与服务器竞争资源，独立提供高性能存储服务，能够与虚拟机的迁移、高可用、容错、无缝集成，利用 RAID 技术确保在发生磁盘、主机、网络或机架故障时不丢失数据。适用于需要高性能读写业务资源分配。

（3）网络虚拟化。

网络虚拟化在数据中心内和多数据中心之间打通二层网络，使虚拟机无论是主动的迁移或者通过容灾手段漂移到备用数据中心都能够保持 IP 地址不变；网络虚拟化能够支持按需创建二层网络、三层路由、负载均衡、NAT、VPN、防火墙等的网络服务设备，配合云管系统为应用的快速上线提供支撑，能够支持跨多个数据中心实现虚拟网络的统一管理配置，实现多数据中心二层网络。

2. 云高可用设计

（1）计算资源高可用。

① 动态资源调度。

针对不同的业务需求形成了多个业务集群，每个集群内可自动化聚合、分散虚拟机，以及与宿主级的耦合关系，实现动态资源调度。

在虚拟化环境中，一旦用户将应用整合到资源较少的物理主机上，虚拟机的资源需求往往会成为瓶颈，全部资源需求很有可能超过主机的可用资源。通过持续地平衡容量，将虚拟机迁移到有更多可用资源的主机上，确保每个虚拟机在任何节点都能及时地调用相应的资源。即便大量运行 SQL Server 的虚拟机，只要开启了动态资源调度功能，就不必再对 CPU 和内存的瓶颈进行一一监测了。全自动化的资源分配和负载平衡功能，也可以显著地降低数据中心的成本与运营费用。

动态资源调度功能通过心跳机制，定时监测集群内主机的 CPU 和内存等计算资源的利用率，并根据用户自定义的规则来判断是否需要为该主机在集群内寻找有更多可用资源的主机，以将该主机上的虚拟机迁移到另外一台具有更多合适资源的服务器上，或者将该服务器上其他的虚拟机迁移出去，从而保证某个关键虚拟机的资源需求。动态资源调度示意图如图 4-5 所示。

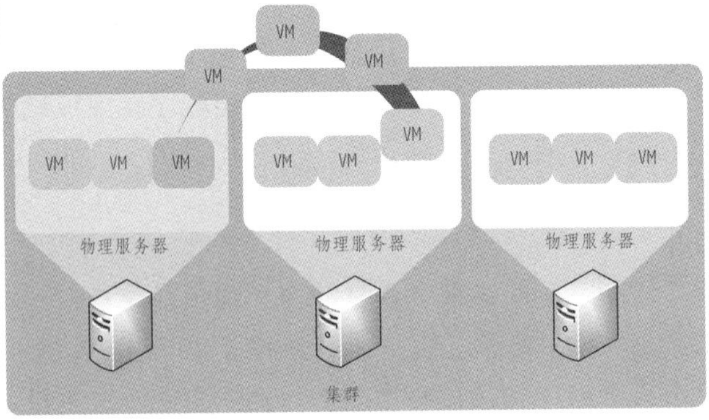


图 4-5　动态资源调度示意图

② 故障自动漂移。

针对不同的业务需求形成了多个业务集群，在同一集群内通过高可用性机制实现故障情况下的业务虚拟机自动迁移。

由多台独立服务器主机聚合形成的集群不仅降低了管理的复杂度，而且具有内在的高可用性，从而为用户提供一个经济有效的高可用性解决方案。各个虚拟机之间维持“心跳”，当发现虚拟机失去“心跳”的时候，就会尝试在其他的服务器上重新启动失效的虚拟机。HA 会保证任何时候当物理服务器发生宕机，资源池中都有足够的硬件资源，使失效的服务器中的虚拟机在其他的服务器上顺利启动。采用优化后的高性能集群文件系统，通过支持 SAN/iSCSI/NFS 等存储协议，可以允许不同的服务器访问同一虚拟机磁盘文件。

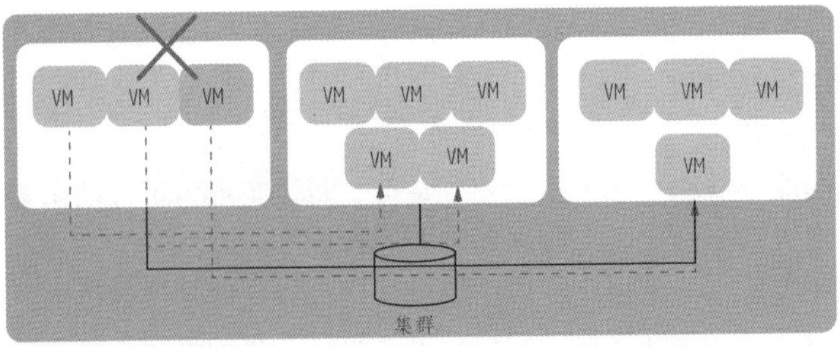


图 4-6　使用集群高可用特性进行主机故障切换示意图

③ GPU 资源统一调度。

传统云平台的 CPU 资源可灵活调度及漂移，不受业务限制。智慧售检票系统云平台的 GPU 由于其用于语音视频等特殊计算，需针对性调度管理。智慧售检票云平台可实现 GPU 与 vGPU 的统一管理调度。通过 GPU 直通与 GPU 虚拟化两种模式，图形化分配和释放 GPU 资源，实现虚拟机动态从 GPU 资源池中按需分配与释放 GPU 资源，为地震、气象和设计等行业的高性能计算业务，提供快速高效的 GPU 资源能力供给能力，降低运维管理的复杂度。

（2）存储资源高可用。

存储的资源池可以依靠光纤交换机、存储硬件自身实现高可用设计。

① 存储的基本规范。

光纤交换机采取双两路冗余架构；

端口先上后下从左向右分布；

核心交换机与边缘交换机之间采用冗余 ISL/Trunk 封装级联；

使用端口别名，提高易维护性。

② 存储网络架构。

采用级联方式；

服务器群数据流量经级联链路互相访问存储；

由存储提供 RP0=0 的数据级容灾或存储级双活；

存储容量可直接挂载到服务器进行储存虚拟化统一管理和容灾。

③ SAN（Storage Area Network，存储区域网络）存储架构。

为了保证中央级系统持续稳定运行，存储的资源池除了依靠光纤交换机灯存储硬件自身高可用架构设计外，还结合存储双活技术构建双活高可用平台。该架构中任一存储硬件在出现故障或维护时而无法提供服务时，业务可自动/手动由另一存储全部接管，第三站点仲裁机制防止脑裂发生，确保 RPO（恢复点目标）及 RTO（恢复时间目标）为零，实现数据不丢失，业务不中断，双活结构如图 4-7 所示。

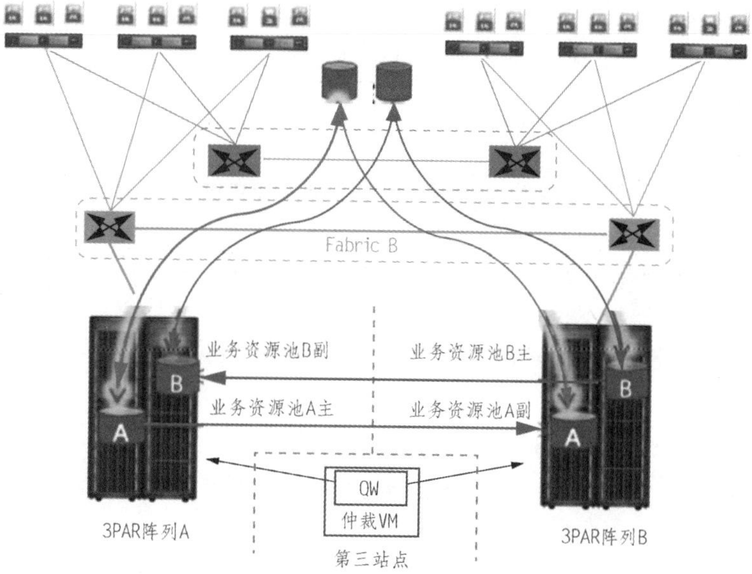


图 4-7　中央级系统双活结构图

（3）电源高可用。

同一集群内通过动态资源调度空闲的宿主级自动开关机，实现节能减排。监控集群中物理主机的 CPU、内存、连接数等资源利用率，通过动态迁移虚拟机和关闭闲置服务器来降低数据中心的能耗，从而为用户实现节能减排。当集群中的业务负载上升时，能自动唤醒先前关闭的闲置服务器，通过虚拟机的动态迁移达到集群负载均衡。

3. 云平台管理系统设计

（1）云平台管理功能。

轨道交通智慧售检票系统云平台，需具备流程管理、规格管理、工单管理、角色权限管理等功能，有效地帮助管理员运营和管理云业务。

（2）流程管理。

流程管理主要用于规范云平台资源的申请和使用。完整的流程管理主要由以下几部分构成。

a. 流程模板定制。

云管理员为不同租户和资源操作定制不同的流程模板。

b. 流程申请。

普通用户提交资源操作申请。

c. 流程通知。

通知组织管理员或云管理员收到普通用户提交的资源操作申请。

d. 流程审批。

组织管理员或云管理员对普通用户提交的资源操作申请进行审批。

e. 流程执行。

对审批通过的流程进行相应的资源操作。

（3）规格管理。

规格管理主要用于规范云平台用户对申请资源时的配置。完整的规格管理主要由以下几部分构成：

a. 规格统计。

云管理员根据云可以提供的服务类型及租户需要的资源配置进行统计规格数据。

b. 规格定制。

根据统计结果定制用户在云中可以选择的资源规格。

c. 规格生效。

用户通过服务门户申请资源时，规格对用户申请的资源配置进行约束。

（4）工单管理。

云平台用户工单管理功能主要有以下内容：

系统管理员可以自定义工单模板，处理用户提交的工单，并查看系统内全部的工单。

组织管理员可以处理用户提交的工单，查看与自己相关的工单。

普通用户支持提交工单，答复自己提交的工单，查看与自己相关的工单详细信息。双向沟通机制如图 4-8 所示。

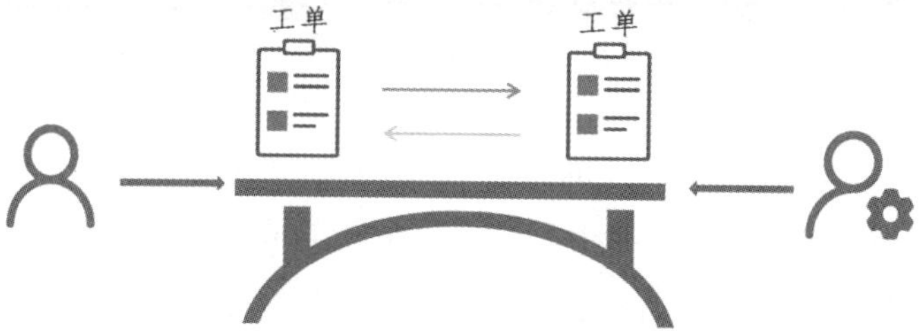


图 4-8　双向沟通机制

工单是用户和组织管理员、组织管理员与云管理员双向交流的有效介质，用户可以通过工单咨询问题、反馈故障、提出建议或意见。管理员可以通过工单，查看和回复用户的提问。

图 4-9　工单整体流程

（5）角色权限管理。

云平台支持多种用户角色和分级多租户管理。

云管理员：负责整个云平台的管理，进行全局资源配置，计费策略、资源规格定义，划分组织和配额，分配组织管理员，统一监控全局资源的使用情况、计费统计、运维健康状态等。

组织管理员：通过租户服务台操作，可以创建下属组织，为下属组织分配资源配额，创建本组织的普通用户以及下级组织的管理员和普通用户；为本组织申请网络、防火墙等资源；查看组织及下属组织的资源使用状况、费用统计等。

普通用户：通过租户服务台操作，可以申请云主机、云硬盘等资源服务，并对已申请的资源进行监控和管理；可以查看自己的资源使用状况、费用信息等。

审计员：可以查看云平台中审计信息，包括各类管理人员和用户的身份鉴别记录、操作记录以及访问受保护资源的行为记录等。

自定义权限分组：支持基于上述四种角色，进一步定制用户权限，可以控制到操作菜单的所有维度；通过自定义角色分组，可以实现定制服务目录。

### 4.3.3 安全设计

中央系统按照等级保护三级标准建设。安全设计按照云服务的使用范围以及层次，提供整合的云服务安全体系，并与安全防护体系、安全运维体系相结合，形成完整的云平台防护体系。

中央系统安全保障秉承安全、可靠、主动预警、联动处置的构建思路，应用物联网、移动互联网、人工智能、云计算、大数据分析等先进技术，不断更新迭代，形成高度集成化的综合安全防范体系，确保各层的安全运营。

1. 总体部署策略

结合等级保护三级要求，根据地铁AFC业务系统的部署结构及流量模型，安全设计需要对业务系统的访问流量进行检测和防护，对检测出的安全事件分析并进行相应处理；根据业务系统自身的安全防护需求，安全设计需要对业务系统进行漏洞扫描评估，对承载业务的主机及系统进行病毒防护；同时为了提高安全功能的部署及维护效率，安全设计需要提供安全管理平台对安全设备纳管，可统一部署安全功能，采集并存储安全日志，呈现并管理安全事件。

系统安全防护通过部署堡垒机等运维审计平台，按照用户权限对其纳管资产进行分类，同时对用户运维权限进行对应授权，以操作日志、录制视频等方式记录用户运维过程以便后续存档与审计。通过部署日志审计系统，将平台主机、网络等资产的日志进行记录，并留存足够周期（至少6个月），以满足等保等安全管理规范的诉求。

中央系统按照等级保护三级标准建设，围绕以“一个中心，三重防护”的指导思想，即一个安全管理中心的管理下，建设“安全计算环境，安全区域边界、安全通信网络”的层层防护的安全保障技术体系。

根据系统安全需求和防护目标，选择如下设备及功能：

一个中心：安全管理平台：部署在安管区，负责对FW/IPS等安全设备进行管理，通过统一下发安全策略、集中监控安全事件、集中采集并分析安全日志等方式提高部署和运维的效率；

三重防护：包含拦截设备、查痕设备和补漏设备。

拦截设备：① 防火墙设备：部署在各区域边界，负责区域边界的安全防护；② 入侵防御设备：部署在数据中心出口，负责对访问数据中心的流量，进行应用层威胁的检测与防护；

查痕设备：① 堡垒机：部署在安管区，作为集中运维的入口，保障运维安全。对管理员进行身份鉴别，只允许其通过特定的命令或操作界面进行安全审计操作，并记录对应操作；② 日志审计设备：部署在安管区，对分散在各个设备上的审计数据进行收集汇总，并保证审计记录的留存时间符合法律法规要求。

补漏设备（漏洞扫描系统）：部署在安管区，负责主动扫描业务系统中各主机、设备存在的漏洞，并给出修复建议。

2. 安全策略应用

（1）安全管理中心。

① 安全设备纳管。

安管平台及设备侧需要配置如下协议，保证安管平台可以正常纳管设备。ETCONF：保证安管平台对安全设备下发策略。SNMP：保证安管平台对安全设备性能监控。SYSLOG：安管平台接收 IPS/防火墙设备的安全日志。

② 安全策略集中部署。

中央级系统的 FW/IPS 设备具有明显的可分组特性。例如一个区域中心下的车站防火墙可以分组，以设备组维度下发安全策略、升级特征库等操作。

③ 安全事件监测和日志采集。

IDS/IPS 检测到的安全事件，可以配置以 syslog 日志的形式上送安管平台，在平台上展示和分析。

（2）拦截策略。

① 边界完整性检查。

能够检测内部网络中出现的内部用户未通过准许私自联到外部网络的行为，准确定出位置，并对其进行有效阻断。

② 网络入侵防范。

在网络边界处监视以下攻击行为：端口扫描、强力攻击、木马后门攻击、拒绝服务攻击、缓冲区溢出攻击、IP 碎片攻击、网络蠕虫攻击等入侵事件的发生。当检测到攻击行为时，记录攻击源 IP、攻击类型、攻击目的、攻击时间，在发生严重入侵事件时应提供报警。

③ 网络设备防护。

对登录网络设备的用户进行身份鉴别；对网络设备的管理员登录地址进行限制；网络设备用户的标识应唯一；身份鉴别信息应具有不易被冒用的特点，例如口令长度、复杂性和定期地更新等；具有登录失败处理功能，如结束会话、限制非法登录次数，当网络登录连接超时，自动退出。

（3）留痕策略。

① 网络安全审计。

提供对网络系统中的网络设备运行状况、网络流量、用户行为等事件进行日志记录的功能。

② 主机系统安全。

主机系统作为信息存储、传输、应用处理的基础设施，其自身安全性可能影响整个业务平台的安全。作为业务平台系统中重要的组成部分，各种业务系统主机数量众多，资产价值高，面临的安全风险极大。一方面，主机系统是各类业务系统数据和信息的主要载体，这些业务数据和信息是系统信息资产的重要组成部分；另一方面，病毒、攻击入侵等安全威胁很容易通过访问主机系统的终端渗透到后台各种业务应用和服务主机中，从而对业务平台系统的整体安全带来危害。

③ 安全审计。

安全审计功能应覆盖到服务器上的每个操作系统用户和数据库用户；安全审计应记录系统内重要的安全相关事件，包括重要用户行为、系统资源的异常使用和重要系统命令的使用等；安全相关事件的记录应包括日期和时间、类型、用户标识、访问的资源标识、事件的结果等；审计记录应受到保护避免受到未预期的删除、修改或覆盖等。

安全审计子系统对中央级系统内的运维操作行为进行管理和审计,包括以下功能。

系统配置管理：支持多种数据库类型，安全审计系统支持对主流关系型数据库的审计，可满足对所支持的数据库类型的定制化需求。用户角色管理：基于用户角色组与权限的三权分立管理模式，可有效避免产生超级用户，确保审计的独立性。基于对象管理：采用基于对象模式管理可通过时间域、地址池、计算机名、程序名、数据库名、数据库用户名、操作表名、操作内容、操作方式等对象管理系统。

数据采集与存储：允许用户通过关键字段设置采集过滤规则，丢弃无需审计的数据，记录用户关心的数据，剔除垃圾数据。审计数据格式能有效保障审计结果的可靠性。

审计查询与展示：支持对生产数据库的 SQL 操作进行细粒度审计。采用模块视图模式实时展现审计结果，具备对数据库会话，数据库操作及审计预警等结果的实时展现功能。

审计报表分析：对某个监控对象进行年、月、日、周和小时范围内的趋势分析和统计分析产生报表。其中，分析对象包括总访问量、数据库用户、数据表、操作方式、程序名、源 IP、存储过程等。

应急响应：支持多种响应方式：提供对审计数据的包括记录，丢弃，告警等在内的多种响应方式。其中告警方式包括：邮件告警、声音、message 等告警模式。审计预警功能：可依据操作时间，操作方式，使用程序名、计算机名、数据库用户名、操作源 IP、操作表名/存储过程名等关键对象配置预警规则。通过设定预警规则，可定义敏感信息和数据库安全事件，对相关事件做出响应并可对预警记录进行条件查询。

访问控制：依据安全策略控制用户对文件、数据库的访问；实现操作系统和数据库系统特权用户的权限分离；严格限制默认账户的访问权限，重命名系统默认账户，修改这些账户的默认口令；及时删除多余的、过期的账户，避免共享账户的存在。应用系统的设计应采用二层以上结构，将提供数据显示功能与数据处理功能在物理或者逻辑上分离。

身份鉴别：操作系统和数据库管理系统用户的身份标识应具有唯一性；操作系统和数据库管理系统身份鉴别信息应具有不易被冒用的特点，例如口令长度、复杂性和定期更新等；具有登录失败处理功能，如结束会话、限制非法登录次数，当登录连接超时，自动退出。

（4）补漏策略。

中央级系统业务系统中部署了大量的服务器、数据库等资产。需要对资产存在的漏洞信息进行统计并评估防护方案，提前进行安全加固。具体如下：在主备数据中心的安全管理区部署漏洞扫描工具。漏扫工具的业务要与云平台的资产互通，且在防火墙上放行对应策略。谨慎制定漏扫策略，建议对重点资产单台扫描且要在业务不繁忙时进行，最初几次扫描时要有人员在场，如被扫描资产有异常情况需要将漏扫设备立即断网。后续漏扫策略稳定后可以执行定时漏扫策略。漏扫结果中存在的漏洞，需要与业务人员共同评估如何防护，不能擅自处理。

以操作系统漏洞为例，如果业务人员确认升级操作系统或者打补丁等操作对业务没有影响，就可以在升级窗口期进行升级、打补丁等操作；如果直接在资产上修补漏洞会对业务产生影响，可能需要在 IPS/WAF 等安全设备上对资产进行防护，优化策略。

### 4.3.4 备份设计

中央级系统包含了主、备两个中心的建设，为了提高业务系统的可用性及等保要求，需要对系统提供备份支持。备份范围包括主、备两个中心的相关备份；备份内容主要包括操作系统、文件、应用软件及数据库备份，备份方式包括在线备份、离线备份、增量备份、全量备份。

当中央级系统生产中心发生灾难时，用户可以将其应用切换到灾备系统，灾备系统可立即接管中央级系统的业务。

1. 容灾备份中心

灾备系统必须实现中央级系统运营所需的中央级系统结算、设备管理、参数管理、数据通信、黑名单管理、报表管理等功能。针对系统的容灾建设，需要考虑应用层面以及数据层面的容灾需求，并根据需求选择可靠的技术实现。

其中，数据级容灾是整个系统容灾的基础，数据状态要保持同步。为保证在灾难发生时，充分保证数据的完整性和一致性，并最小化 RPO（Recovery Point Objective 复原点目标，是指当服务恢复后，恢复得来的数据所对应的时间点），并提供有效的校验机制，才能确保应用容灾的正常切换。

而应用级的容灾需要保证在数据容灾切换完成后，应用能够成功地切换到容灾中心。容灾端的应用能够快速、正常地启动，保证基础业务正常开展，并最小化故障恢复时间目标（RTO）。应用的变更应该在主站和容灾中心同步进行，保证对程序的更改在两个中心同步上线。同时，需要建立配套的容灾切换机制和回切机制，在出现大规模故障时，能够针对故障的严重程度，影响范围和预期恢复时间进行合理的评估，从而缺测是否需要切换到容灾系统运行。

通过构建“中央级系统”容灾中心，可以实现如下的目标：实现中央级系统、关键业务系统的远程灾备，保障系统在现有生产数据中心严重故障或灾难时的可用性；

充分降低生产中心到灾备中心的数据复制延迟，完全避免或者最大程度减小突发故障或灾难时的数据丢失；在生产数据中心发生故障或灾难，需要灾备中心接管业务时，降低容灾切换时间指标，实现分钟级的容灾切换；生产中心数据库保持在open状态，灾备中心数据库则处于只读打开状态，灾备中心数据库能够分担生产数据库的只读负载，满足日常查询、统计、报表和备份的需要。

2. 备份管理策略和制度

备份方式包括在线备份、离线备份、增量备份、全量备份。

对于备份系统备份策略的规划，按照以下流程进行：首先将数据备份任务按业务系统划分，确定各系统的备份数据量，并为每个备份任务指定专用的介质集；根据各业务系统对备份的需求，以及系统的忙闲程度，为每个备份任务划定可以进行数据备份的时段。然后合理地选择备份方式。备份的最终目的是进行数据恢复，在选择备份方式时，要在业务系统性能需求许可的情况下，最大限度地降低数据恢复时的复杂程度：

（1）对于数据量较大的系统，为降低数据备份对业务系统运行的影响，减少对备份介质的需求，可采用“全备份+增量备份”的方式进行，每周进行一次全备，一周内其他时间每天进行一次增量备份，多数做增量，差异恢复时太多复本。

（2）对于数据量较小的备份任务，或较为关键的业务，则每天进行一次全备份，以降低恢复时的复杂程度。

（3）在每次业务数据做大调整后应立即做一次全备份。

在确定以上内容后，对备份任务的调度策略进行统一规划。对于相关业务系统的数据，为保证数据的一致性，尽量安排在同一天进行备份；首先保证关键业务的数据备份；尽量使备份数量在一周内的每天平均分布，可以采用大小数据量相搭配，或关键业务与非关键业务相搭配等方式进行；尽量使并行工作，提高备份效率。最后根据业务需要确认备份介质保存周期。如无特殊需求，则保存周期的设置应以保证每一次全备份完成以前，都有可用介质供数据恢复使用为准。

3. 备份系统监控

备份软件提供多种方式，对备份作业进行监控：可以通过部署备份软件的GUI界面，检查相关备份作业的完成情况；部署Report Server，通过GUI界面，集成Report Server的相关监控数据，以web页面的形式进行展示，可以宏观地对整个备份系统进行监控；通过SMTP协议，将备份作业完成情况传输给SMTP Server，从而达到监控的目的。

4. 备份的恢复及测试

在备份配置完成，进行初次全备及增量备份后，应对备份进行恢复验证，确保备份的数据可用。对于数据库应用，在测试环境上进行数据库恢复，并验证数据库的完整性；对于虚拟机的备份，在其他存储池上进行恢复，验证虚拟机可以正常启动，且数据完整；对于文件备份，可以采用随机抽查或指定目录进行文件恢复，恢复后与源文件进行比对，测试备份是否可用；每 3～6 个月进行一次备份验证，对生产数据库进行异机恢复，确保备份可用；对于虚拟机及文件系统等，以备份作业为单位，进行恢复测试。

### 4.3.5 运维设计

围绕场景需求、方法技术以及设备的智能化程度，智能运维发展历程可分为传统运维、自动化运维、敏捷型运维 3 个阶段。前 2 个运维阶段普遍以单一甚至组合的方式存在于运维场景，随着精放模式的转变，设备运维整体有了引导决策的概念，实现更高维度的设备群敏捷型运维。此阶段体现了“人”“机”“物”“平台”的协同关系。如图 4-10 所示。

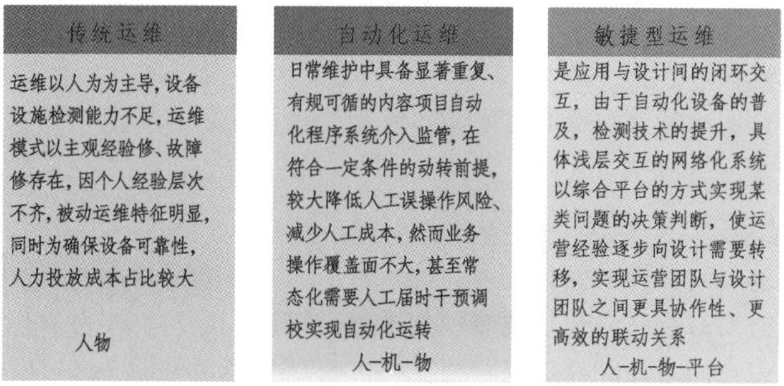


图 4-10 运维阶段图

中央系统针对运维中存在的数据孤岛、信息离散、平台封闭、被动响应等问题，全面构建基于状态感知及维修全过程数据的精准维护维修模式、结合设备设施全寿命周期健康管理体系，实现面向线网自动售检票运营场景需求的智能决策，达成体系迭代的智能运维。

智能运维以中央设备、站级设备精准维护维修为导向，结合大数据、物联网、云计算等技术手段，进行运维体系变革，从人员、设备、物料、检修、隐患、故障、分析、决策等方面实现面向多对象的主动型全域感知、智能化规范流程及场景化决策控制，促进运维精准高效。

敏捷型运维目标是指中央级系统智能化运用物联网、大数据、云计算等新兴技术，搭建智能运行系统。其目标体现在以下四个方面：一是构建安全可靠的运行平台：通过共享资源池的方式统一管理资源，提供弹性供给和高可靠的应用运行环境，满足应用和高并发用户访问需求；二是构建持续迭代的开发平台：通过开放的、标准化的开发架构，为 AFC 系统提供持续迭代应用开发能力和开发生态圈，满足未来对业务变化的快速响应；三是构建融合发展的数据平台：通过融合业务数据，提供快速灵活的数据分析应用扩展能力及精准的业务服务，解决海量数据的采集、处理及应用分析挖掘，形成持续的数据整合与应用能力，以完整数据驱动中央系统业务优化；四是构建安全绿色基础设施环境：基于虚拟化、分布式存储、并行计算、负载调度等技术设置统一的基础设施资源池，为自动售检票业务提供弹性调度、按需分配的基础架构资源服务。

1. 安全可靠的运行平台

系统自身安全保证：提供关键资源参数设置阈值，并在超过阈值的时候应急处理的功能，让整个系统处于自我维护状态，避免运行风险；系统的引擎与审计中心具有强制激活判断功能，避免非法安装风险。

系统状态自检测：可以对系统运行中，各系统资源使用情况，网络负载情况，系统通信状态等信息进行监控，以便及时发现系统运行异常情况。

系统最近操作记录：提供管理员最近操作过的菜单标签，保存管理员的常用操作与操作习惯，方便管理员的日常管理与操作。

系统备份：可以实现对整个系统的配置信息进行备份与还原功能，可以一键还原到系统默认配置状态。

时间同步：实现整个系统的时间同步管理，让系统的各个组件都保持同样的时间频率。

2. 可迭代的开发平台

（1）高性能、高弹性的网络。

开发平台需要有高网络传输性能、高弹性、多租户隔离、支持软件定义网络配置等多方面的能力。网络还需要提供跨宿主机、机架和机房的能力。

（2）适配多种监控服务的状态采集模块。

开发平台的容器监控是管理平台极其重要的一环，监控不仅要实时得到平台的运行状态，还需要获取容器所占用的资源动态变化。设计实现一套完整的监控服务，高效地采集容器运行信息，根据运行环境的配置上报到相应的监控服务上。同时监控应该满足以下两点：

① 监控指标多，数据量大，数据采集模块必须高效率；

② 监控的低开销，同一个宿主机可以跑几十个，甚至上百个容器，大量的数据采集、整理和上报过程必须低开销。

（3）支持微服务架构设计。

① 开发平台可将每个微服务封装到单独的容器中，应具有轻量、环境隔离的优点，适合用来封装微服务。

② 开发平台可快速部署，快速应对业务突发流量。

③ 开发平台应可在线扩容能力，保障服务不中断。

3. 数据融合平台

中央系统数据融合平台整合云计算、大数据技术体系，实现多源数据接入汇聚，通过自动化的集中管理和数据治理，将数据按照业务属性进行梳理，基于通用化与定制化的数据服务方式，面向各种业务场景提供数据赋能，为各类业务应用蓄水储能，助力用户实现数字化转型。

融合平台具有实时性、敏捷化等显著优势，是能够为行业客户提供高效、易用、可靠的实时大数据平台服务。平台通过有效的自动化数据管理流程，确保汇聚的数据可以被有效使用，从而充分挖掘数据价值，促进数据增值。此外，无论是传统应用还是部署在云中的应用，平台都可实时提取海量数据，进行跨应用的深入分析，从而驱动革新，提供更高级别的数据洞察。

中央系统数据融合平台应具备以下三个特性：

① 实时性：能够快速对海量事件流数据进行多维碰撞，并以实时数据服务为设计理念，具备实时流式处理、实时多流碰撞、实时在线分析、实时数据流对比等特性。

② 安全性：安全技术层面，从底层的融合计算采用数据隔离和边界防护等安全策略，实现不同应用和服务的隔离；

③ 安全管理层面，进行数据分级分类、面向不同用户和应用场景设定不同脱敏策略，充分保护数据隐私与安全。

④ 兼容性：支持结构化、非结构化及半结构化数据接入，能够从半结构化数据中基于语义识别，实现结构化数据的转化和提取。

4. 绿色基础设计建设环境

中央级系统以高新技术实现节能减排、构建绿色环保的数据中心为目的，通过服务器虚拟化技术解决服务器的能耗问题。服务器虚拟化，即是将服务器物理资源抽象成逻辑资源，让一台服务器变成几台甚至上百台相互隔离的虚拟服务器，让 CPU、内存、磁盘、I/0 等硬件变成可以动态管理的“资源池”，从而提高资源的利用率，简化系统管理，实现服务器的整合。

（1）服务器虚拟化的四大特征。

① 分区。

在单一物理服务器上同时运行多个虚拟机；

② 隔离。

在同服务器上的虚拟机之间相互隔离；

③ 封装。

整个虚拟机都保存在文件中，而且可以通过移动和复制这些文件的方式来移动和复制该虚拟机；

④ 相对于硬件独立。

无需修改即可在任何服务器上运行虚拟机。

除了在节约能耗、降低成本方面的作用，服务器虚拟化的应用还解决了其他应用中的问题：

① 实现了容错技术：虚拟机在遇到硬件故障时仍然能保持业务不中断并将业务迁移到另一个虚拟机中，实现动态接管，从而将任何由系统故障等灾难性事件带来的威胁降低到最小化。

② 增加了正常运行时间：按照统计，系统停机 86%是计划内，13%是计划外故障，

还有 1%的灾难；大多数服务器虚拟化平台都能够提供实时迁移、存储迁移、容错，高可用性还有分布式资源管理等高级功能，用来保持业务延续和提高运行时间。

③ 隔离应用：数据中心经常使用一台服务器一个应用的模式，致使服务器越来越多，成本越来越高，而通过服务器虚拟化提供的应用隔离功能，只需要很少几台物理服务器就可以建立足够多的虚拟服务器来解决问题。

④ 走入云计算。通过服务器虚拟化，把底层硬件抽象出来，可以说已经为搬到云里做好了准备。迈出的第一步可能是从虚拟化的数据中心搬到私有云，然后随着公有云的发展，相关技术不断成熟。

（2）服务器虚拟化的实施。

服务器虚拟化带给客户的是更全面、更专业的集成方案和服务能力，在实施过程中必须做好全面充分的考虑和准备：

① 明确服务器整合的目标架构：软硬件资源优化整合以企业架构理论为指导，对业务需求、公司基础架构现状、支持业务能力以及信息技术发展趋势等因素做综合的考虑，该架构能使管理性得到提升、细分与明确，并能通过先进技术整合零散的业务点，信息点和设备点，同时释放其原有被迫闲置的资源，与业务发展战略和业务目标紧密挂钩，保证基础架构能够长期有效地支持业务的战略发展。

② 明确服务器整合的规划目标和具体要求。

③ 通过服务器整合总体架构的原理，设计整合思路。

## 4.4 系统功能

中央级系统主要由账户信息类系统、结算类系统、数据分析类系统、运作管理类系统和测试及接入系统五大类系统组成。具体功能架构如图 4-11 所示。

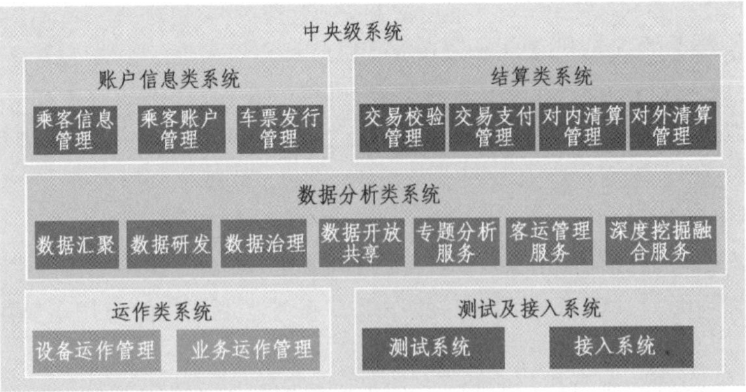


图 4-11　中央级系统功能架构图

账户类系统主要用于支撑轨道交通实名信息管理、车票的全生命周期管理功能，打造基于生物特征识别等技术的实名信用车票管理体系；结算类系统用于制定自动售检票系统统一清算对账规则，完成线网不同线路之间的清分，以及轨道交通内外系统之间的清算对账、第三方支付的清结算功能，实现轨道交通票务数据清结算精准化、自动化、可扩展；数据分析类系统可实现收集、统计、分析、查询运营数据，采用大数据挖掘等技术，为乘客服务、运营需要、政府需求等提供个性化、多样化、智能化的数据需求，打造基于大数据、云计算等技术的自动售检票系统专业数据中台；运作管理类系统具备参数和密钥的制作、下发、注销等全流程管理，以及设备状态的智能监控告警、客服业务的查询支撑等中央级系统基础业务运营管理功能；测试及接入系统可实现轨道交通线网一张票通行，各接入设备、业务按统一标准进行测试准入，建设统一的中央级系统业务准入标准体系。

车票管理、清分结算、数据分析、运营管理、测试接入平台等系统功能，实现了轨道交通票卡全流程智能化管理、清分结算多元化业务支撑、数据分析个性化、运营管理全面化、测试平台统一化，为打造智慧中央级系统提供基本系统功能支撑。

### 4.4.1 账户信息类系统

传统的 AFC 系统模式下，统一使用现金购票，只需创建中央级系统的各级管理员用户。随着云计算、大数据、生物特征识别等技术的发展，中央级系统已向智慧化转变，为创建智慧乘客服务体系，提升票务服务的智能化水平，需建立车票类账户系统，用于推进基于实名制、个人信用体系的跨平台、跨场景乘车票务服务，利用生物识别、无感支付等多制式，提高售检票、乘车智能化水平。车票账户类系统包含三大核心要素：“人”“钱”“票”，对于“人”，需要建立乘客实名制体系，实现乘客信息管理；对于“钱”，需建立乘客个人账户，实现乘客账户管理；“票”是一种通行介质，需建立车票管理体系。通过结合三大核心要素，结合生物特征、大数据等技术，实现“人”“钱”“票”合一的出行核验，并基于乘客用户画像信息，为乘客提供可感知、有温度、个性化的智能服务。

1. 乘客信息管理

乘客信息管理包含用户实名信息的注册、认证和管理三大类功能，其中实名信息管理包含实名信息的查询、变更和注销。具体如图 4-12 所示。

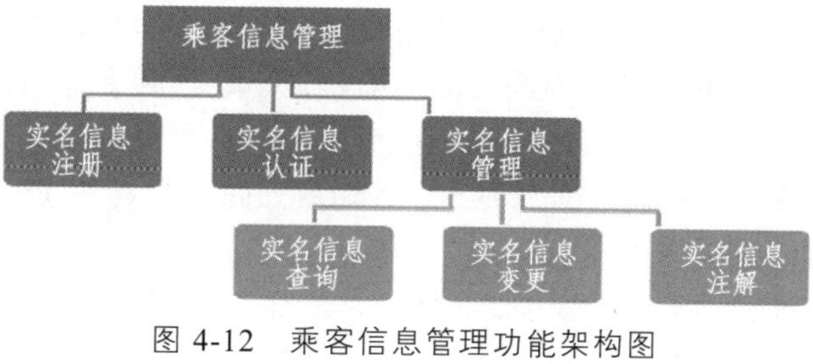


图 4-12 乘客信息管理功能架构图

（1）实名信息注册。

实名信息注册是指具备统一的实名信息注册接口，包括人脸/指静脉注册、申请临时出站人脸票，乘客可通过第三方注册入口或车站现场智能客服终端、乘客自助终端实现实名信息注册，同时可具备基于 Web 界面的实名信息注册功能，用户可在系统后台实现实名信息的注册。

（2）实名信息认证。

实名信息认证是指具备与第三方人证系统交互，统一对外提供第三方注册入口实名信息认证接口，为乘客注册过程中提供乘客实名认证服务，包括认证一致性校验服务、身份证有效性校验服务等功能。

（3）实名信息管理。

实名信息管理包含实名信息查询、变更和注销三类功能，需具备基于 Web 界面的实名信息查询、变更和注销，同时需提供统一的实名信息查询、变更和注销接口。在实名信息的查询上，需具备实名注册、生物特征识别账户开通状态等信息的查询功能，乘客可通过第三方注册入口或车站现场智能客服终端实现实名信息查询，同时系统管理员可在系统后台查询乘客注册、注销、开通等明细与统计信息；在实名信息的变更上，需提供统一的实名信息变更接口，包括关闭人脸等生物特征识别过闸、其他注册信息变更、乘客可通过第三方注册入口或车站现场智能客服终端实现实名信息变更；乘客可通过第三方注册入口或车站现场智能客服终端实现实名信息注销，同时系统管理员可在系统后台实现实名信息的注销。

2. 乘客账户管理

乘客账户管理需实现对用户账户信息的管理，包含但不限于用户单一账户管理、乘客账户关联管理、签约授权管理等功能。乘客账户管理系统功能架构如图 4-13 所示。

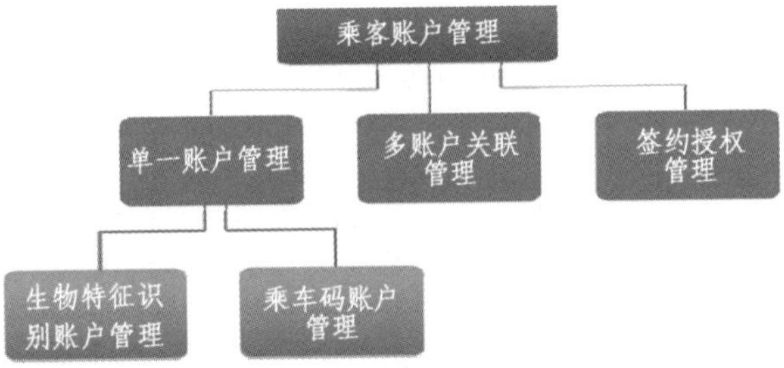


图 4-13　乘客账户管理系统功能架构图

（1）单一账户管理。

单一账户管理包含单一乘客账户的开通与注销功能。需具备乘车码账户和人脸、指静脉等生物特征识别账户的开通与关闭功能接口，普通乘客可通过第三方注册入口实现各类账户的开通与关闭，特殊乘客人群可通过车站现场智能终端设备实现人脸、指静脉等生物特征识别账户的开通、关闭、延期等。同时需具备基于 Web 界面的特殊乘客人群的生物特征识别账户开通与关闭、账户延期功能，用户可在系统后台实现针对特殊乘客的生物特征识别账户的开通、关闭、延期等。系统需预留提供其他生物特征识别账户开通与关闭的功能接口，乘客可通过第三方注册入口实现账户的开通与注销。

（2）多账户关联管理。

多账户关联管理需具备历史数据导入功能，可通过实时接口、消息中间件等方式实现历史数据导入。提供乘车码账户、生物特征识别账户等与实名信息的关联与解除接口，乘客可通过第三方注册入口实现乘车码账户与实名制账户的关联与解除关联，关联后可实现与该实名账户下其他账户的混用。提供实名统一账户信息的查询接口，乘客可通过第三方注册入口进行实名下统一账户信息及状态的查询。提供基于 Web 界面的乘客账户信息查询功能,用户可在系统后台实现乘客明细数据与统计数据的查询。

（3）签约授权管理。

乘客的签约授权包含乘客账户的签约、解约和账户的支付管理功能。其中乘客账户的签约、解约是指需实现乘客的统一账户与乘客签约的支付渠道之间的对应关系的管理功能，实现整个账户体系与支付体系的一一对应；账户的支付管理是指需实现统一的各类支付渠道的接入管理功能，提供第三方支付方式接入的统一接口标准。

3. 车票发行管理

车票发行管理主要包括虚拟数字车票、生物特征识别、IC 卡三大类车票的管理，负责二维码、金融 IC 卡、云卡、扫码支付、云购票等虚拟数字车票业务的用户体系及车票资源管理，生物特征识别车票的注册、使用、特征信息管以及特征比对的全生命周期管理，以及 IC 卡的制票、库存、发行、调配等统一流程管理。

轨道交通单程票、全国交通一卡通、金融 IC 卡由相关单位统一发行；二维码、云卡等虚拟数字车票和生物特征识别车票由中央级系统负责统一发行管理。轨道交通实体车票在使用前均要通过中央系统的车票编码分拣设备（E/S）进行初始化编码，并根据需要进行预赋值。E/S 与中央系统连接，E/S 对车票进行编号，并需要通过中央级系统的检查和确认，确保车票的编号在系统中的唯一性，只有经过初始化编码处理的车票才能在 AFC 系统中正常流通。

（1）虚拟数字车票管理。

虚拟数字车票管理主要包括虚拟数字车票生产、消费、注销全生命周期的管理。以及车票使用状态更新、异常使用情况监控、灰名单、黑名单控制等。虚拟数字车票需实现票价动态可变，可按票种设定不同的优惠政策。同时可实现其他发码机构的虚拟数字车票准入，并为符合二维码、NFC 等虚拟数字车票标准的其他机构提供接入接口。具体包括车票的发行、乘客注册、车票使用状态更新、车票库存监控等功能。

车票的发行是指中央级车票管理系统需具备二维码、NFC 等虚拟数字车票的制作、发卡功能；车票的消费是指乘客使用虚拟数字车票的前端展示信息和车站设备的信息需实时同步至中央级系统；车票的注销是指中央级系统具备乘客主动注销虚拟数字车票以及系统后台对车票进行注销的功能；车票监控是指需对虚拟数字车票库存量进行监控，低于阈值时自动预警。

（2）生物特征识别车票管理。

为构建基于智慧管理功能的生物识别、无感支付的自动售检票中央级系统，需对生物特征识别全生命过闸周期体系进行智能化管理。生物特征识别系统旨在为乘客人脸、指静脉等生物特征过闸提供生物特征比对服务，乘客生物特征过闸中通过人脸识别闸机中内置的生物特征采集模块获取乘客生物特征信息，发送至生物特征识别后端进行比对，比对后将结果返回至闸机进行后续的过闸操作。

生物特征识别管理功能主要包括人脸、指静脉等特征数据收集和存储，并预留指纹、虹膜等其他生物特征采集功能。具体包含如下内容：生物特征检测与采集；生物特征质量判断；乘客比对信息管理；特征提取和特征库管理和生物特征比对等。生物特征检测与采集是指系统需具备检测人脸采集终端前 0.3 ~ 1.2 m 范围内的人脸，并实时框出人脸和采集人脸抓拍照片的功能；具备检测指静脉采集终端是否有放入手指，并通过蜂鸣声提示检测成功，采集指静脉成像照片的功能；同时具备可扩展性支持其他生物特征识别技术的检测与采集。生物特征质量判断是指可对采集到的人脸抓拍照进行质量检测，符合规定角度的人脸会用绿框表示，不符合则用红框表示。可对采集到的指静脉照片进行质量判断，质量不符合会提示重试，同时具备可扩展性支持其他生物特征质量的判断。乘客比对信息管理是指中央级系统具备手工设置乘客人脸过闸、指静脉过闸或其他生物特征过闸比对的阈值，支持更新乘客比对特征信息。特征提取是指具备对符合质量和活体检测的人脸照片、指静脉照片等生物特征识别信息提取关键点信息，转换为可供比对的特征信息。特征库管理是指具备新增或者删除人脸、指静脉等生物特征，支持将提取出的人脸、指静脉等生物特征信息在比对库中进行增加或者删除，新增后，会生成唯一的特征 ID，并可提供对该生物特征的检索比对服务。删除后该生物特征 ID 会无法搜索，同时其指定特征 ID 的特征信息不可再检索到该用户对应的人脸、指静脉等生物特征信息。生物特征比对分为 1：1 比对和 1：N 比对两种模式。其中 1：1 比对是指传入两张生物特征识别照片给系统，系统返回 2 张照片中的生物特征相似度以及是否为同一个人的判断结果。1：N 比对是指传入一张生物特征照片给系统，并对指定的人脸库进行比对，系统同返回该生物特征对应的身份信息，若找不到则返回陌生人结果。

（3）IC 卡车票管理。

IC 卡车票管理包括对票卡制票、库存、发行、调配等进行统一管理，主要由票库和编码分拣机（ES）两部分组成。票库应具备对票卡库存量进行监督，跟踪系统参与方之间的票卡转移，以及票卡的更换、坏票、过期票的回收，票卡的遗失和黑名单处理等功能。编码分拣机（ES）设备能成批或单个对轨道交通新购进的各种 IC 卡车票进行初始化，具有自动供票、验票、编码功能，能对已初始化的储值车票进行编码或赋值。

① 票库。

中央级系统需具备 2 个以上中心票库，票库之间需要进行数据交互，每个票库包含但不限于实现以下功能：票库基本信息管理、车票入库管理、车票出库管理、车站票库管理、票卡信息查询、票库盘点管理、库存统计分析，实现对中心票库重新购票、ES 制票、入库、出库、配票、回收等一系列库存信息的统筹管理，以及对车站票卡库存量的调配管理等功能。

② 编码分拣机（ES）。

编码分拣机能对单程票进行初始化编码、赋值、分拣、重编码等功能。编码分拣机应具备高速处理大量车票的能力，接受人工送票及自动供票两种方式，可对已回收的单程票进行重新初始化或赋值，并具有单据打印功能。主要包含初始化、赋值、校验、重编码、有效性分析、分拣、基本功能可设置、查询、监控、自诊断、参数管理、数据管理以及降级操作等功能，具体内容如下。

初始化是指对车票初始化时，由设备读取车票上唯一的物理卡号，同时进行验证，验证成功后应将车票表面印刻编号写入车票。赋值是指经初始化过的车票仍不能在轨道交通 AFC 系统使用，必须对车票进行赋值处理。编码分拣机应可对部分需提前赋值的车票，在初始化过程中对车票进行赋值处理；同时，也可以选择对已初始化的车票重新进行赋值处理。ES 赋值车票可设置指定车站使用或全线网通用。校验是指编码分拣机将对编码数据进行校验，把编码不正确的车票送入废票筒中，把正确的车票送入四个票筒中。该功能可以让操作员了解到有效票的数量及废票的数量。各个票筒应配有专用的传感器来检测车票是否按预定的轨迹运动，在出现错误时应立即停止运作。车票重编码处理是指可通过编码分拣机对车票进行重新编码处理，使部分回收的车票能重新投入系统使用。车票有效性分析是指可通过编码分拣机对车票进行分析，对车票的分析包括对车票的有效性检查。在操作窗口显示车票的有效性检查信息及主要的编码信息，包括初始化信息、公共信息等。必要时可以显示车票的全部信息，以及向中央系统查询车票的详细信息和使用记录。在完成车票分析后，可以根据分析结果对车票做进一步的处理，如注销等。分拣是指编码分拣机应能将各种无序的票种按类别分拣到四个票筒中。多于四种的车票混杂在一起时，则应可通过多次分拣把不同的车票分拣到不同的票筒中。基本功能可设置每个票筒中的车票数量、堆票数量、总编码或分拣车票数量、车票进入的票筒编号以及分拣票的种类等功能，其中分拣的方式包括但不限于按车票面值、按车票批次、按车票芯片种类、按适用日期和按发行日期 5 种方法。

查询是指能在操作员的操作台屏幕上动态地即时显示所处理的车票数量、设备状态等信息。监控是指设备应可探测出夹票、票筒已满、供票盒已空等状态信息，检测到上述状态信息后，设备将暂停工作，等待操作员处理。诊断是指设备应具备自动诊断和人工诊断协助维修人员快速发现及确认故障，以便设备及时快速维护，实现智能运维。同时操作员应可通过操作台选择菜单实现上述功能，并可通过设备的各项功能诊断界面给予人工诊断。在测试模式下，任何操作应不能更改或删除设备内部保存的寄存器数据。另外设备应记录自身的所有故障信息、登录用户的操作信息。故障信息包含时钟错误、外围设备故障、通信故障等。操作信息包含系统重新开关机、用户登录/注销、备份/恢复操作、参数改变和授权等操作。日志应记录故障和操作发生的日期和时间，以便操作员根据级别拷贝或打印相关日志。参数管理是指设备可通过局域网将写入车票内的信息、状态信息、故障信息及操作员信息上传到中央系统，所有信息都应该能自动上传，不需要人工干预；同时接收中央系统下传的操作参数，时钟同步、安全控制、授权、定期审计查询等。数据管理是指交易数据、设备状态数据、寄存器数据和统计数据在设备中的保存周期最少为 15 天，同时设备应生成相应的车票处理审核记录信息，审核记录信息包括对车票的各种类型处理的累计次数及金额。相应的审核信息上传到中央系统。在操作台，应可生成操作员每班的班次报告及编码分拣机每日运作各种报告。操作员应可根据级别查看、打印两年内不同类型的报表或 10 000 条以上的记录。有关的班次报告应包括设备编号、操作员、操作开始及结束时间、按票种及处理方式统计的车票处理张数及金额等内容。报告中按票种、编号、处理时间、处理方式对车票处理张数及金额进行统计。降级运作是指在编码分拣机与中央级系统通信中断的情况下，编码分拣机应工作在降级运作模式下。其应能保证车票的逻辑编号的唯一性。设备与中央级系统通信中断期间未成功传送的参数或数据，应能在通信恢复后自动更新及重新传送。应允许通过磁盘进行数据上传及参数下载的传送。

4. 多元车票定制

为满足乘客个性化、多元化的需求，适应轨道交通复杂多变的运营场景，建设多元车票定制体系，对多维票种规则进行定义，满足各维度的自定义选取和组合，实现灵活可变的车票处理系统。多元车票处理规则包含用户乘车凭证、用户属性、时间、空间、乘次、互联互惠、计费规则七个维度，并预留可自定义维度。乘客使用乘车凭证乘车时，系统应根据乘车凭证特征，参照计费分类和计费规则，依据与乘车凭证相关联的用户、时间、空间、乘次、与其他交通系统互联互惠中的部分或全部属性组合计算出当前乘车的计费结果，实现多元车票的定制功能。如图 4-14 所示。

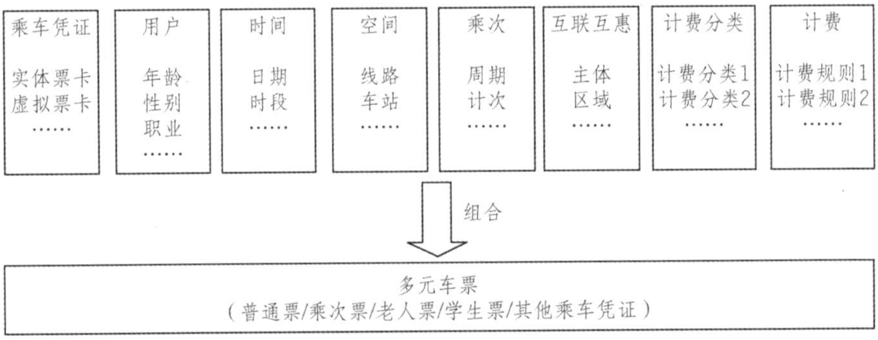


图 4-14　多元车票定制示意图

### 4.4.2　结算类系统

清分系统作为自动售检票系统的中央级顶层设计，负责收集轨道交通运营线网所有终端设备的交易数据，并对交易数据进行检验、清算、分账，用于与外部发卡单位、支付商等进行对账，实现轨道交通主体与外部主体及轨道交通主体内各线路之间的结算功能，确保轨道交通的票务收入按时结算，可以对运营主体内各线路单独进行成本核算，从而评估轨道交通运营的整体运作效益。

中央级系统的结算系统功能定位主要有交易数据检验管理、支付管理、对内清算及对外结算管理功能，负责检验自动售检票系统的终端数据、支付数据，对先享后付模式交易进行匹配、扣费等，并按照一定的清分规则对数据进行清算，同时与外部的发卡单位、支付商进行对外结算管理。

1. 交易校验管理

交易数据是乘客使用地铁专用车票或第三方发行车票时，由 AFC 系统、设备所产生的数据，包括有值交易数据（如售票、进站，出站等等）、无值交易数据（如在售票处激活票卡、延长有效日期等等）。中央系统会对数据的完整性采取有效的措施，包括对数据的正确性及有效性进行充分的检查，以避免出现错误或欺诈性的数据。检查包括但不限于：原始数据必须来自合法的创建单位（机器/设备编码、SAM 卡编码等）、日期的有效性、TAC 码校验、交易额度/上限和范围、数据重复等，数据是否需要检查可以由参数控制，系统满足交易数据处理完整性检查的同时，也必须满足数据处理性能的要求。

中央系统接收、检查、汇总从终端设备上传的收益数据，并进行相应处理以保证清算结果的准确性。例如：统计收益数据的应收金额与交易明细的应收金额是否一致，当出现差异时以报表等形式通知用户。

中央系统接收到设备的交易和收益数据后，需对数据进行审计，中央系统必须接收、检查、汇总从 AFC 系统上传的审核数据，并进行相应处理以保证清算结果的准确性、完整性。

2. 交易支付管理

多元支付管理是对轨道交通金融 IC 卡过闸、乘车码过闸及人脸识别、指静脉识别等生物特征无感过闸、非现金购票等多元支付业务进行统一管理，包括但不限于第三方支付接入、第三方实时扣费、后付费结算、订单扣费结果查询、单边交易补款等。第三方支付接入主要为制定标准接口，满足各类支付方式的接口需求；第三方实时扣费是根据交易匹配结果向第三方发起实时扣费；后付费结算为后付费模式下根据订单系统交易记录发起后付费结算；订单扣费结果查询是根据第三方接口实时查询订单扣费结果。单边交易补款为根据筛查出的单边交易发起补款申请。

多元支付管理还负责登记、处理内部的交易支付请求，统一向支付宝、微信、银联、银行等外部支付渠道发起支付请求，完成用户账户在线扣款以及每日进出资金流水对账，对于不同的线路运营主体，还可根据运营线路选择支付的商户号，实现根据接入的实际运营主体情况配置支付业务，具备较好的灵活性。

3. 对内清算管理

对内清算管理主要为清分结算系统接收数据后，根据清分协议（或规则）的要求进行清分和结算，中央系统根据清分规则，可支持多套分账参数和客流参数，通过参数配置可以对不同时间段的交易数据采用不同版本的参数进行分账，按照清分规则对交易的收益、金额、车票更新、补票、退票及其所提供服务的费用，在各运营商、各线路之间进行清分。在整个清分过程中，系统还必须自动检查清分结果的合理性、正确性，同时在系统的运作过程中如出现异常情况下可通过手机、电话或其他信息化手段自动告警，实现智慧运营。

清分结算采用实时清分，对每笔交易，按交易日期、线路站点、交易类型和票卡类型等分类，抽取并累加统计贡献值，根据设定的时间间隔可以为线路和站点级运营客流、票卡使用情况及运营收益提供数据展现，同时为每天运营结束后的结算对账提供汇总依据。正常运营情况下，系统从接收到设备或线路上传的交易数据明细开始计算时间，交易数据经过预处理、有效性和重复性检查、实时清分的平均时间间隔需要在 1 min 以内。

4. 对外结算管理

对外结算管理是中央系统的核心功能，负责为轨道交通运营商提供与第三方清算系统进行清分结算，第三方清算系统包括第三方的发卡主体、微信、支付宝、银联等支付渠道主体。

外部结算主要由预清分处理获得的分类统计后，可以根据交易类型（如售票、售卡、充值、进站和出站、更新等）、票卡类型、清算/运营日期、线路、站点分类汇总应收金额，经与支付商、第三方票卡发行公司清算系统对账后，生成相应的结算和对账报表。中央系统必须具有独立系统功能，与第三方系统进行对账，包括接收第三方下发的无效交易数据并进行核对、记录对账差异信息等等，对外结算过程中出现争议数据时双方核实处理。

对于接入清分系统的不同主体，对外结算管理功能可实现自动对接不同第三方主体，灵活配置按不同运营主体对账功能，具备较好的灵活性及扩展性。

### 4.4.3 数据分析类系统

随着大数据时代的来临，数据的价值及作用越来越得到大家认可。建立“用数据说话、用数据决策、用数据管理、用数据创新”的管理机制，建设数据服务平台，为实现数据共享交互、数据价值深度挖掘、数据综合利用提供支撑和手段。在互联网+、物联网、大数据、云计算等科技不断发展的背景下，城市轨道交通数据的爆发式增长需要新的数据管理工具。由传统模式逐渐向智能模式演变，数据分析简史如图 4-15 所示。

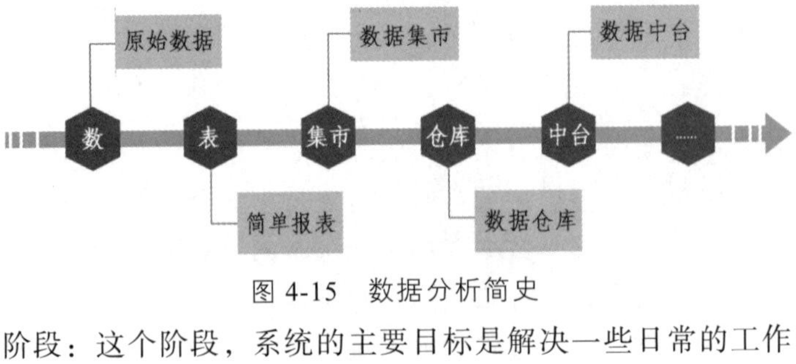


图 4-15　数据分析简史

简单报表阶段：这个阶段，系统的主要目标是解决一些日常的工作中业务人员需要的报表，以及生成一些简单的能够帮助领导进行决策所需要的汇总数据。

数据集市阶段：这个阶段，主要是根据某个业务部门的需要，进行一定的数据的采集、整理工作，按照业务人员的需要，进行多维报表的展现，能够提供对特定业务指导的数据，并且能够提供特定的领导决策数据。

数据仓库阶段：这个阶段，主要是按照一定的数据模型，对整个企业的数据进行采集、整理，并且能够按照各个业务部门的需要，提供跨部门的、完全一致的业务报表数据，能够通过数据仓库生成对业务具有指导性的数据，同时，为领导决策提供全面的数据支持。

数据中台阶段：这个阶段，主要是形成数据资产化体系和资产服务化体系，解决企业数据存、通、治、用的问题，形成一站式数据服务平台，提升数据应用效率和数据资产价值。

一站式数据服务平台如图 4-16 所示。

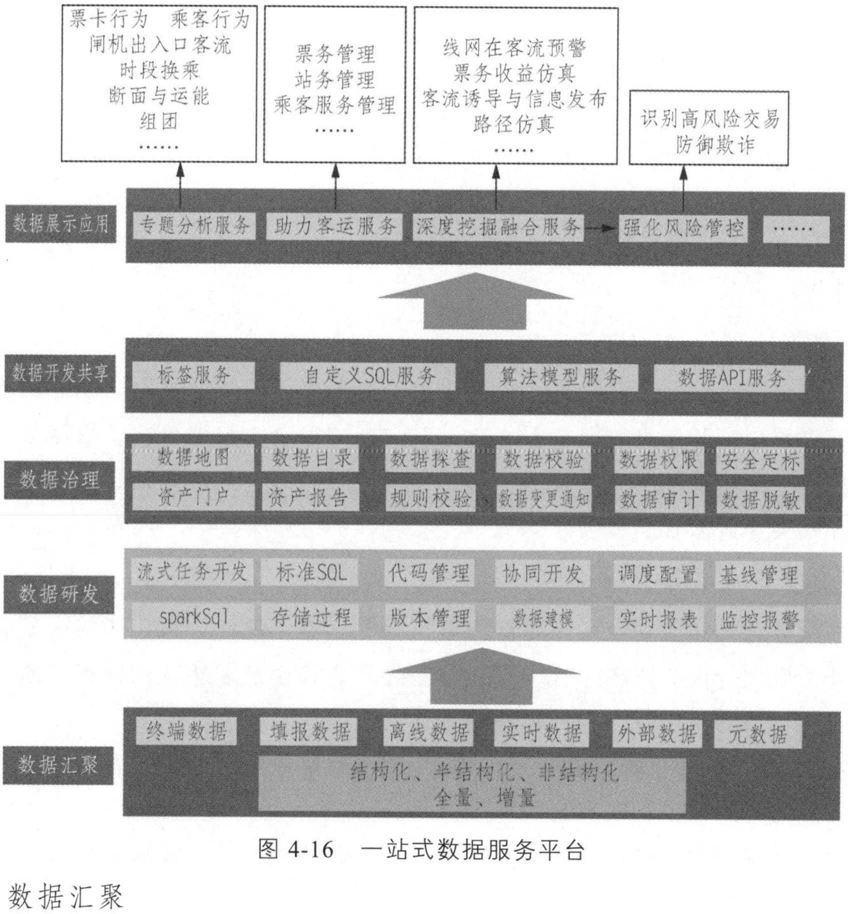


图 4-16 一站式数据服务平台

1. 数据汇聚

制定数据管理办法、数据共享和交换制度，强化“一数一源”“一点采集、全程应用”等管理要求。强化数据安全规范、建立数据安全测评机制，确保数据安全实现自主可控。梳理大数据资源目录，构建大数据标准规范体系框架，启动各业务领域数据资源梳理工作。细化数据分类标准和规格标准，明确数据架构，开展各专业数据标准制定工作，建立数据开放、数据共享等标准规范。

数据汇聚作为数据中台数据接入的入口，提供作业流式配置，用户通过选择及填写相关信息则可完成数据汇聚作业的数据接入、数据清洗配置，把各种异构网络、异构据源的数据通过各种数据适配技术，打通数据链条，将分散在各个系统中的数据方便地汇聚到数据 OD 层，让数据在传输过程中可以自动完成数据清洗、纠正、过滤等数据转换功能，再通过数据中台的数据资产编目，为后续的加工建模做准备。在数据集成覆盖方面涵盖离线数据、实时数据采集、外部数据采集、元数据上报、数据填报、终端设备上传数据。支持多种类型数据采集，包括结构化、半结构化、非结构化数据；提供丰富的数据转换功能，支持多种数据清洗、转换规则应用；支持全量数据、增量数据、全量式增量数据接入策略以及定时采集策略。

2. 数据研发

面向开发人员提供离线、实时、算法开发工具，支持多类型在线脚本开发，包括但不限于标准 sql、hiveSql、存储过程、sparkSql、shell 等，以及任务的管理、代码发布、运维、监控、告警等一系列集成功能，提供全方位多角度的任务监控管理机制，根据建设需求对数据进行加工处理。搭建可迭代、具有持续优化能力的开放信息技术架构，以适应轨道交通行业快速发展的需求。对于存储的海量历史数据，从不同维度进行对比分析，并借助可视化工具进行多样化展示，从而找出时间、空间、关联等方面的规律。

3. 数据治理

通过数据资产目录、元数据、数据质量、数据血缘、数据生命周期等功能对数据资产进行管理，提升企业数据意识。通过对数据的探查、数据校验、数据更变管理、数据质量的预警实现数据质量管理。通过数据权限访问、数据审计、安全定标、数据脱敏等方式实现数据安全管理。

4. 数据开放共享

标签服务化：涵盖基于实体属性的事实标签、基于统计分析构建的模型标签和基于 AI 算子模型分析的预测标签。对接标签管理，快速选取所需的标签，通过配置输出满足业务场景的数据服务实现标签服务化。

自定义 SQL 服务化：通过自定义 SQL 脚本封装成服务的方式，直接将数据变为一种服务能力对外输出，实现自定义 SQL 服务化。

算法模型服务化：对接算法模型，通过部署算法模型的方式输出模型服务，实现算法模型服务化。

数据 API 服务化：支持将已有的 API 注册到数据服务进行统一管理和输出，实现数据 API 服务化。

通过以上方式实现数据交换、数据共享服务。

5. 数据展示应用示例

综合运用数据仓库技术、数据挖掘技术、大数据分析技术从数据采集、数据融合、数据分析到场景化的业务输出，最终解决多源数据集成、海量数据管理与处理、数据建模分析、业务应用创新与集成、知识积累迭代等一系列问题，达到对内提质增效、对外优化服务的目标。

（1）专题分析服务。

① 票卡行为、乘客行为分析。

开展票卡行为、乘客行为分析的专题分析能够对票卡使用进行各维度分析，对乘客乘车行为进行各维度分析。

② 闸机出入口客流分析。

开展闸机出入口维度分析，对闸机附近的出入口客流维度分析，包括进站、出站、借地铁过道等各地铁站厅的客流流向分析，出入口消费人群的分析（如学生、白领、老人、家庭主妇等），为闸机出入口附近的商铺、自助设备的更合理设置提供数据支持。

③ 分时段的换乘客流分析。

开展分时段的换乘客流，获取换乘客流特征，能够提供分时段、分向的换乘客流，主要用于高峰期客流分析。并针对性地设计了换乘方案的具体优化措施，从而提高换乘系统的安全性和时效性，提升乘客出行满意度。

④ 断面与运能对比分析。

客流存在着时间与空间上的不均衡分布，使得部分区间的运能未得到充分利用或者部分区间的运能紧张，开展断面与运能对比分析，多交路运输组织优化。

⑤ 组团客流交互分析。

开展OD组团客流交互分析，把线网一个或多个车站划分成一个组即被称为组团。分析OD组团客流交互量，从一个组团进站或换入到另一个组团出站或换出的客流总和即被称为OD组团客流交互量，其中组团的区间可为非连续性，从而对客流的区域性流动进行研究。

（2）助力客运管理服务。

① 赋能票务管理。

提升票务管理水平，实现收益、OD、客流、设备、票卡等分析以及预测主题。对交易数据按时间、车票类型、线路、车站等进行一级、二级和多级的金额统计和对比分析以及预测。通过OD分析以及预测能对某时间段、某站的进出站客流数量，以及其他各种相关业务的销售决策统计进行分析以及预测。对票卡使用率，故障率进行统计分析以及预测，快速查找票卡流失情况、发现恶意客户的欺诈行为等。

② 赋能站务服务管理。

提升现场乘客服务能力，按时间、车票类型、线路、车站等进行一级、二级和多级的数量分类统计、同期、同比分析当前客流情况以及预测未来短期客流情况。通过对车站各站级设备的使用率，故障率进行统计分析以及预测，以便优化车站设备的安装布局、设备采购，加速客流疏导。对日常峰谷、节假日、重大活动进行预测及动态监测，及时发布疏导信息，为智慧运输提供可知、可调、可控的大数据管理应急处置解决方案。

③ 赋能乘客服务管理。

促进智慧出行咨询服务，聚合多平台出行服务内容，按乘客出行需求订制化提供多种出行解决方案。为重点交通枢纽、出行热点提供更细致服务的数据支撑。实时显示本站、邻站和换乘站客流动态、列车运行时刻，为乘客提供出行路径咨询及建议。

（3）深度挖掘融合服务。

① 线网大客流预警分析与监控。

基于各专业系统数据共享，进一步完善实时监测、信息采集，实现多源数据的融合处理、各专业系统的数据共享以及数据挖掘分析。通过历史 OD（进-出站匹配）数据信息、结合列车运行信息，通过建立科学的数理模型对高密度客流进行实时监测与分析、对车站客流应急疏散进行仿真分析、对车站客流状态进行辨识与预警，并通过视频智能识别分析技术，对重点车站客流状态进行抽样检测与验证，以纠正模型偏差，形成线网大客流预警分析与监控系统、辅助决策系统、应急协调联动，实现车站行车及环境设备的自动/半自动运行、泛在感知和安全便捷的乘客服务，进而实现区域站点集中值守和远郊车站无人值守的管理模式。

② 票务收益仿真。

开展票务收益仿真，通过对不同外部输入条件（如：票务政策、线网结构调整情况、线网行车调整情况等）的修改，利用科学的收益预测方法，进行收益变化预测，为票务政策的制定及线网运营优化提供科学的决策依据。票务收益的仿真包括但不限于：影响票务收益的因素变动情况收集管理；对于影响票务收益的因素变动后票务收益变化情况的测算；对多种因素变动引起的票务收益变化情况进行对比，进行票务政策及线网运营情况的优化配置分析。

③ 客流诱导、车站限流信息发布。

以线网客流分布状态推演仿真分析技术研究为基础，实现多场景下线网客流分布动态演化仿真，进行基于多场景的城市轨道交通线网点线能力计算分析及线网运输组织能力的协同评估，线网限流措施评估，实现基于路网的客流诱导、车站限流信息发布。

④ 乘客出行路径的仿真研究。

在乘客出行路径的仿真研究中，将客流预测应用管理分为既有线客流预测和新线开通对既有线客流特征影响预测两部分。旨在通过路网既有客流信息和客流特征，利用合理的客流预测方法，特定阶段或特种情况下进行客流特征的预测，为车站客运组织和列车运行组织方案制定、调整和评估提供依据。客流预测应用管理包括但不限于：客流预测所需的基础数据信息收集管理；提出科学有效的对比预测方法，进行既有线客流预测；提供科学合理的预测方法，进行新线开通对既有线客流特征影响研究；通过感知层获取突发事件、行车故障等情况，自主发布线路运营状态；客流发布系统能够根据列车实际运行、客流、车辆状态实现线路拥挤程度计算，再根据历史断面客流及预计断面客流、列车运行计划实现客流拥挤程度预测，并推送给乘客提醒出行路径选择，避开大客流，真正实现幸福出行。

⑤ 强化风险控制。

随着“互联网+”的引入，第三方支付加入城轨系统，必然导致各种不确定性的风险相伴。从风险受益的角度来看，第三方支付存在的价值不在于其能消灭不确定性，消灭风险，而在于其能在对风险有较深入认识的基础上控制和管理风险，将风险配置到愿意并能承担风险的主体，并使其获得收益。风险控制体系目标是实现对各个业务部门、渠道、产品线、相关人员监测，通过对地铁运营业务交易的实时分析、事中和事后分析、跟踪和处理的方法实现欺诈风险预警的自动化。通过对交易的监测，可以识别哪些是高风险交易，从而及早发现其欺诈的可能性，并及时采取各种防范措施，由此来降低交易带来的损失。

### 4.4.4 运作管理类系统

城市轨道交通运营线网规模大，中央级系统需实现对设备运作的管理，包括对设备参数、密钥等的统一管理及对相关交易、客服、报表等业务运作的统一管理，以实现对自动售检票系统车站终端设备的灵活、便捷管理，同时根据业务人员查询业务内容的需要，进行权限分配管理，供业务人员进行日常运作业务的查询，确保业务的正常运作。

1. 设备运作管理

（1）参数管理功能。

为满足不同业务要求，中央系统必须利用参数对其系统功能进行设置，对 AFC 系统的有关功能进行统一管理。参数包括（但不限于）系统内部管理参数、第三方系统下发至自动售检票系统的参数等，中央系统须提供完善的运营参数管理功能，包括运营参数设置及生成、参数的下发和运营参数处理。系统功能包括中央系统提供参数导入、设置、编辑、生成及导出功能，提供批量或单条参数的设置功能。中央系统参数设置人员通过此功能输入最新信息、更新参数，参数设有参数创建日期、更新日期、生效日期、版本号等，作为参数生效前的准备。参数生成后，可通过中央系统通信服务器下发至车站设备或通过离线方式人工导入 SC 系统及设备。下载的参数根据设定的响应等级和生效时间决定是否生效，高响应等级参数有黑名单参数、降级模式参数，设备收到后需立即生效，对于低响应等级参数，如票价参数、服务费率参数，设备收到后需根据生效日期，在运营日切换时生效。可以定时下发参数以及进行参数版本比较和切换功能。

（2）设备状态管理功能。

线路系统与设备监控管理功能包括但不限于中央系统监视线路 AFC 系统的运行

模式和状态，记录相关信息。通过监视和记录降级模式信息，为特殊模式下的清分提供依据。中央系统从线路 AFC 系统取得降级模式的数据，包括实行降级模式车站、所涉及的设备和始末时间。中央系统管理特殊运营模式并即时下发特殊模式信息到各车站 SC 系统执行；中央系统除可监视本地设备外，还可监视各线路设备。对于线路设备的监视主要包括：线路总体运行状态、车站总体运行状态和设备总体运行状态等，并能定期给出相应统计报表。总体运行状态主要包括：正常、关闭、故障、维修、离线、降级、紧急等，其中故障报警的等级由中央系统统一定义，各线路将故障报警等级上传中央系统。当出现报警时，中央系统和线路中心应能及时给出报警信息，应能实现车站、线路、中央系统层级报警信息管理，每层可以定义报警过滤级别，以实现分级和统一管理。中央系统对线路系统与终端设备监控的监视信息的刷新时机为设备状态变化时、命令查询和系统参数定义的时间间隔，其中上传中央系统的时间间隔由中央系统定义，上传线路中心和车站的时间间隔由线路中心定义；中央系统必须对监视信息数据进行有效的管理，根据这些监视信息数据、交易数据（如售票数据等），并对过去的客流量做出分析，评估降级运营模式对运营收益的影响，作为清分异议处理的参考数据。中央系统必须根据监视信息数据进行统计分析，定期给出线路 AFC 系统的运行状态统计报表。

（3）时钟同步管理功能。

线路中央计算机系统应通过智慧中央计算机系统获取标准时间，并自动进行同步。系统每 15 min（可配置）进行一次时钟同步，当时钟出现差异时，必须在 1 s 内得到修正。时钟偏差大于 2 min（含 2 min）的时钟错误必须记录在案。

时间信息将下传至车站计算机和各设备。当车站计算机或设备的时钟与下传时钟有差异时，机器时钟能自动修正为下传时钟，并返回修正信息到线路中央计算机。超过 2 min 的时钟差异必须记录在案。站级设备无条件与车站计算机进行时钟同步，同步间隔每 1 min 同步一次。

（4）密钥管理功能。

密钥是加密运算和解密运算的关键，也是密码系统的关键。根据近代密码体制的观点，密码系统的安全取决于密钥的安全而不是密钥算法或保密装置本身的安全。密码体制可以公开，密码设备可以丢失，但密钥一旦丢失或出错，就会使信息被非法用户窃取，因此密钥管理对于中央系统的安全极为重要。

密钥管理包括从密钥的生成到密钥销毁过程中的各个方面。

① 密钥注入。

中央系统加密机里的最高层密钥（主密钥或根密钥）通常都需要以人工的方式注入。把密钥注入到加密设备里经常采用的方式有：键盘输入、软盘输入、专用的密钥注入设备（即密钥枪）输入。密钥的注入过程应有一个封闭的工作环境，所有接近密钥注入工作的人员应当是绝对安全的，不存在可被窃听装置接收的电磁或其他辐射。

② 密钥生成。

针对密钥有两种常见的攻击方法：穷举攻击和字典攻击。穷举攻击是指尝试一切可能的密钥来找到当前使用的密钥。若用一台每秒尝试 100 万次密钥的计算机，仅需 36 min 就可以把由小写字母和数字组成的 6 位长密码全部试一遍。字典攻击的原理是：人们将最可能用的密码全部汇集成一本密码字典，攻击时只尝试该字典中的全部密码，计算机上 40%的口令可由该法破译。中央系统使用交通部专用行业加密机，负责生成业务所需的密钥，支持 SM2、SM3 等国密算法及其他算法，产生的密钥长度足够长、复杂度足够高，能有效保护加密数据的安全。

③ 密钥存储。

中央系统所有存储在加密设备里的密钥平时都以加密的形式存放，而对这些密钥解密的操作口令由密码操作人员掌握，这样即使装有密钥的加密设备被破译者拿到，也可以保证密钥系统的安全。

④ 密钥分发与校验。

中央系统中，对于传统票卡，采用的是对称密码体制，主密钥被分发到所有车站终端设备的 SAM 卡中，票卡在使用前，需要在编码分拣机上进行初始化，通过主密钥结合票卡的唯一可读特征分散出卡片密钥并写入到票卡中。所有成功初始化的票卡与终端设备的 SAM 卡共享相同的密钥。在使用时，票卡和 SAM 卡之间会进行双向认证来互相校验合法性，分别为外部认证和内部认证。外部认证中，票卡发送随机数给终端，终端设备中的 SAM 卡生成子密钥对随机数进行加密生成 MAC1 并返回给票卡，票卡对返回的 MAC1 解密，如果与之前发送的随机数相同则证明终端设备是合法的。内部认证中，终端发送随机数给票卡，票卡使用卡片密钥对随机数进行加密生成 MAC2 并返回给终端，终端中的 SAM 卡对返回的 MAC2 解密，如果与之前发送的随机数相同则证明票卡是合法的。

对于互联网密钥，如乘车码，采用的是非对称密码体制，根公钥制作成证书下发到车站终端设备中，用户注册时系统会生成用户公私钥，并把用户私钥下发到用户手机。用户在拉码时会向系统请求授权，系统会把经根私钥签名的行业数据（含用户公钥）下发至用户手机，与用户数据组合形成乘车码并用用户私钥签名。在使用时，乘车码与设备终端之间会进行一系列的校验。首先，终端设备使用根证书中的根公钥验证乘车码中行业数据签名数据的合法性，若验证成功则从行业数据中提取用户公钥，然后用用户公钥去验证乘车码中用户私钥签名，若验证成功则证明该乘车码是合法的。

⑤ 密钥更新。

密钥不能无限期地使用，密钥的使用时间越长，它泄露的机会就越大，而泄露的时间越长，损失就越大。当密钥的使用期限已到，或怀疑密钥泄露时，密钥必须更新。中央系统的密钥更新有两种方式，包括从旧密钥中产生出新密钥并以新密钥代替旧密钥和直接用新密钥代替旧密钥。

⑥ 密钥销毁。

中央系统的密钥销毁包括正常销毁和应急销毁。密钥正常销毁是在密钥的生存期结束且无需归档时，为防止密钥泄露造成之前加密的信息被破译，要及时销毁已不再使用的密钥。正常销毁时，需将密钥和密钥备份的所有信息清除，清除的方法可采用数字方式或物理方式，使任何人无法以任何方式重新获得这一密钥的任何信息。密钥应急销毁是在密钥保护的机密信息的安全受到威胁或密码面临对手获取的危险等情况下，为保护信息或密码的安全，需要立即销毁密钥。应急销毁时可以只销毁安全受到威胁的密钥，备份密钥是否销毁需要就备份密钥是否受到威胁而定。

2. 业务运作管理

（1）用户权限管理。

运营管理系统具备中央系统日常运营管理功能，可以对清分系统进行参数管理、票种管理、运营模式设置、线路系统与设备监控、报表查询、在线查询、非即时退款管理等功能。系统用户在使用运营管理系统前必须具有相关用户权限。用户权限可以设置为多个用户组，每个组都可以灵活地设置权限，包括但不限于查询、新增、删除、保存等几种。用户密码在使用一定周期后，需要强制进行修改，否则不能登录系统。

运营管理系统采用 B/S 架构，要求客户端无需安装浏览器插件即可进行使用。

（2）数据查询管理。

数据查询管理功能主要包括数据查询可视化界面、常用数据快速查询、实时客流数据查询以及进行相关的乘客事务处理等，通过该数据查询管理功能，可查询并导出实时订单数据、历史交易数据等，并可动态设定查询条件并完成特定查询业务，对于常用查询条件，可按固定维度简单快捷完成查询，如单日/单月/日均/月均进出闸人数，同时提供 SC 查询实时客流数据接口及乘客事务处理的界面。

（3）报表查询管理。

报表查询功能可查询系统自动生成和下发预定的各类报表，主要有线路接入后，可以自动生成所有线路的相关报表，具体应包括：KPI 分析报表、结算类报表、定制类报表、客流类报表、销售、收益类报表、票卡库存类报表、E/S 报表、校验报表、异常报表、系统监控类报表。支持生成多种格式的报表（含 PDF、XLS、TXT、CSV、HTML、XML、RTF、DOC 等）。报表模版的设计采用交叉表，避免在票种、线路、车站增加或删除时，逐个修改报表模版。支持报表系统审计功能（报表配置情况、报表生成情况、报表使用情况等），审计信息能写入文件及数据库，并能对审计信息进行简单的统计分析。报表需具备完善的备份方案，对每日生成的报表进行备份处理。支持数据库连接信息和验证信息的统一管理（即用户通过修改数据库连接、验证信息配置文件即可实现所有模板数据库连接、验证信息的修改），支持批量报表模板修改。系统还必须提供可审计的管理界面，操作人员不能直接访问操作系统或数据库等系统底层资源。

用户在进行报表查询时，系统支持菜单树状展开功能，并在超出屏幕显示范围的时候提供滚动条控制；支持批量查询、导出报表的功能；支持用户在界面修改报表配置情况的功能；支持根据报表实际配置情况动态生成查询界面的功能；支持由用户在界面定制定时报表打包功能，并能在界面实现相关参数的维护管理。用户能很方便地查询各类报表，并能查看、打印和保存在本地，响应时间不得超过 2 s。

（4）客服管理。

系统提供账号信息查询、黑名管理、乘车码记录查询、扣费及退款记录操作功能，供客服人员查询信息解决客服事务。客服人员可通过用户手机号、卡号在线查询乘客的注册开卡时间、是否为黑名单用户，设置黑名单时间和原因等账号信息及用户的卡号、乘车站点和时间、交易类型、扣款时间、扣款渠道、票价金额、扣款优惠金额、最终扣费金额、是否退款成功等交易信息。

对于非即时退款业务，可查询包括但不限于用户票卡余额的判断、确定退款金额、退款信息的审核、响应 BOM 对非即时退款信息的查询及最终的退款操作等，以查询非即时退款乘客事务处理进度及详情。

### 4.4.5 测试及接入系统

中央级系统生产环境由多个子系统组成，各子系统在实现各自的业务功能同时，也与其他子系统之间进行数据交互。

在中央级系统建设初期、在系统建成后子系统功能需要调整时、其他系统调整需要与中央级子系统联调时、在新建设线路 AFC 系统开通接入时、新型票种票卡接入地铁时，这些所有的系统建设及功能调整和新线接入都不能直接在生产环境进行验证，须在测试环境进行检验。当检测验证到达业务功能调整需求，新线接入符合接入技术标准之后，才能将新功能或新线路切换接入到生产环境。

中央级系统业务基于乘客智慧出行和智慧票务服务，需要相关的技术支持，同时与其他专业和外部系统存在业务联动，以更智慧化多元化的方式提供服务，因此需要与多个系统进行数据交互接入。主要接入的系统包括与各线路 AFC 系统的数据交互接入、其他专业系统（主控系统、信息管理系统、通信专业系统）数据交互接入、外部业务系统（公安系统、一卡通公司、第三方支付、银联、城际轨道等）数据接入等。与各系统之间数据交互接入遵循相关的技术标准和通信接口规范。

1. 测试系统

（1）测试种类分类。

中央级系统测试一般分为功能测试、接口测试、压力测试、安装测试、联调测试、试运行等阶段。

功能测试是对业务系统覆盖的所有业务功能和性能进行验证，一般根据业务系统划分不同的功能测试方案，如清算子系统测试方案，运营管理子系统测试方案等。

接口测试是接口的双方根据接口规范进行功能和性能的检验。检查接口双方对接口规范是否具有共同的、一致的理解及实现，并且功能和数据能在双方通过接口实现过渡或转换。如车站计算机系统与中央级系统接口测试，闸机与中央级系统接口测试等。

压力测试是在功能测试基础上，通过模拟高峰期大客流或突发情况下的高并发客流情况时，业务系统在有限的硬件资源情况下运行，观察它可以运行到何种程度，从而发现性能缺陷。一般通过负载测试、并发性能测试、疲劳强度测试等方式进行。

安装调试是在所有主要设备到货以及机房建设完工之后，由系统建设方组织将所有设备在指定位置安装、组网，安装平台系统、应用服务器、数据库，安装各业务子系统建立生产环境，以及对生产环境的各项功能和性能指标进行全面的调整与测试。

联调测试，由系统建设方组织联络地铁 AFC 系统、一卡通系统、第三方支付系统、其他专业系统等进行一次联合测试，主要检验中央级系统与新线 AFC 系统及各种外部系统之间的功能、接口正确性等。

试运行是以检验系统在真实的运营模式下的所有功能是否符合日常运营需要。一般新线开通前，中央级系统会进行至少为期三个月的试运行，用于检验系统整体功能的有效性。

（2）测试环境组成。

① 代码编译环境。

编译环境是集成了各业务子系统程序编译器的环境，是将各业务子系统使用计算机语言编写的代码转换为计算机可直接运行的程序的转换工具。编译环境一般包括：代码编辑器、编译器、调试器、图形用户界面等。

② 软件版本库管理。

各业务子系统功能需要根据需要进行功能优化和调整，因此其软件需要进行版本管理以便于标识不同版本具备不同的功能。版本管理包括源代码版本管理和编译后可运行的软件版本管理。

③ 测试用例库。

测试用例是各业务系统测试方案文档，测试用例包括输入、测试操作、时间和一个期望的结果，其目的是确定业务程序的某个特性是否可正常工作，并且达到程序所设计的结果。中央级系统测试用例库是所有业务应用系统测试方案的集合。

④ 测试软硬件环境。

测试环境需实现中央级各业务子系统（账户类系统，结算类系统，数据分析类系统，运作管理类系统）的完整功能，由应用系统，数据库，网络，存储，硬件资源等构成，可在轻量化的运行环境中实现业务功能。测试环境可在容灾环境或培训环境搭建。

（3）测试过程管理。

测试管理过程一般为测试规划、测试设计、测试实施、测试报告等。

测试规划包括建立中央级测试环境，对不同的业务子系统使用不同的测试方法及采用的测试工具等。

测试设计包括制定全功能测试方案、接口联调测试方案、各设备终端接入中央级系统全功能测试方案、中央级各业务子系统全功能测试和性能测试方案等。

测试实施主要根据测试方案开展测试，并记录测试过程中发现的问题和详细异常表现。

测试报告对测试过程中的各项记录进行总结分析，形成总结性和是否通过的结论性的意见。

（4）自动化测试。

测试配置自动化：测试系统可通过自动化脚本将生产环境的软件配置转换为测试环境配置。

测试流程自动化：测试系统可通过设置自动化测试调度脚本，可自动完成通信子系统和清算子系统的功能测试，并调用报表子系统完成报表生成，调用客流系统和其他相关系统的数据统计和分析等业务。通过自动化测试模块的配置，完成中央级系统中各个子系统的组合联动功能测试。

压力测试自动化：在压力测试中采用自动化测试工具能更快捷地解决问题。自动化测试工具可以在一台或多台机器上模拟成百上千的用户同时执行业务操作的场景，并可以很好地同步用户的执行时间，进行有效的实时监测。

2. 接入系统

（1）与线路 AFC 系统的数据接口。接入系统需统一 AFC 系统的通信协议和数据格式，对智慧中央计算机系统与各互联系统之间的数据进行有效隔离，具有数据采集、分发等功能。接入系统具备 AFC 系统技术规范中所规定的所有通信接口功能。系统收发的数据类型有报文与文件两种，主要内容如下。

① 票卡交易数据。

如交易数据文件、收益数据文件、审计数据文件、寄存器数据文件等。

② 参数。

包括各种参数的下发、同步等功能。

③ 软件更新。

包括各种设备软件的下发、同步等功能。

④ 设备状态。

包括收集车站各种设备状态等信息。

⑤ 客流。

包括收集各车站或各设备的客流信息。

⑥ 非即时退款。

实现退款功能。

⑦ 降级模式。

根据降级模式规定控制降级参数或信息在线网内的下发。

⑧ 与 ES 通信。

具备对 ES 的管理功能。

（2）与其他专业系统的数据接口。

① 与主控系统接口。

主要包括传输主控所辖线路车站的客流、设备状态、设备事件等信息。

② 与信息管理系统接口。

主要包括车站运作数据和车票事务数据、中央系统配票数据、工作证数据等。

③ 与通信专业的接口。

中央计算机系统时钟由通信专业系统提供。中央计算机系统主节点与灾备系统间的逻辑及物理传输通道由骨干网传输系统提供。

（3）与外部业务系统数据接口。

中央计算机系统与政务系统交互地铁客流类数据用于综治保卫。与一卡通公司提供地铁一卡通刷卡交易及对账数据。与第三方支付平台完成实时扣费及结算对账数据交互。与银联机构完成金融卡的实时扣费及结算对账等数据交互。与城际轨道提供互联互通类票卡的清、结算数据等。

# 第 5 章

# 新型终端设备及系统

## 5.1 智能售取票机

### 5.1.1 整机组成

自动售取票机（Automatic Ticket Vending Machine，简称 TVM）是以自助方式发售有效车票，具备自动处理支付功能的设备。自动售票机安装于站厅层的非付费区，乘客可以选择各种支付方式，并通过人机交互操作界面，自助完成不同票价的单程车票购买操作流程。

智能售取票机（Intelligent Automatic Ticket Vending Machine，简称 ITVM）是在传统自动售取票机基础上，运用“互联网+”“人工智能+”赋能传统售取票机新的售取票方式，为乘客提供多种支付方式选择，如现金、银行卡、二维码、NFC 等，可有效缓解传统自动售取票机购票乘客需提前准备或兑换指定零钱，购票操作时间长、效率低、站台层客流压力大，运营现金管理成本高等问题。

智能售取票机主要由主控单元、触摸屏、乘客显示器、运营状态显示器、车票读写器及天线、现金处理模块、车票处理模块、二维码模块、银联闪付模块、维护面板、热敏凭条打印机、电源模块、视频监控模块及机壳等部件组成。可支持纸币、硬币、互联网快捷支付等支付手段，可通过人机界面操作发售单程票和进行储值票充值，支持多媒体广告播放业务。

1. 外观结构图

整机设备外观效果图如图 5-1 所示。

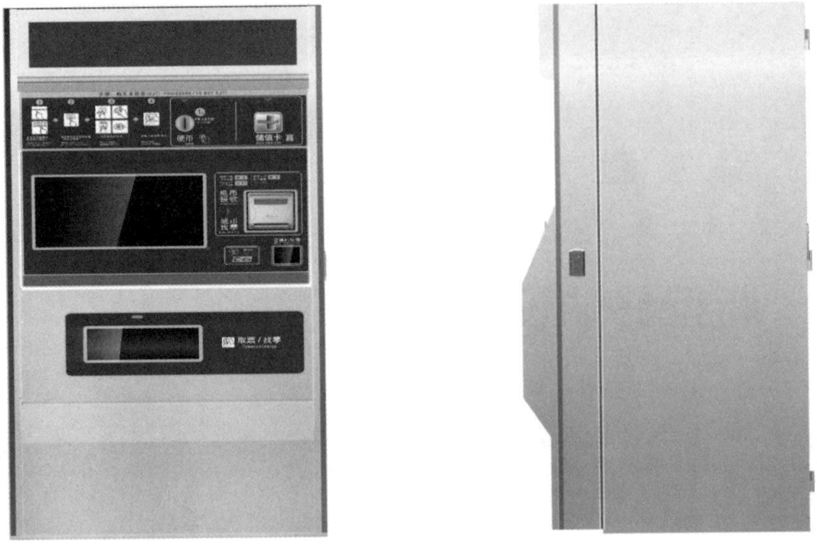

图 5-1　整机设备外观效果图

前面板布局图如图 5-2 所示。

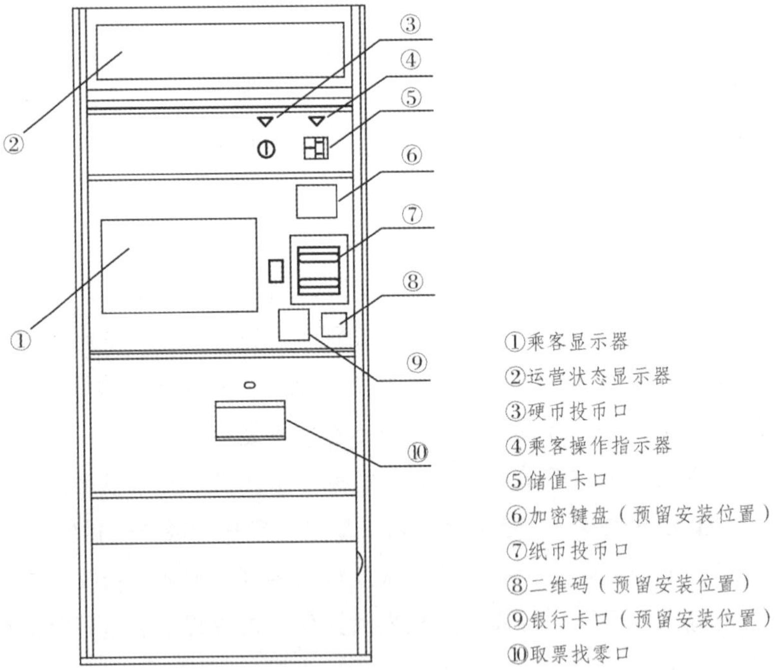


图 5-2　前面板布局图

2. 内部模块布局

内部模块布局图如图 5-3 所示。

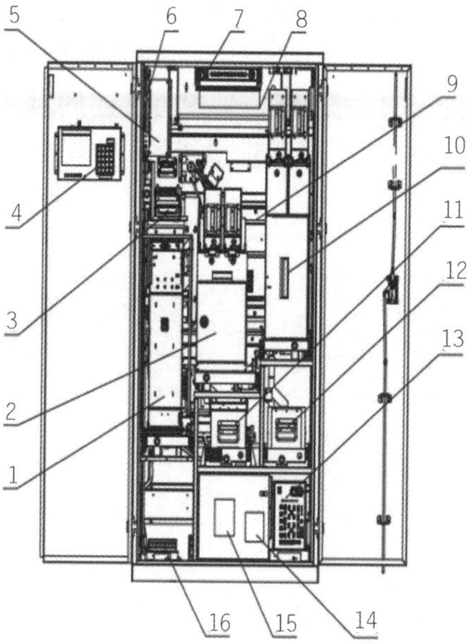


1.纸币处理模块
2.硬币处理模块
3.维护打印机
4.后台维护终端
5.工控机
6.报警器
7.DVR
8.运营状态显示器
9.乘客显示器
10.单程票处理模块
11.硬币回收箱
12.单程票回收箱
13.不间断电源
14.电源开关
15.交换机（可预留）
16.光纤盒（可预留）

图 5-3　内部模块布局图

### 5.1.2　关键模块

智能售取票机设于车站非付费区，采用嵌入式安装，用于乘客自助式购买单程票，可通过参数设置，发售两种及以上实体车票票种，同时支持二维码离线取票功能。

在支付方式上，智能售取票机可接受硬币、纸币、二维码、银行卡和手机 NFC 等支付方式，并在乘客购票操作时能以硬币及纸币找零，具备原币原退功能，还可实现一次性出售多张同一票价的车票。

主要关键模块介绍如下。

1. 主控单元

智能售取票机的主控单元（ECU）负责运行控制软件，完成车票处理、现金处理显示、数据通信、状态监控等功能。为方便维修与维护，ECU 的设计一般为模块化。ECU 的运行由程序代码控制，运行程序可由车站计算机通过网络或外接手提设备下载。ECU 须具有故障自动监测和自动复位的功能。主控单元内安装设备控制软件，负责对各模块运行控制、完成车票处理、现金处理显示、数据通信、状态监控等工作。主控单位配置有存储卡，可根据需要保存交易数据和设备数据，并可在 SC 通信中断的情况下单机运行，确保购票安全。

2. 单程票处理模块

单程票处理模块由控制板、单程票补票箱、单程票回收箱、废票箱、车票读写器、车票传送机构、传感器、电磁阀等构成。完成单程票供票、赋值、出票、清票等业务操作。

单程票处理基本流程：出票通道的基本动作即是通过控制电磁阀将车票从一段通道送到另一段通道、车票赋值和校验。只要读写区有票，读写器就可以对区域内的车票进行读写,也可以在车票从供票通道 A/B 电磁阀掉进读写区的同时开始对车票读写。而且车票读写不涉及电磁阀动作,可以同时出票到供票通道。单程票处理流程如图 5-4 所示。

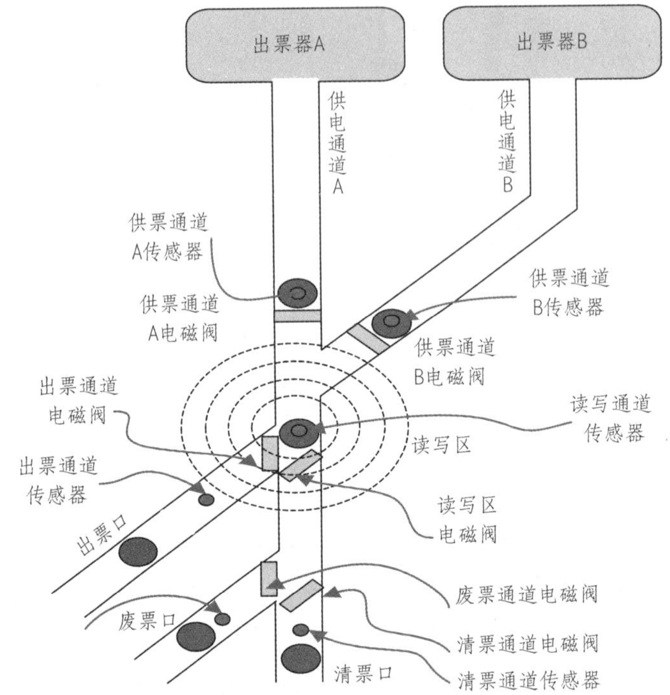


图 5-4　单程票处理基本流程图

3. 硬币处理系统

硬币处理模块安装在自动售票机内,用于接收和识别乘客投入的硬币和进行找零。硬币处理模块由硬币识别器、找零器、暂存器及硬币钱箱等构成，主要实现硬币的识别、接收、原币返还、找零、循环找零、清币、模块故障自诊断等功能。硬币处理的基本流程如图 5-5 所示。

智能售取票机安装了硬币图像识别模块。图像识别模块的主要功能是判定硬币图像的真伪，将结果输出给硬币模块。图像识别模块与硬币模块的接口有两个，一个为图像识别结果的输出口，另外一个为图像识别模块的工作状态口。

智能售取票机具有两个出币器，作为实现找零功能的专用容器和发币装置，每个找零器允许存放同一种面值的硬币。硬币处理模块设硬币暂存器，当交易中止时，已投入硬币原币返回乘客，交易成功后，可以通过循环找零设置，规定投入的硬币是用来循环找零，还是直接进入硬币钱箱。当允许循环找零时，一元硬币用来循环找零。是否允许循环找零可通过本地配置。硬币处理模块的结构设计能对乘客投入的无效币直接退回。在自动售票机暂停接收硬币、暂停服务或关闭时，投币口能关闭不接收硬币并防止任何物品进入。同时退币口具有防水的措施，其边缘光滑不伤害乘客。智能售票机可监测硬币钱箱内现金“将满”及“满”的状态，同时钱箱内允许保存硬币数量的上限可通过参数设置，还可以监测钱箱在设备内的位置是否正确，如钱箱位置不正确，该售票机转换成“暂停服务”。

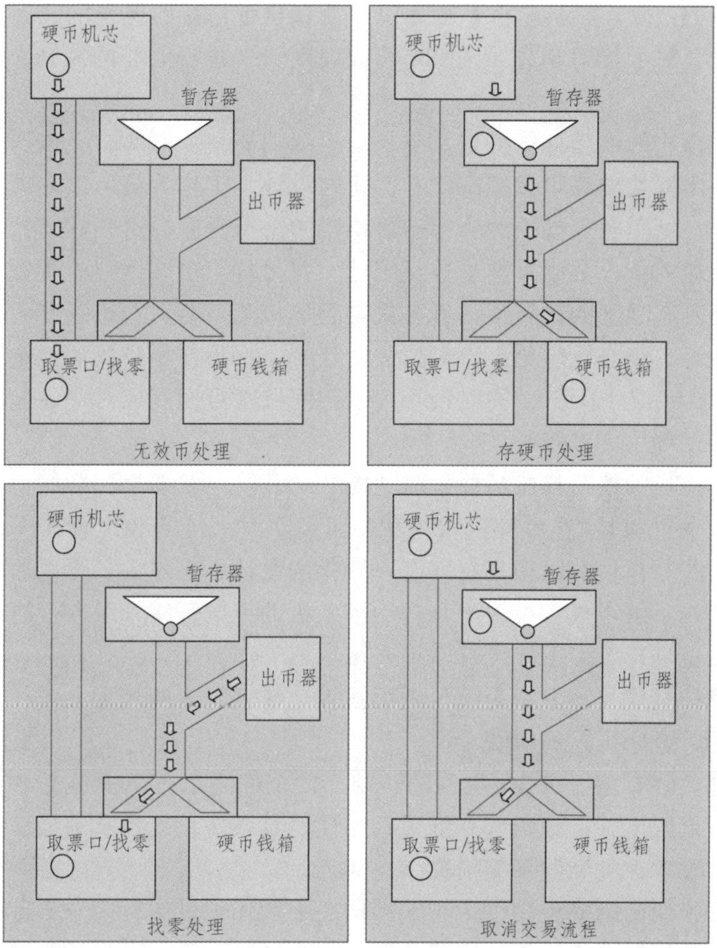


图 5-5　硬币处理基本流程图

4. 纸币处理模块

纸币处理模块主要包含纸币接收模块及纸币找零模块。

纸币接收模块具有暂存机构（Escrow），可实现原币退还功能。暂存机构最多可以保存 20 张纸币。乘客投入的纸币，在交易完成前，暂时存放在暂存机构。交易完成时，保存的纸币进入纸币钱箱。若交易被中途取消，则保存在暂存机构中的所有纸币被一并退出。纸币接收模块可以通过参数设定拒收的币种，可以设定拒收不同面值的纸币，如高于或低于指定面额，或不同版本的纸币。

纸币钱箱有独立的安全锁。必须使用单独的钥匙将钱箱盖打开才能取出所保存的现金。纸币接收模块钱箱配有两把钥匙。一把钥匙用于解除钱箱与纸币接收模块的固定，允许将纸币钱箱从设备中取出。另一把钥匙用来打开纸币钱箱和取出纸币。一旦将纸币钱箱拿走，在它重新插入到纸币接收模块之前，必须开关一次钱箱，避免未按要求清空钱箱等误操作发生。

纸币接收模块可监测钱箱内现金将满及满的状态，并可通过参数设置钱箱内允许保存纸币数量的上限。整机软件系统通过检测获得纸币接收模块的状态信息，记录在状态数据中并及时上传到 SC，从而 SC 可及时对设备进行必要的控制，实现了远程监控功能。

纸币找零模块的钱箱具备将空及空状态检测功能，可以实时上传到上位机，便于监控。纸币找零模块的钱箱具有高度人性化的设计，工作人员可以非常方便地实施加钞及清空操作。纸币找零模块配合自动售票机的上层程序，由硬件及软件共同配合，很清楚地对钱箱的纸币类型及数量进行统计，并可打印出来做审核管理。

每个钱箱具有独立的钱箱锁，具备钱箱到位检测功能。钱箱具有明显标识，并具有防止装错设计，能有效避免工作人员装错钱箱。纸币找零模块的钱箱上有明确的标签指示（如：5 元或 10 元），同时钱箱内部空间尺寸可设置成对应面额的尺寸，一次设置后，使用过程中无需修改。

纸币找零模块的钱箱具备到位检测功能、空及将空状态检测功能，将空状态的阈值可通过参数设置和调整。钱箱的检测状态可以实时上传到 SC，便于车站及中央计算机监控。纸币找零模块的钱箱具有高度人性化的设计，工作人员可以非常方便地实施加钞及清空操作。纸币找零模块配合自动售票机的上层程序，可以很清楚地对钱箱的纸币类型及数量进行统计，并可打印出来做审核管理。

一般推荐的最优找零方案为最少纸币找零、最短时间的找零方式，使乘客拿到的钱张数最少，符合中国人的消费习惯。

钱箱内部内置有擦钞机构，机构的转动部件全部固定在不锈钢支架上，经久耐用，维护方便，最低限度降低停机率。纸币找零模块具备防止人为欺骗操作功能，目的是充分保障买方和客户的利益不受损失。

纸币找零模块的驱动程序可记录卡钞情况下的详细日志，区分卡钞位置和所在交易的过程节点，用于分析钞票的归属是属于客户还是业主，可有效避免人为欺骗和交易纠纷。

5. 二维码模块

二维码扫码模块是一个功能独立的、主要实现互联网二维码支付功能，与互联网支付平台、自动售票机 ECU 以及车站计算机系统配合，在其扫码范围内完成对电子票二维码识别、分析和交易的软、硬件的设备，其基本功能主要有：

（1）电子车票信息读取与识别。

（2）电子票合法性及有效性认证。

（3）电子票冲突检查。

（4）电子密钥双向认证与更新。
（5）电子车票数据逻辑检查。
（6）交易数据生成、存储与上传。
（7）交易数据实时更新与分享。
（8）接口设备控制指令的生成与传送。
（9）内部设备状态监视、自诊断及故障告警。
（10）外部指令接收与执行。

二维码模块基本性能表如表 5-1 所示。

表 5-1　二维码模块基本性能表

| 序号 | 项目 | 指标 |
|---|---|---|
| 1 | 外观尺寸 | 长 78.2 mm×宽 67.2 mm×高 62 mm |
| 2 | 识读窗口 | 长 38.3 mm×宽 60.4 mm |
| 3 | 输入电压 | 5 V |
| 4 | 工作电流 | 0.5A（平均） |
| 5 | 光源 | LED |
| 6 | 最大分辨率 | 752×480 |
| 7 | 视场角度 | D85 度 H63.7 度 |
| 8 | 读取精度 | 10 mil |
| 9 | 二维条码 | DMCode，QRCode，一维条码等 |
| 10 | 支持接口 | USB 标准 2.0，即插即用 |
| 11 | 支持操作系统 | Windows2000，WindowsXP，Windows7 |
| 12 | 结果反馈 | 蜂鸣器 |
| 13 | 识读模式 | 感应识读 |

二维码扫码模块主要应用功能要求如下。

（1）满足轨道交通所使用的电子票二维码读取需要，适应扫描动态二维码的应用场景，在规定的时间内，控制二维码扫描模块对乘客提供的动态二维码实施多次扫描（不少于 2 帧/票），扫码速度及时间间隔应能与手机 App 的二维码生成速度匹配。

（2）可包容乘客在使用二维码时出现的各种不规范行为，适应不同扫描距离、角度及二维码晃动，实现对不同颜色、亮度、背景颜色及图像刷新频率的二维码进行正确识别。

（3）具有记录交易过程数据、票价分析、合法性判断、交易结果判定功能，并能通过车站 AFC 网络，实现本站所有电子票交易历史数据的共享。

（4）二维码主扫时候，可对乘客所提供的二维码有效性进行认证和判别，并具有读码功能，可支持 ACC/互联网支付平台提供的电子密钥，判断电子票的合法性。

（5）二维码扫码模块具有高可靠性和可用性，并能适应连续 24 h 不间断运行。

（6）二维码扫码模块读票操作的可靠性，可能避免掉电、二维码晃动等不当情况造成数据丢失、交易失败等现象。

（7）便于安装、操作和维护，能够进行在线应用更新，具有短路或其他电气保护，可无损进行模块拆除和更换，同时设备连接 UPS 电源，外部电源失电时，不应破坏或改变读票器的内存数据。

6. 前面板

前面板各操作、显示部件的布置满足人体工程学的要求，方便乘客操作及维护人员对设备进行维护。

前面板每个操作部件（如投币口位置、储值票入票口等）位置旁边都有一个 LED 光提示装置，显示该部件的当前状态（可用或不可用）。LED 指示器还提示乘客买票或充值操作的相应步骤所要使用的相应操作部件（如当乘客选择了车站之后，硬币投币口和纸币进币口的 LED 指示器闪烁，提醒乘客投硬币或纸币）。

7. 触摸屏

触摸屏覆盖于乘客显示器，与乘客显示器一起实现乘客购票操作的功能。

智慧售票机乘客显示器为一体化整体触摸显示器，能给予乘客明确的操作指示和各操作部件位置的指示。触摸屏采用抗磨耐用、防冲击、防爆、防腐蚀、防水、抗光干扰、带静电保护、可靠性高的成熟产品。

8. 乘客显示器

乘客显示器安装在自动售票机前面板乘客操作范围内，位于触摸屏后，用于显示轨道交通线路、车站分布图和有关的购票操作提示信息。显示器的信息显示区域空间充裕，可以同时显示所有常用的购票按钮、交易取消、交易确认、中英文转换按钮等供乘客选择，且分布合理，清晰明了，不会出现误选、重选现象。

乘客显示器界面采用数据库或文件配置的方式，可以方便地根据用户需求定制。客户可在配置文件中指定默认显示语言，也可以在配置文件中修改提示语句。在对乘客显示器进行维修或更换时，不需要做任何调整。乘客显示器的安装采用挂扣方式固定，便于在维护和更换时进行拆卸。

9. 运营状态显示器

运营状态显示器安装在前面板的上半部分显著位置，用于显示当前设备的运行模式和操作模式，包括暂停服务、暂无找零、关闭、只收硬币、只收纸币等信息。显示信息能根据运行模式和操作模式的变化进行自动更新。显示器能采用汉字与英语交替显示的模式，并能显示简单的图形和动画。

10. 维修面板

设维修面板主要功能包括运营服务、查询、设备状态、维护、设备配置等。维修面板安装在设备内部，操作/维修人员通过维修面板完成对设备的操作、维修和诊断工作。维修面板包括显示器及键盘。设备内部设有固定的维修面板底座用来放置并固定维修面板。当维修面板放置在底座上时，变得稳固不容易移动。维修面板能轻易地从底座取下。设备维修面板菜单分多级进行设计，帮助操作员快速操作。维修面板字库能支持线路所需查询内容及所有站点名称。

11. 读写器

面板上安装有读写器模块，可以完成单程票发售赋值、储值卡的余额查询、车票信息等业务查询操作。

12. 票　箱

单程票处理模块配备 1 个废票箱，可存储有效性检查或校验失败的单程票。模块在相应位置设置了传感器，可检测废票箱到位和“满”或“将满”状态，接近或达到上限时将相应状态上传给 SC，还可将废票箱内的废票数量上传至 SC 和 LCC，方便库存车票管理。

废票箱一般采用耐磨损的硬质轻便材料制作，内壁平滑无突出的螺丝、毛刺、裂纹，不会磨损车票或卡票。更换储票箱及废票箱时都通过模块侧面进行插拔，对于储票箱及废票的插入是否到位可通过传感器进行监测，方便日常运营管理。

13. 打印机

单据打印机通常为高效热敏打印机，能自动切纸（可半切纸）。单据打印机内配置相应的打印纸。具有检测功能，若打印机无打印纸时，系统程序能在交易界面进行提示。

打印机内安装有传感器，可检测出纸张不足和纸张堵塞的故障。其维护很方便，进行换纸和打印头清洗时不需借助工具便可完成，还具备自动切纸控制功能（可根据参数设置是否自动切纸），可实现实时状态检测。

14. 电源模块

主电源模块为系统设备提供电力，其组成包括主电源模块、漏电保护开关、接线端子排（带保险）及相应附件，在设备中起着至关重要的作用，其稳定性、安全性决定了整机设备的稳定性、安全性。

电源模块能至少提供直流 5 V、12 V、24 V 和交流 220 V 输出电压。电源模块对主要功能模块的电源输出带有独立的保险进行保护，具有过热、过流、短路、过压、欠压保护功能。设备电源能够通过芯片控制让电源的能效转换率得到质的提高，设备电源将采用主动 PFC 电源，具有过热、过流、短路、过压、欠压保护以及漏电保护功能，兼备瞬变保护及漏电保护功能，电源箱为设备提供稳定的供电。

### 5.1.3 设备核心功能

智能售取票机是一款多功能、高可靠的设备，外形硬朗笔直、方正厚实，给乘客提供友好、快速的操作界面，集中体现出“高效、可靠、安全”的设计理念。该设备能提供纸币、硬币支付手段，通过人机界面操作，发售单程票和进行储值票充值，支持硬币循环找零，支持多媒体广告播放业务，预留银行卡接口。

业务处理功能包括：售票、充值、查询等功能。

售票可按照票价、目的站购票，同时支持按票价、目的站停售参数化功能。

非现金支付：乘客可以使用二维码支付和银联云闪付的非现金支付方式。

运营管理功能：能实现运营开始、运营结束和执行运行时间表。

操作员登录登出管理功能：能实现操作员登录、锁定、登出以及无操作自动退出功能。

查询功能数据：能实现交易查询、销售信息查询、打印水单、系统状态查询、查看操作日志、查看故障记录、查看运转数据等功能。

票箱/钱箱管理功能：能实现票箱安装、票箱卸下、钱箱安装、钱箱卸下、硬币清空管理功能。

检测参数/软件版本功能：能实现检测参数及软件版本功能。

设备维修维护功能：能实现部件检测、设备部件更换登记管理功能。

数据导入导出功能：能实现软件和参数导入，数据导出功能。

SAM 卡认证管理功能：能实现管理卡认证、ISAM 卡签到/签退/领用/更换管理功能。

远程监控功能：能实现对设备的远程监视及控制功能。

智能自动售票机界面支持参数化更新，新增线路和车站时可以在 MLC 通过修改下发设备参数实现更新。

预留提供电子发票的功能：智能自动售票机能够通过第三方平台支付提供电子发票，预留电子发票功能等。各项核心功能介绍如下：

1. 购票功能

智能自动售票机可以发售两种不同票面的单程车票（其发售的票种可以通过参数下达设置）。

自动售票机可接受硬币、纸币、电子支付以及储值票支付（预留）、银行卡付费（预留）方式，具备一次出售多张车票的功能以及纸币、硬币找零功能。

自动售票机具备多模式选站功能，自动售票机至少能按区域、按线路、按票价三种方式选择目的车站，以适应轨道交通线网的发展，满足乘客在自动售票机上快速购票的要求。

自动售票机可以发售多种不同票面的单程车票，并供以下三种购票方式。

（1）第一种：乘客先选择目的地、票种、数量，再投币。

（2）第二种：先投币，再选择目的地、票种、数量。

（3）第三种：乘客先选择车票金额、张数，最后投币购票。

2. 日常运营管理及维护

站务人员可以通过维修面板实现对设备的日常运营管理，如添加单程票等操作。同时可帮助维修人员进行设备维护、故障诊断及模式设置等操作。

在维修模式下，通过简单的命令输入能检测所有传感器、机械部件、电子部件工作状态、性能，能检查设备的寄存器数据、参数信息，能检查最近的交易的 100 条记录等信息。

退出维修模式后，设备进行自检，自检成功后设备切换到原状态。

3. 审计功能

根据整日运营数据和管理记录产生整日补充车票数量、整日发售车票数量等一系列审计记录。

设备向业主提供涉及收益操作的单据以备审计，这些单据包括更换车票箱单据、结算单据、补充车票单据和乘客事务单据。同时，设备向业主提供涉及安全隐患操作的单据以备审计，这些单据包括非法操作钱箱、票箱记录单据。

自动售票机具备各种运营单据的补打功能，可打印的各种单据包括最近的 100 笔交易记录。

在网络发生故障或断开时，设备能正常工作，并保存至少 30 天的交易数据，当网络重新连接后，会自动将脱机运行下保存的数据上传 SC。

4. 安全性要求和报警

自动售票机的设计具备足够的安全性，保证在正常运行的情况下，站务人员在加票的整个过程中完全不能接触到任何车票。设备在机械结构设计上保证非授权人员无法在不拆卸或破坏设备的情况下拿出任何车票，同时在软件设计上保证非授权人员不能做出任何授权范围之外的操作，如果无法避免非授权人员做出授权范围之外的操作，则设备能够给出声响报警，并向 SC 传送报警信息。

5. 设备运行安全

自动售票机具备权限控制功能，由清分中心统一设置操作员编号、密码、操作等级及权限。

自动售票机开门后，能如实反映维修门的开关状态及在此期间的操作，并要求 TVM 维修门打开后在一定时间内由操作员完成登录，不按时登录及非法操作将报警，可通过清分中心云平台设置相关的参数。

自动售票机开门后不能再发售正常的运营车票，乘客显示器及状态显示器显示相应的提示信息，只允许在特定的条件下发售测试车票。

对于自动售票机的维修门打开与关闭期间产生的废票数，系统应有记录。自动售票机废票掉入废票箱时清除车票的余值，且废票不能直接进闸或通过票房售票机更新处理后正常使用。

设备的运行安全主要包括了操作员登录管理、票卡安全两方面的内容。

6. 黑名单处理

自动售票机能分别保存至少 100 000 个黑名单车票编号及 50 段连续的黑名单车票的编号。自动售票机对黑名单车票的处理模式由参数决定。

在自动售票机检查到黑名单车票使用时应向车站及清分中心上传车票处理信息。

自动售票机可通过根据参数设置对不同黑名单车票进行处理（含解锁）。自动售票机检查到黑名单车票在使用时通过 SC、ICCS 上传车票处理信息。

如果该车票的编号在黑名单范围内的话，车站设备会对该车票进行锁卡操作，禁止该车票的使用，同时将该车票的数据上传至 SC、ICCS 层。

7. 自诊断功能

自动售票机具备以下自诊断功能：

（1）可以在乘客显示器上显示当前故障代码。

（2）设备通信状态监测。

（3）设备内部各模块及主要故障点的传感器检测、动作监测及功能测试。

（4）在设备内部设立若干个 LED 指示灯，显示主要故障点的工作状态或故障代码。

（5）自动售票机能够使用测试票测试设备整体协作功能。

（6）可以在维修面板上查询设备内部寄存器数据、时间、软件版本及设备编号。

（7）可在维修面板上设置系统模式及设备复位。

（8）可在维修面板上设置需就地设置的设备参数。

8. 时钟同步

设备与 SC 时钟保持同步，在通信正常的情况下，系统内任 2 台设备之间的时钟相差不大于 1 s，当设备的时钟与 SC 时钟相差 0.5 s 以上时，SC 将强迫同步该台设备的时钟并记录故障信息。在设备与 SC 通信中断情况下，可通过设备的维修面板对设备时钟进行人工修正。

9. 设备状态监控

（1）具有自检和测试功能，具有设备的主要模块、数据存储器以及各单元电路故障显示等状态检测电路。设备的本机状态能在本机维修面板上查询并能上传到车站计算机和清分中心云平台。

（2）在测试模式下，任何操作应不能更改或删除设备内部保存的数据。

设备具备故障自诊断及汇总上报功能。

10. 小单打印功能

（1）自动售票机在加票等涉及收益的操作执行之后都要记录并打印出小单。

（2）自动售票机在非法操作票箱等涉及安全隐患的操作都要记录并打印出小单。

### 5.1.4 设备功能处理流程

1. 购票功能

（1）现金购票方式。

乘客可使用现金，本机支持 1 元、5 元、10 元、20 元的纸币和 5 角、1 元的硬币等在自动售票机上购票。

（2）移动支付购票方式。

乘客在 iTVM 上选择车票信息（包括目的车站/票价、车票数量）后，点击 TVM

界面上的“扫码支付”按钮，进入拍码购票流程。

iTVM 向地铁支付平台提交预订单信息，预订单信息包括设备 ID、车票信息、交易时间等。

地铁支付平台生成订单，并向第三方支付平台申请下单。

第三方支付平台生成预支付交易，并返回预支付交易链接（即二维码串）到地铁支付平台，地铁支付平台再返回预支付订单信息给 iTVM。

iTVM 根据返回的二维码串生成二维码图片并显示在 iTVM 界面上，提示乘客使用微信或支付宝拍码支付。

展示二维码后，iTVM 开始定时向地铁支付平台查询设备申请的预支付交易订单状态。

乘客打开 App（微信/支付宝）扫描二维码，直接向第三方支付平台提交扫描链接。

第三方支付平台验证链接的有效性后，提示乘客输入密码。

乘客输入支付密码后，直接向第三方支付平台提交支付授权，扣款成功后，第三方支付平台异步通知地铁支付平台该订单已支付，地铁支付平台更新订单状态。

此时 iTVM 查询到订单已经支付成功，根据订单中的信息开始写票、送票，iTVM 界面提示乘客取走车票。

iTVM 向地铁支付平台上传出票通知（接口编码 S1-004）/出票故障通知（接口编码 S1-005），告知本次出票的具体信息（含票号、出票数量等）。

地铁支付平台再次更新订单状态。

iTVM 购票流程图如图 5-6 所示。

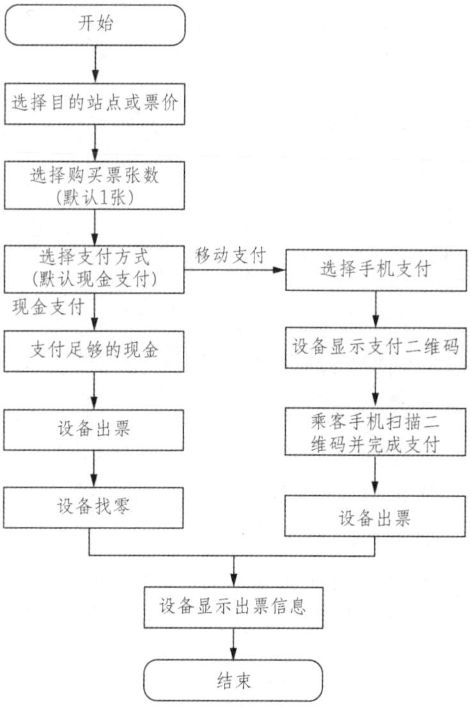


图 5-6　iTVM 购票流程图

2. 取票功能

乘客可使用现金购票，直接出票，也可以采用移动支付方式，利用扫码在自动售票机上进行取票，手机扫码取票技术方案及流程如下。

（1）乘客点击 TVM 界面上的“取票”按钮，进入扫码取票流程。

（2）TVM 生成二维码，并展示在屏幕上（其中随机因子作为一笔交易的唯一标识），提醒乘客使用支付宝/微信拍码取票。

（3）展示二维码后，TVM 开始根据随机因子定时向地铁支付平台查询本设备的出票订单。

（4）乘客打开 App（微信/支付宝）扫描二维码，解析后跳转到指定的第三方支付平台页面（附带了本交易的随机校验因子等信息）。

（5）第三方支付平台页面向地铁支付平台查询用户本支付宝或微信账号的订单信息，平台根据账号信息检索订单并回送，第三方支付平台页面上显示有效订单列表供乘客选择。

（6）乘客选择页面上的一个有效订单并确认。

（7）第三方支付平台页面向地铁支付平台发起订单核销请求，平台处理后更新订单状态（订单状态中关联了本次交易的随机校验因子），并向第三方支付平台页面返回核销结果。

（8）此时 TVM（根据随机校验因子）查询到本设备有一个订单已经核销成功，根据订单中的信息（起始车站、目的车站、票价、车票数量、账号信息）开始写票、送票，TVM 界面提示乘客取走车票。

（9）TVM 向地铁支付平台上传出票通知/出票故障通知，告知本次出票的具体信息（含票号、出票数量等）。

（10）地铁支付平台再次更新订单状态。

iTVM 取票操作流程图如图 5-7 所示。

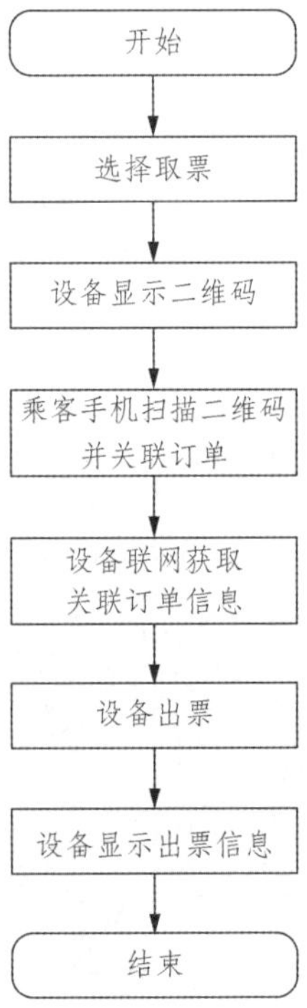


图 5-7 iTVM 取票操作流程图

3. 充值功能

自动售票机为乘客提供储值票的现金充值，支持的币种为：50 元、100 元面额的第五版人民币。

乘客选择充值并插入要充值的储值票，自动售票机对车票进行有效性检查，并显示车票的基本信息，设备提示插入纸币。乘客插入纸币后，设备自动识别出所插入纸币，并显示出来。如果投入金额符合要求，设备对储值票进行充值操作，并显示结果提示信息，设备自动弹卡，预留充值后打印凭条功能。

iTVM 充值操作流程图如图 5-8 所示。

### 5.1.5 技术应用

1. 设备发展趋势

自动售票机是城市轨道交通智慧售检票系统中面向乘客提供购票体验，地铁公司运营收益的直接、关键、重要终端设备，截至 2019 年 12 月，在我国开通的轨道交通运营车站里售取票机数量已超过 5 万台。

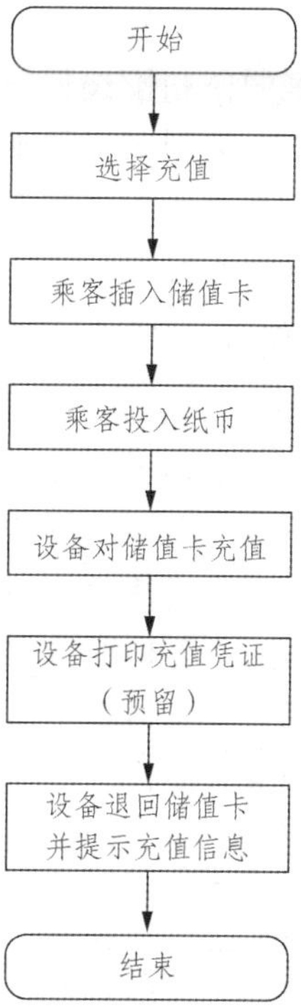


图 5-8 iTVM 充值操作流程图

随着互联网信息技术的不断发展，中央计算机系统的不断完善，智能售取票机（ITVM）已成为我国 AFC 系统自动售票机产品发展主流趋势，且不断呈现“去现金化”“智能化”以及“轻量化”发展特点：

（1）“去现金化”：目前全国已开通的轨道交通 38 个城市地铁站均通过新购置或者二维码改造等方式实现站厅互联网购票功能，并且随着现金使用量的不断减少，各城市也在逐渐减少只支持现金支付的传统自动售票机的投入，并进一步加大智能售取票机的投放。

（2）“轻量化”：随着城市的不断快速发展，地铁车站客流量不断增长，车站空间寸土寸金，为充分利用车站空间，缓解车站人流压力，各城市地铁公司开始尝试在地铁车站上线仅支持互联网支付功能的售票机，减少现金处理模块，在车站空间寸土寸金的情况下，车站终端设备的轻量、精巧化设计，在一定程度上也节省了车站空间，进一步提高了站厅空间的利用率。

目前我国支持智能售取票机（同时支持现金和互联网购票）和仅支持互联网售票机的比例分别为 88% 和 12%，合肥、石家庄、呼和浩特等城市甚至在新建地铁车站规划设计标书中明确将地铁车站的智能售票机和仅支持互联网支付售票机比例设置为 1：1，且该比例还在不断提高。智能售票机使用比例图如图 5-9 所示。

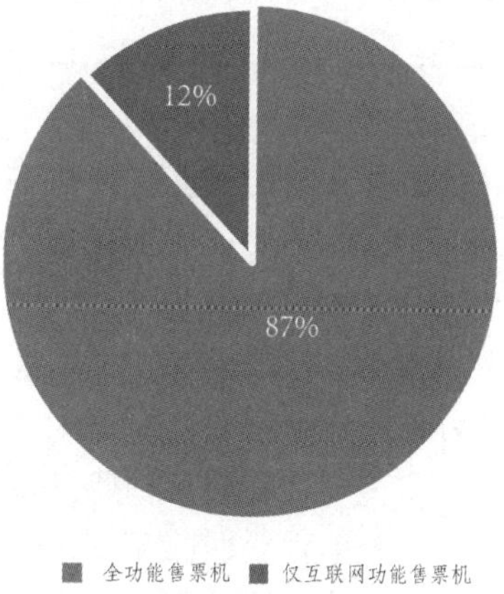


图 5-9 智能售票机使用比例图

（3）“多样性”：以互联网支付技术应用为契机，目前各个地铁公司或选择自建互联网票务平台与官方 App，或选择利用主流互联网支付方式，实现地铁的便利出行，提供更加优质的品牌化服务，智能售取票机也具有多种购票方式，并同时依托各平台或者 App 实现支付方式多样化、设备人性化、平台服务定制化等。支付入口的多样性给了乘客更多的便利性选择，减轻了现场的服务压力；但同时也给地铁公司带来了更多的清算对账工作接口，工作压力从现场转移到了后台。

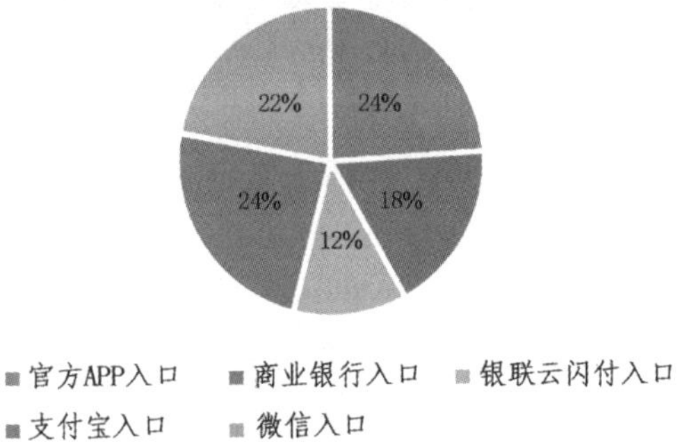


图 5-10 购票主流支付入口比例

2. 国内应用现状

目前，各地铁公司采用的互联网购票支付入口主要包括地铁官方 App、商业银行 App、银联云闪付、支付宝、微信等五种，应用情况如图 5-10 所示。

其中除东莞地铁售票机支持全部五种支付入口进行购票外，其他支持两种以上支付入口的轨道交通城市有 16 个，主流 8 个城市地铁售票机支持四种及以上支付入口，详细如表 5-2 所示。

表 5-2 售票机互联网购票支付入口统计

| 地铁城市 | 售票机互联网购票入口 | | | | |
|---|---|---|---|---|---|
| | 官方 App 入口 | 商业银行入口 | 银联云闪付入口 | 支付宝入口 | 微信入口 |
| 天津 | - | √ | √ | √ | √ |
| 重庆 | √ | - | √ | √ | √ |
| 深圳 | √ | - | √ | √ | √ |
| 宁波 | - | √ | √ | √ | √ |
| 青岛 | √ | - | √ | √ | √ |
| 东莞 | √ | √ | √ | √ | √ |
| 石家庄 | - | √ | √ | √ | √ |
| 厦门 | √ | √ | √ | √ | - |

3. 典型应用案例

本次介绍的智能售票机在广州地铁进行了安装与应用，示范样机如图 5-11 所示。示范样机的主要技术指标如下。

（1）发售单程票种类 2 种，1 000 张/种。

（2）单张单程票发售速度：≤2.0 s/张（从 iTVM 发送指令开始到单程票掉到出票口为止，包括供票、赋值及出票的过程）。

（3）平均单程票回收速度：≤0.6 s/枚（执行单程票清空操作时）。

（4）单程票回收箱 1 个，容量 2 000 枚/个。

（5）单程票补票箱 2 个，容量 1 000 枚/个。

（6）硬币检测准确率：≥99.9%。

（7）纸币检测准确率：≥99.99%。

（8）硬币钱箱 1 个，容量 2 000 枚/个。

（9）硬币加币箱 2 个，容量 1 000 枚/个。

（10）纸币循环箱 1 个，容量 1 000 张/个。

（11）硬币找零箱 2 个，容量 1 000 枚/个。

（12）与 SC 的通信速率：100 Mbps。

（13）自动售票机故障率：$X < 3.5$（自动售票机故障率是指单条线路每类设备的万单程票发售量故障量），万单程票发售量故障量 $X$=该线路自动售票机设备每月故障总量 × 10 000 ÷ 当月对应线路的单程票发售量。

（14）交易上传时间：TVM 从交易完成到交易数据上传到车站计算机，时间≤2 s

（15）操作响应要求：无明显的延迟感，乘客使用 TVM 的操作响应速度，从乘客点击触摸屏开始，到 TVM 在乘客显示屏给出处理结果或提示为止响应时间 < 0.3 s；工作人员使用 TVM 的操作，从命令输入开始，到 TVM 在维修面板显示屏或乘客显示屏上显示出处理结果或提示为止，响应时间 < 1 s

（16）可靠性：MCBF≥50 000 次，MTTR≤30 min。

（17）整机电气安全特性：具有漏电、过流、过压、短路保护功能，可防雷击、防浪涌，符合 GB 4943.1—2011 的相关标准。

图 5-11　iTVM 设备示范样机

# 5.2 多元支付闸机

## 5.2.1 设备组成

多元支付闸机布置于付费区与非付费区的交界处。分为进站检票机、出站检票机、双向检票机和宽通道检票机四种。双向检票机可设置为“进站”“出站”“双向”三种模式。

多元支付闸机针对乘客右手持票、持手机通过的习惯做相应设计。多元支付闸机的结构设计能有效地保护电子和机械部件，防止液体、细小的金属和硬物进入而损坏部件。多元支付闸机考虑内部电气部件和模块的散热设计，同时避免外壳过热而影响工作人员操作和乘客的使用。多元支付闸机内部模块的安装采用简洁的设计，各模块的安装位置不会互相遮挡，方便维修。设备内部各模块边角圆滑、表面平滑、无外露毛边或裂纹，不会对使用者造成伤害。同时保证维修时的人员与设备安全。

多元支付闸机提供电源线环接端子，以满足现场的接线和安装要求。多元支付闸机内部提供标准的电源插座为电子测试设备和外接控制设备供电。

闸机内部采用模块化的安装布局方式，模块的安装采用简洁的设计，各模块的安装位置不互相遮挡，单程票回收模块还具有滑轨拉出式设计，方便维护人员进行设备维修和运营人员进行票箱更换和处理卡票、皮带断裂等故障的处理。

多元支付闸机外观效果相关内容如下图所示。

1. 外观结构图

多元支付闸机外观图如图 5-12 所示。

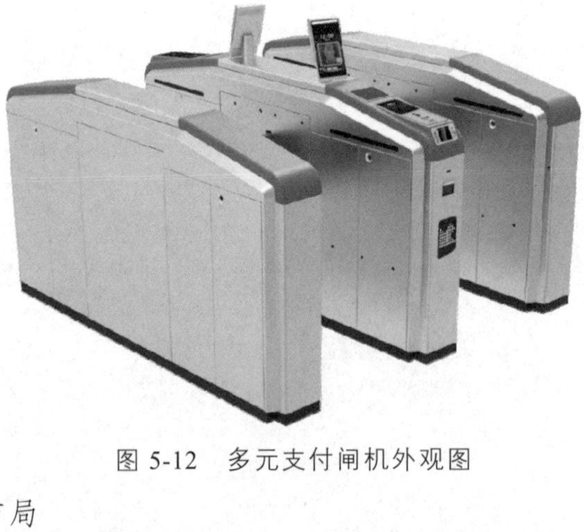

图 5-12　多元支付闸机外观图

2. 内部模块布局

多元支付闸机分为主端和远端，一组通道由两台闸机组成，安装在主端闸机上的主控单元对通道内的所有硬件模块进行控制。闸机控制端划分规则为：站在刷卡面板端侧的通道中，面对闸机扇门，右边为主端，左边为远端，如图 5-13 所示。

对于中间机，站在刷卡面板端，面对出站刷卡面板，以设备中线为划分，左侧为主端，右侧为远端。

中间机闸机控制划分如图 5-14 所示。

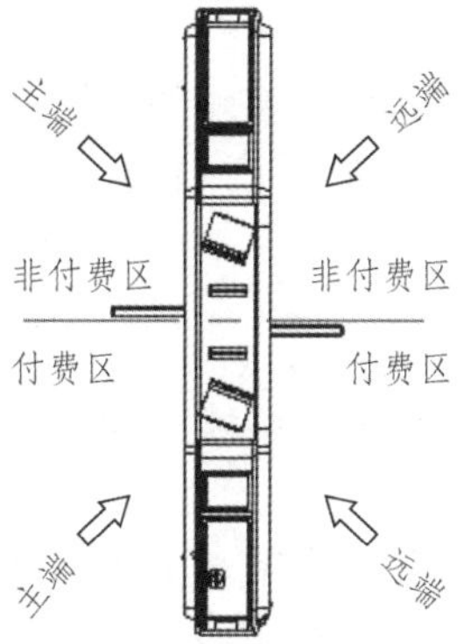


图 5-13　闸机控制示意图

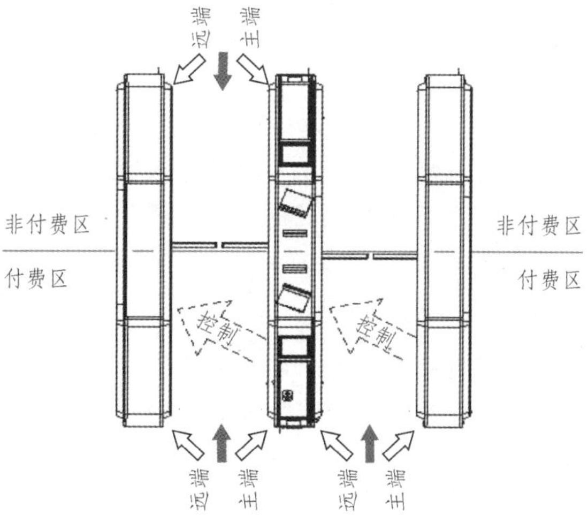


图 5-14　中间机闸机控制划分

多元支付闸机整机结构采用模块化设计，主要各部分模块布局如图 5-15 所示。

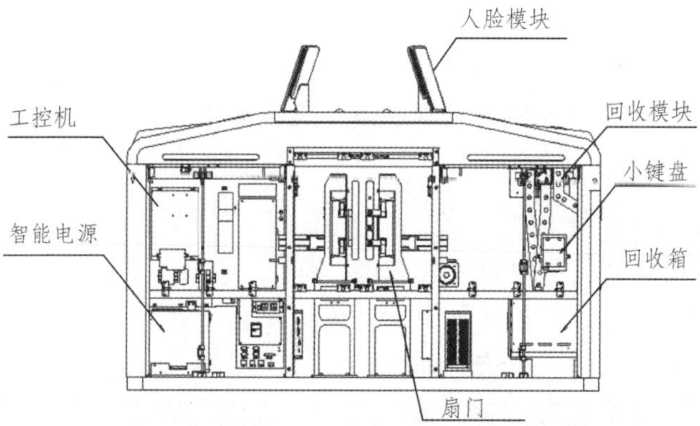


图 5-15　闸机内部模块布局图

## 5.2.2　关键模块

1. 主控单元

设备的主控单元（ECU）安装设备控制软件，负责对各模块运行控制、完成单程票处理、交易处理显示、数据通信、状态监控等功能。

设备主控单元采用 32 位高性能处理器，符合工业级应用标准，具有良好的抗电磁干扰性能，能保证整机全天 24 h 不停机的稳定运行，并具备足够的能力完成所指定的功能。

设备主控单元内置实时时钟维持当前日期及时间，准确性为±1 s/日。时钟在电池供电下工作，使用寿命大于10年，其运行不需人工调整闰年、年尾、月尾及星期。

设备主控单元配置DOM和CF卡双存储介质，能确保保存至少30天的交易数据和设备数据。交易数据和设备数据保存时间可由参数确定。能够保证应用程序产生的交易数据、设备寄存器数据、日志、配置信息等信息的安全性，具备在失电下的数据长期保存，突然断电数据不丢失的能力。

设备主控单元还可以灵活地对软件的模块进行升级。设备软件的升级包括终端软件的升级和读写器等硬件部件的固件升级，终端软件的升级和主要硬件的固件升级步骤相同，均可以通过SC下载升级包的方式自动完成。看门狗设计，具有自动防故障方法检测ECU故障，具有在必要的时候复位功能。

2. 单程票回收模块

单程票回收模块包含单程票传送机构、单程票回收箱、单程票读写器、控制板等构成。完成单程票查验、回收等业务操作。

出闸机和双向闸机均配备了一个单程票回收模块和两个回收箱。单程票回收模块和回收箱位于闸机付费区的一端。所有收到的普通单程票将被导入两个回收箱。如果其中一个回收箱的票数达到1 000张，单程票将被导入另一个回收箱。

单程票回收模块采用高性能的芯片控制，以RS-232通信方式与工控机连接。该模块结构简约、紧凑，具有售票速度快、寿命长等特点。单程票回收模块的软件驱动，支持Linux系统。

单程票回收箱，是运营中设备回收单程票的箱体，回收箱与单程票加票箱箱体通用，箱体采用轻便耐用的PC+ABS材料，满足强度和刚度要求，方便搬运。回收箱自身带锁，保证单程票的安全性。

3. 扇门模块

扇门结构主要由驱动伺服电机、减速箱、连杆、扇片、安装支架及控制器等组成。扇门设计成可拆卸的结构，只需卸下紧固件就可对扇门进行更换。当扇门破损后可以直接更换。扇门模块外观图（单边）如图5-16所示。

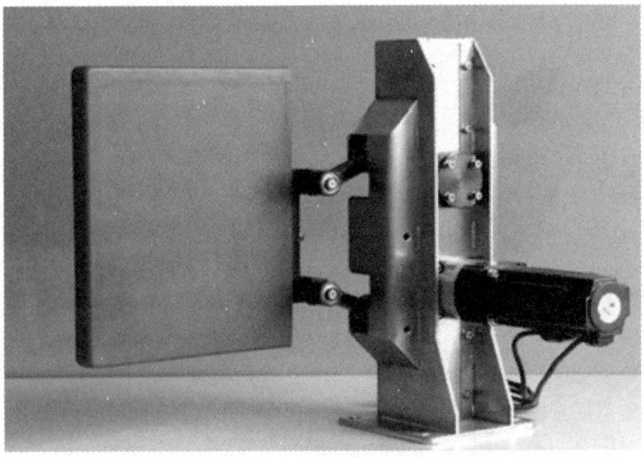

图5-16　扇门模块外观图（单边）

4. 二维码模块

主要安装在自动检票自助设备上，读取一维和二维条形码信息，可满足二维码票卡验证过闸要求，主要性能指标如表 5-3 所示。

表 5-3　二维码模块基本性能表

| 序号 | 项目 | 指标 |
|---|---|---|
| 1 | 外观尺寸 | 长 78.2 mm×宽 67.2 mm×高 62 mm |
| 2 | 识读窗口 | 长 38.3 mm×宽 60.4 mm |
| 3 | 输入电压 | 5 V |
| 4 | 工作电流 | 0.5A（平均） |
| 5 | 光源 | LED |
| 6 | 最大分辨率 | 752×480 |
| 7 | 视场角度 | D85° H63.7° |
| 8 | 读取精度 | 10 mil |
| 9 | 二维条码 | DMCode，QRCode，一维条码等 |
| 10 | 支持接口 | USB 标准 2.0，即插即用 |
| 11 | 支持操作系统 | Windows2000，WindowsXP，Windows7 |
| 12 | 结果反馈 | 蜂鸣器 |
| 13 | 识读模式 | 感应识读 |

5. 通道传感器

多元支付闸机一共有 20 对（待定）对射型传感器，用于乘客通行感应和控制。传感器安装于闸机通道的立面。闸机通道传感器基本技术参数表如表 5-4 所示。

表 5-4　闸机通道传感器基本技术参数表

| 序号 | 项目 | 规格 |
|---|---|---|
| 1 | 传感器类型 | 红外对射 |
| 2 | 检测距离 | 15 m |
| 3 | 输出类型 | NPN |
| 4 | 工作电压 | DC12~24 V±10% |
| 5 | 消耗电流 | 投光器 15 mA，受光器 20 mA |
| 6 | 输出响应时间 | 动作、复位各 1 ms 以下 |
| 7 | 指示灯 | 绿色电源指示，红色输出指示 |
| 8 | 电气安全 | 短路，过压保护 |
| 9 | 外壳防护等级 | IP65 |

### 5.2.3 设备核心功能

多元支付闸机两端均设置验票装置、乘客显示屏，出站端设置单程票回收口、单程票退票口。当闸机设置为进站闸机时，乘客在非付费区右手持正常车票在验票区验票后有效通过闸机进入付费区乘车。乘客显示屏能清晰显示车票以及乘客提示信息。当闸机设置为出站闸机时，持储值票的乘客在验票区验票后离开付费区出闸，如车票无效则提示乘客到票务处进行相关处理。持单程票的乘客把单程票投入到回收口，若车票正常，则扇门打开让乘客通行。若车票无效，则从退票口退回。乘客显示屏显示车票以及乘客提示信息。

双向闸机有四种运营方式，可通过 SC 下达命令或者在本机上设置：(1)进闸机方式。(2)出闸机方式。(3)进/出闸双向方式。(4)紧急通行方式。

在进或出方式下，闸机在相应端显示允许使用信息，在相对端显示禁用信息。在双向方式下，当一端有乘客使用时，在乘客未通过前，另一端拒收车票并显示相应的禁用信息，直至乘客通过。

四种的方式的转换可通过以下方式实现：(1)自动下载运行时间表。(2)从 ICCS、SC 下达指令。(3)就地控制，在闸机上直接设置实现。(4)在进或出方式下，闸机在相应端显示允许使用信息，在相对端显示禁用信息。在双向方式下，当一端有乘客使用时，在乘客未通过前，另一端拒收车票并显示相应禁用信息，直至乘客通过。

多元支付闸机的主要功能如下：

1. 闸机一般操作

在每日列车开始运营前，系统将自动检票机设置为正常服务模式；当每日列车结束运营后，系统将设备设置为关闭模式。同样，运营操作人员可通过 SC 将自动检票机设置为正常服务模式或关闭模式。

在正常的模式下，闸机的方向指示器和乘客显示器显示允许乘客使用的信息。当一张车票接近闸机读写器/天线并在其读写范围内时，闸机将通过读写器读取车票上的有关信息，对车票的有效性进行检查。

若车票检查有效，闸机在车票写入相关进/出站信息，并对写入的数据进行校验后，开启扇门允许乘客通过，并在乘客显示屏显示允许通过的信息。同时，闸机对乘客的通过进行监控，在乘客通过扇门后，自动关闭扇门；若车票检查无效，闸机不得在车票写入任何信息，在乘客显示器显示车票无效的信息。同时，关闭扇门阻止乘客通过，并发出短促声音提醒乘客注意。

在出闸机，有效的无需回收的车票将被扣除相应的车费或乘次，同时在乘客显示器显示车票余值或乘次信息，如车票无效则提示乘客到票务处进行相关处理。若需回收的车票为有效车票，车票被回收；否则车票送到出票口退还给乘客，同时发出声光提示。

闸机需记录使用有效车票而未通过的乘客次数，当达到参数设置的最大次数时，闸机拒收或不处理车票。在参数规定时间内（可调整），若仍未有乘客通过闸机，则扇门自动关闭。

出闸机车票回收口只允许插入一张车票。若回收装置内有两张或以上的车票，闸机不对车票进行读处理，同时在乘客显示器上显示相应的提示信息。车票从退票口退还。若回收装置正处理车票，则必须在车票回收或退还后才能接受下一张车票。

所有在闸机处理的交易数据，要即时上传到车站计算机。另外在闸机设备状态发生变化时，能立即向 SC 发送运行状态数据。闸机的运行状态数据至少包括：开／关检测、回收票箱状态、故障、通信中断、错误编码、开放通道等。

2. 乘客通行监控

闸机对乘客通行的监控功能宜由独立的控制模块控制，而不会由 ECU 控制。控制模块直接对扇门、乘客传感器、方向指示器、报警灯等部件进行控制。

闸机通行安全性是第一考虑因素，闸机扇门附近设置安全区传感器，只要安全区传感器被遮挡，闸机扇门就不能关闭以保证乘客的安全通行。

闸机要准确地监测通过闸机的人数，特别是多名乘客连续过闸的时候，只要过闸时乘客与乘客之间有空隙，就必须保证对过闸人数的计算准确。

3. 儿童身高检测

闸机提供对 1.3 m 以下儿童（检测高度 1.3 ~ 1.4 m 可调）的检测，当一个成人带着符合条件的儿童通过闸机时只需要一张票卡。

4. 方向指示及警示功能

在闸机两端的前面板上安装的方向指示器,用于指示乘客在闸机的通行通道方向，以及为远距离乘客指示闸机是否可以使用。

5. 二维码车票处理功能

闸机能按照相关业务规则对二维码车票进行处理，包括二维码的数据解析、验证以及合法性判断等。

6. 人脸识别功能

人脸识别闸机能按照相关业务规则对“人脸”进行处理，满足“刷脸支付”需求，包括人脸图像采集及检测、人脸图像预处理，并完成数据的发送、接收、确认、反馈等。

7. 车票回收

在出闸机和双向闸机的出闸端,具备两个车票回收箱对简易非接触式 IC 卡单程票进行回收，对于无效单程票及不需回收的单程票从退票口退回。

8. 更换车票回收箱

更换回收箱的员工需对包括回收箱在内的闸机区域进行操作。在靠近回收箱的合适位置安装维修门。操作员使用钥匙打开此门才能移出票箱。

打开维修门时，闸机自动转入暂停服务模式，回收箱取出时，有关信息（包括回收箱内的车票数量等）即时传送到车站计算机报告该次操作，待重新安装回收箱后，对回收箱内的车票数量记录清零。

在维修模式，对回收箱的操作视为维修检测。不将有关的票务数据上传到车站计算机，但其操作记录作为维修信息，能在车站计算机故障/维修报表中反映。

9. 维修检测

通过在当地闸机确认有相应权限的人员有效登录后，闸机进入维修模式，可对闸机进行维修检测。

在维修模式下，通过维修操作键盘上输入简单的命令能检测所有传感器、机械部件、电子部件工作状态、性能，能检查闸机的审计计数器数据、参数表信息，能检查闸机最近的100条交易记录等信息。

闸机的维修界面信息用乘客显示屏显示。

闸机内部模块的安装采用简洁的设计，各模块的安装位置不会互相遮挡，方便维修。同时保证维修时的人员与设备安全。

设备具备故障自诊断及汇总上报功能。

10. 设备状态上传

车站的所有闸机在车站计算机及清分中心的监控下运作，闸机向车站计算机及清分中心上传其设备状态、运行模式、报警及故障等信息。车站计算机及清分中心依据车站设备所处的状态、模式、报警及故障的等级相应发出报警声及以不同颜色显示。

11. 交易数据上传

闸机能自动、实时地向车站计算机上传所有的交易数据。闸机具备防止因设备或存储部件故障而发生丢失数据的功能,能防止同一种数据多重存储或发送的情况发生。闸机能对保存的数据进行监测。

为保证乘客和运营商的利益不受损失，乘客在闸机的每一次车票使用，都会产生交易，如：进/出站交易、钱包交易、锁卡/卡拒绝交易，闸机能将所有的交易数据自动、实时地上传车站计算机，同时在本地保存并对数据进行监测。

12. 参数管理

闸机系统参数包括设备参数、票务参数、黑名单参数等。闸机最大程度地采用参数方式对软硬件进行处理，所有参数通过车站计算机网络或离线拷盘方式发送到闸机本地。

参数管理涉及参数的设定和权限管理、参数下发的同步。

闸机采用参数方式对软硬件进行配置，所有参数通过车站计算机网络或离线拷盘方式发送到闸机本地。对于某些参数要立即发送到闸机上，立即发送到设备上的参数的种类是可配置的。对于自动发送到闸机的参数，系统要检查闸机上保持的数据是否与车站计算机一致，这是通过检查闸机上参数的版本实现的，如果版本不一致，SC将自动重新下发该参数给闸机，同时还要产生报警信息，提醒操作员。

13. 黑名单处理

闸机能分别保存至少 100 000 个黑名单车票编号及 50 段连续的黑名单车票的编号。可通过参数设置不同黑名单车票在闸机设备的处理模式，其模式通过显示、警示灯、蜂鸣器、车票使用限制等不同组合实现对不同等级黑名单车票的处理。闸机检查到黑名单车票使用时通过 SC 向 ICCS 上传车票处理信息。

如果该车票的编号在黑名单范围内的话，车站闸机会对该车票进行锁卡操作，禁止该车票的使用，并用蜂鸣器和警告灯来提示车站工作人员注意，同时将该车票的数据向 SC、ICCS 上传车票处理信息。如果车站闸机检测到已被锁卡的车票，会禁止该车票的使用，并用蜂鸣器和警告灯来提示车站工作人员注意。

14. 时钟同步

闸机的本地时钟与车站计算机时钟保持同步，在通信正常的情况下，系统任意两台设备之间的时钟相差不大于 1 s，当车站设备的时钟与车站计算机时钟相差 0.5 s 以上时，车站计算机将强迫同步该台设备的时钟并记录故障信息。在与车站计算机通信中断的情况下，方可人工修正设备时钟。

15. 软件管理

闸机设备具备通过网络下载安装及更新软件的功能，设备能保存至少新、旧两种版本的软件。在所设置的软件生效日期，闸机能在 15 s 时间内自动切换到新软件。安装及更新设备软件的方法，保证安全、有序且不影响正常运营，在更新及安装过程中防止出现对所保存数据的修改及删除。

通过软件版本更新的策略，系统提供专门的操作页面由系统管理员管理和设置，可以实现闸机软件的更新，SC 系统可以发送闸机处理的更新程序，闸机自动更新处理程序。

16. 电源管理

电源切换控制器可检测车站电源的中断、断相、欠压，自动转换到备用电源上，保证设备供电的连续性和安全性。

17. 自诊断功能

闸机设备具备自诊断功能，以协助维护及维修人员快速发现及确认故障，具备以下功能：

（1）显示当前故障代码。

（2）设备通信状态监测。

（3）车票读写器的监测。

（4）车票回收箱的监测。

（5）设备内部各模块及传感器检测、动作监测及功能测试。

（6）查询设备内部审计计数器数据、时间、软件版本及设备编号。

（7）设置系统模式及设备复位。

（8）通过外接数据接口上传或下载系统参数、运营数据及更新软件。

（9）设置需就地设置的设备参数。

18. 闸机工作模式

（1）正常工作模式。

在正常模式下，闸机能处理乘客车票，闸机方向指示器显示“通行”标志，乘客显示器显示“允许使用”等信息。

闸机在无故障的情况下，启动时进入正常服务模式。当设备故障解除或欲将关闭模式的设备开启时能通过 ICCS、SC、本地控制或自动恢复为正常服务模式。

（2）自由通行模式。

自由通行模式下，闸机通道打开，乘客自由通行，闸机可以统计乘客进闸和出闸人数。

SC 可以控制闸机进入自由通行模式及退出自由通行模式。

（3）暂停服务模式。

当闸机由于维修门被打开时，自动进入暂停服务模式。

此模式下，闸机不对车票作任何处理，闸机闸端方向指示器显示“禁止通行”符号，闸机门被打开的状态上传 SC。

（4）拒收单程票模式。

当闸机回收箱满或检测不到回收箱时，闸机自动进入拒收单程票模式。

此模式下，闸机拒收单程票，仅对非回收类的储值票进行处理，票箱满的状态上传 SC。

（5）维修模式。

在维修模式下，闸机设备不能处理车票，但在特定命令下可以使用测试车票。闸机的方向指示器显示“禁止通行”标志，闸机扇门处于关闭状态，各设备乘客显示器显示设备暂停服务及相关的维修信息。

维修人员及管理人员在设备上登录进入维修模式，对设备进行部件测试及维护。

在维修模式下，闸机不能处理车票，但在特定指令下可以使用测试车票。闸机的乘客显示器显示设备暂停服务及相关的维修信息，方向指示器显示“禁止通行”标志，同时扇门处于关闭状态。

通过在现场闸机确认有相应权限的人员有效登录后，闸机进入维修模式，可对闸机进行维修检测、运营维护、数据查询、服务控制、设备维护、设备配置、模块重置等操作。

（6）故障模式。

当闸机发生故障时，设备自动进入故障模式，并向车站计算机报告故障信息，其根据故障等级将设备关闭或降低服务等级继续服务。

设备若因故障而暂停服务时，乘客显示器显示暂停服务等信息，闸机的方向指示器显示“禁止通行”标志，闸机扇门处于关闭状态。

（7）离线运行模式。

闸机能在本机上保存相关的参数设置，并由车站计算机定期更新。当设备与车站计算或车站计算机与线路中央计算机网络中断时或无网络连接时，设备可在离线运行模式下运行，在此模式下运行时，设备能保存至少 30 天的设备运行数据（包括交易数据、审计计数器数据），并可通过外接数据载体下载设备的运行信息数据，或传送相关信息数据给上级设备。当恢复网络连接时，可自动检测未上传的信息数据，并自动传送至车站计算机。

（8）降级模式。

通过清分中心、车站计算机及设备本地控制，可将闸机设置为降级模式。

（9）列车故障模式。

进出站次序免检模式。

（10）车费免检模式。

乘车时间免检模式。

（11）专用通道功能。

闸机能通过接收 SC 命令或通过维修面板设置来改变闸机当前的通道类型，以实现专用通道功能。闸机的通道类型有三种：① 专用通道：接收票种由参数设置；② 普通票通道：接收票种由参数设置；③ 正常通道：闸机接受所有合法的车票。

### 5.2.4 设备功能处理流程

1. 车票处理功能

车票处理模块主要驱动 TPU 完成对车票的业务处理。车票处理模块的主要功能包括：根据导则定义的接口协议有时序地对 TPU 进行驱动，将 SC 下发的票卡读写参数下发给 TPU，根据设备的业务操作类型与 TPU 交互，在 TPU 完成票卡操作后获取产生的交易数据。

多元支付闸机车票处理模块用例图如图 5-17 所示。

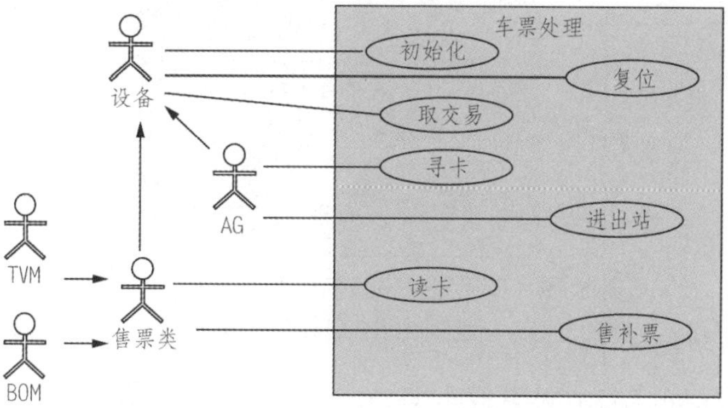


图 5-17　多元支付闸机车票处理模块用例图

2. 车票回收功能

车票回收模块接口业务主要完成车票回收模块硬件驱动，主要完成车票吸入至读写区域，并可根据车票读写处理的结果退出车票、回收至废票箱或将车票回收指定票箱，根据回收模块上的票箱 RFID 读写器读取或设置票箱内车票数据，根据回收车票的情况自动计算，并可根据参数设置的票箱将满或满的值进行报警，自动切换回收使用的票箱。并可根据维修的需要进行模块自检的驱动。

多元支付闸机回收模块用例图如图 5-18 所示。

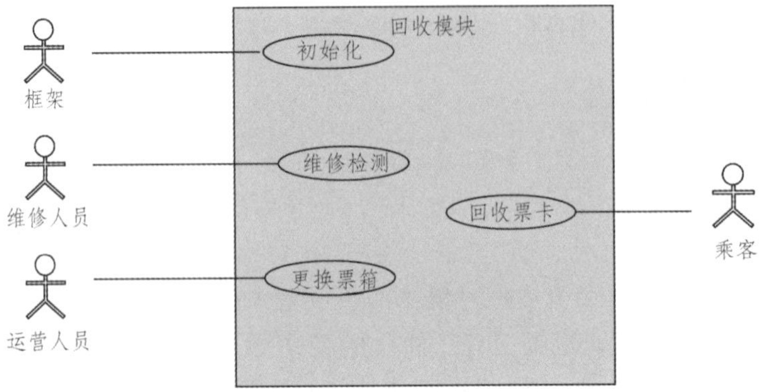


图 5-18　多元支付闸机回收模块用例图

3. 闸机控制功能

闸门控制模块接口业务主要完成闸门控制模块硬件驱动，当乘客进入到传感器区域且车票有效时，发送给闸门控制模块授权进入信号，使乘客可以正常通过闸机。

多元支付闸机闸门控制模块用例图如图 5-19 所示。

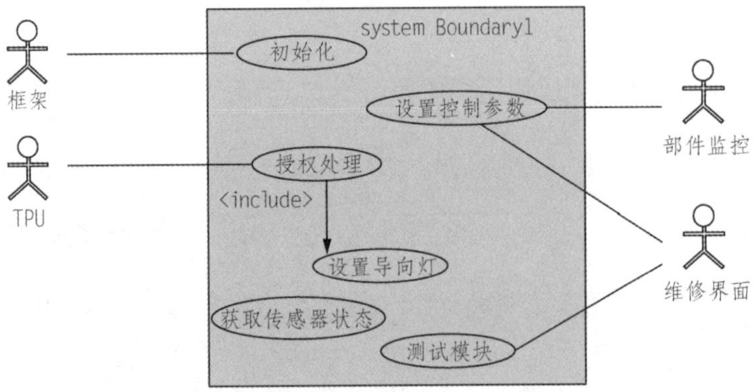


图 5-19　多元支付闸机闸门控制模块用例图

4. 乘车码功能

乘车码功能的相关内容见本书 3.4.1。

### 5.2.5 技术应用

1. 设备发展趋势

目前，轨道交通采用互联网支付方式过闸的乘客比例正逐步提高，各大城市正在对生物识别过闸进一步深入挖掘，其中，人脸识别技术已在北京、济南、深圳、郑州、天津等城市地铁 AFC 系统中得到应用，在福州、南宁、上海、合肥、贵阳、南京、广州等城市地铁 AFC 系统进行试点或试验。

在支付方式方面，随着支付宝、微信、银联云闪付等新型支付方式与人民生活的高度融合，其在 AFC 系统中也得到了广泛应用，乘客可以任意选择任意主流移动支付方式进行付款，支付方式呈现多元化发展趋势。

互联互通进一步深化，票务服务由单城市向城市圈演变，随着京津冀、长三角、珠三角、粤港澳大湾区等城市群的规划政策逐渐明确，实现城市群之间互联互通的工作已是刻不容缓，同时，近年来为加强城市间联系而不断兴起的市域铁路建设也对城市间的互联互通做了进一步要求。

使用“Metro 大都会”App 的乘客已经可以在上海、杭州、宁波、温州、合肥、南京、苏州、无锡、徐州、常州、青岛、厦门、兰州十三个城市轨道交通实现“一码”畅行。

金义东市域轨道交通工程 AFC 系统要求金华、义乌及东阳三个城市的“市民卡”（预留其他票种及支付方式）以及交通运输部一卡通、银联云闪付、第三方支付、苏浙沪一码通等都可在金华市公交系统和轨道交通等领域内使用。

上海市域铁路机场线工程 AFC 系统要求与国铁客票系统实现互联互通，采用“融合”性设备，满足各类乘客的混进混出，从而实现轨道交通各线路之间付费区内的换乘以及轨道交通（含市域铁路）与国铁、公交等系统之间的换乘。

广州地铁 AFC 系统立足于粤港澳大湾区城际旅客的便捷出行需求，统筹规划建设适用于粤港澳大湾区城际通行的票务系统，各城市地铁之间通过互联互通规划统一票务技术标准，广州地铁清分中心预留升级为粤港澳大湾区城际清分中心的能力。初期实现广佛线网内所有票种的无障碍付费区互融互通，即乘客在广佛线网内实现“一票通”，近期实现粤港澳大湾区内岭南通、二维乘车码、NFC 票种、金融 IC 卡等非回收类票种联乘优惠，即乘客在粤港澳大湾区内实现“一卡通”，并逐步建立粤港澳大湾区城际乘客“画像”信息库，实现已经注册乘客的城际间“无感支付”乘车。

可以看出，实现各城市群的互联互通已成必然，同时实现跨区域的城市之间互联互通也是大势所趋，然而目前在城市群应用的实体卡和虚拟二维码票卡的互联互通推进方面还存在一定的分歧，不同城市（或城市群）“互联网+”AFC 系统的业务流程和数据规范将逐步标准化、统一化。

2. 国内应用现状

多元支付闸机配置二维码处理模块，实现手机刷二维码过闸，无需进行票卡回收动作，读写器增加 NFC、银联 IC 卡读取、身份证识别功能，实现刷手机 NFC、刷银联 IC 卡、身份证过闸。在车票全部回收的情况下闸机通过能力不小于 35 人/min，而每张车票验票时间不超过 0.5 s 且无回收车票的情况下闸机通过能力不小于 50 人/min，极大地提高通行速率。

目前各地铁公司采用的过闸感知技术主要包括乘车二维码（官方 App、云闪付乘车码、支付宝乘车码、微信乘车码）、NFC（HCE 云卡）、银联闪付、面部识别、掌静脉、蓝牙等，应用情况如图 5-20 所示。

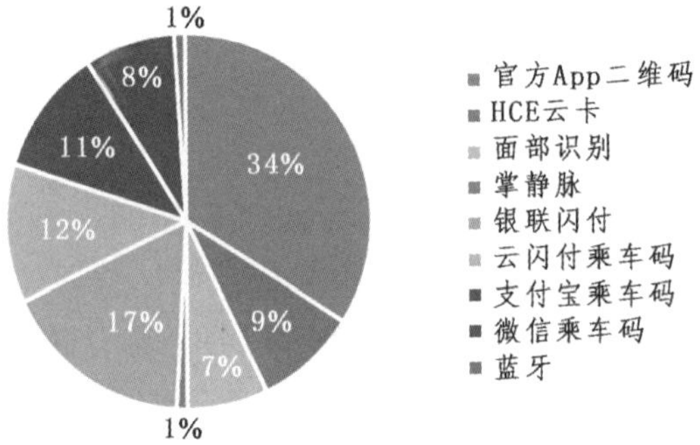


图 5-20　过闸感知技术比例

**注：** 数据来源于 2019 年城市轨道交通 AFC 系统市场报告。

根据调查结果，38 个城市地铁均已实现二维码过闸乘车，10 个城市地铁实现了 HCE 云卡过闸，19 个城市地铁实现了银联闪付过闸。由此可见，在过闸感知技术应用数量上，二维码支付仍然遥遥领先于 NFC 支付。

各城市地铁互联网支付过闸日均客运量占比情况如图 5-21 所示，其中，占比达 30%以上的有 17 个城市地铁。

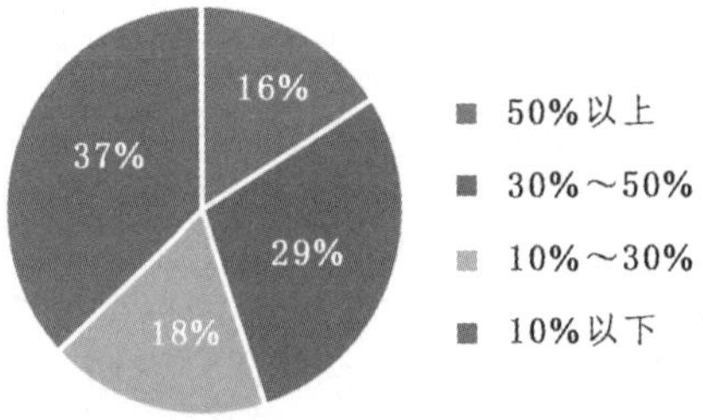


图 5-21　城市地铁互联网支付过闸客运量统计

**注：** 数据来源于 2019 年城市轨道交通 AFC 系统市场报告。

调查显示：仅有 6 家城市地铁的互联网过闸客运量占比达到 50%以上，有超过三分之一的城市地铁互联网过闸客运量占比不足 10%。

3. 典型应用案例

本次介绍的多元支付闸机在广州地铁进行了安装与应用，示范样机如图 5-22 所示。示范样机的主要技术指标如下：

（1）外型尺寸：280 mm × 2 000 mm × 1 100 mm（宽 × 深 × 高），重量≤250 kg。

（2）通道净宽：标准通道 520 mm；宽通道 900 mm。

（3）材料：机身外壳采用 2.0 mm 乱纹处理，不锈钢 304L 材料。

（4）储值卡读写速度：≤0.5 s/张（包括票卡检查、编码、校验等）。

（5）单程票回收速度≤0.5 s/张（不含单程票读写）。

图 5-22　多元支付闸机示范样机

（6）扇门打开时间：≤0.8 s（检查单程票、储值卡有效）。

（7）乘客通过能力：无回收单程票情况下≥60 人/min 通道。

（8）乘客通过能力：全部需回收情况下≥40 人/min 通道。

（9）单程票回收箱：1 000 枚/箱，共 2 箱，带锁，电子 ID。

（10）数据存储量：储存不少于 30 天的交易数据和设备状态信息，保存 30 000 条以上黑名单，交易数据不少于 300 000 条。

（11）输入电源：AC220 V ± 10%，50Hz ± 4%。

（12）功耗：动态功耗≤350 W，静态功耗≤250 W。

（13）通信接口：RJ45 接口。

（14）通信协议：TCP/IP，通信速率 100Mbps 自适应。

（15）工作温度：0 °C ~ 45 °C；存贮温度：－10 °C ~ 55 °C。

（16）工作湿度：0% ~ 95%，不结露；存储湿度：0% ~ 100%，不结露。

（17）平均无故障工作次数 MCBF≥100 000，平均故障恢复周期 MTTR≤30 min。

（18）外壳防护等级 IP34。

## 5.3 生物识别闸机

### 5.3.1 设备组成

生物识别闸机外壳用不锈钢板制作，没有外露的螺栓头、螺帽、毛边或裂纹。内部模块使用的塑料件均采用高硬度、无毒、阻燃材料，不会对使用者造成伤害。设备的零部件主要采用冲压、焊接、机加、注塑、拉丝等制造工艺。钣金件主要采用数控冲床、数控折弯、激光切割机等先进设备加工，保证了制造精度。生物识别闸机的结构设计能有效地保护电子和机械部件，防止液体、细小的金属和硬物进入从而损坏部件。考虑内部电气部件和模块的散热设计，同时避免外壳过热而影响工作人员操作和乘客的使用。

内部模块的安装采用简洁的设计，各模块的安装位置不会互相遮挡，方便维修。设备内部各模块边角圆滑、表面平滑、无外露毛边或裂纹，不会对使用者造成伤害。同时保证维修时的人员与设备安全。

生物识别闸机提供电源线环接端子，以满足现场的接线和安装要求。多元支付闸机内部提供标准的电源插座为电子测试设备和外接控制设备供电。

生物识别闸机内部采用模块化的安装布局方式，模块的安装采用简洁的设计，各模块的安装位置不互相遮挡，单程票回收模块还具有滑轨拉出式设计，方便维护人员进行设备维修和运营人员进行票箱更换和处理卡票、皮带断裂等故障的处理。

生物识别闸机外观效果如图 5-23 所示。

图 5-23　生物识别闸机外观效果图

## 5.3.2　关键模块

生物识别闸机关键模块有主控单元、读写器、乘客显示器、通道传感器、门机构、方向指示器、扬声器、维护面板、二维码扫描器、人脸识别模块、指静脉识别模块、电源模块、机箱等。

1. 主控单元

生物识别闸机的主控单元负责运行控制软件，完成车票处理、数据通信、状态监控等功能。

2. 读写器

读写器支持线网所需支持的票卡。

3. 乘客显示器

闸机安装乘客显示器，对乘客进行操作提示、显示车票相关信息并提示故障信息。双向闸机在两端装有两个同样的乘客显示器供两个方向的乘客查看。

4. 门机构

通常有采用拍打门。

5. 方向指示器

在闸机两端的前面板上分别安装方向指示器，在闸机通道内安装光带引导指示器，用于指示乘客在闸机的通行通道方向，以及为远距离乘客指示闸机是否可以使用。

方向指示器采用高亮度、低能耗的贴片式发光二极管（LED）。

6. 扬声器

闸机车票处理模块附近安装扬声器，以实现发出各种警示声音和语音功能。

扬声器发出的提示声响能在 2 m 内清晰可辨，报警声响能在 10 m 范围内清晰可辨，语音能在 5 m 范围内清晰可辨。

闸机的声响系统由 ECU 内部的声卡模块、音频放大模块和扬声器构成，用于 WMA、WAV 等文件，对乘客进行中文语音提示、输出车票是否有效、是否特殊票种及报警等信息。

7. 维修面板

闸机设备内安装有维修面板帮助维修人员进行设备维护、故障诊断及模式设置等操作。通过维修面板能实现闸机自诊断的各种功能。

维修键盘能在打开维修门后取出操作，方便维修人员，并以乘客显示器作为维修操作显示屏，清晰显示维修菜单及相关信息。维修键盘与闸机的连线长度不小于 1 m。

8. 二维码处理模块

二维码处理模块功能主要是识别、解码所扫到的二维码。

9. 人脸识别模块

用于刷脸进出站的人脸检测、刷脸乘车反馈。人脸识别模块采用模块化结构，人脸识别模块能与普通进出站闸机无缝对接，至少包括人脸图像采集模块和人脸识别控制主机。人脸识别模块采用领先的核心识别算法、选用高性能 ARM 处理单元、高标准的生产工艺、日常防水防尘、全金属外壳经久耐用。具有人脸识别速度快、识别率高、故障率低、人脸防伪检测、支持在线升级等特点。

图 5-24　人脸识别模块示意图

人脸识别模块采用双目活体检测摄像头，支持人脸防伪功能，防止面具、照片及视频攻击。补光灯亮度可调、宽动态摄像头，适应不同环境。人脸识别模块示意图如图 5-25 所示。

10. 指静脉模块

指静脉模块具有安全性设计，如入侵侦测机制、敏感功能或信息保护、逻辑异常等处理能力。

指静脉模块具备安全芯片和受保护区域，敏感性资料和函数能够得到保护以防止被修改。

指静脉模块不会受异常资料的影响而泄露静脉信息的明文或其他敏感性资料。

图 5-25　指静脉模块示意图

基于指静脉系列产品具有良好的系统兼容性，可与金融银行、社保、教育行业等各类管道对接，支持 Windows/Linux 等操作系统，支持所有主流数据库。指静脉模块示意图如图 5-25 所示。

11. 电源模块

主电源模块为系统设备提供电力，其组成包括主电源模块、漏电保护开关、接线端子排（带保险）及相应附件，在设备中起着至关重要的作用，其稳定性、安全性决定了整机设备的稳定性、安全性。

电源模块能至少提供直流 5 V、12 V、24 V 和交流 220 V 输出电压。

### 5.3.3　设备核心功能

生物识别闸机安装在车站“付费区”和“非付费区”之间，当乘客接近该设备时，将自动开启生物特征识别模块，乘客可通过刷身份证实现乘客自助式进/出站检票和刷脸过闸。具体的功能描述如下：

通行控制功能：保证持有效本人身份证和已通过注册验证人脸和指静脉的乘客能够以正常速度无停滞地通过。

声、光、图像提示功能：设备内配置有警示灯、方向指示器和扬声器，通过声光、语音引导乘客有效正常通过生物识别闸机，并显示设备运行状态和模式。设备内语音提示播放内容、音量等可通过系统参数进行设置。

日常维护功能：维修面板可实现对设备的日常维护管理，如：可帮助维修人员进行设备维护、故障诊断及模式设置等操作。

审计功能：根据整日运营数据和管理记录产生整日通过人数等一系列审计记录。

联机功能：设备通过网络与 SC 连接，从 SC 下载人脸注册信息和设备运营所需要的轨道交通网络图、系统运行参数、运营模式及黑名单等，并上传原始交易记录及当前设备运营状态。

数据保存功能：在网络发生故障或断开时，设备能正常工作，并保存至少 30 天的交易数据，当网络重新连接后，会自动将脱机运行下保存的数据上传 SC。

## 5.3.4 设备功能处理流程

1. 系统软件方案

（1）系统说明。

传统的轨道交通自动售检票（AFC）系统仅支持现金购票、单程票卡和一卡通乘坐地铁，目前人工智能发展迅速，人脸识别在各个应用中得到很广泛的使用，目前轨道交通自动售检票系统领域也都已经开始使用人脸识别过闸机、人脸识别支付等，人脸识别运用到地铁领域，能够使乘客很方便地乘坐地铁，人脸识别管理系统能够高效地管理人的一些人脸信息，对地铁运营公司提供了很大的便利。

人脸识别闸机可实现人脸识别通行功能，是一套高性能、高可靠性的生物特征识别技术的智能化系统设备。具有识别速度快、准确率高，使用 1：N 的搜索验证方式，根据现场采集的人脸生物特征数据与数据库中人脸生物特征数据进行对比验证，通过识别验证结果控制闸机开闭实现对人员的通行控制。目前各大城市的轨道交通行业都已经开始研究和尝试使用人脸等生物特征来乘坐地铁等功能，所以合理地管理这些人脸信息就特别重要，市场前景广阔。

（2）系统示意图。

人脸识别系统示意图如图 5-26 所示。

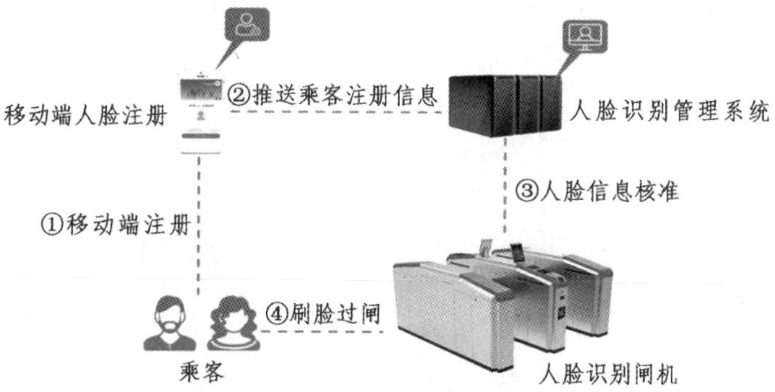


图 5-26 人脸识别系统示意图

（3）系统功能。

人脸识别系统功能图如图 5-27 所示。

| ① 人员管理 | ② 报表管理 | ③ 权限管理 | ④ 风控管理 | ⑤ 扩展功能 |
|---|---|---|---|---|
| 功能列表 | 功能列表 | 功能列表 | 功能列表 | 功能列表 |
| 人员注册 | 人员信息 | 系统管理 | 风控规则维护 | App管理 |
| 实名认证 | 进出信息 | 运维管理 | 风控参数维护 | 大数据分析 |
| 访客预约 | 预约信息 | 日常操作管理 | 黑/灰/白名单维护 | …… |
| …… | 审计信息 | …… | …… | |
| | …… | | | |

图 5-27 人脸识别系统功能图

（4）移动端人脸注册 App。

移动端人脸注册流程如图 5-28 所示。

第一步，主界面　　第二部，信息输入　　第三步，身份证上传　第四步，上传本人照片

图 5-28　移动端人脸注册流程

2. 功能实现流程

生物（人脸）识别模块接口主要完成人体生物检测（如人脸识别），通过检测生物特征值，再从 AFC 网络确认识别用户的身份，设备再根据身份确认用户是否可以通行，若可以通行，则打开闸门让用户通过；若不能通行，则不打开门闸，用户无法通过。

生物识别模块用例如图 5-29 所示。

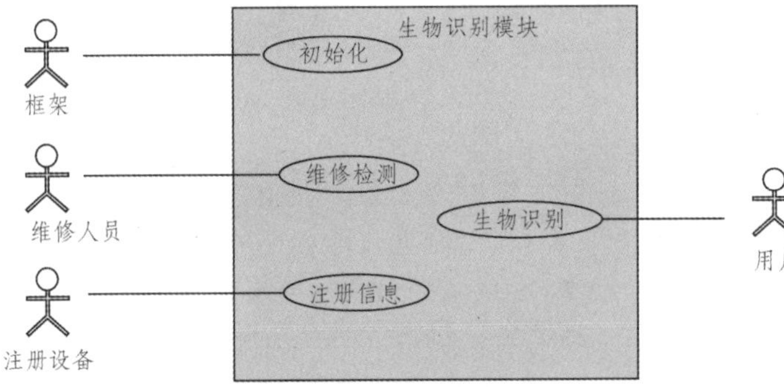


图 5-29　生物识别模块用例

## 5.3.5　技术应用

随着移动互联网的高速发展，尤其是支付手段发生巨大变化的背景下，轨道交通 AFC 系统的票卡形式和支付方式已发生较大的变化。

在票卡形式方面，随着智能手机的普及以及生物识别技术的发展，车票不再是传统意义上的实体卡片，它演变为乘客乘坐轨道交通的虚拟凭证，如手机二维码、手机蓝牙、人体生物特征（如人脸、掌/指静脉、虹膜等）等。

与此同时，随着生物识别技术在轨道交通 AFC 系统的逐步应用，为了保证系统的可用性和可靠性，需要将各类支付方式设置为不同标签，便于 AFC 系统针对使用不同支付方式进出闸（比如人脸进闸、二维码出闸）乘客的匹配扣费，目前，广州地铁新线拟建设适用于多应用的服务共享型线网乘客"画像"信息库，信息库设计以传统设备生产为对象转变为以乘客为对象，关联乘客生物及非生物特征、身份、信用支付等标签信息，各应用系统可按需与乘客"画像"信息库进行数据交互，共同支撑精准信息资讯服务、多元化票务服务、生活增值服务等精准服务应用。

其他的新型识别技术也陆续上线，比如南宁地铁采用全态识别技术，福州地铁采用虹膜识别技术。在已经上线的生物识别技术试点案例中，广州地铁 APM 线广州塔站试点应用基于人脸生物特征识别的无感支付技术，已经运营 4 个月，注册量约 1.5 万人，日使用约 100 人次，票务异常 3 笔，异常率约万分之一，广州地铁通过此试点研究将在全线网应用生物特征识别技术（例如人脸识别技术）及非生物特征识别技术（例如射频识别及近距离蓝牙技术），结合乘客"画像"信息库，逐步将虚拟化票种向"无感支付"的无票卡化转变，实现乘客进出闸无感支付。

深圳地铁 11 号线在 2019 年 9 月上线人脸识别边门检票机，年满 60 周岁及以上的老人、残疾人士等可使用边门检票机免费乘坐深圳地铁，该刷脸乘车服务基于人工智能技术，老人只要通过智慧客服系统进行人脸注册成功后，即可通过人脸、指静脉等多模式组合验证实现刷脸过闸，人脸验证最快仅需 0.3 s。

在生物识别过闸技术应用上，目前只有上海地铁上线了掌静脉识别过闸，表 5-5 中的 8 个城市轨道交通上线了面部识别过闸。

表 5-5　城市轨道交通人脸识别支付应用情况

| 城市 | 上线时间 | 上线范围 | 覆盖人群 |
|---|---|---|---|
| 合肥 | 2019 年 12 月 | 3 号线各车站 | 地铁工作人员 |
| 郑州 | 2019 年 12 月 | 全线网 | 所有人群 |
| | 2019 年 9 月 | 1 号线、14 号线全线各车站 | 所有人群 |
| 深圳 | 2019 年 9 月 | 11 号线各车站 | 60 周岁及以上 |
| 广州 | 2019 年 9 月 | APM 线和 3 号线广州塔站、21 号线天河智慧城站 | 重度残疾、员工 |
| 贵阳 | 2019 年 6 月 | 1 号线观山湖公园、国际生态会议中心共 2 站 | 凭体验券 |
| 北京 | 2019 年 5 月 | S2 线沿线 | 所有人群 |
| 济南 | 2019 年 4 月 | 1 号线各车站 | 所有人群 |
| 南宁 | 2019 年 1 月 | 1 号线全线 | 地铁工作人员 |

从 AFC 领域整体上来看，生物识别过闸仍然处于前期探索和实验阶段，多数城市轨道交通尚未大规模使用推广。

## 5.4 安检票务一体机

### 5.4.1 设备组成

安检票务一体机主要由智能安检门和票务人脸闸机组成，乘客通过安检门后，可立即通过人脸、羊城通、单程票、二维码、银联闪付等多种核验方式过闸。当采用人脸过闸时，乘客无需任何停留，即可通过闸机，达到无感通行的效果。

（1）基本尺寸如表 5-6 所示。

表 5-6 安检票务一体机基本尺寸 单位：mm

| 科目 | 规格尺寸 | 科目 | 规格尺寸 |
|---|---|---|---|
| 内宽 | 710 | 总宽 | 1 020 |
| 内深 | 2000 | 总深 | 2 000 |
| 内高 | 1980 | 总高 | 2 500 |

（2）产品外观如图 5-30 所示。

图 5-30 安检票务一体机整机示意图

### 5.4.2 关键模块

各组件包含的关键模块列表如表 5-7 所示。

表 5-7 各组件包含的关键模块列表

| 序号 | 组件名称 | 模块名称 |
|---|---|---|
| 1 | 智能安检门组件 | 金属检测模块 |
| | | 人脸识别模块 |
| | | 显示模块 |
| | | 主控模块 |
| 2 | 智能闸机组件 | 闸机模块 |
| | | 人脸识别模块 |
| | | 显示模块 |
| 3 | 连接组件 | 连接件模块 |
| | | 二维码模块 |
| | | 羊城通读取模块 |

安检票务一体机内部布局图如图 5-31 所示。

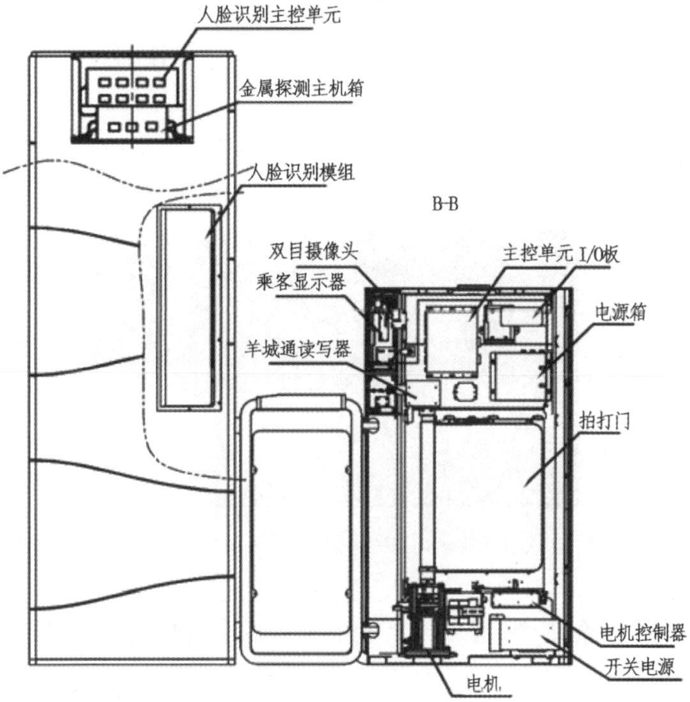


图 5-31 安检票务一体机内部布局图

1. 智能安检门组件

智能安检门组件主要包括金属探测模块、人脸识别模块、显示模块与主控模块。

（1）金属探测模块。

通过电磁感应原理，检测乘客随身携带的金属物品，并生成金属物品信号的区位信号与金属疑似类别信号。

（2）人脸识别模块。

主要完成乘客人脸识别信息的动态抓取功能，它广泛采用区域特征分析算法，融合了计算机图像处理技术与生物统计学原理于一体，利用计算机图像处理技术从视频中提取人像特征点，利用生物统计学的原理进行分析建立数学模型。智能安检门组件人脸识别模块如图 5-32 所示。

图 5-32　智能安检门组件人脸识别模块

（3）显示模块。

显示模块主要为显示屏幕，用来显示金属探测信息与人脸识别信息，提供给作业人员完成辅助作业。智能安检门组件显示模块如图 5-33 所示。

图 5-33　智能安检门组件显示模块

（4）主控模块。

设备的主控单元负责对各模块运行控制和完成个人相关信息的注册，如采集人脸和验证身份等功能。

设备主控单元采用高性能处理器，符合工业级应用标准，具有良好的抗电磁干扰性能，能保证整机全天 24 h 不停机地稳定运行，并具备足够的能力完成所指定的功能。

2. 智能闸机组件

智能闸机组件主要包括闸机模块、人脸识别模块、显示模块。

（1）闸机模块。

支持通用通行闸机的通行逻辑，通传感信号的生成与利用，采用拍打门设计，支持票卡介质、二维码、人脸识别支付通行。

（2）人脸识别模块。

完成人脸信息的采集与比对分析，采用区域特征分析算法，融合计算机图像处理技术与生物统计学原理，完成人脸识别支付的前端支撑。智能闸机组件人脸识别模块如图 5-34 所示。

图 5-34　智能闸机组件人脸识别模块

（3）显示模块。

完成人脸识别结果显示，通行结果显示等。

3. 连接组件

主要为安检门与通行闸机的连接部分，提供电气连接线路等。

### 5.4.3　设备核心功能

安检票务一体机（以下简称“一体机”）是集成人体生物特征识别技术、物品高精度属性及定位分析技术、拍打门技术、伺服控制技术、票卡识别技术、二维码技术等相关技术，实现人脸识别、金属物品智能检测、票卡识别及扣费、闸机联动的智慧安检票务终端。安检票务一体机可在排除乘客身上安全物品（如手机、手表、皮带头等）的前提下精确识别金属违禁物品，同时精确定位违禁物位置及种类且以声光报警及图文的形式显示。可实现与人脸识别布控系统、人证合一系统的联动，可通过与云平台进行数据交换，识别公安系统黑名单、识别常旅客名单、实名注册乘客等，并通过指示灯及图像提醒的方式告知安检员，针对性实施安检。

1. 智能安检门

智能安检门具备金属过滤检测模式和全金属检测模式，可进行选择，便于在不同客流量的场合和特殊要求的场合应用。可对违禁物品和日常物品的进行识别、分类、过滤，可智能过滤手表、皮带扣、钥匙、手机等日常用品而不报警（不采用调节探测门灵敏度的方式实现），同时对管制刀具、斧头、枪支、金属罐体、铝管、有镀层（铜箔包裹的）的黑色金属或有色金属管体及罐体等违禁金属物品报警。

设备设定为金属过滤检测模式时，当通过人员身上金属物品只有皮带扣的条件下，携带单一违禁物品通过时，如喷剂罐体、刀枪、易拉罐、铝管铜管等物品，应能够准确显示物品分类信息及材质信息，分类信息四种及以上，如刀枪类、马口铁罐类、易拉罐类、铝管铜管类，并于乘客出口侧显示。应能够显示违禁物品的材质、形状和对应的位置，以便安检员查看。

智能安检门可保证对起搏器、患病者、怀孕妇女无害，对电磁介质（磁带、磁盘）无损害。乘客入口处具有显示通行指示功能，可通过动画和文字提示乘客通行。智能安检门具有报警指示功能，包含声音报警和灯光报警；具有定位指示功能，能够固定、浮动切换，定位至少显示 8 区以上，通过灯条显示报警物的相对位置，灯条应位于乘客出口侧，以方便安检人员查看。

设备灵敏度不受附近静止金属设备如 X 光机影响，能够设置设备的工作频率以避免相邻门相互干扰。具有通行人数、报警人数、报警率统计功能，能够查询历史记录。具有自我诊断功能：内置自我诊断程序，开机自检，出错有错误提示。

智能安检门配置乘客人脸生物特征采集装置，能够对通过安检门的乘客人脸信息进行采集。采集到乘客人脸生物特征应能实时地上传至车站安检系统及中心安检系统进行存储。分类快速安检工作模式时，应能实时与车站系统人脸信息库进行比对，并将比对结果实时下传至安检门显示器上，不需要乘客主动配合的情况下采集高清的人脸信息，人脸采集准确率大于等于 95%。

智能安检门配置人脸识别算法模型，并根据每种场景，训练优化模型，达到高性能低时延。可实现在不同光照条件、跨年龄段、是否化妆、有无佩戴眼镜的复杂条件下精准识别。

2. 票务闸机

（1）一般操作。

① 在正常的模式下，方向指示器和乘客显示器应显示允许乘客使用的信息。当一张车票接近读写器/天线并在其读写范围内时，将通过读写器读取车票上的有关信息，对车票的有效性进行检查。

② 若车票检查有效，一体机在车票写入相关进站信息，并对写入的数据进行校验后，开启扇门允许乘客通过，并在乘客显示屏显示允许通过的信息。同时，一体机对乘客的通过进行监控，在乘客通过扇门后，自动关闭扇门。

③ 若车票检查无效，一体机不得在车票写入任何信息，在乘客显示器应显示车票无效的信息。同时，关闭扇门阻止乘客通过，并应发出短促声音提醒乘客注意。

④ 一体机需记录使用有效车票而未通过的乘客次数，当达到参数设置的最大次数时，一体机拒收或不处理车票。在参数规定时间内（可调整），若仍未有乘客通过一体机，则扇门自动关闭。

⑤ 所有在一体机处理的交易数据，要即时上传到车站计算机。另外在一体机设备状态发生变化时，能立即向 SC 发送运行状态数据。一体机的运行状态数据至少包括：开／关检测、回收票箱状态、故障、通信中断、错误编码、开放通道等。

（2）车票有效性检查。

一体机通过车票读写器以及读写器的接口程序对车票的有效性进行检查。车票检查以车票上的编码信息、当前系统参数为依据。

（3）人机交互界面。

一体机设备应提供友好的人机界面，为乘客及操作员提供有效的操作指示及车票处理信息。所有显示的信息应能以中英文显示，其系统默认语言应为中文。所显示的信息应按照其用途分区显示，应一次显示。

（4）乘客通行监控。

一体机对乘客通行的监控功能宜由独立的控制模块控制，而不应由 ECU 控制。控制模块直接对扇门、乘客传感器、方向指示器、报警灯等部件进行控制。乘客通行监控的逻辑判断应可根据乘客的使用习惯及业主的要求更改。

一体机需安装一定数量通道传感器（不包括光栅传感器和高度传感器）。对乘客的通行进行监控，能监控乘客通过一体机的整个过程以及准确监测实际通过的合法乘客人数及非法乘客人数。

一体机通行安全性是第一考虑因素，一体机扇门附近应设置安全区传感器，只要安全区传感器被遮挡，一体机扇门就不能关闭，保证乘客的安全通行。

一体机要准确地监测通过一体机的人数，特别是多名乘客连续过闸的时候，只要过闸时乘客与乘客之间有空隙，就必须保证对过闸人数的计算准确。一体机的通道传感器应能正确区分成年乘客与儿童、孕妇、手拉行李车等，确保成年乘客带儿童、孕妇或行李车过闸时能安全、顺利地通过，而且过闸人数计算准确。一体机应能监测到两名成人乘客以 200 mm 间隔非法尾随的行为并及时做出有效动作阻止尾随乘客通行。一体机应能监测出乘客的反向闯入行为，并及时做出有效动作阻止乘客反向闯闸。当一体机监测到乘客有非法行为（如尾随、反向闯闸等）时要及时以声光报警，通知乘客以及站务人员。

（5）二维码车票处理功能。

一体机能按照相关业务规则对二维码车票进行处理，包括二维码的数据解析、验证以及合法性判断等。

（6）人脸识别功能。

人脸识别一体机应能按照相关业务规则对“人脸”进行处理，满足“刷脸支付”需求，包括人脸图像采集及检测、人脸图像预处理，并完成数据的发送、接收、确认、反馈等。

（7）维修检测。

通过在当地一体机确认有相应权限的人员有效登录后，一体机进入维修模式，可对一体机进行维修检测。在维修模式下，通过维修操作键盘上输入简单的命令能检测所有传感器、机械部件、电子部件工作状态、性能；能检查一体机的审计计数器数据、参数表信息；能检查一体机最近的 100 条交易记录等信息。一体机的维修界面信息用乘客显示屏显示。

一体机内部模块的安装应采用简洁的设计，各模块的安装位置不应互相遮挡，方便维修。同时应保证维修时的人员与设备安全。

（8）设备状态上传。

一体机可向车站计算机及清分中心上传其设备状态、运行模式、报警及故障等信息。车站计算机及清分中心应依据车站设备所处的状态、模式、报警及故障的等级相应发出报警声及以不同颜色显示。

（9）交易数据上传。

一体机能自动、实时地向车站计算机上传所有的交易数据。一体机具备防止因设备或存储部件故障而发生丢失数据的功能，能防止同一种数据多重存储或发送的情况发生，同时能对保存的数据进行监测。

（10）参数管理。

一体机系统参数包括设备参数、票务参数、黑名单参数等。一体机应最大程度地采用参数方式对软硬件进行处理，所有参数通过车站计算机网络或离线拷盘的方式发送到一体机本地。

（11）黑名单处理。

一体机可以分别保存至少 100 000 个黑名单及 50 段连续的黑名单车票的编号。可通过参数设置不同黑名单车票在一体机设备的处理模式，其模式应通过显示、警示灯、蜂鸣器、车票使用限制等不同组合实现对不同等级黑名单车票的处理。一体机检查到黑名单车票使用时应通过 SC 向 ICCS 上传车票处理信息。

（12）时钟同步。

一体机的本地时钟应与车站计算机时钟保持同步，在通信正常的情况下，系统任意两台设备之间的时钟相差不大于 1 s，当车站设备的时钟与车站计算机时钟相差 0.5 s 以上时，车站计算机将强迫同步该台设备的时钟并记录故障信息。在与车站计算机通信中断情况下，方可人工修正设备时钟。

（13）软件管理。

一体机设备具备通过网络下载安装及更新软件的功能，能保存至少新、旧两种版本的软件。安装及更新不影响正常运营。

（14）电源管理

一体机能检测主电源及后备电源的供电情况。当检测到后备电源电量不足时，通过主电源对其进行充电，当充电完成后，则自动停止充电。当检测到主电源故障（失电）后，能立即切换到后备电源供电，而不会中断设备的运行，并向车站计算机发送相关信息。在使用后备电源供电时，设备可不间断检测后备电源的电量，在电量到达参数设置值时，能按顺序关闭应用程序和关机。一体机具备定期对后备电源蓄电池放电的功能，并对放电操作自动记录。当外部电源恢复时，一体机可自动启动。

（15）自诊断功能。

一体机设备具备自诊断功能，以协助维护及维修人员快速发现及确认故障，具备的功能如下：

① 显示当前故障代码。

② 设备通信状态监测。

③ 车票读写器的监测。

④ 设备内部各模块及传感器检测、动作监测及功能测试。

⑤ 查询设备内部审计计数器数据、时间、软件版本及设备编号。

⑥ 设置系统模式及设备复位。

⑦ 通过外接数据接口上传或下载系统参数、运营数据及更新软件。

⑧ 设置需就地设置的设备参数。

一体机设备内置的维修面板可实现以上功能，维修面板包括输入及功能，设备的维修界面信息用乘客显示屏显示。

（16）一体机工作模式。

① 正常工作模式。

在正常模式下，一体机应能处理乘客车票，一体机方向指示器应显示“通行”标志，乘客显示器应显示允许使用等信息。

② 自由通行模式。

自由通行模式下，一体机通道打开，乘客自由通行，一体机可以统计乘客进闸和出闸人数。

SC 可以控制一体机进入自由通行模式及退出自由通行模式。

③ 暂停服务模式。

当一体机由于维修门被打开时，自动进入暂停服务模式。

此模式下，一体机不对车票做任何处理，一体机闸端方向指示器显示“禁止通行”符号，一体机门被打丌的状态应上传 SC。

④ 维修模式。

在维修模式下，一体机设备应不能处理车票，但在特定命令下可以使用测试车票。一体机的方向指示器应显示“禁止通行”标志，一体机扇门应处于关闭状态，各设备乘客显示器应显示设备暂停服务及相关的维修信息。

维修人员及管理人员应在设备上登录进入维修模式，对设备进行部件测试及维护。

⑤ 故障模式。

当一体机发生故障时，设备应自动进入故障模式，并向车站计算机报告故障信息，其应根据故障等级将设备关闭或降低服务等后级继续服务。

设备若因故障而暂停服务时，乘客显示器应显示暂停服务等信息，一体机的方向指示器应显示“禁止通行”标志，一体机扇门应处于关闭状态。

⑥ 离线运行模式。

一体机应能在本机上保存相关的参数设置，并由车站计算机定期更新。当设备与车站计算或车站计算机与清分中心网络中断时或无网络连接时，设备可在离线运行模式下运行，在此模式下运行时，设备应能保存至少 30d 的设备运行数据（包括交易数据、审计计数器数据），并可通过外接数据载体下载设备的运行信息数据，或传送相关信息数据给上级设备。当恢复网络连接时，可自动检测未上传的信息数据，并自动传送至车站计算机。

⑦ 紧急模式。

当发生紧急情况时，可通过车站计算机、车站控制室的紧急按钮及一体机本地控制，将一体机设置为紧急放行模式。在此模式下，一体机所有扇门将保持开放状态，保证乘客无阻碍地离开付费区。同时，所有一体机的乘客显示器应显示紧急放行信息，所有在付费区的方向指示器应闪烁显示“通行”标志，所有在非付费区的方向指示器应闪烁显示“禁止通行”标志。在此模式下，一体机应不接收或处理任何车票。

同时，在车站火灾报警系统（FAS）的手/自动开关设置为自动位置时，由 FAS 系统联动控制车站一体机进入紧急放行模式。在车站火灾报警系统（FAS）的手/自动开关设置为手动位置时，由车站控制室的紧急按钮控制一体机进入紧急放行模式。

### 5.4.4 设备功能处理流程

安检门部分的硬件电路主要由 DSP 处理芯片、FPGA、ADC、STM32 等构成，其中对信号进行处理分析的核心部件是 DSP 芯片，整个信号处理流程如图 5-35 所示。

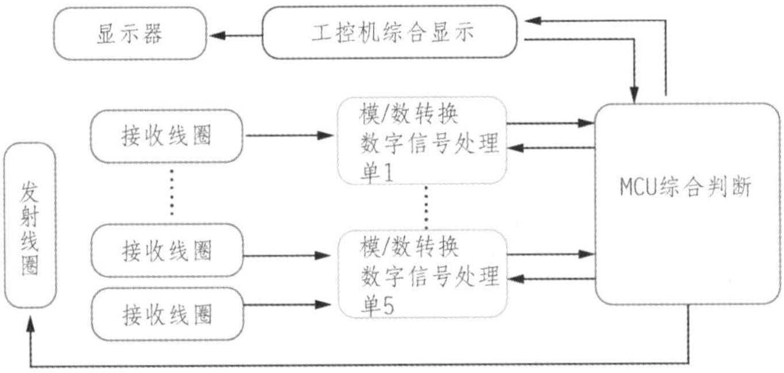


图 5-35　安检门信号处理流程

MCU 单片机控制芯片控制发射线圈发射信号，但接收线圈此时并未启动，当接收到门入口对射传感器的触发信号时，表示有人进入门内，此时立即通知数字信号处理单元进行数据采集，数字信号处理单元上的模/数转换器开始对各个接收线圈进行接收处理，当将模拟信号处理成数字信号后，数字信号的数据暂存于数字信号处理单元，待所有的数字信号处理单元收集完毕后，再将所有数据传送给 MCU 单片机进行综合判断，MCU 通过与自身的金属分类库进行对比，并将对比结果暂存，此时 MCU 若接收到出口对射传感器的触发信号，即人刚出安检门，就将对比的结果传送给工控机，工控机就可根据协议将数据转化成更直观的提示图片，此图片就实时显示在外设显示屏上，由此完成了一个采集—处理—分类—显示的全过程。

在票务闸机部分，车票处理模块主要驱动 TPU 完成对车票的业务处理如图 5-36 所示。

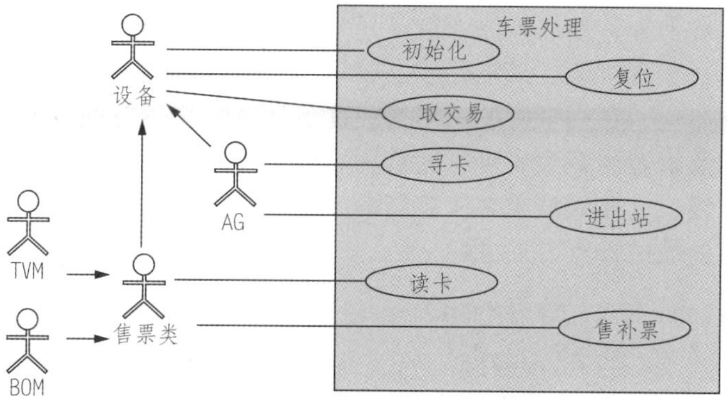


图 5-36　车票处理业务流程

（1）在正常的模式下，方向指示器和乘客显示器应显示允许乘客使用的信息。当一张车票接近读写器/天线并在其读写范围内时，将通过读写器读取车票上的有关信息，对车票的有效性进行检查。

（2）若车票检查有效，一体机在车票写入相关进站信息，并对写入的数据进行校验后，开启扇门允许乘客通过，并在乘客显示屏显示允许通过的信息。同时，一体机对乘客的通过进行监控，在乘客通过扇门后，自动关闭扇门。

（3）若车票检查无效，一体机不得在车票写入任何信息，在乘客显示器应显示车票无效的信息。同时，关闭扇门阻止乘客通过，并应发出短促声音提醒乘客注意。

（4）一体机需记录使用有效车票而未通过的乘客次数，当达到参数设置的最大次数时，一体机拒收或不处理车票。在参数规定时间内（可调整），若仍未有乘客通过一体机，则扇门自动关闭。

（5）所有在一体机处理的交易数据，要即时上传到车站计算机。另外在一体机设备状态发生变化时，能立即向 SC 发送运行状态数据。一体机的运行状态数据至少包括：开/关检测、回收票箱状态、故障、通信中断、错误编码、开放通道等。

### 5.4.5　技术应用

安检票务一体机是为地铁乘客提供快速安检票务集成解决方案的关键设备，实现了安检与票务业务的高度集成，简化了入站流程，集合多元票制与人脸识别通行机制，实现了安检、票务智能化、一体化、无感化通行。为安检员实施安检提供准确的依据同时将数据上传平台储蓄及分析，当智慧安检门进行声光报警，乘客通过闸机后，安检人员才需要对被检测人员进行进一步的手持式金属探测器扫查，这样将极大降低安检人员的工作强度，提高安检效率，提高乘客通行效率。人脸识别的集成化应用，可有效支撑警企联动跨区域协作平台的建设与信息收集、分析、研判，可有效提升地铁安防等级。

安检票务一体机产品在 2019 年 9 月已在广州地铁广州塔站 APM 线应用，不仅实现了对乘客随身携带物品的分类探测功能，同时具备对乘客属性的采集与研判功能，包括实名乘客、常乘客、重点关注人员、异常人员等。在票务过闸方面，直接关联乘客实名认证信息，实现票卡、二维码、人脸识别等多元过闸方式，

安检票务一体化，在安全防控、出行便捷、运营效率等方面，通过实际应用均得到了地铁运营方及乘客的一致认可，随着国家信息安全技术不断发展，国内外反恐形势的不断增强升级，交通领域乘客实名制的不断推广，预计今后安检票务一体机将成为城市轨道交通领域的重点发展方向。

## 5.5 智能客服中心

智能客服中心安装在地铁车站，支持面向付费区及非付费区，可替代传统票亭，可自助实现车票的查询、补票、退票、储值卡充值、人脸注册等功能。能替代车站票务客服人员及票房售票机、自动验票机的大部分工作，有效减轻客服人员压力；同时可实现电子发票服务、远程视讯服务等其他服务，可增强乘客体验，为乘客提供更多元化服务。

智能客服中心包含非付费区智能客服终端、付费区智能客服终端和传统 BOM 设备。详细内容如下：

### 5.5.1 设备组成

1. 设备外观

智能客服中心内部模块的安装采用简洁的设计，各模块的安装位置不会互相遮挡，方便维修。设备内部各模块边角圆滑、表面平滑、无外露毛边或裂纹，不会对使用者造成伤害。同时保证维修时的人员与设备安全。

智能客服中心的整机设计能适应轨道交通环境下高架、地面和地下车站站厅嵌墙式安装的要求，便于操作、维护和维修。智能客服中心的结构设计能有效地保护电子和机械部件，防止液体、细小的金属和硬物进入从而导致部件损坏。智能客服中心外观图如图 5-37 所示。

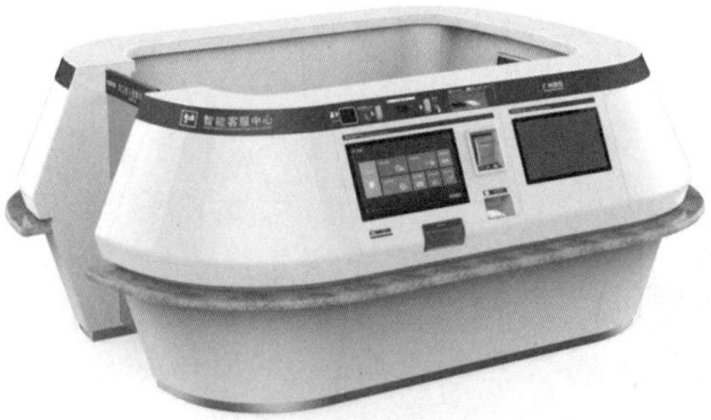


图 5-37 智能客服中心外观图

2. 关键模块布局

智能客服中心关键模块有主控单元、前面板、二维码扫描器、纸币处理模块、硬币处理模块、读写器、电源模块、回收模块、语音识别模块、维护面板、单据打印机、特殊乘客证件摄像头、I/O 扩展板等。

## 5.5.2 主要模块介绍

1. 主控单元

设备的主控单元（ECU）内安装设备控制软件，负责运行控制、完成车票处理、现金处理显示、数据通信、状态监控等功能。

ECU 基于高性能工业级处理器，符合工业级应用标准，具有良好的抗电磁干扰性能，能保证整机每天 24 h 不间断稳定运行，并具备足够的能力完成所指定的功能。

设备主控单元内置时钟维持当前日期及时间，准确性为 ±1 s/d。时钟在电池供电下工作，使用寿命大于 10 年，其运行不需人工调整闰年、年尾、月尾及星期。

设备主控单元配置 SSD 和 CF 卡双存储介质，能确保保存至少 30 d 的交易数据和设备数据。交易数据和设备数据保存时间可由参数确定。能够保证应用程序产生的交易数据、设备寄存器数据、日志、配置信息等的安全性，具备在失电条件下的数据长期保存，突然断电数据不丢失。

设备主控单元还可以灵活地对软件的模块进行升级。设备软件的升级包括终端软件的升级和读写器等硬件部件的固件升级，终端软件的升级和主要硬件的固件升级步骤相同，均可以通过 SC 下载升级包的方式自动完成。看门狗设计，具有自动防故障方法检测 ECU 故障，具有在必要的时候复位的功能。

2. 前面板

前面板各操作、显示部件的布置满足人体工程学的要求，方便乘客操作及维护人员对设备进行维护。前面板的底板材料采用不锈钢，为壁龛式结构，面板表面图示智能客服中心的简明操作步骤以及标示出各操作部件（如乘客操作面板、乘客显示器、投币口位置、找零位置、储值票）的位置。操作面板上部呈一定角度倾斜设计，增强乘客直立操作的舒适度，符合人体工学设计，方便乘客能够舒适地操作。智能客服中心前面板设计，具备整体可更换功能，方便后续增加新物理接口所需更新改造。

智能客服中心的投币口、退票/找零口、乘客显示器的位置相互协调，标识明确，方便乘客使用。设备整体造型针对性强，适合嵌入智能客服中心。出票口设计采取防止飞票/币措施。投币口、出票/找零口、单程票入票口的设计采取防水、防异物进入的措施。

前面板每个操作部件（如投币口位置、储值票入票口、凭条打印口等）位置旁边都有一个 LED 光提示装置，显示该部件的当前状态（可用或不可用）。LED 指示器还提示乘客买票或充值操作的相应步骤所要使用的相应操作部件（如当乘客选择了车站之后，硬币投币口和纸币进币口的 LED 指示器闪烁，提醒乘客投硬币或纸币）。具有乘客接近传感器时能够检测乘客靠近，切换到乘客服务界面的功能。

3. 二维码扫描器

二维码扫描器用于读取乘客二维码购票信息及支付扣款码。二维码扫描器采用硬解码方式进行解码二维码，具有处理速度快、识别精准等特点。能够在不同型号手机屏幕，不同对比度情况下迅速识别二维码。

智能客服中心二维码扫描器自带微处理器，能够识别及处理 1D、2D 等各类二维码信息；对于不同媒介，纸质条码或者手机条码，可以设置不同的优先读取模式。二维码扫描器安装位置进行充分及整体考虑，避免干扰，确保整机工作顺畅。二维码扫描器具有高可靠性和可用性，并能适应连续 24 h 不间断运行。二维码扫描器读票操作的可靠性，能避免出现掉电、二维码晃动等不当情况造成的数据丢失、交易失败等现象。

4. 纸币处理模块

纸币处理模块是一款能实现单张纸币识别、存款、循环找零及纸币自动补给功能的核心模块，具备高度的可靠性、易用性及易维护性，通过对纸币的找零实现自我循环，减少花在补钞、清点、更换钱箱等方面的时间，降低更换钱箱及补钞箱的频率，减少自动设备内的沉睡现金、现金暴露风险、统计成本损失及停机结账、现金运送等时间，提高整体运营效率。

纸币处理模块外观图如图 5-38 所示。

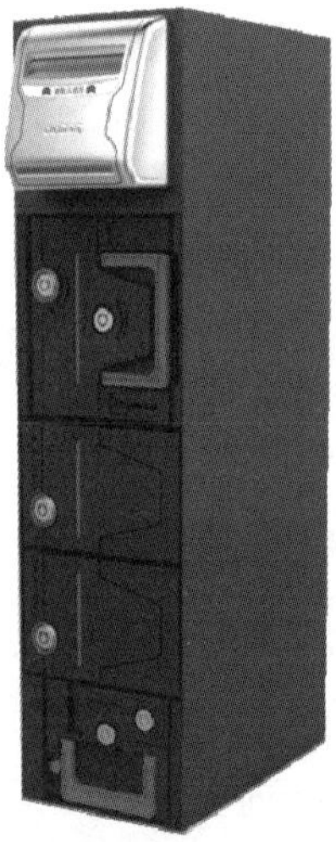

图 5-38　纸币处理模块外观图

（1）暂存功能。

纸币处理模块具有暂存机构可实现原币退还功能。暂存机构最多可以保存 20 张纸币。乘客投入的纸币，在交易完成前，暂时存放在暂存机构。若交易被中途取消，则保存在暂存机构中的所有纸币被一并退出，并应明确标识指示和声音提示。

（2）纸币识别。

纸币处理模块采用全幅面光学和磁扫描技术识别纸币，整张纸币的扫描点数可达到 40 000 点。识别精度可满足冠字号图像识别，能够精确记录钞票冠字号图像，并光学识别为字符进行存储。可拒收预设的黑名单冠字号的纸币，最大程度保障用户和业主的利益不受损失。

纸币处理模块采用高性能运算模块和优化的多模态模式识别算法，在采用多种光谱和磁性鉴伪手段的情况下，能做到单张纸币的识别时间≤1.5 s。

（3）循环找零功能。

纸币处理模块可支持 4 种不同面额纸币的循环找零，每个面额的循环容量不少于 50 张，其中两个面额的容量达到 80 张，总循环找零的容量不少于 260 张。

5. 硬币处理模块

智能客服中心配有硬币处理模块，要由硬币接收识别模块、硬币回收箱、硬币暂存器、找零模块（包含补币箱和循环找零钱箱等）等构成，主要实现硬币的识别、接收、原币返还、循环找零、清币、模块故障自诊断等功能。每个硬币钱箱设置电子编号和物理编号，便于识别。

硬币识别器采用国际知名品牌，可以接收国内流通的第四、五套的 1 元和 5 角硬币，同时还能通过参数设置接收其他的硬币种类。通过对模块的软件升级，可增加可识别硬币的种类，最高可以识别 16 种不同规格硬币。

硬币处理模块设硬币暂存器，当交易中止时，将已投入的硬币原币返回乘客，交易成功后，可以通过循环找零设置，规定投入的硬币是用来循环找零，还是直接进入硬币钱箱。当允许循环找零时，一元硬币用来循环找零。是否允许循环找零可通过本地配置。硬币处理模块的结构设计对乘客投入的无效币直接退回。

硬币投入、补充、找零通道采用镜面不锈钢焊接，焊点在管道外侧，管道内侧光滑，硬币可以顺利地到达指定的位置。投币口及退币口均具有防水措施，其边缘光滑，不会伤害乘客。

6. 读写器

面板上安装有读写器模块，可以完成单程票、储值卡的余额查询、车票信息等业务查询操作。TVM 单程票处理模块与储值票充值单元块分别使用不同的读卡器。读写器电源采用 5/12 V，3W 直流电源供电，TVM 设备为读写器提供直流电源、电源连接线并提供一定的稳压、短路及过载保护措施。

读写器与 ECU 间使用 USB 高速通信接口，通信速率不低于 12 Mbps，通信线缆正常工作的最大长度不小于 3 m，TVM 设备为读写器提供 USB 连接线。连接车票读写器和天线的连接电缆不长于 1 m。

TVM 设备机械和结构设计保证在读写器与天线、读写器与 ECU 的连接线缆均不长于 1 m 的情况下，不影响其他零部件的运作；并能使操作员方便地更换读写器 SAM 卡。

7. 电源模块

智能客服中心能实现对其主要部件或模块单独的电源管理，在收到远程关机和唤醒命令时，智能客服中心能有选择地对特定模块（如乘客显示器）的供电进行关闭和开启。

电源模块能至少提供直流 5 V、12 V、24 V 和交流 220 V 输出电压。电源模块对主要模块的输出带有独立的保险丝进行保护。设备电源能够通过芯片控制让电源的能效转换率有质的提高，设备电源将采用主动 PFC 电源，具有过热、过流、短路、过压、欠压保护以及漏电保护功能，兼备瞬变保护及漏电保护功能，电源箱为设备提供稳定的供电。

电源模块外观图如图 5-39 所示。

图 5-39　电源模块外观图

配电箱集成了漏电保护开关、维修插座和三路线排，简化了 AFC 设备的交流接线，配电箱上还装有 1 个交流电插座，用以提供维修用电源。如：电烙铁，电器仪表等。当整机出现漏电现象时，漏电保护开关会切断整机电源，起到安全保护的作用。

8. 回收模块

智能客服中心的回收模块由控制板、车票读写器、车票传送机构等构成，用于回收票卡的装置，实现合法的票卡回收，非法票卡退还功能。乘客已买票，因特殊原因无法出行需要退票，则可通过智能客服中心上的回收模块进行回收处理退票流程。

模块结构简约、紧凑，采用高性能的芯片控制，以 RS-232 通信方式与工控机连接。

9. 语音识别模块

智能客服中心配备语音识别模块，配合 4 麦克风的阵列麦，具备智能声音识别系统，即语音识别技术的应用，能够自动识别乘客语音并通过识别和理解过程把语音信号转变为相应的文本，提取其中的关键词进行搜索，形成乘客指令。配置人脸识别软件、机器人软件、视音频软交换软件、语音智能识别软件。

智能客服中心具备自动语音应答反馈系统，即通过声音识别系统获取乘客问题后，实现问题的自助回复，即从系统中获得预先录制的语音、文字、图片等信息反馈，能够实现企业介绍、站内导航、换乘指导、运营时刻、周边信息查询、线网地图、票价体系、票种介绍等自动应答。

10. 音视频模块

智能客服中心配备高敏度麦克风和摄像头，在乘客需要时，可与线网智能客服座席实现音视频交互。智能客服中心具备人脸生物特殊识别功能，能够识别正在交互的乘客的人脸特征，并上传到线网智能客服系统。

人脸识别摄像头如图 5-40 所示。

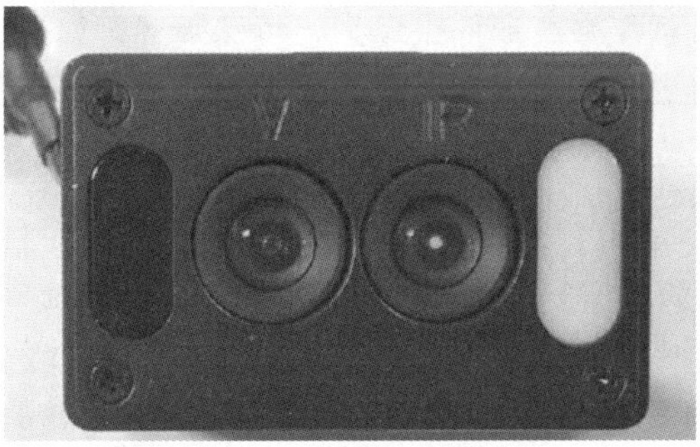

图 5-40　人脸识别摄像头

11. 维护面板

维护面板安装在设备内部，操作/维修人员通过维护面板完成对设备的操作、维修和诊断工作。维护面板包括显示器及键盘。

设备内部设有固定的维护面板底座用来放置并固定维护面板。当维护面板放置在底座上时，稳固不容易移动。维护面板能容易地从底座取下。维护面板与设备主机连线长度不少于 1 m。维护面板采用手感好的电容式机械键盘。

维护面板显示器通常采用彩色 TFT 显示，16Bit 颜色，显示面积不小于 6.4 英寸，分辨率不小于 640 × 320。维护面板如图 5-41 所示。

图 5-41　维护面板

维护面板的功能显示菜单化，能帮助操作员快速操作。维护面板键盘具有 0 ~ 9 数字输入键以及至少 10 个功能键，各功能键能通过软件定义其含义。维护面板字库能支持地铁线网所需查询内容及所有站点名称。

12. 单据打印机

智能客服中心打印机能打印中、英文，带自动切纸、出纸器和卷纸器。能打印 ASCII 码，简体中文（GB 2312）、数字和英文字符，所打印出来的单据至少可保存 1 年以上不褪色。

打印机内安装有传感器，可检测出纸张不足和纸张堵塞的故障。单据打印机维护方便，进行换纸和打印头清洗时不需借助工具便可完成。具备自动切纸控制功能，实时状态检测，支持单联打印和多联打印。

13. 特殊乘客证件摄像头

智能客服中心配备特殊乘客证件摄像头，特殊乘客（如残疾人、退伍军人、老人等符合政策规定的人群）可在人工或远程客服帮助核实的基础上注册，注册成功后的乘客可通过公共区边门进出车站。

14. I/O 扩展板

I/O 扩展板有 12 路输入和 12 路输出，主要控制设备内传感器和各模块状态指示灯。

### 5.5.3 功能实现

1. 基本功能

在没有乘客操作时，乘客显示屏可以自动播放预先录制的影音片段，包括向乘客宣传系统使用方法、公司通告以及操作指南的动画短片等信息。自动播放的时间、频率、时间间隔可以通过参数下达设置。其播放的影音片段可以通过 ACLC/智能客服系统统一下载到全部智能客服中心或下载到指定智能客服中心。当乘客进行任何操作时，自动中断影音片段的播放并切换到相应的操作模式。

智能客服中心具备通过网络下载安装及更新软件的功能，设备能保存至少新、旧两种版本的软件。在所设置的软件生效日期，智能客服中心能在 15 s 时间内自动切换到新软件。必要时，能通过参数设置使旧版本软件取代新版本软件重新生效。

智能客服中心所提供的安装及更新设备软件的方法，在更新及安装过程中可防止对所保存数据的修改及删除。

智能客服中心具备权限管理，维修人员只有在输入用户 ID 和密码后才能进行维护管理和测试操作，保证设备的安全性。

智能客服中心在设备上电后，自动启动操作系统和运行应用程序，而不需人工干涉。同时，也不允许非特殊授权人员使用除应用程序以外的其他系统资源。

智能客服中心具备自诊断功能协助维护人员及维修人员快速发现和确认故障，同时还具备以下功能：

（1）显示当前故障代码。

（2）设备通信状态监测。

（3）设备内部各模块及主要故障点的传感器检测、动作监测及功能测试。

（4）查询设备内部寄存器数据、时间、软件版本及设备编号。

（5）设置系统模式及设备复位。

（6）通过外接数据接口上传或下传系统参数、运营数据及更新软件。

（7）设置需就地设置的设备参数。

（8）必要时，可显示当前车票的检查代码。

（9）使用测试票测试设备整体协作功能。如发售测试票应可出售单张或多张车票、出售不同类型车票、出售不同票价车票等功能。

2. 电源管理

车站设备可检测主电源供电情况。在外部电源故障（失电）达到规定时间或电量到达参数设置值时，完成最后的操作、数据保存、数据上传、车票及现金处理后，按顺序关闭应用程序和关机。当外部电源恢复时，智能客服中心能自动启动。

3. 单据打印功能

智能客服中心具备小单打印功能，也具备各种运营单据的补打功能，各种单据至少可打印最近的 100 笔记录。需要打印的小单种类和小单的格式在设计联络时确定。

4. 时钟同步功能

采用 NTP（网络时间协议）的方式实现 ACLC、LCC、SC 和 SLE 各层次设备之间的时钟同步。智能客服中心时钟与 SC 时钟保持同步，在通信正常的情况下，系统任意两台设备之间的时钟相差不大于 1 s，当智能客服中心的时钟与 SC 时钟相差 0.5 s 以上时，SC 将强迫同步该台设备的时钟并记录故障信息。智能客服中心在与 SC 通信中断情况下，方可人工修正设备时钟。

5. 日常运营管理及维护功能

维修面板可实现对设备的日常运营管理，如：添加硬币、添加单程票等操作。同时可帮助维修人员进行设备维护、故障诊断及模式设置等操作。

6. 审计功能

根据整日运营数据和管理记录产生整日补充硬币数量与金额、整日补充车票数量、整日回收现金数量与金额、整日回收车票数量、整日发售超乘票数量等一系列审计记录。并提供下列单据以备审计：

（1）更换硬币回收箱单据。

（2）更换纸币钱箱单据。

（3）结算单据。

（4）补充硬币单据。

（5）补充单程票单据。

（6）乘客事务单据。

7. 离线运行

在网络发生故障或断开时，设备可正常工作，并保存至少 30d 的交易数据，当网络重新连接后，会自动将脱机运行下保存的数据上传 SC。

8. 软件更新与下载

设备软件采用模块化设计，根据需要自动升级，采用简单、方便和快捷的软件升级方式。设备软件升级功能包括对本机各个部件软件和固件的升级。

设备至少能保存现在、未来两种版本的软件。软件可根据设置的版本生效日期自动切换到未来版本。设备能在 2 min 内自动切换新版本软件，并重启软件。重启软件不需要重启硬件。在整个过程中不会造成对所保存数据的修改及删除。

设备包括一系列零部件，每个零部件的软件和固件都有自己的版本信息。设备软件能自动获得相关零部件的版本信息。

当 ACLC 与 SC 网络中断的情况下，可使用便携式计算机接入车站局域网，完成车站设备的软件下载。在设计联络阶段将确定通过便携式计算机进行设备软件下载的具体方式。

智能客服中心支持从 ACLC、SC 下载地图。

人机交互界面能兼容新增加线路和车站。后续增加线路和车站显示可通过下载和修改配置文件实现，而不需要修改软件和硬件。人机交互界面的显示和实现方式应符合《哈尔滨市轨道交通自动售检票系统智能客服中心界面标准》，由业主在设计联络阶段确定。

9. 操作权限

所有车站设备均具有相应的操作权限，操作权限由 ACLC 统一设置和管理，只有经 ACLC 授权的各级人员才能操作和使用车站设备。

10. 设备状态监控

车站设备具有自检和测试功能，主要模块、数据存储器以及各单元电路等具有状态检测功能。设备状态信息及时上传到 SC 和 ACLC。设备状态信息可通过设备维修面板进行查询。

车站设备至少具备以下自诊断功能：

（1）显示当前故障代码。

（2）设备通信状态监测。

（3）设备内部各模块及传感器检测、动作监测及功能测试。

（4）使用测试票测试智能客服中心设备功能。

（5）查询设备内部寄存器数据、时间、软件版本及设备编号。

（6）系统模式设置及设备复位。

（7）通过外接数据接口上传或下载系统参数、运营数据及软件更新。

（8）设置需现场设置的参数。

（9）显示当前设备的故障代码。

车站设备可通过操作维修面板实现以上功能，方便维护人员进行设备维护、故障诊断及参数设置等操作。

在测试模式下，任何操作不更改或删除设备内已保存的数据。

11. 安全性要求和报警

智能客服中心满足安全性要求，保证票务人员在正常运行的情况下（如加票、加币和车票结账回收的整个过程中）均不能接触到钱钞和车票。在机械结构设计上保证非授权人员在不拆卸或破坏设备的情况下无法取出钱钞和车票；在软件设计上保证不允许进行非授权操作，如果发生非授权操作，设备报警。

智能客服中心在以下情况下将采用声响报警并在车站计算机显示报警信息。报警按照预定的间隔持续或至故障排除过程结束，持续间隔作为参数设置。

（1）非法打开维修门。

（2）非法移动票箱。

（3）操作员登录 3 次（具体次数可通过参数设置）失败。

（4）设备对登录进行统一管理，包括登录认证、退出和强制退出登录的管理、自动注销管理和非法登录检查。对于检测到操作员登录 3 次（具体次数可通过参数设置）失败，将被认定为非法登录，授权管理员可以强制操作员从指定设备退出登录。

12. 设备运行安全

智能客服中心开门后，能记录维修门的开启状态及在此期间的操作，可通过 ACLC 参数设置操作员在智能客服中心维修门打开后的规定时间内完成登录，不按时登录及非法操作将报警。

智能客服中心开门后不再发售正常的运营车票，乘客显示器及状态显示器显示提示信息，只允许在特定的条件下发售测试车票。

系统可记录智能客服中心维修门打开至关闭期间产生的废票数。智能客服中心废票进入废票箱时清除车票内的余额，且废票不能通过检票机或必须通过票房售票机更新处理后才能正常使用。

13. 黑名单处理

智能客服中心至少保存 30 000 个黑名单车票编号及 20 段连续的黑名单车票编号，并按规则处理黑名单车票。设备将检查到的黑名单车票使用信息及时上传 SC 及 LCC。

14. 本机寄存器

智能客服中心配置多个寄存器，记录交易数据和交易累计数据。交易数据包括是否有交易发生、交易信息等，交易累计数据包括客流累计统计数据、收益累计统计数据等。

设备断电重启后，寄存器内数据仍然可以保留，并可通过 SC 的操作工作站查询寄存器数据。

与时段相关的寄存器具有自动清零功能，如当天交易统计数每天自动清零。

智能客服中心可根据参数设置在固定的时间间隔内上传寄存器的数据。同时智能客服中心也能响应 SC 的查询命令，上传指定或所有的寄存器数据。智能客服中心保证实时上传寄存器数据，以保证从车站计算机上能实时监控设备的交易状态；对于具有特定权限的人员，智能客服中心提供对寄存器的操作功能，包括寄存器查询、清零等操作。

15. 支付方式扩展

设备软件支持各种扩展支付方式购买地铁车票业务。包括但不限于哈尔滨城市通卡交通一卡通系统、银行卡闪付、云闪付、手机 NFC 功能及各种手机 PAY 的功能，具体要求在设计联络阶段确定。投标人承诺，实现各种接口所需增加的智能客服中心硬件设备和软件费用，已包含在投标总价中。

设备软件做到当需要增加地铁新票卡接入时，只要通过更改设备配置就能实现。

设备的软件预留接口给银行卡处理模块，用于将来实现联机充值功能。

16. 数据上传

智能客服中心通过车站网络与 AFC 系统连接，并上传交易、电子支付、设备寄存器、设备状态等数据，交易数据在交易发生后立即上传，寄存器数据每 15 min（参考，可设置）上传 1 次。同时从 AFC 系统接收运营指令、系统参数及软件更新数据。智能客服中心从交易完成到交易数据上传的时间不能超过 2 s，从接收指令到指令开始执行的时间不能超过 1 s。

17. 票务处理功能

客服中心票务处理功能包括但不限于：

乘客可以通过智能客服中心对车票进行分析、无效更新、发售（纸质二维码出站票）、赋值、充值、延期、退款、交易查询、余额查询等处理。通过智能客服中心，可处理车站乘客投诉，并对行政收款进行记录。

智能客服中心可按照安装位置的不同而设置为不同的操作类型，使设备功能集中使用，如单独为非付费区服务、单独为付费区服务、兼顾非付费区及付费区服务等。

乘客持票卡在付费区出站时遇到问题时，可持票卡前往智能客服中心进行票卡分析，智能客服中心界面显示超时、超乘、无进站码、过期、已出站、其他车站更新、黑名单原因，按地铁的票务规则处理中规定，通过智能客服中心完成非现金或现金支付所需要的金额，实现票卡付费区更新功能。

乘客持票卡在非付费区无法进站时，可持票卡前往智能客服中心进行票卡分析，智能客服中心界面显示本站已进站、已其他站进站、过期、非本站进站、乘次不足、黑名单、超时等原因，按地铁的票务规则处理中的规定，通过智能客服中心完成非现金及现金支付所需要的金额，实现票卡非付费区更新功能。

智能客服中心具备记录从其投入使用起的各种寄存器累加数据并方便查询的功能，并能将寄存器数据上传到 SC。寄存器数据包括智能客服中心在对车票进行更新、发售（二维码或人脸出站票）、赋值、充值、延期、退款等写操作数据。

纸质二维码出站票系统可设置自带时间标签和车站标签，一定时间间隔内（时间间隔参数可调）在本站可实现免费出站，纸制票打印时信息实时上传至 SC，纸制票出站时与 SC 实时核对信息，同一张纸制票仅可使用一次，不可重复使用。人脸出站票使用要求相同。

乘客在付费时，可以选择缴纳现金、电子支付或从车票上扣除的付费方式，不支持部分缴纳现金部分从车票扣除的付费方式。

在乘客对车票及现金进行处理时，在乘客显示器显示足够的车票及现金信息。所有显示的信息可以用中英文显示。必要时，在智能客服中心可打印有关车票及现金处理单据。

智能客服中心通过车站局域网网络与 SC 连接，并上传交易、现金、班次、设备寄存器、设备状态等数据，交易数据在交易发生后立即上传到 SC，寄存器数据每 15 min 上传 1 次。同时从 SC 及清分中心接收运营指令、系统参数及软件更新数据。智能客服中心从交易完成到交易数据上传到车站计算机的时间不能超过 2 s，从清分中心或者 SC 接受指令到指令开始执行的时间不能超过 1 s。

智能客服中心在对车票进行更新、发售（纸质二维码出站票）、赋值、充值、延期、退款等写操作时，具备检查操作完整性的功能。如果智能客服中心在进行上述操作时，设备发生死机或者其他故障情况，则在设备重启或者恢复正常工作后，设备能在班次报表中有相应的表现。

智能客服中心对以下事务的收益及车票处理进行记录：付费区内乘客失票，向乘客收取补票金额并向乘客补发出站票（纸质二维码出站票）；在乘客投诉卡票时，向乘客发出免费车票（纸质二维码出站票）；在对乘客进行行政罚款时，收取乘客的罚款金。乘客在进行自助事务处理时，智能客服中心能对相应的收款、退款、发出二纸质维码车票、乘客信息等数据进行记录。必要时，可以打印相应的单据。

智能客服中心具备现金/非现金/收益管理功能：能记录及统计不同处理类型各种车票处理所涉及的张数及金额，同时，能记录各种类型收款/支款数据。在收款处理时，相应信息在操作显示器及乘客显示器显示，必要时，可以打印相应单据。允许支付总金额可通过参数下载的形式进行下载。在支付金额累计数值达到上限后，则不允许支付操作。

维修人员可对设备进行维护检测。

智能客服中心具备票卡钱包操作闪卡保护功能。

在车站网络故障的情况下，智能客服中心能通过外接数据接口上载数据到 SC 及清分中心以及下载系统参数或命令。

18. 自助票务处理

（1）单程票退票。

乘客购买单程票后未使用，若需要退票，在智能客服中心选择退票功能，按终端界面提示投入单程票卡，智能客服中心读取单程票信息，若不符合票务退票规则，退出单程票卡，终止退票操作；若符合票务退票规则，使用二维码方式退还相应金额，票卡收入回收票箱。

（2）无效票查询。

乘客若持有无效票，在智能客服中心出选择票卡查询功能，按终端界面提示将票卡放置于读卡区，进行票卡分析，并给出相应声音和文字信息提示。

（3）储值卡退票。

乘客若持有储值卡，在智能客服中心出选择退票功能，建议在站务人员人工核查票卡表面无严重污损等问题后将储值卡投入回收口，并使用员工卡对该操作授权，以读取的储值卡余额为准向乘客退款。

（4）无效票退款。

乘客若持有无效票，在智能客服中心出选择退票功能，建议在站务人员人工核查票卡表面无严重污损等问题后将票卡投入回收口，并使用员工卡对该操作授权，以读取的票卡余额为准向乘客退款。

（5）遗失单程票。

乘客若在进入付费区后，遗失单程票，向乘客收取补票金额（非现金）并向乘客补发出站票（纸制二维码出站票）。纸制二维码出站票应自带时间标签和车站标签，一定时间间隔内（时间间隔参数可调）在本站可实现免费出站，纸制票打印时信息实时上传至 SC，纸制票出站时应与 SC 实时核对信息，同一张纸制票仅可使用一次，不可重复使用。

（6）现金单程票退款。

乘客购买单程票后未使用，若需要退票，在智能客服中心选择退票功能，按终端界面提示投入单程票卡，智能客服中心读取单程票信息，若不符合票务退票规则，退出单程票卡，终止退票操作；若符合票务退票规则，使用二维码方式退还相应金额，票卡收入回收票箱。

19. 智能客服功能

乘客自助操作实现乘客资讯信息查询操作，包括线网地图、列车运营时间、票价表、站内导航、换乘查询、地铁商业、地铁周边地理信息查询等。

针对地铁业务场景，建立包括线网地图、列车运营时间、票价表、站内导航、换乘查询、地铁商业、地铁周边地理信息等内容的专用知识图谱，基于图谱知识库进行智能问答。

支持离线地图查询、导航；可实现目的地定位、线路规划、导航，可根据服务需求定位周边设施，设备寿命周期内应免费更新地图信息。乘客可以使用地图软件完成站内导航需求。

20. 一键呼叫

乘客通过自助操作失败，或不会操作时点击智能问询，接入智慧客服系统后，系统会提示可以体验智能服务。乘客在体验智能机器人服务的时候，如果智能机器人无法解决乘客问题，乘客可以选择点击“人工客服”进行一键呼叫，也支持通过输入“找人工客服”等类似话术，自动转接人工客服，直接与部署在车控室的人工座席进行音视频交流。

用户通过多渠道接入后，系统会提示可以体验智能服务。乘客可以获得语音机器人智能问答服务，也可以通过界面的智能客服按钮与人工座席进行音视频咨询。乘客在体验智能机器人的时候，如果智能机器人无法解决乘客问题，系统也支持转接到人工客服，确保乘客问题可以得到解决，不丧失乘客服务体验。

21. 实名信息注册

乘客可通过智能客服中心实现实名信息注册（姓名、身份证、人脸特征、指静脉等），智能客服中心具备人脸生物特征码、指静脉特征识别、身份证读取等功能，乘客可根据需求选择录入面部信息以实现人脸无感检票等精准客服功能。其中特殊乘客（如残疾人、退伍军人、老人等符合政策规定的人群）可在人工帮助核实的基础上注册，注册成功后的乘客可通过边门进出车站。

22. 人脸注册

乘客可在智能客服中心自助进行实名认证注册，经核验是否具有资格后，授权完成人脸图像采集，人脸注册业务流程如图 5-42 所示。

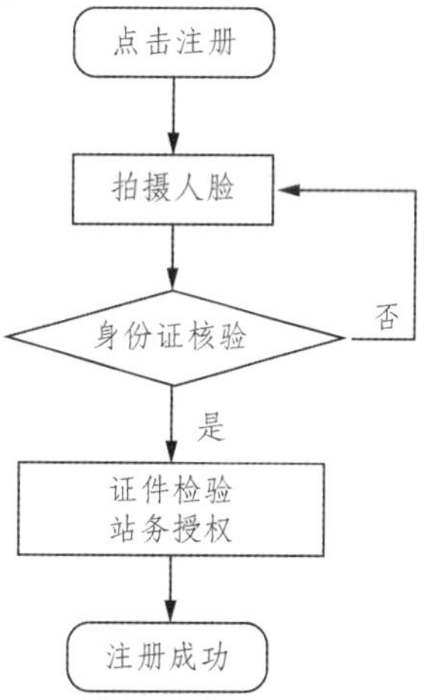


图 5-42　人脸注册业务流程图

### 5.5.4　示范样机技术指标

本小节介绍的智能客服中心在广州地铁示范工程项目广州塔站进行了安装与示范应用，主要技术指标如下：

（1）智能客服中心单程票回收箱：数量 1 个，容量≥200 张。

（2）输入电源：220 V+10%/－15%，50 Hz±4%。

（3）车票处理速度：<1 s/张。

（4）使用硬币的发售速度：≤3 s/张，（从乘客投入足够的硬币开始，包括供票、车票处理及出票的过程）。

（5）使用纸币的发售速度：≤6 s/张，（从乘客投入足够的纸币开始，包括供票、车票处理、找零及出票的过程）。

（6）使用单张纸币的充值速度：≤6 s/张。

（7）数据准确率：≥99.99%（包括交易数据的准确率、传输数据的准确率等）。

（8）通信接口：RJ45 接口。

（9）通信协议：TCP/IP，通信速率 100 Mbps 自适应。

（10）工作温度：0 °C ~ 45 °C；存贮温度－10 °C ~ 55 °C。

（11）工作湿度：0% ~ 95%，不结露；存储湿度 0% ~ 100%，不结露。

（12）平均无故障工作次数 MCBF≥100 000，平均故障恢复周期 MTTR≤30 min。

（13）外壳防护等级 IP34。

## 5.6　多功能自助客服机

多功能自助客服机适合安装在付费区和非付费区，可根据车站布局情况安装在进站闸机、出站闸机的附近。多功能自助客服机外观设计友好，使乘客容易发现、就近使用、快速自助完成业务，解决原来需要找有客服人员的窗口排队才能办理业务的麻烦。

详细内容如下。

### 5.6.1 设备组成

多功能自助客服机内部模块的安装采用简洁的设计，各模块的安装位置不会互相遮挡，方便维修。设备内部各模块边角圆滑、表面平滑、无外露毛边或裂纹，不会对使用者造成伤害。同时保证维修时的人员与设备安全。多功能自助客服机的整机设计能适应轨道交通环境下高架、地面和地下车站站厅嵌墙式安装的要求，便于操作、维护和维修。多功能自助客服机的结构设计能有效地保护电子和机械部件，防止液体、细小的金属和硬物进入从而损坏部件。

1. 设备外观

整机设备外观效果图如图 5-43 所示。

图 5-43　整机设备外观效果图

2. 内部模块布局

多功能自助客服机整机结构采用模块化设计，内部结构如图 5-44 所示，各模块名称如表 5-8 所示。

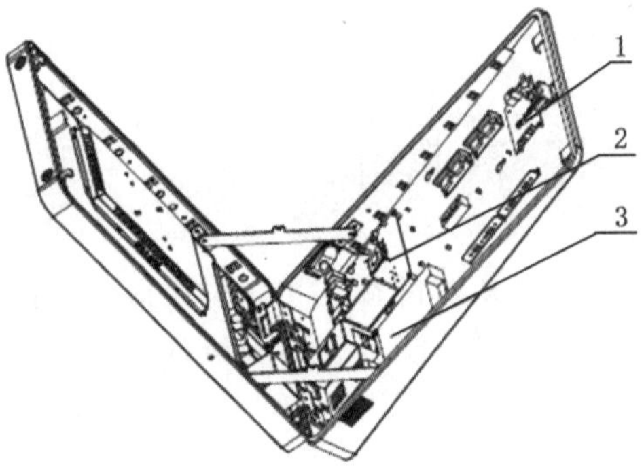


图 5-44　内部结构图

表 5-8　各模块名称

| 序号 | 模块名称 |
| --- | --- |
| 1 | 读卡器 |
| 2 | 工控机 |
| 3 | 电源模块 |

### 5.6.2　主要模块介绍

1. 主控单元

多功能自助客服机的主控单元（ECU）负责运行控制软件，完成车票处理、数据通信、状态监控等功能。主控单位配置有存储卡，可根据需要保存交易数据和设备数据，并可在 SC 通信中断的情况下单机运行，确保购票安全。

2. 前面板

多功能自助客服机前面板各操作、显示部件的布置满足人体工程学的要求，从各方面的设计保障乘客操作和维护人员维护设备时的安全性、便捷性、灵活性，既满足招标人要求的可靠性和实用性，又保障乘客操作安全、快捷、舒适性的需要。

多功能自助客服机人体工程学设计如图 5-45 所示。

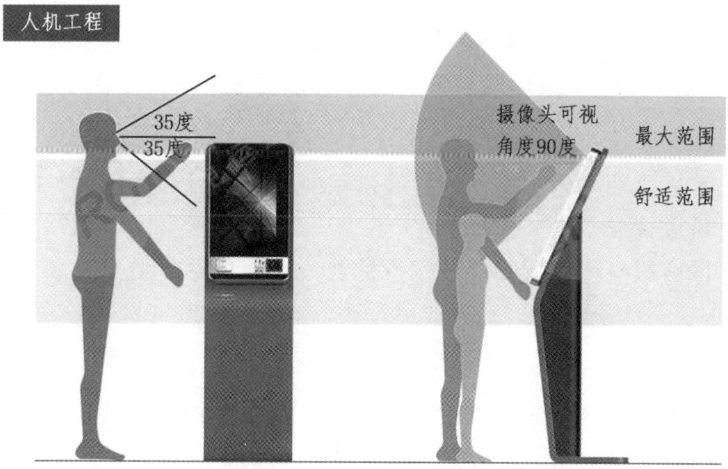


图 5-45　多功能自助客服机人体工程学设计

前面板每个操作部件位置旁边都应有一个 LED 光提示装置，显示该部件的当前状态（可用或不可用）。LED 指示器还提示乘客补票、购票或充值操作的相应步骤所要使用的相应操作部件（如当乘客选择了车站之后，LED 指示器闪烁，提醒乘客进行操作）。

前面板考虑设置挂钩，可以在故障或检修时悬挂告示牌。挂钩位置及外型的设计应不能对乘客和维修人员造成人身伤害。

3. 一体化触摸屏及显示器

乘客显示器安装在多功能自助客服机的前面板上，用于显示轨道交通线路、车站分布图和有关购票操作提示信息等。

本书所介绍产品具有抗电磁干扰，刷新频率高等特点。乘客触摸显示屏的安装采用挂扣方式固定，便于在维护和更换时进行拆卸。

选择乘客显示器时考虑抗磨耐用、防冲击、防爆、防腐蚀、防水、抗光干扰、可靠性能高的成熟产品。在对其进行维修或更换时，不需要做任何的调整。

4. 维护面板

维护面板安装在设备内部，操作/维修人员通过维护面板完成对设备的操作、维修和诊断工作。维护面板包括显示器及键盘。设备内部设有固定的维护面板底座用来放置并固定维护面板。当维护面板放置在底座上时，稳固不容易移动。维护面板能容易地从底座取下。

维护面板与设备主机连线长度不少于 1 m。维护面板采用手感好的电容式机械键盘。维护面板显示器采用彩色 TFT 显示，16Bit 颜色，显示面积不小于 6.4 英寸，分辨率不小于 640 × 320。

维护面板的功能显示菜单化，能帮助操作员快速操作。维护面板键盘具有 0 ~ 9 数字输入键及至少 10 个功能键，各功能键能通过软件定义其含义。

设备维修面板菜单分多级进行设计，帮助操作员快速操作。维修面板字库能支持线路所需查询内容及所有站点名称。设维修面板主要功能包括运营服务、查询、设备状态、维护、设备配置等，具体的软件功能在联络设计阶段提供详细设计供业主确认。

5. 读写器

读写器支持嵌入的支付程序，通过线网系统与银行后台连接，实现金融闪付支付功能。支持身份证读取。

多功能自助客服机读写器其他技术指标及方案请参见前文相关章节，在此不重复描述。

6. 二维码扫描器

二维码扫描器用于读取乘客二维码购票信息及支付扣款码。

二维码扫描器采用硬解码的方式进行二维码解码，具有处理速度快、识别精准等特点。支持在不同型号手机屏幕、不同对比度情况下迅速识别二维码。

本次介绍中的二维码扫描器自带微处理器，能够识别及处理 1D、2D 等各类二维码信息；对于不同媒介，纸质条码或者手机条码，可以设置不同的优先读取模式。

设计二维码扫描器安装位置时要进行充分及整体的考虑，避免干扰，确保整机工作顺畅。二维码扫码模块具有高可靠性和可用性，并能适应连续 24 h 不间断运行。二维码扫码模块读票操作的可靠性，避免出现掉电、二维码晃动等不当情况造成的数据丢失、交易失败等现象。

7. 语音及耳机耳麦

多功能自助客服机配语音切换板，与工控机的音频接口连接口为两个 3.5 mm 耳机接口（麦克风输入+耳机输出），并配挂式话筒；多功能自助客服机配麦克风及音箱，可与耳机之间实现自动切换。

8. 打印机

单据打印机为高效热敏打印机，能自动切纸（可半切纸）。单据打印机内配置相应的打印纸。具有检测功能，若打印机无打印纸时，系统程序能在交易界面进行提示。

打印机内安装有传感器，可检测出纸张不足和纸张堵塞的故障。其维护很方便，进行换纸和打印头清洗时不需借助工具便可完成，还具备自动切纸控制功能（可根据参数设置是否自动切纸），可实现实时状态检测。

9. 电源模块

多功能自助客服机能实现对其主要部件或模块单独的电源管理，在收到远程关机和唤醒命令时，多功能自助客服机能有选择地对特定模块（如乘客显示器）的供电进行关闭和开启。

电源模块能至少提供直流 5 V、12 V、24 V 和交流 220 V 输出电压。电源模块对主要模块的输出带有独立的保险丝进行保护。设备电源能够通过芯片控制让电源的能效转换率有质的提高，设备电源将采用主动 PFC 电源，具有过热、过流、短路、过压、欠压保护以及漏电保护功能，兼备瞬变保护及漏电保护功能，电源箱为设备提供稳定的供电。电源模块如图 5-46 所示。

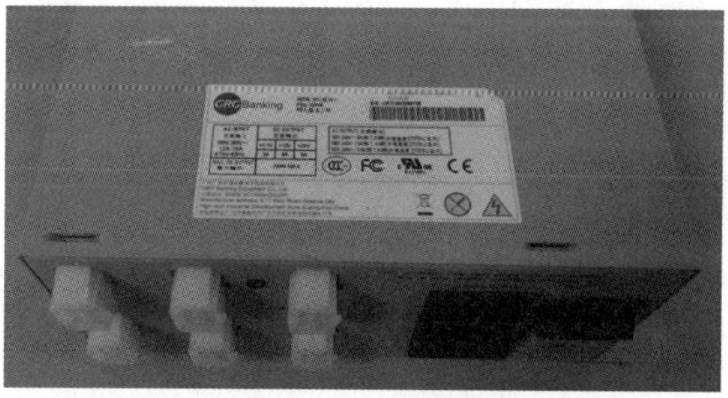


图 5-46　电源模块

配电箱集成了漏电保护开关、维修插座和三路线排，简化了 AFC 设备的交流接线，配电箱上还装有 1 个交流电插座，用以提供维修用电源。如：电烙铁，电器仪表等。当整机出现漏电现象时，漏电保护开关会切断整机电源，起到安全保护的作用。

### 5.6.3　功能实现

1. 人机交互界面

多功能自助客服机提供友好的人机界面，有足够的、明确的信息提示，为乘客提供有效的操作指示及明确显示有关各类车票处理业务的信息及设备状态信息。乘客频繁使用的位置（储值卡充值位置、二维码扫码窗口等）设计有灯带给乘客清晰有效的提示。所有显示的信息能以中英文显示，默认语言应为中文。

人机交互界面能兼容新增加线路和车站。后续增加线路和车站显示可通过下载参数或软件更新的方式实现。多功能自助客服机具备前面板可开启的结构设计，满足设备前面板的可维修性。对多功能自助客服机业务操作失败时，引导乘客到人工票亭进行处理。

多功能自助客服机界面能够对乘客补票、充值、更新、查询等操作给予明显的提示。对多功能自助客服机业务操作失败时，多功能自助客服机界面显示相关提示引导乘客到人工票亭进行处理。

2. 补　票

多功能自助客服机可实现对超程、超时等车票的补票功能。补票采用原票补票方式，同时对车票补票信息进行记录并上传。

多功能自助客服机提供如下信息：补票原因、车票余值、应补票值、手续费、实收金额等。所有金额有分项和总计显示。

多功能自助客服机可读取车票，确认补票内容，征收补票票价，对超程、超时的乘客实现补票等功能。补票金额、罚款金额、手续费都由系统参数进行设置确定，对不同的补票情况可以设置不同的补票手续费，对于所有补票信息均可上传。对于单程票以外的票种在设计阶段按地铁公司相关要求执行。

在补票过程中，多功能自助客服机给乘客提供必要的信息显示，如补票原因、车票余值、应补票值、手续费、实收金额等。所有金额应有分项和总计显示。广州地铁的超时补票提示界面，如图 5-47 所示。

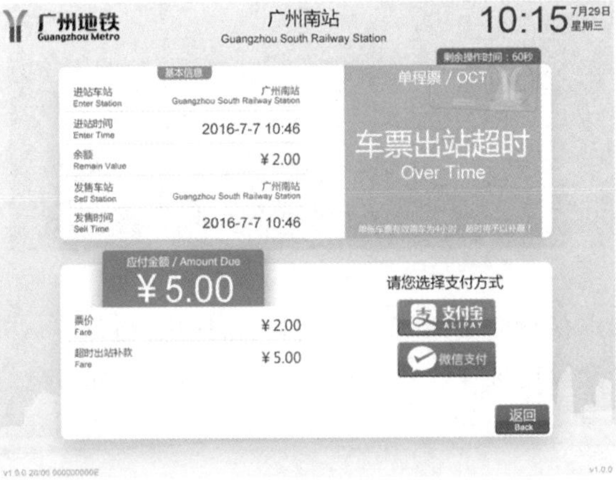


图 5-47　超时补票提示界面

3. 充　值

多功能自助客服机可以充值符合以下条件的车票。

（1）车票分析正常，余值未达到参数设置的上限或乘次用完。

（2）车票为参数设置的允许充值类型。

（3）车票欠费或余值不足（余额即为补足欠款额后的金额）。

（4）车票无效但可进行更新。

对于金额类车票,乘客可以选择由系统参数设置的金额或手工输入需充值的金额。对于计次类车票，乘客只可选择由系统参数设置的金额，充值处理时在车票写入相应的充值编码信息而不修改车票的其他信息。

在充值前在人机交互界面显示票种、余值及需充值金额。在充值后应在人机交互界面显示车票的新余值或乘次。广州地铁的正在充值界面如图 5-48 所示。

图 5-48　正在充值界面

4. 更　新

乘客通过多功能自助客服机可以分析车票，对无效车票进行更新处理，更新前对车票进行分析。更新处理支持多种方式，且车票更新收费金额可以通过参数设置。

多功能自助客服机的显示器显示车票分析的结果、车票余值及应收费金额。若收费从车票余值中扣除，则更新后应显示车票余值。

（1）无效车票更新。

在非付费区持未出站的车票，运作流程如下：① 读取车票，分析车票。② 检查车票的有效期是否属于系统参数中设置的允许范围。③ 检查是否是本站出售的车票。④ 符合条件时免费更新，否则提示乘客收取该票种参数设置的更新手续费金额。广州地铁的在非付费区持未出站的车票界面如图 5-49 所示。

在付费区持未有进站记录的车票时的运作流程：① 读取车票，分析车票。② 检查车票的售票车站、售票时间和车票的目的车站。③ 检查是否属于系统参数中设置的允许更新范围内。④ 符合条件时将对车票进行更新，是否收取费用及收取多少费用由系统参数设置。广州地铁的无进站记录界面如图 5-50 所示。

图 5-49　在非付费区持未出站的车票界面

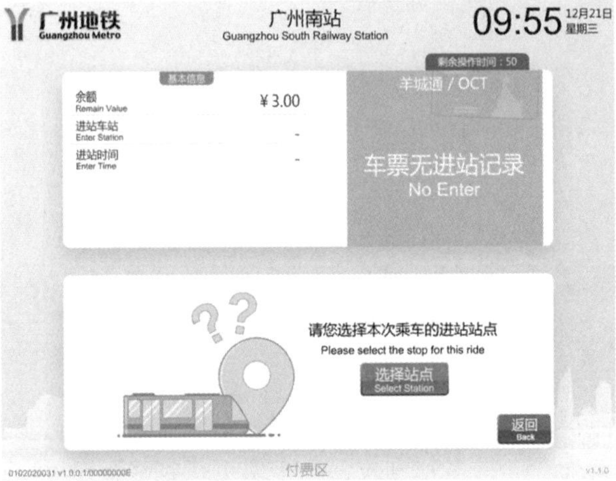


图 5-50　无进站记录界面

（2）超时车票的更新。

超时车票处理有无必要收取超时乘车费用等运营信息在设计联络阶段根据业主运营需求确定，如需要收取超时费用，将“超时车票的处理”列入补票程序中。

（3）超程车票的更新。

将超程车票的更新列入有票人员补票程序中进行处理。

若多功能自助客服机检测到乘客所持车票同时存在两种或两种以上需同时更新的项目，应对每项更新处理进行确认，并应以其中最高收费进行处理。

多功能自助客服机在进行更新处理时，多功能自助客服机相应地修复车票的进出站标记、时间等编码信息。在需要收费的情况下，乘客应可以选择所收费用从车票上直接扣除或以非现金支付方式支付。在特殊情况下，可对票卡进行强制免费更新。

5. 车票查询

多功能自助客服机可以进行车票交易记录查询，以解决乘客对车票余值等的疑问或可以读取车票上保存的历史交易记录。必要时，还可通过读取或输入车票编号向ACC系统查询车票的余值。

在乘客显示器上可以显示车票的分析结果、历史交易数据及车票状态；所显示的历史交易数据的个数可通过参数设置，对已进行查询的车票记录可以进行保存，还可以查询车票的余值，也可以根据需要打印车票历史交易记录清单。

6. 收益管理

多功能自助客服机能记录运营过程中生成的所有资料、数量、金额和各类收款、支款数据等。多功能自助客服机能记录每次交易中的收取金额等，并能对行政处理类事务进行记录。能对以下事务的收益及车票处理进行记录：① 在对乘客进行行政罚款时，收取乘客的罚款金。② 可对储值票进行付费更新与免费更新处理。③ 在进行乘客事务处理时，多功能自助客服机对相应的收款、乘客信息等数据进行记录。必要时，可以打印相应的单据。

广州地铁的凭条单据打印界面如图 5-51 所示。

图 5-51　凭条单据打印界面

7. 审核功能

多功能自助客服机具有审核功能，能记录乘客的交易次数记录，且不可归零。在乘客通过设备进行更新等操作后进行的每笔交易，设备都将进行记录，进行操作日志，方便管理人员进行查询、统计和审核。

8. 票据打印

多功能自助客服机配备票据打印机，在乘客办理各车票处理业务后，能打印相应的处理凭证，并具有补打功能。

打印单据的保存时间长，能打印中英文字符且打印速度快。打印机为整体模块，单据出口在多功能自助客服机的前面板，维护及安装简单。

9. 自诊断功能

多功能自助客服机具有自诊断功能和故障自动报警功能，检测到故障时多功能自助客服机可协助维护人员及维修人员快速发现和确认故障。

自诊断功能为操作人员和维修员提供下述功能。

（1）发生故障时，向操作人员提供故障发生部位的功能。

（2）发生故障时，向操作人员提供故障内容的功能。

（3）向维修员提供故障发生的部位。

（4）在维修员恢复故障后，实施功能检测。

10. 时钟同步

多功能自助客服机会定时与车站计算机时钟保持同步，在通信正常的情况下，系统内任意两台设备之间的时钟相差不大于 1 s，当多功能自助客服机的时钟与车站计算机时钟相差 0.5 s 以上时，车站计算机会强迫同步该台设备的时钟并记录故障信息。在设备与车站计算机通信中断的情况下，可通过设备的维修面板进行人工修正设备时钟，时钟差异超过一定时间（系统可设定），设备不做时钟同步。多功能自助客服机与车站计算机进行时钟同步的方式采用成熟的 NTP 方式。

NTP 协议（Network Time Protocol）是用来使计算机时间同步化的一种协议，它可以使计算机对其服务器或时钟源（如石英钟，GPS 等等）做同步化，它可以提供高精准度的时间校正（LAN 上与标准时间差小于 1 ms，WAN 上与标准时间差小于几十毫秒），且可介由加密确认的方式来防止恶意的协议攻击。

11. 黑名单处理

AFC 系统中的黑名单包括由一卡通产生的黑名单和 AFC 系统本身产生的黑名单。多功能自助客服机提供黑名单存储及处理容量不少于 100 000 条，并且提供 20 组连续的黑名单记录的存储及处理能力。

此外，本次介绍的终端设备还提供紧急黑名单的存储及处理能力。紧急黑名单的容量为 1 000 条，并可存储 20 组连续黑名单，可以在紧急情况由上级系统实时下发生效。

多功能自助客服机可通过参数设置对不同黑名单车票进行处理（含解锁）。多功能自助客服机检查到黑名单车票使用时通过 SC、ACC 上传车票处理信息。

如果该车票的编号在黑名单范围内的话，车站设备会对该车票进行锁卡操作，禁止该车票的使用，同时将该车票的数据向 SC、ACC 上传车票处理信息。

12. 白名单处理

多功能自助客服机能保存至少 100 000 个白名单车票编号及 20 段连续的白名单车票的编号。并可通过参数设置对不同白名单车票进行处理。多功能自助客服机将检查到的黑名单车票使用信息上传 SC 及 ACC。

13. 软件更新

多功能自助客服机的软件采用模块化设计，可以根据需要灵活对模块的软件进行升级。设备软件的升级包括终端软件的升级、读写器等硬件部件的固件升级，终端软件的升级和主要硬件的固件升级步骤相同。安装和升级相关系统软件时均使用可直接运行的安装包和升级包，尽量避免和减少人为配置动作。软件升级的具体工作分为版本发布、版本控制、版本替换等步骤。多功能自助客服机在设备上电后，自动启动操作系统和运行应用程序，而不需人工干涉。

版本发布：版本发布主要由 Builder 工具负责，Builder 工具针对新版本的软件制作升级包，并发布到 Server 端。

版本控制：由于多功能自助客服机是自助设备，所以版本的控制权放在 Server 端，Server 端可对多功能自助客服机的软件版本进行控制，可对其进行更新、回溯、配置未来更新等操作。

版本替换：版本的实际替换是由 Client 来负责，Client 接收到新版本的组件后，就会替换掉本机的旧组件。从而完成软件的更新。

14. 乘客扫码支付

乘客在多功能自助客服机进行充值、异常处理（超时超程更新等）时，由系统自动生成当次交易金额后，在人机交互界面显示交易类型、交易金额及第三方支付二维码，此时乘客打开手机移动支付客户端 App，对该二维码进行扫码操作，验证通过并支付成功后完成支付。

乘客在多功能自助客服机进行充值、异常处理（超时超程更新等）时，由系统自动生成当次交易金额后，在人机交互界面显示交易类型、交易金额及第三方支付二维码。

此时乘客打开手机移动支付客户端 App，对该二维码进行扫码操作，验证通过并支付成功后完成支付。乘客使用互联网电子支付完成付款后，多功能自助客服机将出票信息上传至上级系统。乘客可以在购票过程实现取消购票，对于没有扣费成功的订单交易，多功能自助客服机可停止扣费，自动终止付款购票流程。

15. 乘客付款码支付

乘客在多功能自助客服机进行充值、异常处理时，由系统自动生成当次交易金额。

乘客付款码支付如下：设备在乘客显示器上提示乘客，将手机移动支付客户端 App 的支付码对准设备前面板的二维码扫描窗口；在设备对乘客手机屏扫码，验证该二维码是否合法正确，验证通过并支付成功后完成支付。

二维码扫描器扫描支付码支付成功后，设备将在车票中写入相关的车票信息，包括进站/出站车站、日期和时间、有效期、车票金额等。

### 5.6.4 示范样机技术指标

本小节介绍的多功能自助客服机在广州地铁进行了安装与应用，示范样机如图 5-52 所示。示范样机的主要技术指标如下。

（1）输入电源：220 V+10%/－15%，50 Hz±4%。

（2）最大功率：≤200 W。

（3）数据准确性达到 99.99%。

（4）车票读取速度：<0.5 s/张。

（5）整机外形尺寸：440 mm（宽）×570 mm（深）×1 530 mm（高）。

（6）整机质量（估）：60 kg（净重）；80 kg（毛重）。

（7）整机外壳防护等级：IP31。

（8）可靠性：MCBF≥50 000 次，MTTR≤30 min。

（9）整机电气安全特性：具有漏电、过流、过压、短路保护功能，可防雷击、防浪涌，符合 GB 4943.1—2011 要求。

图 5-52 多功能自助客服机示范样机

（10）整机环境条件：工作温度：0～45 °C，存贮温度：－10 °C～50 °C，工作湿度：10%～95%（相对湿度、无结露），存贮湿度：10%～95%（相对湿度、无结露）。

# 第 6 章

# AFC 系统智能运维

近几年，中国城市轨道交通通车里程爆炸式增长，截至 2019 年 12 月，我国累计有 38 个城市投入运营轨道交通，线路长 6 018.63 km，日均客流 7 469.6 万人次。未来十年，城市轨道交通还将持续有新的建设和运营浪潮，城市轨道交通运营里程将超过 10 000 km，年均客流量也将快速攀升，我国将的成为名副其实的轨道交通强国。

但是随着运营时间的逐渐增加，各城市轨道交通都出现了设备磨耗与老化的问题，设备可靠性能降低，故障率上升，同时网络化运营的持续推进，导致人员成本不断激增，来自可靠性和成本方面的压力使得国内各地铁运营公司不得不转变传统以人力为保障的运维模式向着智能化方向优化，以物联网、大数据、云计算、移动互联和人工智能等技术集成运用到城市轨道交通各系统设备维护中。

同时，为不断跟上轨道交通产业快速发展的步伐，实现城市轨道交通系统的安全持续发展和运营，科技部和交通运输部《的“十三五”交通领域科技创新专项规划》提出需要在交通领域加强对云计算、大数据等新技术的推广应用战略，实现信息化与自动化两化融合；国务院发布《“十三五”现代综合交通运输体系发展规划》等一系列政策明确提出了“提高运营管理智能水平，加快完善现代综合交通运输体系”的指导思想，给城轨行业发展指明了方向：基于多层域感知、人工智能、移动互联、主动协同等技术的应用，通过对传统设备的智能管理、故障预警与健康管理，实现设备全生命周期管理，提高设备智能化运维水平，已成为新时代轨道交通创新技术的发展趋势。

目前，在 AFC 领域，全国各地铁公司智能运维研究与建设水平的差异性较大，总体可分为 3 个梯队：第 1 梯队以上海、广州地铁为代表，公司层面已完成智能运维顶层规划，在现场设备数据感知层、数据平台层及应用层开展了整体智能运维应用规划与部分建设，计划后续的推广实施；第 2 梯队以北京、南京、武汉地铁为代表，尚未从公司层面形成整体智能运维规划，但已经在现场设备数据感知层及应用层进行了部分试点建设，建立专业设备智能运维平台；第 3 梯队以无锡、重庆、郑州地铁为代表，初步开展智能运维的研究与探索，侧重研究现场设备数据感知层，进行设备智能化功能的尝试。

本章主要在广州地铁现有运维管理情况简述的基础上，详细描述智慧售检票系统智能运维管理的内容及发展方向。

目前，广州现已建成开通 14 条、全长 514.8 km 的地铁线路，同时还有海珠区环岛新型有轨电车试验段（7.7 km），正同步推进 12 条、308 km 的地铁新线建设，统筹负责 27 个国铁、城际、综合交通枢纽、市政道路项目投资建设。目前，广州地铁日均客运量超过 900 万人次，最高日客运量达 1 156.9 万人次，承担了广州市超过 50%的公交客流运送任务，客运强度位居全国前列，十三五期间，累计运营里程将达到 840 多 km，结合新一轮《广州市城市总体规划（2017—2035）》。编制，预计 2025 年广州轨道交通线网规模超千公里。

近年来，公司始终坚持“全程为你”的服务理念，精心组织运营，不断提高运营水平和服务质量，为乘客提供了安全优质的交通运输服务。根据国际地铁协会（CoMET）披露，在全球 38 家大型地铁中，广州地铁多项主要运营指标保持行业领先。其中，10 年平均伤亡率、连续 4 年车站犯罪事件发生率最低，运能利用度、运营服务可靠度、列车正点率行业领先。

## 6.1 维修策略介绍

AFC 系统运维，根据场景需求、方法技术以及设备的智能化程度，可简单分为传统运维、自动化运维、敏捷型运维及智能运维等四个阶段。

1. 传统运维

传统运维以人为主导，基本依靠人力排检修，存在设备设施检测能力不足，运维模式以主观经验修、故障修存在，因个人经验参次不齐，被动运维特征明显，同时为确保设备的可靠性，人力投放成本占比较大。

2. 自动化运维

在设备的日常维护中，选取部分具备显著重复、有规可循的内容项目由自动化程序系统介入监管，在符合一定条件的运转前提下，将有关简单重复内项目由自动化设备机器进行维修，可较大降低人工误操作风险，减少人工成本，然而具体业务覆盖面不大，此外有关的运维设备需要人工定时干预调校，以确保实现自动化运转，成本节约有限。

3. 敏捷型运维

应用于设计间的闭环交互，由于自动化设备的普及，检测技术的提升，具体浅层交互的网络化系统以综合平台的方式实现某类问题的决策判断，使运营经验逐步向设计需要转移，实现运营团队与设计团队之间更具协作性，更高效的联动关系。

4. 智能运维

建立智能运维平台，融入智能技术，不但提高了传统人力运维经验的获取效率，且因资源的集成和逻辑认识的提升，协同指引，集架构、系统、应用、管理及优化组合为一体，使智慧运维具备感知、传输、分析、决策的综合智能能力，对运维过程中人、机、物可匹配复用，可很好节约有关运维资源。

其中前三个运维阶段普遍以单一甚至组合的方式存在于运维场景，随着粗放模式的转变和人工智能的技术发展，设备运维整体有了自学习、引导决策的概念，实现更高维度的设备群智慧运维，体现了“人”“机”“物”“平台”及“智能技术”的协同关系。

针对传统运维中存在数据孤岛、信息离散、平台封闭、被动响应等问题，结合大数据、物联网、云计算、人工智能等技术手段，进行运维体系变革。

通过构建智能维保信息化管理系统利用在线监测、故障诊断和预测、数据融合、专家分析决策、全寿命周期管理等关键技术，实现关键设备智能诊断和健康管理应用，全面构建基于状态感知及维修全过程数据的精准维护维修模式，结合设备设施全寿命周期健康管理体系，实现面向线网运营场景需求的智能决策，达成体系迭代的智能运维。

## 6.2 维修要素

智能运维的成功实施需要将一些预定的标准纳入所有业务活动水平。解决维修的因素概况有三个，即企业经济因素、社会因素、环境因素，每一个可持续发展因素提供了一套广泛适用的标准，并且还可以与可持续发展方面的专家进行讨论。企业因素如表 6-1 所示。

表 6-1　企业因素

| 主标准 | 子标准 | |
|---|---|---|
| 企业因素 | 1. 硬件成本 | 17. 平均修复时间 |
| | 2. 应用技术的复杂性 | 18. 生产系统类型 |
| | 3. 软件成本 | 19. 具体生产计划 |
| | 4. 平均故障间隔 | 20. 系统规划 |
| | 5. 系统风险水平 | 21. 维修性 |
| | 6. 研究和开发成本 | 22. 故障类型的严重性 |
| | 7. 顾客满意度 | 23. 技术可行性 |
| | 8. 产品多样性 | 24. 灵活性 |
| | 9. 创造力 | 25. 投资回报 |
| | 10. 产品开发阶段 | 26. 需求的紧迫性 |
| | 11. 竞争力增强 | 27. 备用设备的可用性 |
| | 12. 当前可靠性水平 | 28. 备件的可用性 |
| | 13. 可靠性改进计划 | 29. 损坏和磨损率 |
| | 14. 访问难度 | 30. 交货期 |
| | 15. 产品/服务的质量 | 31. 生产成本损失 |
| | 16. 时间效率 | 32. 员工培训费用 |

社会因素如表 6-2 所示。

表 6-2　社会因素

| 主标准 | 子标准 | |
|---|---|---|
| 社会因素 | 1. 利益相关者的参与 | 6. 管理和工程专业的发展 |
| | 2. 雇佣问题 | 7. 员工的健康 |
| | 3. 员工安全 | 8. 员工薪资 |
| | 4. 员工培训 | 9. 政府法规 |
| | 5. 员工的认同度 | 10. 控股与社会标准 |

环境因素如图 6-3 所示。

表 6-3　环境因素

| 主标准 | 子标准 | |
|---|---|---|
| 环境因素 | 1. 能源消耗 | 6. 废弃物清理成本 |
| | 2. 现有的环保标准 | 7. 废弃物类型 |
| | 3. 环保规划 | 8. 有毒物质排放到空气、土壤、水中 |
| | 4. 内部的有毒物质排放 | 9. 资源可用性 |
| | 5. 原材料消耗 | 10. 环保管理系统 |

表 6-1 可持续性主标准，包括商业/经济部分，包括 32 项造价和技术相关的子标准，其中有关维修策略选择问题的大多因素已被其他研究论文考虑到（见表 6-1）。这些子标准提出了成本的概念以及维修策略涉及的效率、质量和技术因素等问题，并可以通过一个全面的文献综述获取这些信息。

众所周知，硬件和软件的成本以及人员培训成本，解决了一个特定维修策略的实施成本。失去了生产和投资回报率的成本是维修策略的经济影响在生产系统中的指标。备用机和部件的可用性以及可修复性，将会对维修策略的检查能力加以限制。从发现维修策略可以影响成品可用时间和质量以来，在指定的交货时间渲染高品质的产品以满足顾客期望便成为可持续维修策略选择问题的一些关键因素。

故障间隔期，设备的磨损、破坏及严重的故障类型说明了选择一种恰当维修策略的重要性，因为这些因素可以广泛影响设备的退化状态。一旦确定了一个可用性强的生产计划，决策系统可以制订相应的维修计划，同时要考虑设备的可用性时间信息。系统设计是可持续性维修策略选择问题的另一因素，由于组件之间相互依赖，系统设计的好坏可能会影响到整个系统。

技术的可行性是维修策略选择要考虑的首要因素，因为并不是所有的维修策略都适合特定的设备。探测设备内部部件的难度可能会导致拆卸设备维修，由此造成更长的停机时间和更大的利益损失。同时，恰当的维修策略可以提供所需重要资源的精度和可用性水平，比如实验室和机器设备能够为公司开发新的服务和产品，给公司带来蓬勃的生机。此外，恰当的维修可以防止设备在引进、使用和老化整个寿命周期中出现不必要故障。

当前以及预期的系统可靠性水平是维修策略选择的重要因素。考虑在维修过程中选择不同的生产系统同样非常重要。同时，系统的灵活性也是一个重要因素，可以通过实施恰当的维修策略得以实现。

可持续性社会或道德因素提出了影响维修策略选择的人力资本或社会资本（见表6-2）。企业任何策略的成功实施都需要利益相关者的支持和参与。同时还需要对人员进行能力评价，判断企业现有的员工是否能够执行所选择的策略或判断是否需要雇佣新的或培训新的员工来执行维修策略以保证有关策略目标的实现。公司内部的安全、健康标准和政府法规一样，都可能会影响维修策略的选择。

基于环保的可持续性子标准，如有毒物质的排放、能源消耗、资源耗损以及废物生产都可能会明显影响维修策略的选择（见表6-3）。公司非常愿意修改自己的政策，以尽量减少负面影响。毫无疑问采用恰当的维修策略，可以有效减少有害物排放以及废弃物的生产速度，反过来也节省了原材料，特别是由于一些废弃物是很危险的，难以回收或者需要昂贵的清理费用。此外，实施恰当的维修策略可以减少设备的停机时间，通过防止设备闲置以及确保维修过的设备正常运行，达成降低能源消耗的目的。

综上所述，我们确定了影响维修策略选择的32个企业因素的子标准，10个社会子标准和10个环境子标准。决策系统可能会发现有很多影响维修策略选择的复杂而混乱的子标准，决策结果可能会不准确、不一致。为便于分析，对52次标准进行降维处理，实现更有效的评估。通过对AFC设备的分析，我们总结了一些主要因素，即维修受设备质量、维修能力、乘客行为、成本控制等制约因素。

1. 设备质量

不同厂家的设备、甚至同一厂家的不同批次设备都会有质量（如可靠性指标）的差异。原因如下。

（1）设计能力的差异：不同厂家的设计思路各有特点。

（2）元器件质量的差异：如传动机构中的小型电机，不同产品在寿命、稳定性、尺寸等不同。

（3）制造水平的差异：不同厂家的生产流程管理能力和员工素质各有高低。

（4）成本控制：项目周期因素导致个别厂家为控制成本而降低设备的冗余度和可维修性。

2. 维修能力

无论地铁公司还是承包商的维修能力都受制于维修人员的专业素养、工作责任心、学习研发能力和队伍稳定性。

3. 乘客行为

由于乘客的使用或操作不当而造成设备故障或损坏的情况时有发生。

4. 成本控制

地铁公司为控制运营成本将维修业务全部或部分外包、或与供应商联合维修，都会对维修的效率和效果产生影响。

## 6.3 维修策略的选择

不同的设备和部件有着不同维修策略的选择，按维修间隔分为：日常维护、月度维护、季度维护、半年检、年检、中修、大修等，而实际上在执行过程中会根据每个模块的特点进行维修分类，即：关键部件预防维修策略、定期维修策略、建立维修知识数据库和维修决策支持系统、建立可靠性评估与风险预警技术，下面将详细介绍这几类策略的选择。

1. 关键部件预防维修策略

通过对北京、上海、深圳和广州地铁运营公司调研，了解到为防止关键部件损坏或故障导致出现重大故障和影响，关键部件一旦触发某种条件，为了规避风险，不管当前部件的寿命如何，基本上全部按照原厂商的建议，强制性对当前部件进行更换。关键部件往往比较昂贵，且回收利用率低，此方法虽然减少了重大风险的发生概率，也造成了资源的不必要的浪费和企业成本的增加。原厂商的建议是否正确，是否贴合实际情况（触发条件的早、晚是否合理），一直是地铁运营公司思考的问题，各地铁运营公司也一直在研究设备的交易量、故障数、设备类型等数据之间的关系，寻找自动售检票系统关键部件之间的某种内在规律，利用软件分析工具和算法，分析机械传动、电路、软件异常等潜在故障发生的可能性，达到关键部件故障提前预判，人为介入，实施精确高效维修，减少非计划性停机，提高设备的正常运行时间，使其保持在一定水平上运行，减少企业投入成本。

目前，常见的 AFC 关键部件预防性维修包括：AGM 扇门电机和一些关键的信号传感器。

2. 定期维修策略

通过研究产品出厂定义而进行的周期性修策略，并结合自动售检票系统的产品故障、故障数据和产品实际寿命，制定定期维修策略（日检、月检、季检、半年检、年检、中大修等），建立自动售检票系统中的设备、部件周期检修阈值（触发条件）和该阈值对应的任务（维护任务清单）；当监控到部件使用情况达到阈值时，生成预警和对应的保养任务，实现系统自动化指导维护保养工作，避免人为因素干预，提高设备的服役时间。

3. 建立维修知识数据库和维修决策支持系统

建立 AFC 设备维修知识数据库，研究设备故障发生频次与负荷之间的关系，通过数据分析与研究，对同一设备相同或不同故障，通过数据分析厘清负荷与故障之间的关系，为维修决策提供数据支撑，给出维修处理最优建议，根据建议制定相应的维修策略，提高维修的准确性和适应性，实现精准维修，优化维修成本、提高自动售检票设备维护效率，让传统的计划修，慢慢过渡到基于设备状态的维修，从而摆脱原厂家的制约。

4. 建立可靠性评估与风险预警技术

研究自动售检票设备千票次故障数（千票次故障数趋势、千票次故障同比环比）、设备故障数（设备故障次数趋势、故障次数同比环比）、设备内部模块故障次数（模块故障次数趋势、模块故障次数同比环比）、设备可靠度（设备可靠度趋势、设备可靠度同比环比）、频发故障事件数（频发故障事件趋势、频发事件同比环比），建立设备运行阈值配置、设备运行监控、人员监控等，对设备运行的各阶段状态可靠性指标予以量化评估。

## 6.4 智能维保信息化管理系统

通过智能维保信息化管理，实现对于维保服务过程的全生命周期管理，包括开发服务管理、设备管理、备件管理、人力资源管理、监控系统、智能图表、知识库管理等模块，从而解决地铁维保过程中的效率低、管控难、成本高等问题，提高 AFC 设备管理智能化水平。

### 6.4.1 需求分析

1. 技术要求

随着城市轨道交通线路的不断增多，设施的设备数量剧增，设备维护管理信息化的重要性愈发突显，目前多家轨道交通企业虽然已经建立了一些设备管理信息系统，但是各个系统的业务不够完善和相对孤立，信息数据源的利用率不高，因此需构建一套完整、适合城市轨道交通关键设备管理要求的智能运维管理系统，既要立足于生产现场的资产与备件管理、设备点巡检管理、故障管理及状态监测管理等基本要求，又能提升设备网络层动态数据更新、维修和故障管理水平，实现规范化的动态数据需求和决策分析管理。

2. 实现闭环式处理机制

开展城市轨道交通关键设备智能运维需求分析时，需要始终坚持戴明环（PDCA）的闭环跟踪环节，从系统高度上为关键设备智能运维全过程提供一个“发现问题—处理问题—解决问题—问题反馈”的作业处理机制，并能实时根据各种维护类型监测目前的执行状况。工作流程如图 6-1 所示。

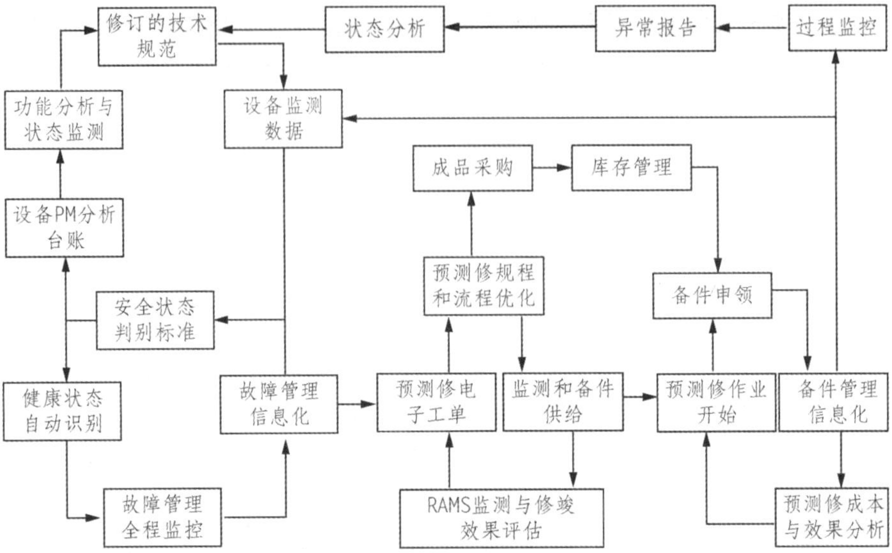


图 6-1　城市轨道交通智能运维需求分析

从图 6-1 可以看出，城市轨道交通智能运维系统包括 6 个相互关联的功能模块：即预测性维修知识管理模块，故障管理模块，维修过程管理模块，备件执行管理模块，维修物料追踪模块和可靠性信息反馈模块。智能运维系统在运作过程中，一旦通过设备状态监测数据预测到故障状态或者启动预测性维修作业模式时，系统应能及时采取一整套行之有效的监控措施。主要功能如下：

（1）人员状态监控：利用智能维保信息化管理系统的实时性，可以实时查看当前人员考勤、上班、工单状态、维修时效等，最大化地提高工作效率。

（2）设备健康状态监测：根据现场传感器过程监控反馈回来的异常报告，事先根据设备状态设置的健康阈值，实时判别设备处于何种类别的健康状态，同时依据大数据分析结果提供健康维护的辅助决策。

（3）故障快速排除决策：以最快的时间定位故障根本原因，并根据戴明环（PDCA）基本原理迅速形成规范化的故障快速决策和根本原因分析策略，正确执行设备故障管理信息化所需要的维修模式、维修时机、维修周期、维修成本和维修更新价值等决策策略，实时下达预测维修电子工单。

（4）RAMS（Reliability Available Maintenance Safety）监测策略：贯穿以可靠性为中心的维修思想，执行故障后果导向的预防性维护策略优选，以减少关键设备故障维修概率，优化预测性维护相关标准为参考，通过大数据统计与分析，优化预测性维修规程、流程、备件和物料需求，以及预测性维修验收要求。

### 6.4.2　系统构建思想

AFC 智慧维保信息化管理系统是以 AFC 智能维保信息化管理为重点，关键考虑以下几方面的问题。

（1）设备管理平台：建立设备管理平台，用户可根据需求，在此功能模块中对设备的状态加以修改，对各阶段的设备状态进行及时、准确的统计；建立线路管理、车站站点管理、故障代码管理、设备档案管理等功能模块，实现对设备归属界定，实现对运行过程中的技术状态、维护、保养等运行情况的记录，给故障电子化管理的实现提供后台数据支撑，使系统准确反映设备现行状态，实现财务设备和实物设备的清晰对应，设备产品全生命周期管理，即建立设备的设备档案，并对其进行编码，在系统随时可查当前设备所在仓位或者应在哪台设备上，有效规避丢失风险的同时，对其状态进行监控，包括：使用信息、故障信息、维修信息等，为后续的管理提供决策依据。

（2）线路管理：为管理系统提供基础数据，对设备站点管理、设备档案的设置、归属等配置时将会调用此数据。

（3）站点管理：用于在系统上维护站点的基础信息，线路、设备都与站点相关联。对设备站点管理、设备档案的设置、归属等配置时将会调用此数据。

（4）故障代码管理：用于在系统上维护故障代码信息，当设备发生故障时，可通过故障代码获取到发生故障的部位、原因、维修指导方法等。

（5）设备档案管理：建立设备信息档案库，包含需要参与业务的设备档案数据，记录设备配置数据，记录设备运行全过程的数据。

（6）物资管理平台：建立物资业务管理平台，提供线上线下业务需求，建立备件申请、备件审批、备件返仓、备件维修、备件管理等管理子功能，通过个各子功能之间的关联，记录物资当前状态以及使用情况，实现物资全生命周期监控。

物资业务管理主要功能如下。

① 备件申请：提供备件申请流程，如：维修人员向本工区仓库或二级仓库向一级仓库做备件申领业务。

② 备件审批：提供备件审批流程，如：维修人员向本工区仓库或二级仓库向一级仓库做备件申领后提交管理者做备件发放审核。

③ 备件返仓：提供备件返仓申请流程，如：维修人员向本工区仓库或二级仓库向一级仓库作备返仓处理业务。

④ 备件维修：提供备件维修申请流程，如：故障备件出库维修申请，并记录备件维修情况以及二次返修等业务需求。

⑤ 报废管理：报废件处理流程，提供备件报废申请、审批业务的处理、管理。

⑥ 服务管理平台：建立服务管理平台，主要提供工单管理、任务管理、事件管理等功能业务，向用户提供维修维保任务制定、发布、工单查询等功能；建立前后台控制模式，后台新建计划性任务，新建临时性任务、查询等业务控制功能，而前台，主要在移动端响应后台派发的任务，执行系统派发的工单，工单的处理与录入。以致实现故障电子化管理，使系统准确反映设备现行状态，保证正常的生产运行。

1. 工单管理

工单任务查询：工单任务查询模块是用于在系统上在线查询目前的任务信息、完成情况等。

工单预警配置：工单预警配置功能是用于设置预警的警戒时间，超过该时间时就会在工单预警模块中显示。

工单预警：工单预警实现在系统上查看已超出预计时间的工单，及时做好解决方案。

2. 任务管理

保养计划：提前制定好保养类型的项目，再针对所选的设备一一进行维护保养等日常工作。根据线路、站点、设备类型、设备编号（多内容）等条件匹配出符合要求的设备，系统会对所匹配到的设备生成相应的任务。

计划性任务管理：计划任务管理模块是将建好的保养计划对应地分配给工程师，形成对应的工单后，工程师根据工单内容执行。

临时任务管理：临时任务管理模块在系统上临时创建任务，然后再对应分配给工程师，形成对应的工单后，工程师根据工单内容执行。

人员管理平台：建立人员管理平台，分别从人员班次管理、支援管理、人员排班、考勤管理等功能对维护人员的考勤、位置加以监控，记录人员活动，项目管理人员可通过管理系统查询并根据维保人员状态进行人员调配，最大化地优化人力资源，提高工作效率，降低成本。

智能图表管理平台：建立智能图表管理平台，对设备运行数据分析统计，通过管理系统自动分析，形成可视化图表，直观明了，便于管理者对设备的运行情况做相对应的决策。通过对设备千票次故障次数趋势统计、设备故障数统计、模块故障数统计、设备可靠度统计、频发故障数统计、人员效能统计以及设备故障同环比统计分析，从各项设备运行信息反映出设备运营过程中运行情况，为管理人员提供数据支撑，及时调整设备、解决问题，保证设备正常运转、质量。

千票故障次数统计以及同环比分析：系统通过数据分敛，自动统计设备千笔交易产生的故障数，以可视化界面呈现出千票次故障数趋势图、同环比和列表。

设备故障次数统计以及同环比分析：系统通过数据分敛，自动统计设备运行过程中的故障数，以可视化界面呈现出设备故障数趋势图、同环比和列表。

设备故障次数统计以及同环比分析：系统通过数据分敛，自动统计设备运行过程中的故障数，以可视化界面呈现出设备故障数趋势图、同环比和列表。

模块故障次数统计以及同环比分析：系统通过数据分敛，自动统计设备运行过程中各个模块的故障数，以可视化界面呈现出设备故障数趋势图、同环比和列表。

设备可靠度统计以及同环比分析：系统通过数据分敛，自动统计设备运行过程中各类设备的可靠度，以可视化界面呈现出设备可靠度趋势图、同环比和列表。

频发故障数统计以及同环比分析：系统通过数据分敛，自动统计设备运行过程中各类设备在设定的业务规则中，出现故障的重复事件次数，以可视化界面呈现出设备频发故障数趋势图、同环比和列表。

健康控制管理平台：建立设备健康控制管理系统，通过设备日志、交易次数、故障情况进行零部件故障的深度统计分析，建立部件周期检修阈值，对预见性的故障提出预警，定期提供一个解决方案。通过设备档案、配置设备部件的周期性检修阈值和相对应的解决方案，通过设备日志、交易次数、故障情况进行零部件故障的深度统计分析，当触发原型设定的检修阈值时，自动调用解决方案、产出预警，并生成任务工单，将由相应的维修人员响应处理。

综上所述，系统设计工作的出发点应为如何应用智慧维保信息化管理系统完成AFC 维保的全生命周期管理。基于目前 AFC 专业设备的业务现状，建设一套以自动化派单、实时监控、统计分析为核心业务的管理功能，改善目前维保运作方式的不足之处，监控设备的运行情况，提高设备维保的效率。

### 6.4.3 系统设计原则

1. 功能设计原则

（1）有利于执行科学的管理流程。

基于现代设备管理办法，实现对设备的科学管理，增强管理的功效。在软件投入使用以后，业务信息和数据格式都获得了科学的处理，能够有效地规避人工管理导致的数据问题。

（2）完整规范的数据管理。

每个系统的功能对每一个访问用户操作是一致的，采取相同的格式，一致的级别。采取多方面的层次和角色访问控制系统，分别记录和控制，既可以避免每个人一个版本以及杂乱的模式又能确保所有用户级和层次的人在等同的接口操作和浏览信息的范围，仅仅是对个人的一系列项目范围进行管理，确保数据的一致性和标准化。

（3）推动工作协调，增强工效。

系统工作之后，推动职能相互间的工作更为透明和标准，更方便地协调统管，通过相关的系统解决方案可以保持与集团公司信息化规划一致。在系统中，能及时反映出来哪一个数据不对或是哪一个环节出了问题，并且可以将问题的关键追溯到对应的源头。

2. 技术设计原则

为了提高系统的可扩充性和可维护性，最大程度地缩小因需求的变动而造成的修改，系统的设计、研发和工作主要是根据下述的基本原则进行的。

（1）系统性和整体性。

鉴于应用程序解决办法的过程中，站在系统工程层面而言，其身为重要的整体，有关的整体解决方案理应将规避局部化的损失视为整体目标，并落实相应的优化。整个北京地铁 AFC 专业设备管理系统是着眼于未来的发展，注重当前的实际情况，以“管理导向、辅助决策”作为设计思想，来进行总体的设计。

（2）先进性和实用性。

采用现代的管理思想及理论是设备管理系统先进性的表现，从国内外设备管理的经验中吸收其优秀经验，推动管理能力提高到全新的高度。在实际运行的背景下，理应尽可能地运用当代优秀的，并且有着较大发展空间的信息技术，保证系统可以适应于当前的要求，符合未来技术的现实需要。

3. 标准化与开放性

产品的选择在系统的设计与开发中应遵循标准化原则，应选择一些符合标准的产品和技术。数据规范、开发方法、指标代码体系在应用软件的开发中都应符合软件开发的需要。不仅如此，系统也理应符合开放式设计的基本理念，存在着可拓展性、可移植和可维护的基本特征。

4. 适应性和灵活性

其旨在响应条件和现实需求的改变，比方说用户来组织调节和业务拓展的重新改变等。系统在架构和功能设计上，能够适应于各个用户的现实需要，和差异性的运用状况，诸如业务联系无法处理的情况下，应该允许将工作一起转移。

5. 安全性和可靠性

设备管理系统在系统结构上，在数据层、应用层均支持负载均衡、在线设备等技术，在系统的结构中保证系统的可靠性。设备管理系统必须实施严格的控制和管理办法，用健全的、安全的管理体系来保障数据的全面性的特点，利用良好的质量控制来保障系统的良好。

### 6.4.4 系统架构设计

1. 系统架构图

如图 6-2 所示为本平台逻辑架构图，整体展现说明包括以下几个方面的内容。

（1）应用系统建设本次项目的一项重点就是实现对传统老旧的管理模式的全面升级以及新的应用系统的开发，降低项目过程中人员的参与度，降低人员的投入成本，从而建立行业的全面的应用系统架构群，实现电子化办公及相关电子台账等信息化管理解决方案。整体应用系统通过整合，完成应用系统的统一化管理与维护。

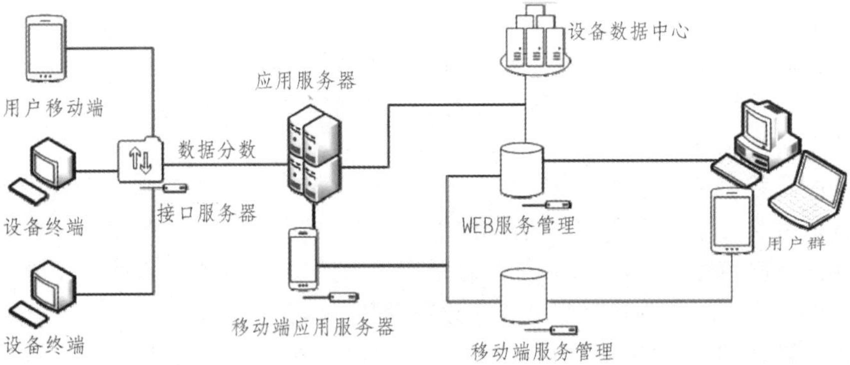


图 6-2　系统构架图

（2）应用数据采集整体应用系统数据源分为两类，具体包括设备终端和用户终端上报方式，本次项目就要实现对这两类数据的有效采集和管理。通过接口服务器对接，进行数据分敛，对于非结构化资源，我们将通过相应的资源采集工具完成数据的统一管理与维护。采集后的数据经过有效的资源审核和分析处理后进入数据交换平台进行有效管理。

（3）数据分析与展现采集完成的数据将通过有效的资源分析管理机制实现资源的有效管理与展现，具体包括了对资源的查询、分析、统计、汇总、报表、预测、决策等功能模块的搭建。

2. 系统拓扑图

图 6-3 所示为本系统平台逻辑拓扑图，整体展现说明包括以下几个方面的内容。

本系统平台是 AFC 关键设备运维管理的数字化智能管理系统，实现对传统老旧的管理模式全面升级以及新的应用系统的开发。通过故障维修、保养、巡检等电子工单化，收集设备运行情况。在故障维修、设备保养过程中，通过工单和监控备件出入库、服役情况来统计项目备件消耗情况，实现设备服役过程中的全生命周期监控，通过对设备运行状态、备件状态的监视来为企业提供备件采购、设备优化、负荷调整等生产作业的优化方案。通过对 AFC 系统生命周期进行全程监控，干预系统早期、事前、事中、事后生命周期系统安全性、可靠性的相关过程和活动，降低系统运行过程中的故障率、安全风险事件发生率，从而最终达到提高系统能力、减少故障处理成本和事件后果成本、实现全生命周期成本优化的目的。

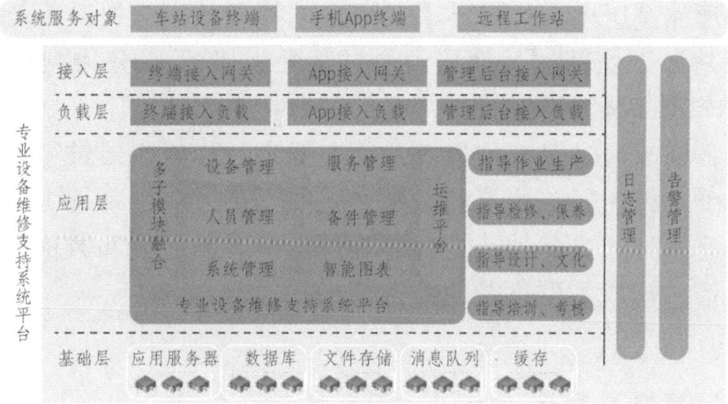


图 6-3　AFC 智慧维保平台拓扑图

整体应用系统架构设计分为五个基础层级，通过有效的层级结构的划分可以全面展现整体应用系统的设计思路。

基础层：基础建设是项目搭建的基础保障，具体内容包含了网络系统的建设、机房建设（如有）、多媒体设备建设、存储设备建设以及安全设备建设等，通过全面的基础设置的搭建，为整体应用系统的全面建设打下良好的基础。

应用层：应用数据层是整体项目的数据资源的保障，本次项目建设要求实现全面的资源共享平台的搭建，所以应用数据层的有效设计规划对于本次项目的建设有着非常重要的作用。从整体结构上划分，我们将本次项目建设数据资源分为基础的结构型资源和非结构型资源，对于非结构型资源，我们将通过基础内容管理平台进行有效的管理维护，从而供用户有效地查询浏览；对于结构型数据，我们进行了有效的分类，具体包括故障维修数据、保养数据、备件库数据等业主进行的分类规划，通过系统中各子系统（服务管理、设备管理、备件管理、人员管理、智能图表、系统管理等）之间的交互和数据分敛，实现工单智能派发，台账实时更新。从而解决派单管理传统老旧、备件管理杂乱、周转率低、维修效率低下、人员流动率高等局面。通过数据的有效分类，建立完善的元数据管理规范，从而更加合理有效地实现平台资源的共享机制。

（1）整体应用系统建设的基础保障，进行相关面向服务体系架构的设计，通过统一的企业级总线服务实现相关引用组件（包括工作流、表单、统一管理、资源共享等应用组件）进行有效的整合和管理，各个应用系统的建设主要基于基础支撑组件的应用，快速搭建相关功能模块。由此可见，应用层的建设是整体架构设计的核心部分，关系到本次项目的顺利搭建以及今后信息化的发展。

（2）整体应用功能将通过门户方式进行展现，架构分别设计了内网门户和外网门户，不同的应用人员通过登录可以实现相关系统的应用和资源的浏览查询操作。

（3）图 6-3 中的设计中，应用层有效地承接了我局原有应用系统分类标准，将实际应用系统分成了多个应用体系，在实际应用系统的建设过程中，本系统将在全面传承原有应用分类标准规范的基础上实现有效的、多维的应用资源分类方法，不仅如此，整体应用系统也可以通过多维的管理模式进行相关操作管理。实际应用系统的建设层，通过应用支撑层相关整合机制的建立，我们将实现应用层相关应用系统的有效整合，通过统一化的管理体系，全面提升本系统平台的管理效率，提升服务质量。

负载层：将来源于外部的处理压力通过某种规律/手段分摊到内部各个处理节点上，系统支持分布式部署，可以将应用程序部署在多个节点中，在单一的连接适配器中接收服务请求，同时通过负载均衡算法动态锚定目标服务器进行处理。

接入层：基于对以上通信协议和数据格式的支持，应用系统可以通过配置实现与其他系统的各种连接方式。此外，平台还提供可扩展的通信和数据解析组件接口，以支持具有特殊通信协议或数据格式的系统接入。

3. 主要功能

（1）智能自助报修子系统。

从系统基础数据开发，利用服务管理、设备管理、监控系统、人力资源等模块来完善、形成自动报修系统，可通过微信自动通知工程师对设备进行维保工作，减少人工传达；

利用对线路设备监控、维保项目合同要约，能新建、导入计划性任务，根据设备使用情况进行监控，并可以预测下次的保修时间，减少无用的保修成本。

（2）智能图表管理业务开发。

智能图表管理业务，提供直观清晰的考核数据，时时掌握设备运行趋势。

根据系统收集、保存的大数据，自动生成响应的报表，并具备导出功能，由本模块来反映出 AFC 设备的生命周期、千票率、完好率等信息。

（3）物资管理业务开发。

备件管理业务，从而监管各级仓库库存、借用情况、备件维修管理、产品生命周期、报废机制，提高备件周转率。

利用系统管控每个备件的使用次数，并根据厂家提供的数据，制定下一保养时间。

跟踪每个备件的流向及质量，行程数据对供应商提供的备件及维修质量进行把控。

（4）知识库管理业务开发。

知识库管理业务，提高工程师技术能力，故障维修效率。

建立知识库体系系统，对设备可能出现的故障及维修方法进行记录，并能在工程师接到维修工单的时候看到对应的维修方法，并在维修后选择此次使用的维修方式。

通过设备厂家及工程师的录入，统计出同类故障最常见的维修方法，既可以减少对新员工的培训，也可以加快工作效率。

建立考试考核体制系统，为人员管理、激励机制提供有效依据。

（5）人员管理业务开发。

人员管理业务，进行合理的组织和调配，有效控制人力资源。

对工程师考勤进行管控，导入工程师排班班表，根据班表进行考勤，包括固定地点打卡或手机签到等方式进行签到，也可以根据其技能和维修质量定下考核标准。

（6）人员管理业务开发。

设备生命周期保障业务，对设备保养频次进行预测，管理设备主要部件的质量，减少设备损坏次数。

利用备件管理、监控系统，对设备的使用情况进行监控，并可以预测下次保修时间，减少无用的保修成本。新建导入保养、升级、巡检等计划性任务，由系统跟踪计划完成进度。

智能维保信息化管理系统功能设计如图 6-4 所示。

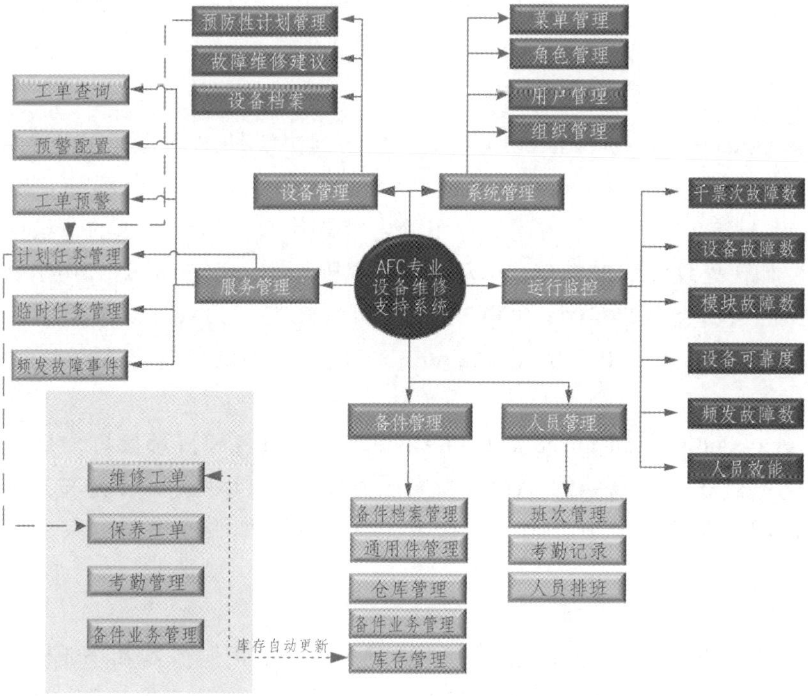


图 6-4　智能维保信息化管理系统功能设计

### 6.4.5 关键技术

1. 系统采用的主要关键技术

（1）XML 的使用：鉴于 XML 良好的扩展性，在系统中，各类配置文件均采用 XML 格式进行定义描述，系统内部报文格式也采用 XML 定义，增加了交易的可读性和可扩展性。

（2）性能优化技术：系统采用多种先进技术以提高系统的处理效率，如缓存处理、Hash 负载处理等。

（3）组件技术：系统通过组件技术，实现“热插拔”功能，为 7×24 不间断运行提供了保证。

（4）负载均衡：系统支持分布式部署，可以将应用程序部署在多个节点中，在单一的连接适配器中接收服务请求，同时通过负载均衡算法动态锚定目标服务器进行处理。

（5）异步消息队列：ECP-Queue 是一个高性能分布式发布/订阅消息队列系统，具有以下特性：快速消息持久化；高吞吐，在一台 PC 服务器上即可以达到近 10 000/s 的吞吐速率；完全的分布式系统，Broker、Producer、Consumer 都原生自动支持分布式，自动实现负载均衡。

（6）统一数据库层：解决在线系统海量数据的快速、高并发存储及访问，突破数据库的性能瓶颈；应用程序通过 JDBC 标准协议和统一数据库层连接，在不改变应用程序的前提下，提供分库、读写分离等功能，同时支持自定义规则实现路由功能。

2. 系统支持的业内标准

（1）SOAP。

Simple Object Access Protocol，简单对象访问协议是在分散或分布式的环境中交换信息的简单的协议，是一个基于 XML 的协议。它包括四个部分：SOAP 封装（envelope），封装定义了一个描述消息中的内容是什么，是谁发送的，谁应当接收并处理它以及如何处理它们的框架；SOAP 编码规则（encoding rules），用于表示应用程序需要使用的数据类型的实例；SOAP RPC 表示（RPC representation），表示远程过程调用和应答的协定；SOAP 绑定（binding），使用底层协议交换信息。

（2）JNDI。

The Java Naming and Directory Interface，Java 命名和目录接口，是一组在 Java 应用中访问命名和目录服务的 API。命名服务将名称和对象联系起来，使得我们可以用名称访问对象。目录服务是一种命名服务，在这种服务里，对象不但有名称，还有属性。

（3）JCA。

JCA（Java Connector Architecture） 提供了一个应用服务器和企业信息系统连接的标准 Java 解决方案，以及把这些系统整合起来实现最好的工作效率的方法，JCA 定义了在应用服务器和 EIS（企业信息系统）之间系统级的一个标准的协议集合，这些协议集中于集成的系统级的重要方面：连接管理（connection management）、事务管理（transaction management）、安全管理（security management）。并且定义了客户端与多个企业信息系统交互的 CCI（Common Client Interface）通用客户端接口，以及针对资源适配器的一个标准的配置发布及打包协议。

（4）REST。

REST 是三种主流的 Web 服务实现方案中的一种，因 REST 模式的 Web 服务与复杂的 SOAP 和 XML-RPC 相对比可以明显看出前者更加简洁，越来越多的 Web 服务开始采用 REST 风格设计和实现；REST 是基于 HTTP、URI、XML 以及 HTML 这些现有的、广泛流行的协议和标准。

（5）JSON。

JSON（JavaScript Object Notation） 是一种轻量级的数据交换格式。JSON 采用完全独立于语言的文本格式，但是也使用了类似于 C 语言家族的习惯（包括 C、C++、C#、Java、JavaScript、Perl、Python 等）。这些特性使 JSON 成为理想的数据交换语言。易于人阅读和编写，同时也易于机器解析和生成（一般用于提升网络传输速率）。

### 6.4.6 面向服务的架构（SOA）

系统是基于服务架构的应用系统，其主要优点有在于：快速提供应用功能的服务展现、快速提供统一的服务接口、易于与外部系统的协同。基于服务的系统运行视图如图 6-5 所示。

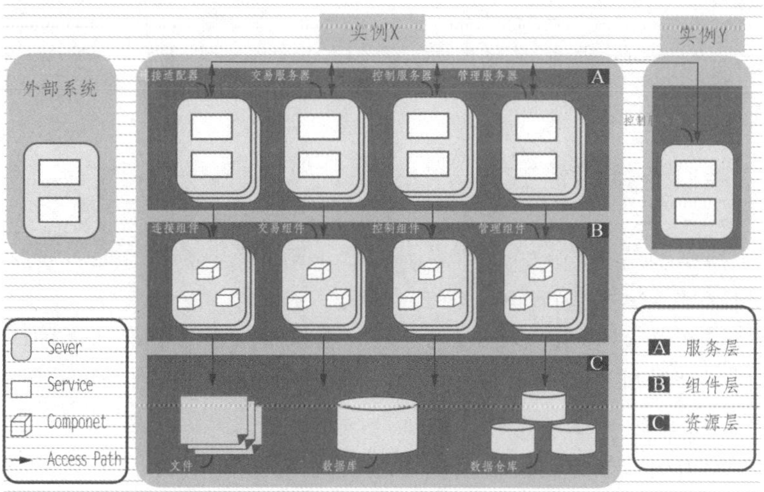


图 6-5 基于服务的系统运行视图

从图 6-5 我们可以看出系统基于服务的应用架构分为服务层、组件层和资源层三个层次。

（1）服务层：包括应用和系统服务，负责执行业务的处理流程。

（2）组件层：包括各种类型的组件，由服务层调用并完成特定的功能。

（3）资源层：包括数据库、文件等，通过组件层进行访问。

我们还可以从服务的构成和服务运行周期两个角度出发，进一步理解基于服务的应用架构。

应用系统（Application）由若干个服务（Service）组成，服务通过流程定义，调用流程中设定的组件（Component）完成预定的业务功能。每个服务都定义了接口，内部其他服务或外部系统通过接口调用服务，其中内部服务通过技术组件进行调用。应用程序内服务构成及流程图如图 6-6 所示。

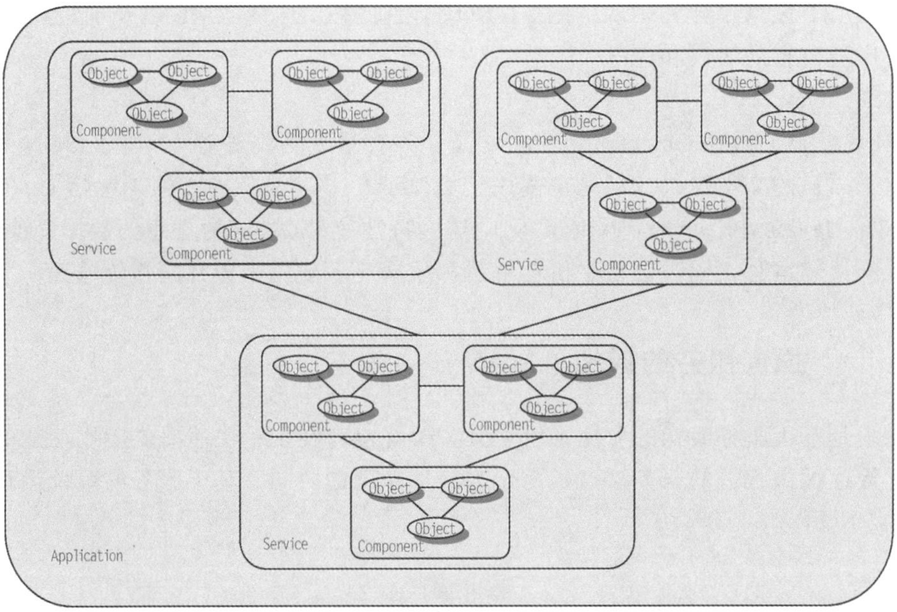


图 6-6　应用程序内服务构成及流程图

## 6.4.7　接口连接通信方案

系统除了通过 Web 管理终端进行调用，还可能需要供第三方系统进行调用。因此，系统需要支持多种渠道的连接需求。

通过连接适配器技术解决多连接的问题，系统建立多个标准的连接适配器，每个连接适配器提供一种标准的连接服务，如 Web Services 连接、TCP/IP 长/短连接、Http/Https 等。

连接适配器由统一服务运行框架调用连接组件组成，一个适配器可以根据客户的需求连接一个或多个系统，关系图如图 6-7 所示。

连接适配器根据调用和被调用的关系分为接入连接适配器和接出连接适配器。

（1）接入连接适配器完成的功能有：数据接收、数据格式转换、调用交易服务、数据发送。

（2）接出连接适配器完成的功能有：数据格式转换、调用外部服务（数据发送和接收）。

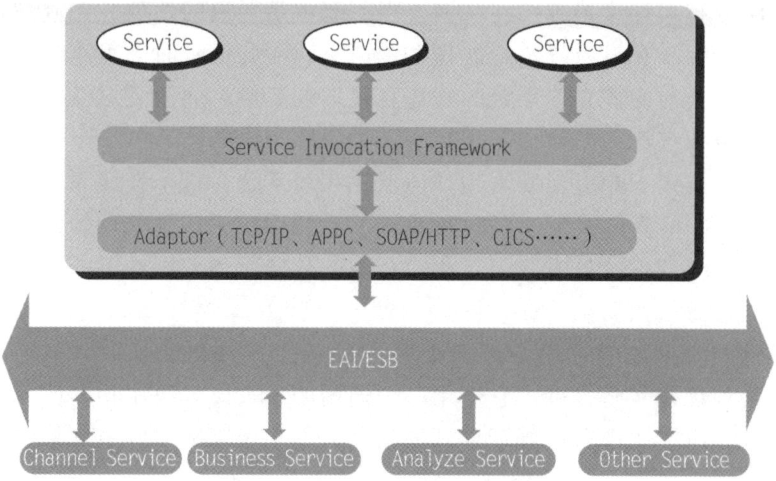


图 6-7　系统连接适配关系图

在系统中，支持多种常用通信协议、中间件的连接，包括以下内容：

（1）TCP/IP 协议各种连接方式，如：长连接、短连接、同步、异步。

（2）HTTP/HTTPS。

（3）IBM Websphere MQ/RabbitMQ 等中间件。

（4）TUXEDO 中间件。

支持多种外部数据格式，包括：

（1）定长：根据指定长度解析此类数据。

（2）分隔符：根据指定分割符解析此类数据。

（3）带长度变长：根据每个数据域指定的长度解析此类数据。

（4）定长、分隔符、带长度变长的混合类型：根据混合解析规则解析此类数据。

（5）XML：根据约定的规则解析 XML 格式数据。

（6）SOAP：根据约定的规则解析 SOAP 服务数据。

（7）FML：按照 FML 格式解析此类数据。

基于对以上通信协议和数据格式的支持，应用系统可以通过配置实现与其他系统的各种连接方式。

此外，平台还提供可扩展的通信和数据解析组件接口，以支持具有特殊通信协议或数据格式的系统接入。

### 6.4.8　采用流式计算处理大数据

大数据计算主要有批量计算和流式计算两种形态，目前，关于大数据批量计算系统的研究和讨论相对充分，而如何构建低延迟、高吞吐且持续可靠运行的大数据流式计算系统是当前亟待解决的问题且研究成果和实践经验相对较少。

流式实时分布式计算系统在互联网公司占有举足轻重的地位，尤其在在线和近线的海量数据处理上。在线系统负责处理在线请求，因此低延时高可靠是核心指标。在线系统是互联网公司的核心，系统的好坏直接影响流量，而流量对互联网公司来说意味着一切。在线系统使用的数据是后台的计算系统产生的。

对于在线（区别于响应互联网用户请求的在线系统，这个在线系统主要是内部使用的，也就是说并不直接服务于互联网用户）/近线系统来说，处理的是线上产生的数据，比如在线系统产生的日志，记录用户行为的数据库等，因此近线系统也需要低延时高可靠地处理海量数据。

而处理这些海量数据的就是实时流式计算系统。Spark 是实时计算的系统，支持流式计算，批处理和实时查询。它使用一个通用的 stack 解决了很多问题，毕竟任何公司都想要 Unified 的平台去处理遇到的问题，因为可以减少开发和维护的人力成本和部署平台的物力成本。除了 Spark，流式计算系统最有名的就是 Twitter 的 Storm 和 Yahoo 的 S4（Spark 的流式计算弱于 Storm，本书作者认为互联网公司对于 Storm 的部署还是多于 Spark 的）。

Storm 将计算逻辑成为 Topology，其中 Spout 是 Topology 的数据源，这个数据源可能是文件系统的某个日志，也可能是 Message Queue 的某个消息队列，也有可能是数据库的某个表等等；Bolt 负责数据的护理。Bolt 有可能由另外两个 Bolt 的 join 而来。

而 Storm 最核心的抽象 Streaming 就是连接 Spout、Bolt 以及 Bolt 与 Bolt 之间的数据流。而数据流的组成单位就是 Tuple（元组），这个 Tuple 可能由多个 Fields 构成，每个 Field 的含义都在 Bolt 的定义的时候制定。也就是说，对于一个 Bolt 来说，Tuple 的格式是定义好的，如图 6-8 所示。

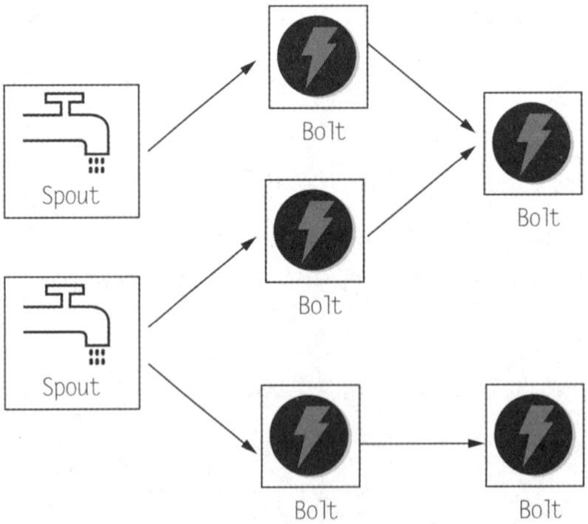


图 6-8　流式处理示意图

Storm 使用主从式系统架构系统存在一个主节点和多个从节点，主节点负责系统资源的管理和任务的协调，并完成系统容错、负载均衡等方面的工作；从节点负责接收来自主节点的任务，并在计算完成后进行反馈。各个从节点间没有数据往来，整个系统的运行完全依赖于主节点控制。

主从节点示意图如图 6-9 所示，主节点 Nimbus 运行在 master 环境中，是无状态的，负责全局的资源分配、任务调度、状态监控和故障检测：一方面，主节点 Nimbus 接收客户端提交来的任务，验证后分配任务到从节点 Supervisor 上，同时把该任务的元信息写入 Zookeeper 目录中；另一方面，主节点 Nimbus 需要通过 Zookeeper 实时监控任务的执行情况，当出现故障时进行故障检测，并重启失败的从节点 Supervisor 和工作进程 Worker。

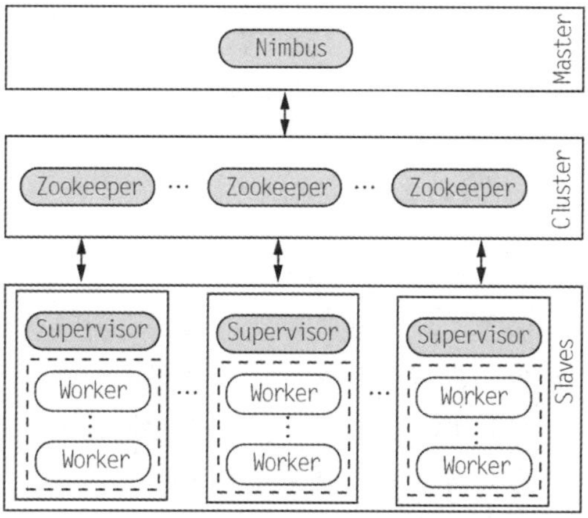

图 6-9 主从节点示意图

从节点 Supervisor 运行在 slaves 环境中，也是无状态的，负责监听并接受来自主节点 Nimbus 所分配的任务，并启动或停止自己所管理的工作进程 Worker，其中，工作进程 Worker 负责具体任务的执行。一个完整的任务拓扑往往由分布在多个从节点 Supervisor 上的 Worker 进程来协调执行，每个 Worker 都执行且仅执行任务拓扑中的一个子集。在每个 Worker 内部，会有多个 Executor，每个 Executor 对应一个线程。Task 负责具体数据的计算，即用户所实现的 Spout/Blot 实例。每个 Executor 会对应一个或多个 Task，因此系统中 Executor 的数量总是小于等于 Task 的数量。

Zookeeper 是一个针对大型分布式系统的可靠协调服务和元数据存储系统，通过配置 Zookeeper 集群，可以使用 Zookeeper 系统所提供的高可靠性服务。Storm 系统引入 Zookeeper，极大地简化了 Nimbus、Supervisor、Worker 之间的设计，保障了系统的稳定性。Zookeeper 在 Storm 系统中具体实现了以下功能：

（1）存储客户端提交的任务拓扑信息、任务分配信息、任务的执行状态信息等，便于主节点 Nimbus 监控任务的执行情况。

（2）存储从节点 Supervisor、工作进程 Worker 的状态和心跳信息，便于主节点 Nimbus 监控系统各节点的运行状态。

（3）存储整个集群的所有状态信息和配置信息，便于主节点 Nimbus 监控 Zookeeper 集群的状态，在出现主 Zookeeper 节点挂掉后可以重新选取一个节点作为主 Zookeeper

节点，并进行恢复。

数据传输是指完成有向任务图到物理计算节点的部署之后，各个计算节点之间的数据传输方式。在大数据流式计算环境中，为了实现高吞吐和低延迟，需要更加系统地优化有向任务图以及有向任务图到物理计算节点的映射方式。在大数据流式计算环境中，数据的传输方式分为主动推送方式（基于 push 方式）和被动拉取方式（基于 pull 方式）。数据传输方式如图 6-10 所示。

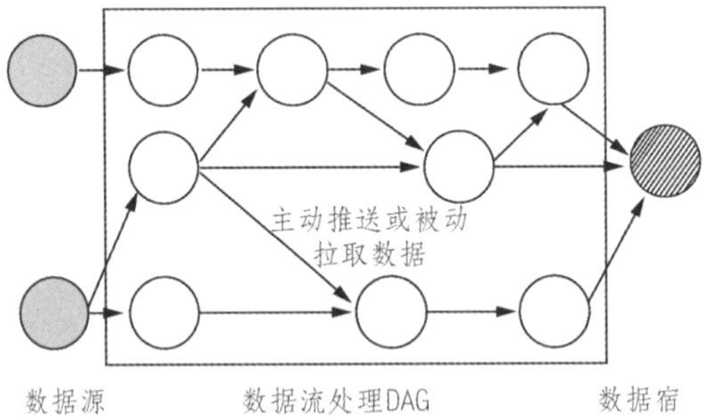


图 6-10 数据传输方式

主动推送方式：在上游节点产生或计算完数据后，主动将数据发送到相应的下游节点，其本质是让相关数据主动寻找下游的计算节点，当下游节点报告发生故障或负载过重时，将后续数据流推送到其他相应节点。主动推送方式的优势在于数据计算的主动性和及时性，但由于数据是主动推送到下游节点，往往不会过多地考虑到下游节点的负载状态、工作状态等因素，可能会导致下游部分节点负载不够均衡。

被动拉取方式：只有下游节点显示出进行数据请求时，上游节点才会将数据传输到下游节点，其本质是让相关数据被动地传输到下游计算节点。被动拉取方式的优势在于下游节点可以根据自身的负载状态、工作状态适时地进行数据请求，但上游节点的数据可能未必得到及时的计算。

大数据流式计算的实时性要求较高，数据需要得到及时处理，往往选择主动推送的数据传输方式。当然，主动推送方式和被动拉取方式不是完全对立的，也可以将两者进行融合，从而在一定程度上实现更好的效果。

1. 编程接口

编程接口是方便用户根据流式计算的任务特征，通过有向任务图来描述任务内在逻辑和依赖关系，并编程实现任务图中各节点的处理功能。用户策略的定制、业务流程的描述和具体应用的实现，需要通过大数据流式计算系统提供的应用编程接口。良好的应用编程接口可以方便用户实现业务逻辑，可以减少用户的编程工作量，并降低用户系统功能的实现门槛。

当前，大多数开源大数据流式计算系统均提供了类似于 Map Reduce 的类 MR 用户编程接口。例如：Storm 提供 Spout 和 Bolt 应用编程接口，用户只需要定制 Spout 和 Bolt 的功能，并规定数据流在各个 Bolt 间的内在流向，明确数据流的有向无环图，其他具体细节的实现方式用户不需要太多关心，即可满足对流式大数据的高效、实时计算；也有部分大数据流式计算系统为用户提供了类 SQL 的应用编程接口，并给出了相应的组件，便于应用功能的实现。StreamBase 系统不仅为用户提供了类 SQL 的应用编程接口来描述计算过程，也借助图形化用户视窗为用户提供了丰富的组件。

2. 高可用技术

大数据批量计算将数据事先存储到持久设备上，节点失效后容易实现数据重放，而大数据流式计算不对数据进行持久化存储。因此，批量计算中的高可用技术不完全适用于流式计算环境，需要根据流式计算新特征及其新的高可用要求，有针对性地研究更加轻量、高效的高可用技术和方法。

大数据流式计算系统高可用是通过状态备份和故障恢复策略实现的。当故障发生后，系统根据预先定义的策略进行数据的重放和恢复。按照实现策略，可以细分为被动等待（passive standby）、主动等待（active standby）和上游备份（upstream backup）这 3 种策略。

（1）被动等待策略：如图 6-11 所示，主节点 *B* 进行数据计算，副本节点 *B¢*处于待命状态，系统会定期地将主节点 *B* 上的最新的状态备份到副本节点 *B¢*上。出现故障时，系统从备份数据中进行状态恢复。被动等待策略支持数据负载较高、吞吐量较大的场景，但故障恢复时间较长，可以通过对备份数据的分布式存储缩短恢复时间。该方式更适合于精确式数据恢复，可以很好地支持不确定性计算应用，在当前流式数据计算中应用最为广泛。

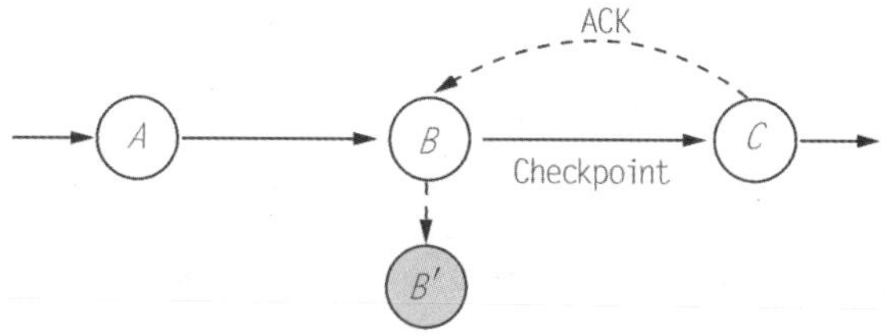


图 6-11　被动等待策略

（2）主动等待策略：如图 6-12 所示，系统在为主节点 *B* 传输数据的同时，也为副本节点 *B¢*传输一份数据副本。以主节点 *B* 为主进行数据计算，当主节点 *B* 出现故障时，副本节点 *B¢*完全接管主节点 *B* 的工作，主副节点需要分配同样的系统资源。该种方式故障恢复时间最短，但数据吞吐量较小，也浪费了较多的系统资源。在广域网环境中，系统负载往往不是过大时，主动等待策略是一个比较好的选择，可以在较短的时间内实现系统恢复。

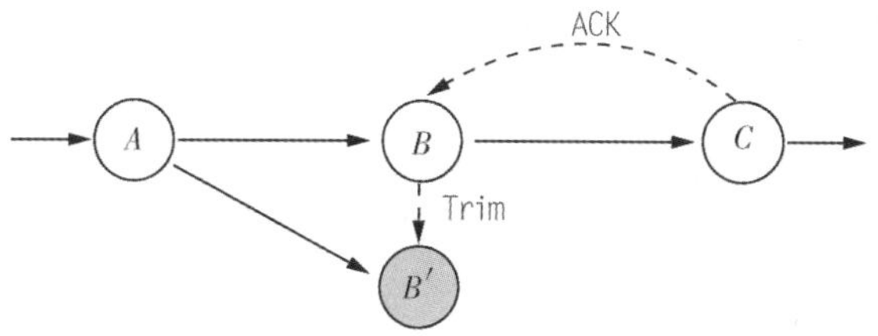


图 6-12　主动等待策略

（3）上游备份策略：如图 6-13 所示，每个主节点均记录其自身的状态和输出数据到日志文件，当某个主节点 *B* 出现故障后，上游主节点会重放日志文件中的数据到相应副本节点 Bspan lang="EN-US" style='font-family：Symbol' xml：lang="EN-US">¢中，进行数据的重新计算。上游备份策略所占用的系统资源最小，在无故障期间，由于副本节点 B¢保持空闲状态，数据的执行效率很高。但由于其需要较长的时间进行恢复状态的重构，故障的恢复时间往往较长。如需要恢复时间窗口为 30 min 的聚类计算，就需要重放该 30 min 内的所有元组。可见，对于系统资源比较稀缺、算子状态较少的情况，上游备份策略是一个比较好的选择方案。

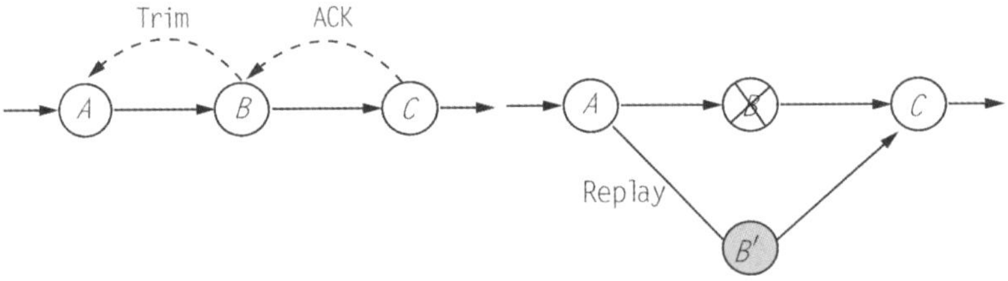


图 6-13　上游备份策略

图 6-14 从 5 个方面详细对比了上述 3 种高可用策略，实际应用中可以根据具体环境进行选择。

Table 3 Contrast of three high availability strategies

**表 3 3种高可用策略对比**

| 性能指标 | 被动等待策略 | 主动等待策略 | 上游备份策略 |
|---|---|---|---|
| 系统性能 | 低 | 高 | 高 |
| 恢复速度 | 中 | 高 | 低 |
| 资源使用 | 中 | 高 | 低 |
| 精准恢复 | 是 | 否 | 否 |
| 适用范围 | 局域网 | 广域网 | 局域网或广域网 |

图 6-14　3 种高可用策略对比

3. 主要优点

（1）分布式系统：可横向拓展，现在的项目一般需带个分布式特性才能开源。

（2）运维简单：Storm 的部署较简单，虽然相比于 Mongodb 的解压即用来说还不够简单，但是所谓的便困难也就是多安装两个依赖库。

（3）高度容错：模块都是无状态的，随时宕机重启。

（4）数据丢失：Storm 创新性提出的 ack 消息追踪框架和复杂的事务性处理，能够满足很多级别的数据处理需求。不过数据处理需求越高，性能下降越严重。

（5）多语言：实际上 Storm 的多语言更像是临时添加功能。因为提交的部分还是要使用 Java 实现。

4. 系统横向扩展能力

系统本身无状态，服务器之间不需要互相通信。根据业务需求可以将系统部署到多台服务器，同时挂载到负载均衡器即可实现。如果后续系统需要支持会话处理状态，系统可以在负载均衡器中添加 cookie 关联维护或者使用集中的 session 服务器完成。

系统支持多层次的横向扩张能力，描述如下：

（1）接入层支持水平扩展能力：接入层具备集群部署的能力，集群内不同机器分担系统请求量，系统在需要时，可以通过增加机器快速提升处理能力。

（2）业务逻辑层具备水平扩展能力：相同的服务可以拆分部署，相同的服务支持同时在多台机器上部署，不同机器间分担系统请求，系统可根据请求确保各个机器负载均衡。

（3）数据层支持多写分离：持一写多读库部署方式。

### 6.4.9 性能指标

系统提供异步消息队列方式，支持订阅和点对点方式。

系统性能如表 6-4 所示。

表 6-4 系统性能表

| 性能指标 | 指标值 |
| --- | --- |
| TPS（每秒交易数量） | 支持并发数超过 200 |
| 吞吐量 | 5 M/s |
| 系统可用性 | 99.99%以上 |
| 系统自恢复时间 | 10 min 内 |
| 系统用户数量 | 万级 |

## 6.5 状态监控

### 6.5.1 人员监控

工程师在 App 签到后进行监控，在地图上显示其信息，签退后不再监控。可实时查看本部门和本部门及子部门的人员监控信息、班次管理、支援管理、人员排班、考勤管理、任务情况、全天行动轨迹，并通过后台数据分析，核算人员效能，为人员绩效提供决策依据。

1. 班次管理

班次管理是用于设置工作班次的基础信息，管理人员根据任务安排，对维修人员进行排班，维修人员可根据排班信息在规定的时间内、规定区段范围打卡上下班。

2. 支援管理

根据每条线路或工班任务的轻重缓急，在系统上可临时调度人员支援任务开展。支援管理可查询支援的详细记录，根据项目运营需要将人员合理调配到其他工区支援工作。

3. 人员排班

人员排班用于线上给维修人员安排班次和工作日程。

4. 考勤管理

考勤管理主要记录了维修人员的实际签到、签退时间以及是否在服务区域。工程师在移动端进行签到、签退操作，系统将操作时间记录保存下来在系统中展示。

5. 自动化派单管理

设备故障后，SC 把故障代码发送给系统，系统自动生成一张故障工单，根据当前工班打卡上班的人员的工作状态（人员工单处理情况），实现自动化派单，无须调度介入，节约中间信息周转的时间，也避免了信息丢失的风险，大大提高了作业效率。

6. 任务监控

系统实现自动派单后，对派出的工单进行监控，对于维修人员是否接受任务、是否出发、是否到达、是否完成均有时效限制，超时未处理的，将自动把工单任务升级，人工介入超时原因，提高维修时效。

7. 人员绩效管理

系统可实现实时对班组和个人的维修能力进行统计，包括处理故障数、处理故障的时长、故障反复情况等，为管理者提供决策依据。

人员监控界面如图 6-15 所示。

图 6-15　人员监控

在系统里建立设备运行阈值配置、设备运行监控、人员监控等，对设备运行的各阶段状态的自动售检票设备千票次故障数(千票次故障数趋势、千票次故障同比环比)、设备故障数（设备故障次数趋势、故障次数同比环比）、设备内部模块故障次数（模块故障次数趋势、模块故障次数同比环比）、设备可靠度（设备可靠度趋势、设备可靠度同比环比）、频发故障事件数（频发故障事件趋势、频发事件同比环比）等可靠性指标予以量化评估。

## 6.5.2　千票次故障数趋势

为便于对设备各阶段的设备状态进行把控，分析在一定数量售票过程中的设备故障情况，为便于分析和统计，针对车站级系统取 1 000 张票和 100 万张票进行数据统计，在特定区间内得出对应的值，系统初始化展示各设备类型的所有线路所有站点最近三个月的千票次故障数趋势图和列表（最多显示 13 个月的数据）。

公式：票次故障数=故障次数/交易次数 × $k$

千票次故障系数的 $k$=1 000；

百万票次故障系数的 $k$=1 000 000。

千票次故障数趋势如图 6-16 所示。

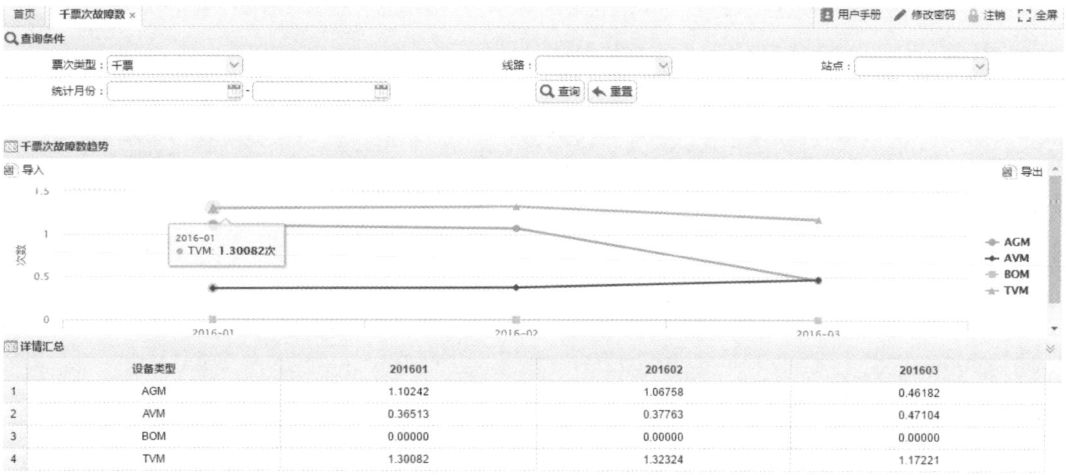


图 6-16　千票次故障数趋势

## 6.5.3　千票次故障数同比环比

系统初始化展示各设备类型的所有线路、所有站点最近三个月的千票次故障数同比环比趋势图和列表，根据对比可以分析设备稳定性以及后续的故障趋势，判断设备的稳定性，根据波动情况来分析原因，为维修决策提供数据支撑。

千票次故障数同比环比如图 6-17 所示。

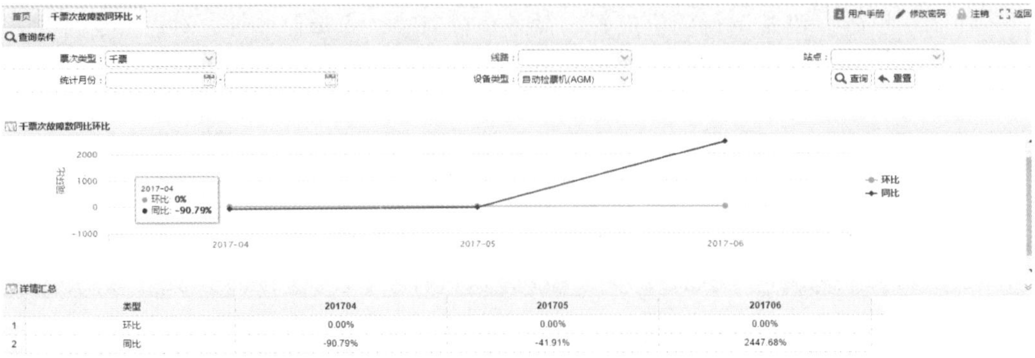

图 6-17　千票次故障数同比环比

## 6.5.4　设备整机故障次数趋势

系统统计所有线路、所有站点 AGM、TVM 设备的故障，并自动产生趋势图，对波动比较大的曲线部分，通过人工介入对其分析，为后续的制定维修策略提供数据支撑。

图 6-18 是最近三个月的设备整机故障次数趋势图和列表(最多显示 13 个月的数据)。

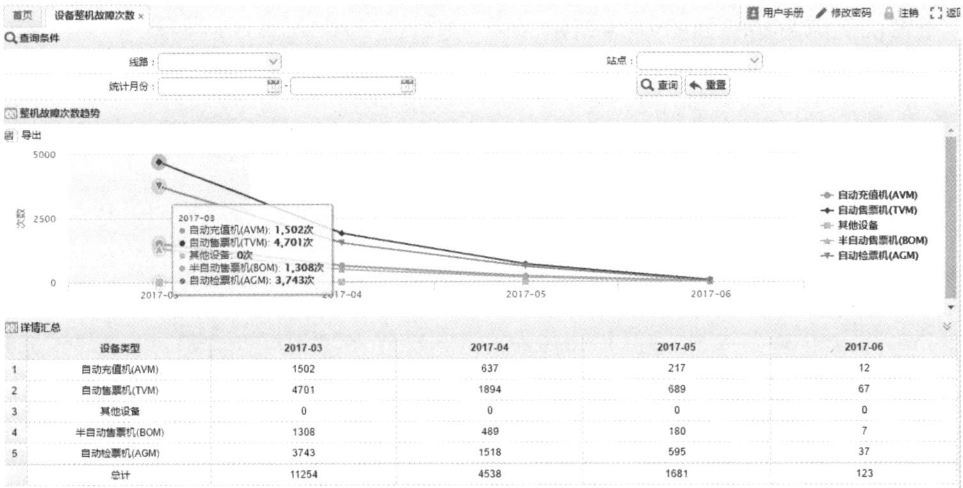

图 6-18　设备整机故障次数趋势

## 6.5.5　设备整机故障次数同比环比

初始化展示各设备类型的所有线路、所有站点最近三个月的设备整机故障次数同比环比图和列表（最多显示 13 个月的数据）。

设备整机故障次数同比环比界面如图 6-19 所示。

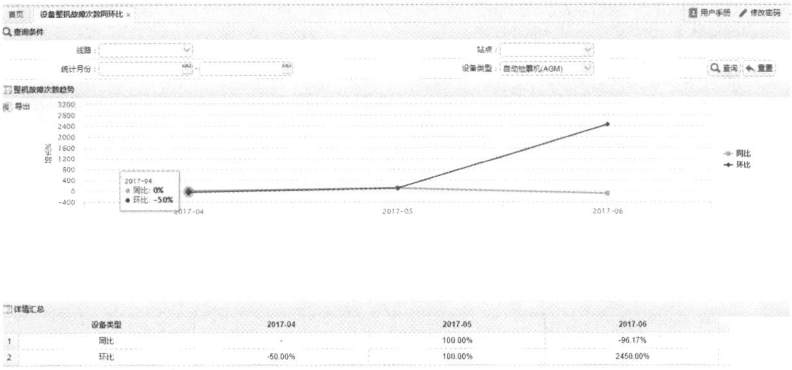


图 6-19　设备整机故障次数同比环比

## 6.5.6　设备模块故障次数趋势

系统不仅能自动统计和汇总整机设备的故障，也自动按照不同模块的类型对故障进行分类处理和统计，包括并不限于扇门机构、硬币模块、纸币模块、token 模块等，根据故障趋势来判断设备稳定性及执行哪个维修策略。

系统统初始化展示各设备类型的所有线路所有站点最近三个月的设备模块故障次数趋势图和列表（最多显示 13 个月的数据）。

设备模块故障次数趋势界面如图 6-20 所示。

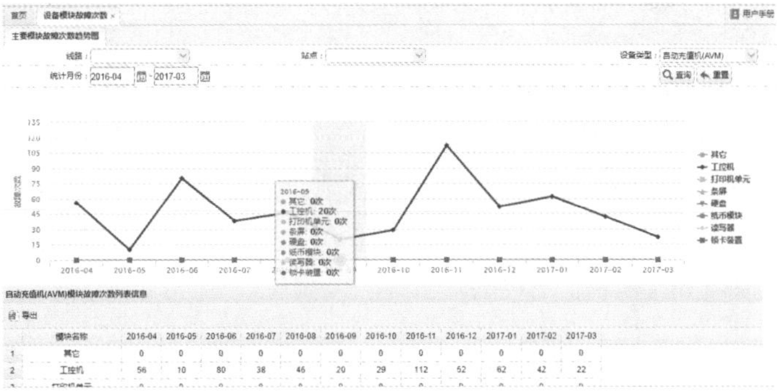


图 6-20　设备模块故障次数趋势

## 6.5.7　设备模块故障次数同比环比

系统统初始化展示各设备类型的所有线路、所有站点最近三个月的设备模块故障次数同比环比图和列表（最多显示 13 个月的数据）。

设备模块故障次数同比环比界面如图 6-21 所示。

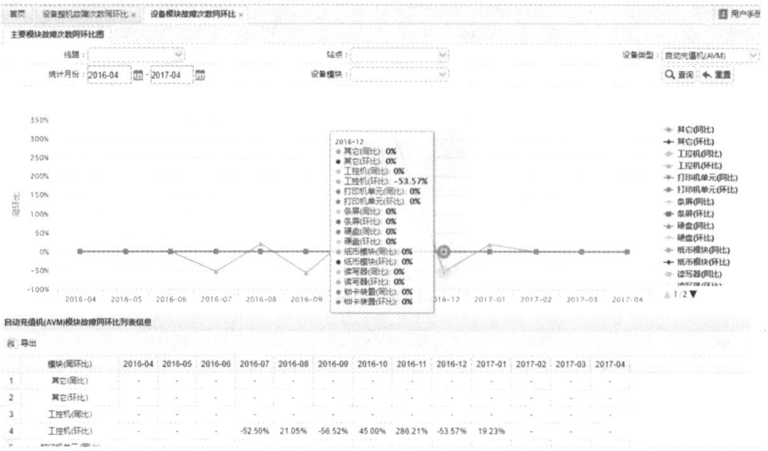


图 6-21　设备模块故障次数同比环比

## 6.5.8　设备可靠度趋势

系统初始化展示各设备类型的所有线路、所有站点最近三个月的设备可靠度趋势图和列表（最多显示 13 个月数据）。

设备可靠度趋势界面如图 6-22 所示。

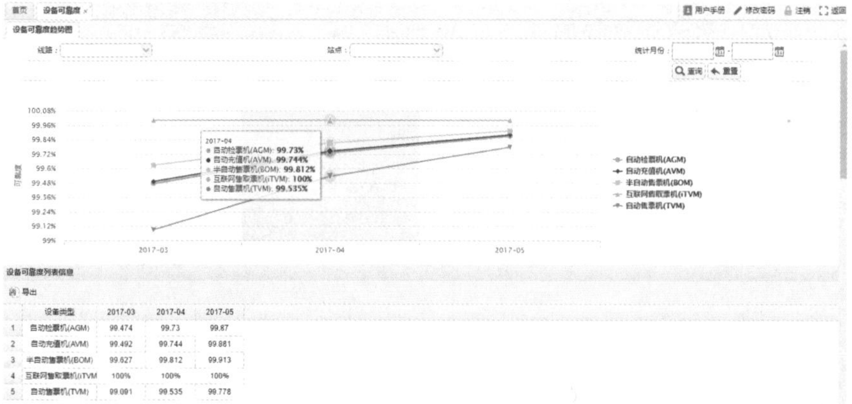


图 6-22　设备可靠度趋势

## 6.5.9　设备可靠度同比环比

系统初始化展示一种设备类型的所有线路、所有站点最近三个月的设备可靠度同比环比图和列表（最多显示 13 个月数据）。

设备可靠度同比环比界面如图 6-23 所示。

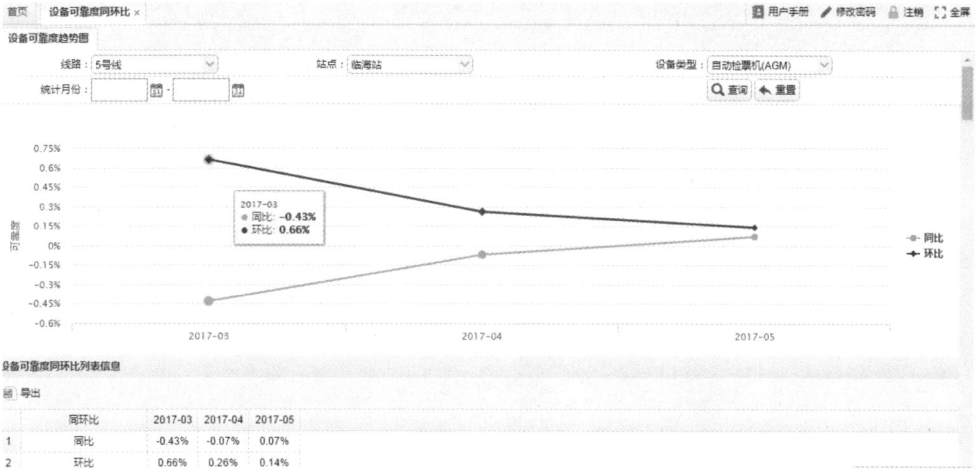

图 6-23　设备可靠度同比环比

## 6.5.10　频发故障事件数趋势

系统初始化展示各设备类型的所有线路、所有站点最近三个月的频发故障事件数趋势图和列表（最多显示 13 个月数据）。

频发故障事件数趋势界面如图 6-24 所示。

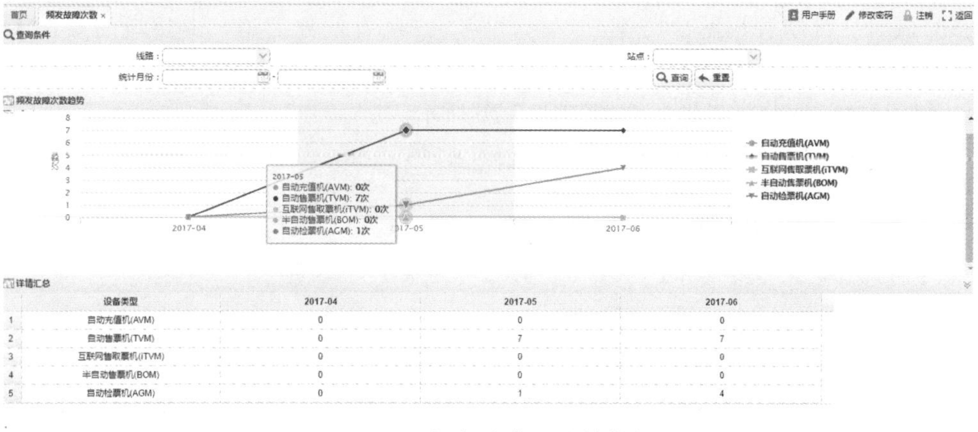

图 6-24　频发故障事件数趋势

## 6.5.11　频发故障事件数同比环比

系统初始化展示各设备类型的所有线路、所有站点最近三个月的频发故障事件数同比环比图和列表（最多显示 13 个月数据）。

频发故障事件数同比环比界面如图 6-25 所示。

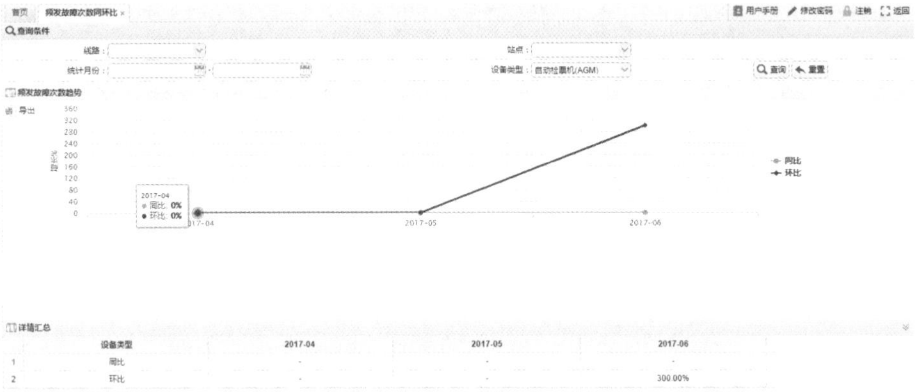

图 6-25　频发故障事件数同比环比

### 6.5.12　设备健康监控

建立设备健康控制管理系统，通过设备日志、交易次数、故障情况进行零部件故障的深度统计分析，建立部件周期检修阈值，对预见性的故障提出预警，定期提供一个解决方案。

通过设备档案、配置设备部件的周期性检修阈值和相对应的解决方案，通过设备日志、交易次数、故障情况进行零部件故障的深度统计分析，当触发原型设定的检修阈值时，自动调用解决方案、产出预警，并生成任务工单，由相应的维保人员响应处理。

部件故障深度分析界面示意图如图 6-26 所示。

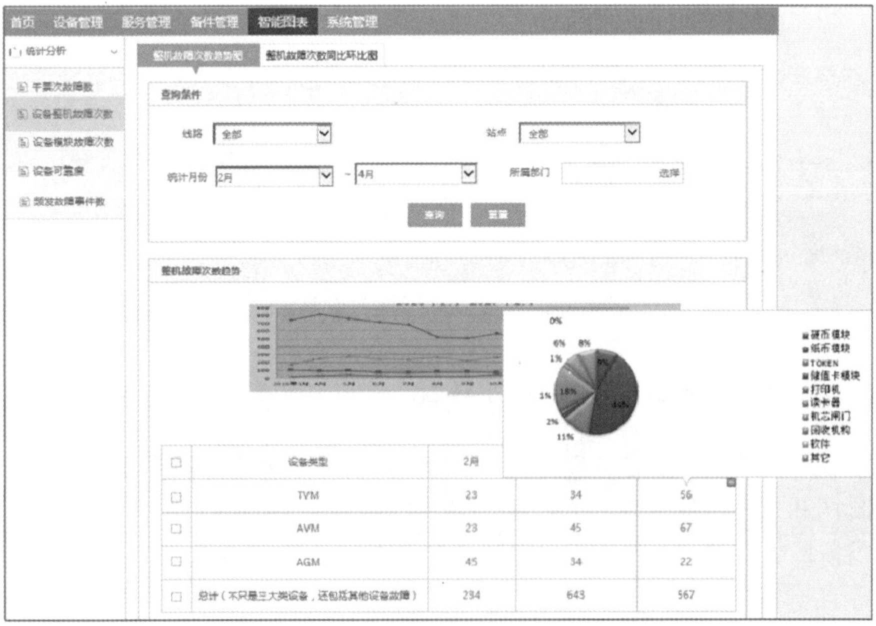

图 6-26　部件故障深度分析界面示意图

设备健康控制管理系统，实现对整条线路模块故障、单一模块故障以及设备故障次数趋势分析功能。建立设备维修保养预测策略，根据千票故障率及故障趋势图，可以制定有效的故障预防性修复及处理措施，与网络化管理系统关联交互，通过定期的计划性任务、周期性任务等业务功能，提升设备可靠性。

定期的保养计划界面如图 6-27 所示。

图 6-27　定期的保养计划界面

## 6.6　数据分析

智慧售检票系统的智能化功能必须符合实际需要，不能华而不实。如果只是为了追求技术的超前性，势必会导致成本投资过大，造成不必要的浪费。因此，系统的实用性是首先应遵循的第一原则。数据分析过程的功能设计也是在遵循这项基本原则的基础上进行的。其中包括的各项智能化功能都是在满足实际需求的基础上进行的设计，可视化结果便于操作和理解，也为运营管理者的全局管控提供了宝贵建议和理论支撑，从而大大提高了运营效率。

### 6.6.1　设备状态监控

精准、多元化的设备运行状态能为智慧售检票系统的故障诊断、故障预警以及健康管理和维护等提供良好的数据支撑。通过借助众多监测手段，如传感器等，实时地将前端采集的多维数据，如设备运行情况、关键部件状态监测信息等反馈给后台系统，再结合人工智能推理算法进行在线监控，借助大数据分析技术多元化呈现 AFC 设备的状态信息。

通常需要对 AFC 系统中的易损件进行监控，包括进出站闸机、找零机、售票机等设备。设备状态监控，也就是通常意义上的设备点检。是为了提高、维持设备的原有性能，可以通过人的五官感知（视、听、嗅、味、触）或者借助工具、仪器，按照预先设定的周期和方法，对设备上规定的部位进行有无异常的预防性周密检查，以使设备的隐患或缺陷能够得到早期发现、早期预防、早期处理。

对设备状态进行的监控可以从以下几个指标进行考察：

（1）设备使用的稳定性：由于 AFC 设备需要保持一天长时间的工作，和我们的正常生活息息相关，尤其在上下班高峰期，使用频次非常高，所以设备的稳定使用显得非常重要，也是对设备状态进行监控的必不可少的监控指标。

（2）设备使用的安全性：设备及其所有配件在性能安全可靠运转的同时，还应该满足我国交通运输行业或者地铁领域相关的安全标准，以及具有一定的适应性，能在非理想环境下开展有效工作。AFC 设备尤其是进出站闸门设备，不能出现夹人等安全事故。

（3）设备使用的可扩展性：由于时代在进步，今后系统的技术也要随着客户的需求而更新换代，所以 AFC 设备的可扩展性也很重要，比如对于数据分析中的故障诊断、故障预警，都要在设备上能安装传感器等检测装置的基础上进行。

（4）设备的易维护性：由于 AFC 设备在日常生活中使用频次很高，是易损件，因而要求其设备维护过程要简单易行，比如开电即可工作，整个系统的维护是在线进行，不会因为维护部分设备而造成全线设备瘫痪等。

针对以上设备运行性能指标，可以把设备状况监控内容分为两大类。

（1）设备自身状态监控。

设备自身状态监控是指对设备自身各个维度的健康状况进行监测。监控要素主要包括震动、磨损、泄露、异音、松弛、龟裂、油脂、压力、温度、流量、通行速度、开门时间、关闭时间、设备使用寿命等。监控部位根据不同设备来制定。另外，针对每台设备的各项检测点，需要制定详细的检测内容和标准。

如针对闸机设备，核心部件之一是驱动电机，关于电机的转速、频率、温度等指标都是非常关键的，需要实时采集并监控，用于后续进行故障诊断和故障预测。

（2）设备存储信息监控。

设备存储信息监控主要是为了利用这些数据进行后续的深入分析。如针对进站闸机，除了需要检测设备自身健康状况，还需要监测每台闸机的用户刷卡数据、刷卡时间等信息，用于对客流量进行统计和预测。

### 6.6.2 设备使用分析

通过借助众多监测手段，如传感器等，实时地将前端采集的多维数据，如设备运行情况、关键部件状态监测信息反馈给后台系统，再结合人工智能推理算法进行在线监控与预测、借助大数据分析技术进行多元化呈现 AFC 设备的当前服役信息，管理评估系统自身的健康状态。智慧售检票系统中设备的使用分析可以从以下几个方面进行。

1. 统计当天各台设备的日运行时间、已使用时间、生命周期

设备生命周期是指设备从开始投入使用，到不宜继续使用而不再使用所经历的时间。由于在安全生产过程中应该尽可能地实现设备的零故障率、零事故率，做到提前发现并解决系统隐患，所以当发现设备已进入衰退期产出减少，则需要进行旧设备的配置评估及性能调整，对硬件升级或者软件进行升级，提升整体设备的使用效率。

2. 统计当天部件寿命消耗情况

对设备的部件寿命消耗分析非常重要，可以统计出具体到每日的部件损耗情况，实现精细化管理。统计包括日耗损量、耗损部位及原因等。

3. 统计当天站内设备的功耗情况、监控能源利用率，进行能源把控

当使用设备上的应用执行一个或更多个动作时，可以计算设备的功耗。通过分析设备功耗，可以计算出站内能源损耗情况，以及能源利用率，对于成本把控大有裨益。而且有些设备的功耗情况也反映了设备本身的健康状况，对于闸机设备来说，功耗越大，越容易老化。

4. 收集、保存各个设备的售检票数据、客流统计、设备维护及状态信息并建立相关数据库

设备的状态监测信息是一些比较凌乱的未经整合的数据，若想得到更直观的指标，必须对其加以整理，并建立数据库进行保存，以供后台实时查询并进行后续分析使用。

5. 可视化当天全线运行收入、客流统计等运营报告

基于设备状态监控信息，再结合数据库的建立和管理，就可线上进行实时数据分析，可视化站内客流情况、设备使用情况等。

### 6.6.3 设备故障诊断

故障诊断是指当故障已经发生，并且影响到设备的安全、性能、可用性之后，再溯源判断故障的产生原因。故障是一种表现，而触发这种故障的原因可能有多种。以往通常需要故障诊断工程师配合经验、数据、现场勘查才能判断故障原因。如今在智慧化售检票系统中充分利用大数据平台，采用了许多先进的人工智能算法能对 AFC 设备的整体、部件分别进行在线诊断，使诊断更加智能化、多维化、全面化。

基于大数据的故障诊断也叫异常检测，又称为离群点检测，是找出与预期对象的

行为差异较大的对象的一个检测过程。这些被检测出的对象被称为异常点或者离群点。异常点检测除了可以应用在交通领域，在生产生活中也有广泛的应用，比如信用卡反欺诈、工业损毁检测、广告点击反作弊等。

从算法层面可以将异常检测问题分为以下几类。

1. 基于分类的异常检测技术

这类算法将异常检测作为二分类问题处理，按照机器学习的流程分为四个阶段：数据预处理、特征提取、模型训练、异常检测。按照标签的种类可以把分类问题归为两类：多分类问题和单分类问题。

2. 基于最近邻的无监督异常检测技术

基于最近邻的无监督异常检测算法主要有两大类：Distance-based 和 Density-based。通过设计某种策略为每个样本数据分配相应的异常值得分，从而可以根据得分进行排序，得分越高，异常程度越大，再选择排名前 $n$ 项作为异常目标，其中 $n$ 根据经验知识进行设置。

3. 基于聚类的异常检测技术

不同于基于最近邻的异常检测利用其局部的近邻来分析数据，基于聚类的异常检测是利用数据所属的簇来评价数据。该类方法可适应一些复杂的数据类型。

4. 统计异常检测技术

包括参数化方法和非参数化方法。参数化方法基于统计假设检验的基础上，如基于回归模型的 ARIMA 方法。非参数化方法则利用直方图或者基于核函数进行分析。

5. 谱异常检测技术

该类方法的目的是通过寻找子空间，将异常和正常信息进行识别。如利用 PCA 主成分分析法。

大数据下可用的故障诊断算法有很多,但是结合智慧售检票系统设备的落地场景，算法的选择需充分考虑算法的计算复杂度、准确度、系统部署的便捷性等因素，尤其是算法计算的准确性，关系到误报、漏报等指标。

### 6.6.4 设备故障预警

为了能及时发现、跟踪设备的异常和故障，保证生产稳定运行，研发一款能够有效地对设备故障和异常进行预警的系统意义重大。在交通地铁领域，每日地铁出行的乘客量巨大，进/出闸设备、售票机、找零机的使用频次较高，都是易损品，所以 AFC 设备的故障预警是关系到乘客智慧出行的关键技术。

为保证设备故障预警的准确性，使得 AFC 设备平稳运行，可靠的数据采集过程、状态监测与分析、模型预测与在线诊断技术显得尤为重要。现有的设备异常预测模型主要分为三类：基于机理模型的方法、基于知识的方法和基于数据驱动的方法。

基于机理模型的方法是根据设备的运行机理建立精确的数学模型来估计系统输出，缺点是对于复杂系统建模非常困难。基于知识的方法是以专家和操作人员的启发性经验知识为基础，定性或定量描述出设备各单元之间的连接关系、故障传播模式等，从而在设备出现异常征兆时，可以模拟专家的推理能力，自动完成设备故障预警功能。基于知识的方法非常依赖于专家经验。基于数据驱动的故障预测技术是通过采集海量AFC设备的历史使用数据，从中充分挖掘出数据的内在规律和联系，再建立预测模型自动完成设备的故障预警。这类方法不需要建立复杂的物理模型，只要有充足的数据即可，通用性和自适应能力较强。

通过部署云平台，将AFC设备的运行数据实时传输给后台，再基于数据驱动进行设备故障预测，提前预报各台设备的使用状况，若预测出异常将发生，及时报警并采取相应维修措施。

## 6.7 设备维修策略

在轨道交通领域，车站设备的维护策略是RAMS策略（综合可靠性、可用性、可维护性、安全性为一体的策略），其核心是预防维护，包括故障维修策略、预防维护策略、状态维护策略、预测维护策略、风险维护策略、寿命周期维护策略、大数据为基础的维修策略。按照设备维修的时间来划分，可以分为两种方式：事后维修和预防性维修。事后维修是指当部件出现故障后，进行的维修或者更换。预防性维修是指采用预测算法对设备故障进行提前预警，在故障发生前，对设备进行检测、修理或更换。

其中，故障维修策略针对的是故障发生对整体影响较小的设备。预防维护策略适用于除故障维修策略设备外的大部分设备，需要采用一定方法定期预防维护。状态维护策略通过对设备关键部件进行监控得以实现。预测维护策略除了需要监控设备的运行状态，还要深入分析设备故障发生的具体原理，要求能准确地判断设备及部件的使用寿命，从而能制定相应的决策。风险维护策略是基于状态维护策略和预测维护策略，加入对设备的风险分析以协助决策；寿命周期维护策略针对设备的不同寿命阶段采取不同的管理策略；大数据为基础的维修策略通过接入多渠道的输入数据，如设备的状态监测数据、历史趋势数据、设备点检数据等，采用大数据分析和挖掘技术可以得到多维度的特征和输出结果，从而可以智能化、多角度地进行维修决策。目前，以大数据为基础的预防性维修逐渐成为AFC场景下日常维修管理的主要方式。

智慧售检票系统的智慧化一方面体现在采用以大数据为基础的预防性维修。通过对设备状态进行实时监测建模，可以模拟设备运行规律，再采用智能算法得到故障的可能性前兆，及时向工作人员预报设备的异常状况，并采取相应的检修措施，最大程度地降低了设备故障造成的损失，充分保证了AFC设备的稳定运行。相较于传统的故障后维修或者定期检修这类基于当前状态的故障诊断，本系统采用的维修策略是对未来设备健康状态的预测，变被动式维修为先导式维护，大大提高了设备的完好性。

设备管理工作主要包括设备巡检、保养、检修维护及故障维修四个方面的内容。地铁设备维修的终极目标是在确保设备运行安全可靠的前提下，降低设备故障发生的风险，同时尽可能延长地铁设备的正常使用寿命，实现更加经济、合理的地铁设备维修管理。地铁设备维修管理总是在保障最高的设备优良使用率下不断追求最经济的维修作业成本，来保证最高的设备维修管理效益。

影响轨道交通维修费用增长的因素很多，主要的是：交通运输安全关系到千家万户，对设备运行的可靠性要求越来越高，企业为保证可靠性，大多会选择加大预防维护的力度，会增加许多投入，比如采购必要的监测装备，升级设备的管理系统等。设备备件的复杂程度在不断提升，价格也呈上涨的趋势，维修备件的费用必然会出现上升，维修人员的人力成本也呈上涨的趋势。还有目前许多企业以周期性检修为主，即按照固定运行周期对设备进行检修，则一定程度上存在维修过剩，造成维修费用的增加。虽然许多企业增加了状态维修的比例，即通过设备的状态监测，及时掌握设备的运行状况，针对性地开展维护和维修，但由于对设备预防维护策略的研究、对故障的分析和研究深入不够，综合治理的策划相对较少，同时其主要关注的还是故障维修，所以，仍未能有效降低维修费用，实现维护费用管理的良性循环。

目前，AFC 系统维修维护存在的主要问题包括：设备维护不足、设备厂商众多、备件管理不系统、部分部件采购困难、技术资料欠缺等，从而导致设备故障率居高不下，一线维修人员疲于应付故障处理，部分故障设备不能及时修复，系统数据传输的问题时有发生。对于维修管理而言，维护维修的工作量、维护人员综合技能要求、设备使用寿命、备品备件供给效率和质量等都面临重大的挑战。同时，高技能维修人才短缺也是目前面临的较为突出的矛盾，人才争夺正成为趋势，这意味着招聘人才的成本陡然上升，在工业物联网、大数据、人工智能技术环境条件下，通过智能化手段，提升现有维修工人技能是非常迫切的需求。

有鉴于此,为保障城市轨道交通运行及通行服务满足不同情况下的公众服务需求,车站设备的维护保养模式也需要基于其现状和面临的新问题,制定更为有效的 AFC 系统维修预警策略,既能保证网络环境下轨道交通设备运行的可靠性及通行服务满意度,又能有效使用维护资源，降低设备的维护成本，是非常必要的。

### 6.7.1 维修决策模型分类

维修可分为事后维修、预防维修和状态维修三种方式。此处主要讨论设备更新决策、设备预防维修决策。

（1）设备更新决策：设备更新决策按其费用函数是否确定而分为低劣化模型、最小年费用模型和随机维修费用模型。这三种模型都是追求设备寿命期内的费用最低为目标，设备的费用最低的年数也就是设备的最佳更新期。

（2）低劣化模式：低劣化模型适用于设备的使用费用每年按固定值直线增加的情况，最小年设备总费用为设备投资与年费固定增加值的固定函数关系。

（3）最小年费用模式。如果设备的低劣化值每年变化率并不相同，则可采用最小年费用模式计算设备的最佳更新期。

随机维修费用的设备更新模型。当设备故障的发生时间和强度是随机变量时，相应的设备运行成本也是随机的变量。针对这种情况应采用基于设备故障次数及其概率的最小费用周期更新模型。该模型的基本思想就是通过统计分析确定出设备的故障模式，即确定故障服务的统计分布，相应地确定出维修费用，从而确定出设备更新的时机。

设备预防维修决策。设备计划外停机有两类：一类是设备运行时出现故障而造成设备停机；另一类是对设备进行检查而造成设备停机。前者原因而造成的设备停机时间简称为故障时间，后者原因造成的设备停机时间简称为检查时间。一方面，如果检查间隔时间过长，虽然可以减少检查时间，但故障的机会增多，故障时间将相应地增大；另一方面，如果检查间隔较短，可以有效地防止故障发生，减少故障时间，但由于过频地检查会使得检查时间大幅度增加。因此，建模目的就是在故障时间和检查时间二者之间寻找平衡点，确定出合理的维修间隔期，使得单位时间内总的停机时间期望值最小。

预防维修的模型可按设备故障分布情况分为确定性模型、随机模型和几何模型。

（1）确定性模型：确定性模型是指在不同的预防维修间隔期内，设备相应的故障次数期望值大小是确定的。这样就可以确定出最佳的预防维修间隔期，使得设备在单位时间内停机时间的期望值最小。

（2）随机模型：随机模型的目标函数与确定性模型是相同的，不同的是前者的故障次数期望值大小是随机的，需要用随机过程函数来描述。

（3）几何模型：当设备尚无故障记录时，特别是一些设备性能改进的情况下，显然不能按照原来的预防维修方式，此时应该增加预防维修的间隔期。由于缺乏故障数据，故无法准确地估计出故障概率。比较合理的做法是：逐渐增加预防维修的间隔期，计算出相应的故障发生概率大小。这样，维修工程师就可判断由于预防维修间隔期增长而相应地增加的故障风险大小。

### 6.7.2　不同的维修策略的选择

（1）对轨道交通、车站设备可能适用的设备维护策略研究，研究各种策略的应用对象和目标差异，包括：RAMS策略（综合可靠性、可用性、可维护性、安全性为一体的策略），故障维修策略、预防维护策略、状态维护策略、预测维护策略、寿命周期维护策略、风险维护策略、大数据为基础的维修策略。

（2）故障维修策略，主要应用于故障对整体影响很小，或者没有什么影响的设备；预防维护策略适用于除故障维修策略设备外的大部分设备，需要通过定期预防维护实现。其中状态维护策略通过监控设备关键管控点实现；预测维护策略不仅监测设备的运行状态，同时需要深化分析设备故障发生的机理，能够准确判断设备及部件的使用寿命，并基于预期制定合理决策；风险维护策略则是以状态维护、预测维护策略为基础，增加设备及系统的风险分析以协助决策，这样更有利于资源的优化应用。通过优化风险控制范围和优化风险控制点，实现设备及系统风险的降低，资源应用效率的提升，维护费用的降低。

（3）设备寿命周期维护策略，在不同寿命周期阶段有不同的管理策略，包括：设计阶段的可靠性设计及目标管理策略；设备安装、调试阶段的设备关键参数、技术规范管控策略；运营阶段的基于故障预测的设备探测技术与预防维护策略，临近寿命周期末期的纠正性维护策略与逐步替代。全寿命周期设备管理策略如图 6-28 所示。

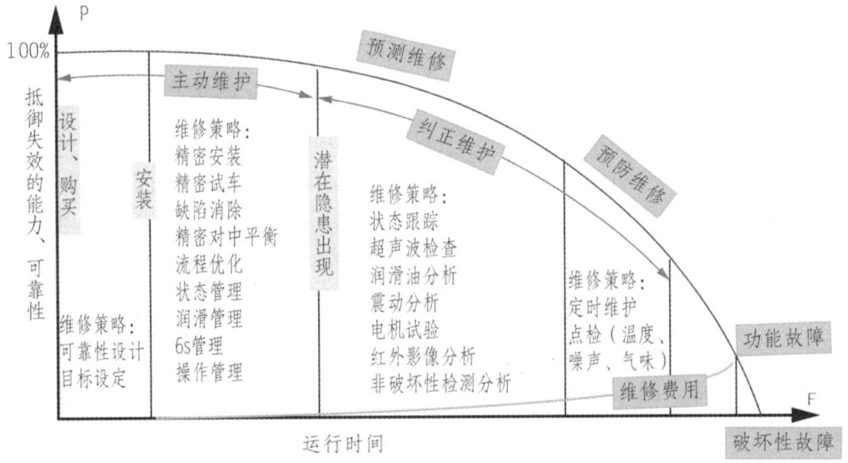


图 6-28　全寿命周期设备管理策略

其中，预防策略需根据故障目标的反馈逐步修正预防维保周期。

（4）基于设备风险的维护策略，首先，按照设备布局分析设备的风险度。通过分析可以得到不同的优先管理等级，然后基于不同风险优先度，建立设备的风险地图，并基于不同风险制定对应管控策略。风险地图示意图如图 6-29 所示。

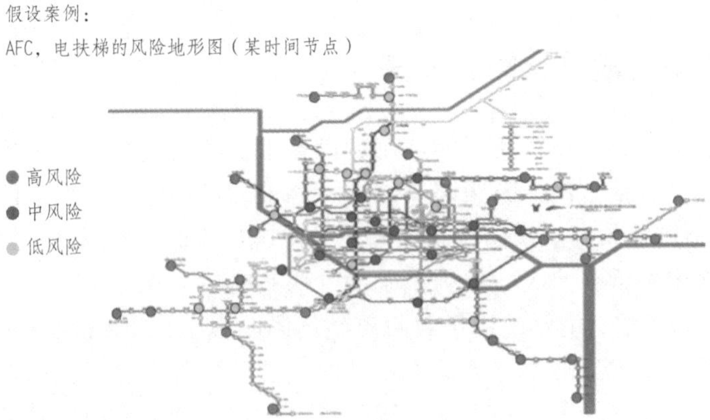


图 6-29　系统线网的风险地图示意图

（5）大数据为基础的维修策略（BDBM），可以选择多渠道的数据输入，多维度的结果输出，智能化的维修决策系统为日常维修管理的主要方式。图 6-30 是 BDBM 的管理模型图。

图 6-30　BDBM 的管理模型图

选择合理的工艺运行参数、设备状态监测参数、设备点检数据、设备检修历史数据，建立智能化的维修决策系统，实现设备维修的时间节点、备件更换的信息等输出的动态管理。

AFC 专业以自动售票机（Ticket Vending Machine，简称 TVM）为例，原维保规程中，规定有日检项目 8 项、半月检项目 10 项，季度检项目 43 项。而且，在分析维保规程后发现：几乎所有 TVM 设备的计划修要求都是相同的。但是实际上，分析 TVM 设备的报修次数发现：不同站台、不同型号的 TVM 设备，其故障率还是存在较大的差别。如表 6-5 所示，为 2015 年 TVM 设备的报修次数，从 2 次/年至 167 次/年，差别非常大。

表 6-5　某地铁公司 2015 年 TVM 设备的报修次数

| 设备编号 | 报修次数 | 车站 | 设备编号 | 报修次数 | 车站 | 设备编号 | 报修次数 | 车站 |
|---|---|---|---|---|---|---|---|---|
| V061** | 167 | **路 | V060** | 81 | **园 | V061** | 10 | **站 |
| V062** | 153 | **湴 | V060** | 80 | **园 | V062** | 10 | **站 |
| V061** | 149 | **路 | V061** | 80 | **架 | V060** | 9 | **坊 |
| V060** | 143 | **路 | V060** | 77 | **路 | V062** | 9 | **站 |
| V062** | 138 | **湴 | V061** | 77 | **顶 | V060** | 8 | **站 |
| V060** | 135 | **园 | V060** | 75 | **岗 | V060** | 8 | **坊 |
| V060** | 131 | **贝 | V061** | 75 | **顶 | V062** | 8 | **站 |
| V060** | 131 | **路 | V062** | 75 | **站 | V050** | 7 | **庄 |
| V060** | 127 | **岗 | V061** | 74 | **站 | V060** | 7 | **站 |
| V060** | 121 | **园 | V060** | 73 | **岗 | V050** | 6 | **庄 |
| V060** | 120 | **园 | V061** | 72 | **站 | V050** | 6 | **庄 |
| V060** | 114 | **路 | V060** | 71 | **沙 | V060** | 6 | **站 |
| V061** | 114 | **顶 | V061** | 71 | **场 | V060** | 6 | **站 |
| V061** | 112 | **路 | V061** | 71 | **顶 | V060** | 6 | **坊 |
| V060** | 111 | **园 | V060** | 70 | **岗 | V060** | 6 | **坊 |
| V062** | 103 | **湴 | V060** | 70 | **园 | V060** | 5 | **站 |
| V060** | 99 | **园 | V062** | 70 | **湴 | V061** | 5 | **站 |
| V061** | 96 | **路 | V060** | 68 | **园 | V050** | 4 | **庄 |
| V061** | 87 | **顶 | V060** | 67 | **沙 | V060** | 4 | **站 |
| V060** | 82 | **贝 | V060** | 67 | **园 | V050** | 2 | **庄 |

将报修次数对应的TVB设备台数做直方图分布，可以发现年故障次数在40次左右对应的设备台数最多，如图6-31所示。

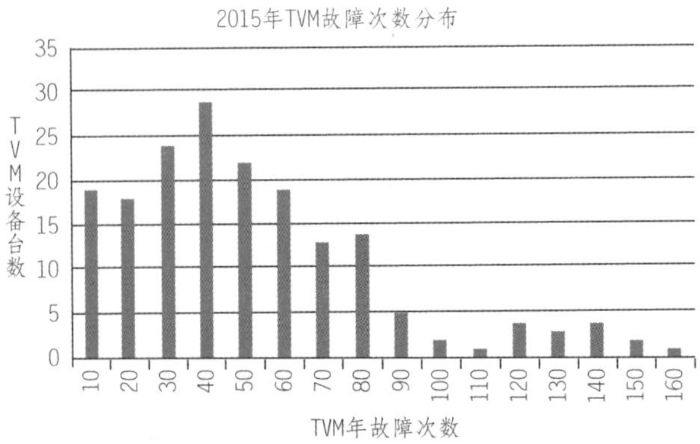


图6-31 XTVM设备台数对应年故障次数的直方图分布

要避免维修不足，也要避免维修过度，因为TVM设备故障的分布离散度高，维保规程应该基于综合性维修策略，体现出对不同TVM设备的维修策略的针对性。

### 6.7.3 维修方案的选用

当确定设备及估计的维修策略后，根据设备运营实际需求，评估并选用维修方案集，以适应复杂运营条件下的设备能力保持。

各维修策略一般包含以下维修方案。

（1）改善策略：设备技改、设计建造改良、设计误差补偿冗余。

（2）计划策略：定期维修（日、周、月、季、年），定量维修（运行时间、行驶距离、通行乘客人次），定期检查、定量检查。

（3）状态策略：定期检查（人工点检、专业仪器检测，专业机构样本分析），状态检测（视频监控、参数监控及数据实时或延时反馈、故障预测平台）。

（4）故障策略：事后维修、维修预案、抢修演练，其中维修预案及抢修演练从策略划分上属于故障策略，但一般用于关键设备。

### 6.7.4 AFC系统智能化维修管理

AFC系统智能维修管理模式探索智能化维修管理实现的目标是：

（1）精准控制成本：为故障修预算、成本核算提供依据，统一物资名称，编码，规格，便于采购计划和库存管理。

（2）维修过程监督：执行的过程透明，执行记录规范、完整，执行结果充分分析利用。

（3）状态量化：维修效果采用衡量标准，设备状态实时监控。

（4）不断修程：通过数据分析，经验积累，优化修程，减少对人员技能的依赖。

AFC 设备维修数字化管理包括设备信息数字化管理和设备维修维护业务的信息化管理。设备信息化就是将 AFC 设备进行分解，然后对其进行编码管理，名称及其代码具有唯一性。每一个零部件都是 AFC 设备树形结构上的一个节点，每一个节点均有编码。同时，还赋予诸如厂商、型号等属性以及采购日期信息等。维修业务信息化主要包括故障现象、原因、处理方法等信息的数字化表示，并将设备修程、维修计划等信息进行数字化管理。具体工作包括以下内容：

（1）建立 AFC 系统设备统一的设备主数据管理规范。

（2）实现对 AFC 设备台账的全面数字化管理，为设备的检修执行奠定数据基础。

（3）对 AFC 系统故障信息进行标准化管理。

（4）对故障数据分析，找出重点故障，集中力量解决，降低故障发生。

（5）制定符合 AFC 设备特点的设备检修策略，加强关键设备的状态管理，为维修计划的制定提供依据。

（6）制定标准化作业指导书，规范维修作业的步骤及内容，保障维修作业的效果。

智能维保信息化管理系统针对设备运维管理量身定做，通过设备生命周期管理、工单管理、备件管理、智能图表、人员效能等管理子系统监管设备的质量状态。从人、机、料等角度出发全面解决维保服务传统老旧管理模式，规避备件管理杂乱、周转率低、维修效率低下、人员流动率高等局面。

第 7 章

# 案例应用

## 7.1 概　述

本章主要介绍智慧售检票系统在地铁工程的应用案例。本章选取了三个典型应用案例，从不同角度阐述智慧售检票的应用。

基于云架构的广州地铁线网清分系统应用案例侧重于系统架构的优化。从架构演变、系统功能、基于两层架构的业务设计、云平台部署等方面进行剖析，尝试使用云计算/云平台方式建设一套先进的清分系统以达到满足业务不断发展的需求、简化运维管理、降低成本等目的。广州地铁在清分系统对云计算的应用是对云计算在 AFC 系统应用的一个尝试，可为其他城市提供类似工程的设计经验。

广州地铁广州塔站智慧售检票系统应用案例侧重于智慧车站功能的提升。车站是地铁运营管理体系中最基本的单元，是地铁服务于城市发展和市民的直接窗口，也是地铁建设及运营管理水平高低的主要体现，智慧车站体现在客运组织、设备运管、乘客服务、人员管理等多个方面，旨在实现地铁车站更安全的运营、更高效的管理、更优质的服务和更卓越的绩效。本案例主要是阐述面向乘客服务方面的智慧应用。

广州地铁 AFC 系统能力保持与增强应用侧重于智能运维的探索。在城市轨道交通自动售检票系统运营实践中，由于其设备数量多、设施设备的科技含量高，发生故障时需要及时维修，对实时性、准确性要求高，由此带来运营维修保障方面的较大技术和管理压力。同时，在网络化运营的条件前提下，AFC 系统某个设备的故障已经不是一个孤立的事件，不仅对这个设备的使用有影响，还对整条线路甚至整个线网的乘客使用造成影响，因此，如今轨道交通设施设备运维保障不再仅仅是辅助性的，也不是单一维修任务执行问题，而是保证乘客便捷出行的必要条件，急需以专业化和网络化为特征的综合性解决方案。本案例主要阐述针对复杂客流环境和空间环境下智能运维系统及设备的应用，对 AFC 车站设备能力检测、评估与维保装备和系统等进行分析。

## 7.2 案例应用——基于云架构的广州地铁线网清分系统

### 7.2.1 概　述

在国内城市轨道交通发展中，AFC 系统建设初期大都采用五层架构。五层架构目前是国内城市轨道交通 AFC 系统应用的通用架构，非常成熟，五层架构体系针对轨道交通的每一个管理层面均有相对应的系统，这些系统在整个自动售检票系统中逐级管理、各司其职，保证了轨道交通线网 AFC 系统的互联互通、顺利运营。五层构架体系各层次相对独立，对于系统的快速建设和部署有着很大的帮助，每一级系统都具有比较完整的独立系统，能在一定条件下独立完成下属系统、设备的运营管理和控制工作。但是，随着路网规模和业务的不断扩大以及新技术的不断涌现，五层架构体系也存在一些问题。如：部分数据存在过度的数据冗余；随着线网增加，系统越来越臃肿；系统资源利用率不高；系统维护难度和成本较高等。

随着广州轨道交通路网规模和业务的不断扩大以及新技术的不断涌现，特别是“互联网+”时代的到来，对系统交易的实时性要求越来越高，AFC 系统传统五层架构体系已经无法满足广州轨道交通建设的需要，随着现代网络技术及计算机技术的提升，随着云计算技术的发展，使线网集中数据管理和架构简化成为可能。

结合广州地铁实际运营经验、管理架构及清分系统建设情况，广州市轨道交通线网清分系统采用了“云架构”的形式进行部署，利用其高扩展性并以扩展服务器等设备的形式将线路中央计算机系统整合至清分中心云平台中，并在云平台开发线路中央计算机系统相关功能，可满足数据共享、集中运营票务报表、客流分析、权限统一管理等需求，同时可减少运营管理维护人员数量，简化层级，建成的票务交易数据采用“终端—线网”两层传输，设备监控信息采用“终端—车站—线网”三层传输的架构体系，后续线路车站设备通过数据汇聚节点均可接入清分云平台。

广州市轨道交通 AFC 系统架构演变如图 7-1 所示。

### 7.2.2 总体设计思路

根据广州市城市轨道交通建设规划，广州市轨道交通 AFC 清分中心设置综合计算机系统（简称 ICCS），负责广州市已开通及在建的各线路的清分工作。ICCS 具有数据清分、密钥管理、发卡管理、运营管理、决策支持、通信服务和异地容灾等功能，实现整体处理车票交易数据及统计分析，完成轨道交通各线路间以及轨道交通线路与第三方支付系统之间的清算分账。清分中心主系统设置在镇龙区域控制中心，灾备系统设置在公园前区域控制中心。

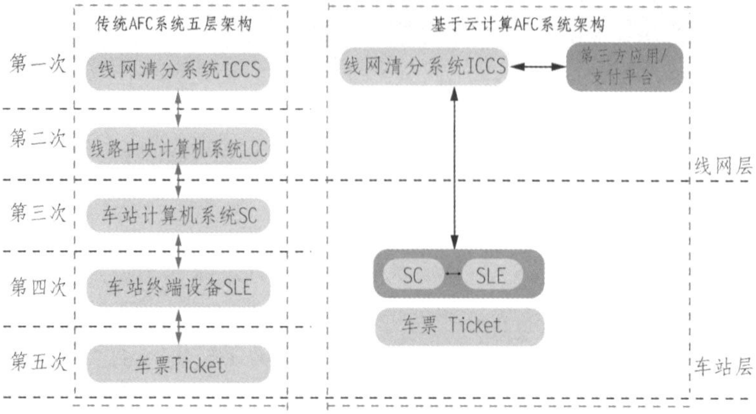


图 7-1　广州市轨道交通 AFC 系统架构演变图

根据城际线路规划，线网清分系统满足城际线路的接入，实现城际线路清分、清算、管理等功能。

根据粤港澳大湾区规划，线网清分系统可向粤港澳大湾区规划轨道交通线网提供“基础设施即服务（Iaas）”“平台即服务（Paas）”“软件即服务（Saas）”层面的服务。

广州地铁线网清分系统总体遵循面向业务需求的设计思路，基于城轨信息系统的业务特点，采用云计算资源池的设计方法，实现 IT 基础架构模块与业务模块松耦合、资源池的模块化交付横向扩展。通过云管理平台保证资源的快速交付和统一管理，支撑业务快速上线、融合运营、统一运维。

线网清分系统综合考虑自动售检票系统业务应用场景，考虑自动售检票系统类业务未来发展的特性，采用的技术平台应该能够适应未来业务发展方向并且能够支撑业务的长期和持续发展。云平台支持冗余、自恢复、高可扩展性，允许应用系统从不可避免的硬件、软件错误中恢复，确保应用系统的正常运行和数据存储的高可靠性。云平台提供同城（镇龙、公园前区域控制中心）的业务和数据容灾机制，保证业务的连续性。

云平台按照等级保护三级标准建设。云平台安全设计按照云服务的使用范围以及层次提供整合的云服务安全体系，并与安全防护体系、安全运维体系相结合，形成完整的云平台防护体系。

## 7.2.3　系统整体架构

广州市轨道交通线网清分系统总体架构的设计中，以软件定义基础设施为目标，提升基础设施资源的弹性和效率。向上（综合业务生产云平台）提供灵活的调用接口，实现标准化；向下兼容不同的供应商硬件，保持开放性。系统总体架构如图 7-2 所示。

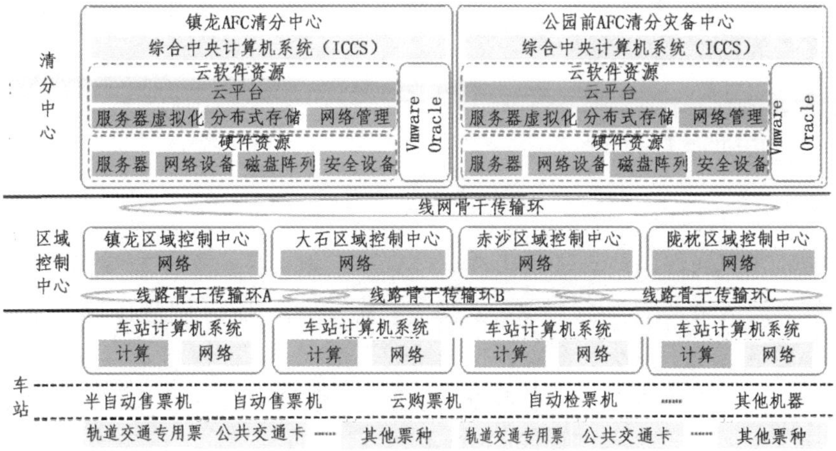


图 7-2　广州市轨道交通线网清分系统总体架构图

清分系统云平台软件由镇龙数据中心、公园前数据中心、车站平台组成，清分云的软件部署框架如图 7-3 所示。

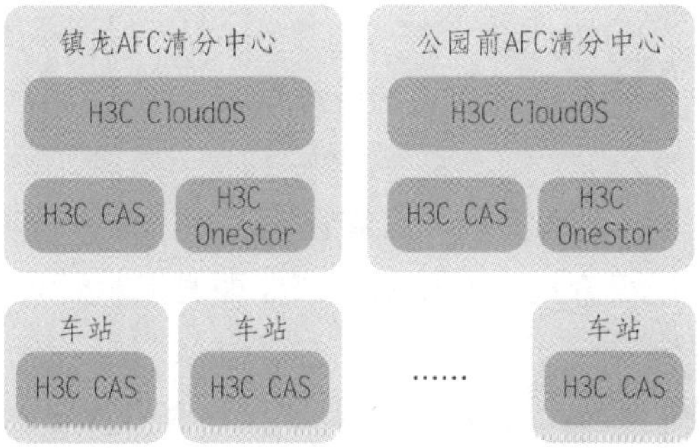


图 7-3　线网清分系统云平台软件部署框架图

（1）H3C CloudOS。

提供云平台内完整的计算资源、存储资源和网络资源等基础资源的管理服务，H3CCloudOS 分别部署镇龙清分数据中心和公园前清分数据中心，池化云平台基础设施，在计算、网络、存储等资源被 H3C CloudOS 集成和服务化之后，再被上层的统一云管理平台 H3Cloud CMP（综合业务生产云平台）进行管理，同时负责收集虚拟资源池的告警、性能、资源等监控数据；H3C CloudOS 对车站云节点和 VMware 环境进行统一纳管。

（2）H3CCAS 虚拟化软件。

基于 KVM 的虚拟化平台，为服务器提供基本的虚拟化能力，在云平台中，在镇龙/公园前资源池、各车站云节点服务器、视频分析服务器部署虚拟化平台，为部署在云数据中心和各车站/车辆段/停车场的上云业务应用提供虚拟化环境，同时虚拟化平台 CAS 会通过北向 plugin 接口直接被数据中心云平台 H3C CloudOS 所管理。

（3）H3COneStor 分布式存储软件。

整合多台服务器的本地硬盘资源将它们组织成一个统一的存储池，对上层应用提供存储服务。在清分云中，在镇龙及公园前的云存储服务器中进行部署，为 CAS 宿主服务器、备份等提供存储资源。

### 7.2.4 详细设计方案

1. 功能设计

广州市轨道交通线网清分系统由清分结算子系统、报表子系统、运营管理子系统、密钥子系统、通信子系统、IC 卡发行管理子系统、一体化多维监控子系统、多元化支付子系统、网络安全子系统、容灾备份子系统、数据仓库子系统、系统测试平台、系统维护平台、安全审计子系统、业务应用子系统、云平台管理子系统构成。各子系统主要功能如下。

（1）清分结算子系统。

清分结算管理子系统对系统接收的交易数据进行验证，根据清分协议（或规则）的要求进行清分和结算，以及进行相应的财务管理。

（2）报表子系统。

报表子系统自动地生成和下发预定的各类报表。

（3）运营管理子系统。

运营管理系统具备 ICCS 系统日常运营管理功能。具备对清分系统进行参数管理、线路系统与设备监控、报表查询、在线查询、非即时退款管理功能。

（4）密钥管理子系统。

密钥管理子系统负责密钥管理、SAM 卡发行及信用管理。提供消息认证业务，使 ICCS 系统及其参与方能够安全验证消息的真实性与完整性。

（5）通信子系统

通信子系统为与所有相连线路、外部系统的报文交换提供储存和传输通信机制，包括来自线路中心系统的数据传送以及向线路中心系统传送的配置数据。该系统应具备工作负荷平衡及通信失效恢复功能，保证数据传输时的数据完整性与一致性。

通信子系统负责 ICCS 系统与线路中心系统的数据交换（UD/CD）、与一卡通系统的数据交换、与线网指挥中心系统的数据交换、与其他系统（结算银行）间的数据交换等。

（6）IC 卡发行管理子系统。

IC 卡发行管理子系统对系统内的票卡制票、库存、发行、调配等进行统一管理。须满足运营商下设多个票务中心的功能扩展要求。

对 ICCS 票务中心和各运营商（或各线路）票务中心对票卡库存量进行的监督，对比各自的库存量。跟踪系统参与方之间的票卡转移，以及票卡的更换、坏票、过期票的回收，票卡的遗失和黑名单处理。

ES 设备能成批或单个地对轨道交通新购进的各种 IC 卡车票进行初始化，具有自动供票、验票、编码功能。能对已初始化的储值车票进行编码或赋值。

（7）一体化多维监控子系统。

要求对各子系统的运行状况、数据处理情况进行监控，包括对错误的交易文件实时提示修复，对校验不合法或者异常记录实时监控，以及对系统指标监控等。该子系统必须提供可审计的图形化管理界面。

（8）多元化支付子系统。

实现互联网票务相关的发卡管理、密钥管理、账户管理、虚拟数字车票管理、生物特征管理、订单管理、支付管理、交易匹配管理、报表管理、终端设备管理、运营管理、数据管理、对账分账管理、移动终端应用管理、风险控制管理、后台监控等各种管理功能。

（9）网络安全子系统。

网络安全子系统用以对整个 ICCS 系统网络、网络设备、网络安全进行配置、监视和管理。具体功能包括监控网络设备的运行及数据流量，合理分配网络资源，进行故障诊断和处理以及网络流量监测，外部与内部的入侵检测与防护以及病毒防护等。

（10）容灾备份子系统。

当 ICCS 生产中心发生灾难时，用户可以将其应用切换到灾备系统，灾备系统可立即接管 ICCS 系统的业务。灾备系统必须实现 ICCS 系统运营所需的清分结算、设备管理、参数管理、数据通信、黑名单管理、报表管理等功能。

（11）数据仓库子系统。

数据仓库子系统目前定位于 ICCS，通过收集和整理来自 ICCS 的各项信息，综合运用数据仓库和数据挖掘技术，进行数据清洗、整理、加工、展现，为公司领导层提供决策支持。

（12）系统测试平台。

测试平台负责对 ICCS 内部业务（生成各种模拟数据）、接口以及内外部系统接口进行测试，为各线顺利接入 ICCS 系统提供所需要测试的平台。测试平台所采用的系统软件如操作系统、中间件、数据库等，与运营系统一致，所采用的硬件与运行系统兼容。

（13）系统维护平台。

系统管理子系统为 ICCS 提供操作系统、数据库系统的管理、时间管理、日志管理、系统备份等服务。

（14）安全审计子系统。

安全审计子系统对清分系统内的运维操作行为进行管理和审计。

（15）业务应用子系统。

业务应用子系统主要用于日常使用业务应用的管理，包括与外部各系统接口数据交互功能、员工票使用分析功能、移动终端应用等功能。

（16）云平台管理子系统。

云管理平台提供的功能贯穿云的整个生命周期，并适用于可能提供的所有服务类型。可在运营期间，进行连续监视、管理和优化。

线网清分系统功能模块如图 7-4 所示。

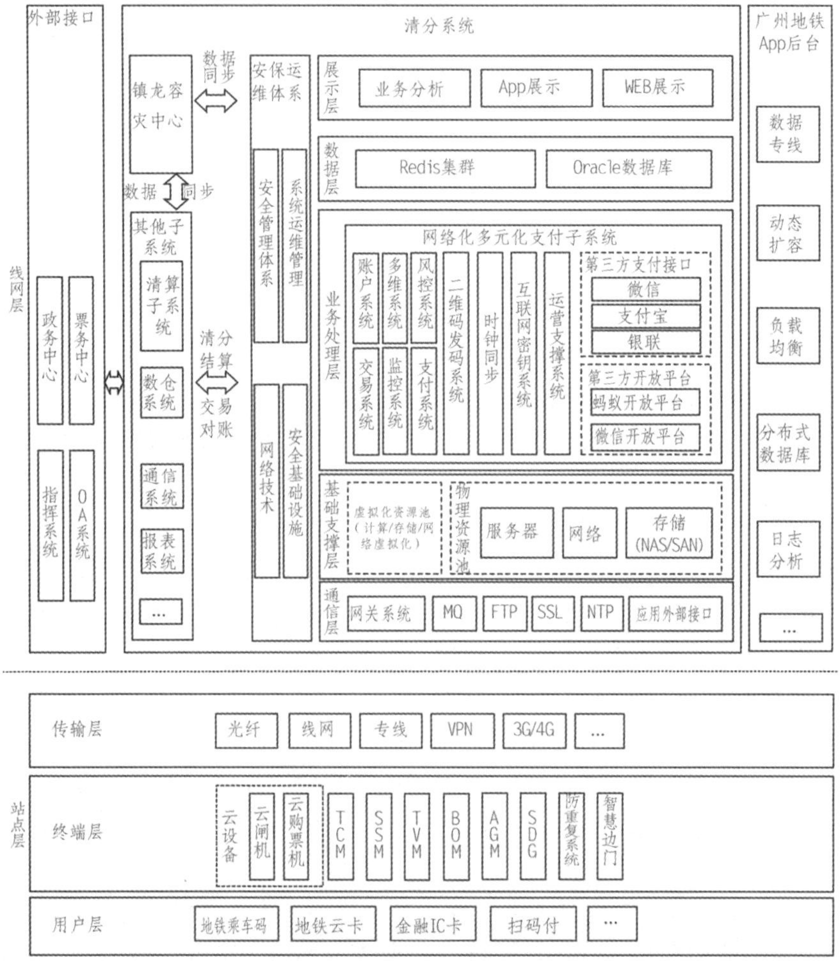


图 7-4　功能模块图

2. 基于两层架构的业务设计

广州地铁票务业务包含传统羊城通、单程票业务以及全国交通一卡通、金融 IC 卡、乘车码、二维码购票、人脸等多元化支付业务，种类繁多，充分满足乘客个性化、多样化的需求。具体业务设计如图 7-5 所示。

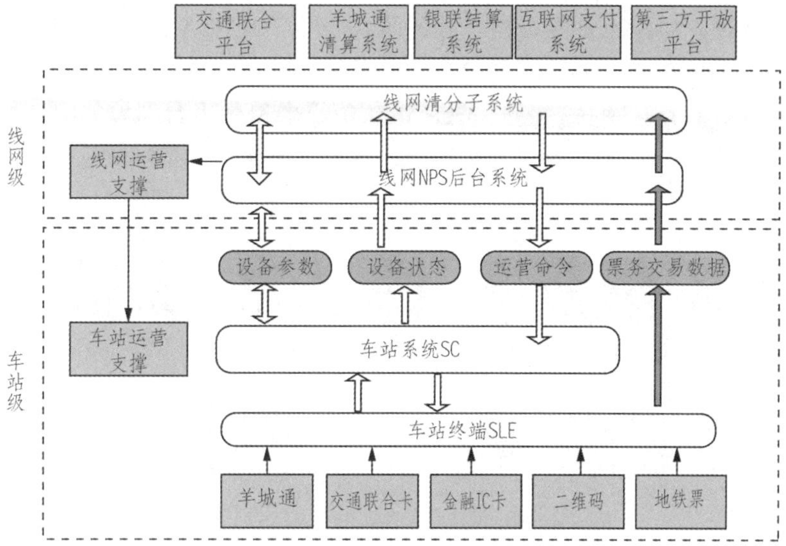


图 7-5　两层架构业务设计图

广州地铁自动售检票系统架构总体分为线网级和车站级两个层级。其中线网级是指中央级系统，包含清分子系统和多元化支付子系统，主要承担线网票务数据清分对账、数据分析处理、多元化业务处理、生物特征识别业务处理等功能，对内连接车站计算机系统和车站终端设备，对外与交通联合系统、羊城通清算系统、银联/微信/支付宝等第三方互联网支付系统对接，实现多元化支付业务全流程管理；车站级包含车站计算机系统和车站终端设备，站级包含站级计算机系统和站级终端设备，主要承担各车站二维码防重复性验证、站级设备的监控、运营命令、参数的下发以及线网票卡的有效性检查等功能。实现现场乘客票务业务的交互以及车站设备的管理。

在业务数据传输上，票务交易数据按照“终端—线网”两层传输架构，设备监控信息、参数、运营命令等按照“终端—车站—线网”三层传输架构实现，整体上仍然保持两层架构的体系。其中闸机、购票机、客服处理类设备等车站终端设备直连 AFC 数据中心系统，实现发售、充值、过闸、更新、退款、行政处理、应急事务处理、非现金收款、非现金退款等票务交易数据的实时接入，实时清结算，实时掌控客流数据，便于运营的实时调度。设备参数、设备状态以及运营命令可由后台系统下发至车站计算机系统，再由车站计算机系统按既有接口规范下发至车站终端设备，同步也可由车站终端设备按统一接口规范上送至车站计算机系统，然后再上送至中央级系统，实现数据的双向交互。

3. 云平台部署方案

（1）虚拟化平台部署。

基于主备中心设计的原则，在镇龙和公园前两大数据中心分别部署虚拟化平台。镇龙数据中心作为主中心，部署 22 台 2 路服务器作为物理服务器，安装 H3C CAS 虚拟化软件，本地盘规格至少为 600 GB*2，RAID1，内存 128 GB 以上，网口数量至少为 2 电+4 万兆光口，同时配置 FC HBA 卡连接 FC 存储。公园前数据中心作为备中心，部署 8 台 2 路服务器作为备中心物理服务器，安装 H3C CAS 虚拟化软件，本地盘规格至少为：600 GB*2，RAID1，内存 128 GB 以上，网口数量至少为 2 电+4 万兆光口，同时配置 FC HBA 卡连接 FC 存储。具体镇龙中心虚拟化平台部署如图 7-6 所示。

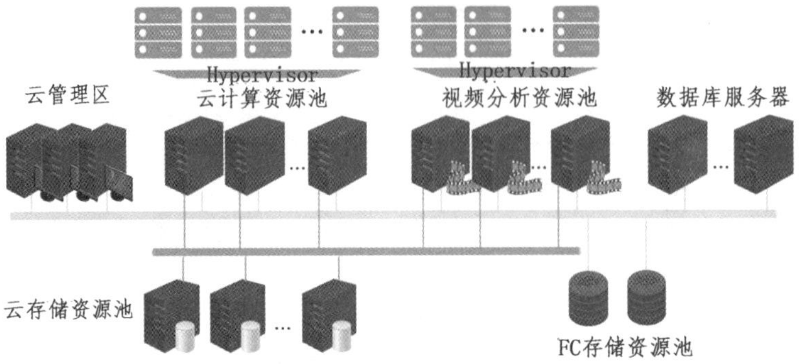


图 7-6 虚拟化平台资源池规划图

虚拟化平台包含云平台计算虚拟化、存储虚拟化以及网络虚拟化，通过云管理区实现统一管理云计算，语音及视频分析资源池。其中云管理区包含 3 台服务器，并部署 CloudOS 平台做上层管理；云存储资源池包含 15 台服务器，部署 ONEStor 提供分布式存储；云计算资源池包含 22 台服务器，统一部署 UIS 超融合平台提供计算虚拟化能力；视频分析资源池包含 12 台服务器，部署 UIS 融合虚拟化平台；数据库服务器包含 2 台服务器，以裸金属形式管理。

（2）存储设计。

为保证清分云平台稳定运行，主/备中心各自部署 H3C 存储和云平台服务器集群，采用分布式存储架构，保证存储的高可用。具体如图 7-7 所示。

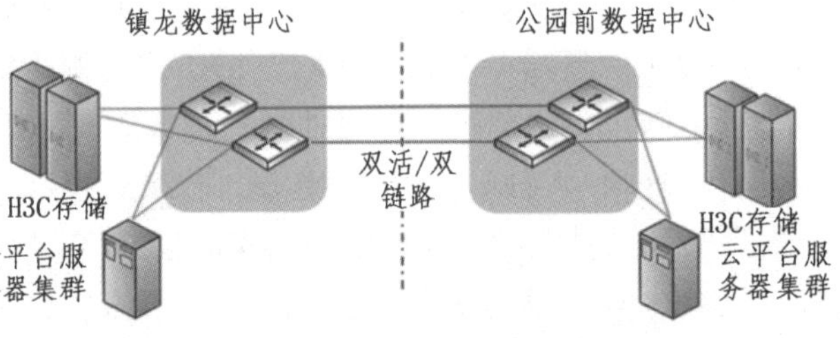


图 7-7 存储架构图示意图

主备数据中心实现存储双活技术 Peer Persistence 构建双活高可用平台，当任一存储硬件出现故障或维护时导致无法提供服务时，可自动/手动由另一存储全部接管，保证数据不丢失、业务不中断，实现数据级容灾双活。同时主/备中心各自组成独立的 Faric 环境，主/备中心之间采用波分进行级联。

（3）备份实现。

为了提高业务系统的可用性及等保要求，需要对清分系统提供备份支持。充分考虑备份系统在性能、自动化程度、对现有系统的影响程度、管理和可扩展性等方面的实际需求，采用统一备份管理拓扑架构。相关指标如下：① 数据库 RTO/RPO：

2 h/30 min；②文件 RTO/RPO：24 h/4 h；③ VM RTO/RPO：24 h/4 h。备份采用 CB 备份软件方案，通过使用先进的 4 层管理架构，可使主数据中心和备数据中心的全局备份管理统一进行，各数据中心也可进行数据备份管理。CB 数据备份可支持异地备份和异地恢复的能力，充分满足系统对数据备份的各项要求，并支持异构的服务器平台与存储设备以及各种主流操作系统。具体部署架构如图 7-8 所示。

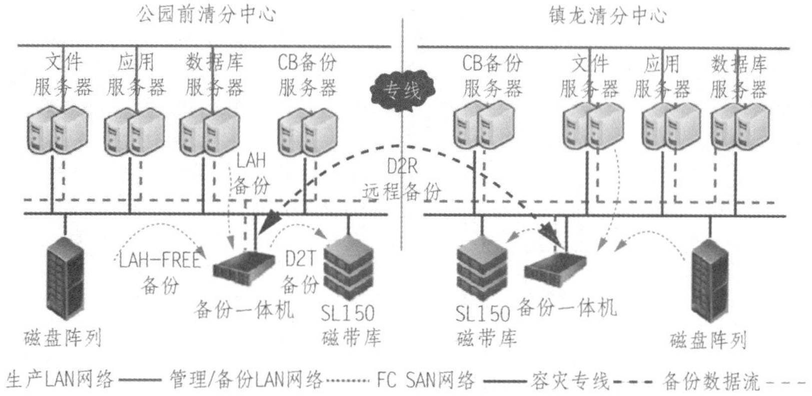


图 7-8　备份架构示意图

在公园前及镇龙中心分别部署 1 套 CB 备份软件，万兆以太网络连接管理网，16 G FC 连接 SAN 网络，采用“LAN+LAN-FREE”的备份架构，将操作系统、文件、数据库等数据备份到 Oracle SL150 磁带库中。另外将重要数据远程备份到异地的灾备中心。SL150 需要进行分区配置，以便支持 NBU 备份平台和 CB 备份平台同时使用。

### 7.2.5　系统运营效果

广州市轨道交通线网清分系统于 2018 年 12 月投入使用，并完成既有清分系统的业务平滑过渡，投入运营当日设备运营平稳，并且与一卡通、第三方支付之间对账完全正确。线网清分系统运营至今，系统及设备每日 24 h 不间断运行，2019 年五一期间，全线网最高日客流量超过 1 000 万。

目前，据 2020 年 7、8 月客流统计显示，手机二维码过闸占比约为 22%、单程票占比约为 5%。广州地铁 2020 年 7 月、8 月各票种占比如表 7-1 所示。

表 7-1　广州地铁 2020 年 7 月、8 月票种占比统计

| 票卡类型 | 2020 年 7 月日均进站客流 | 2020 年 8 月日均进站客流 | 2020 年 7 月占比 | 2020 年 8 月占比 | 变化趋势 |
|---|---|---|---|---|---|
| 单程票（现金） | 20 481 | 26 766 | 0.48% | 0.61% | ↑ 0.13% |
| 单程票（TVM 扫码） | 213 428 | 237 939 | 4.97% | 5.37% | ↑ 0.40% |
| 单程票（云购票机） | 45 096 | 51 951 | 1.05% | 1.17% | ↑ 0.12% |

续表

| 票卡类型 | 2020年7月日均进站客流 | 2020年8月日均进站客流 | 2020年7月占比 | 2020年8月占比 | 变化趋势 |
|---|---|---|---|---|---|
| 乘次票 | 8 417 | 9 882 | 0.20% | 0.23% | ↑ 0.03% |
| 储值票 | 728 | 836 | 0.02% | 0.02% | 0.00% |
| 羊城通 | 2 895 135 | 2 884 526 | 67.45% | 65.08% | ↓ 2.37% |
| 员工票 | 83 728 | 84 317 | 1.95% | 1.90% | ↓ 0.05% |
| 二维码车票（乘车码） | 918 172 | 982 749 | 21.39% | 22.17% | ↑ 0.78% |
| 金融 IC 卡 | 14 726 | 14 215 | 0.34% | 0.32% | ↓ 0.02% |
| 地铁云卡 | 10 | 10 | 0.00% | 0.00% | 0.00% |
| 全国交通一卡通 | 92 110 | 138 767 | 2.15% | 3.13% | ↑ 0.98% |
| 合计 | 4 292 031 | 4 431 958 | 100.00% | 100.00% | 0.00% |

### 7.2.6 主要技术创新点

1. 国内首个基于云计算技术构架的清分系统，实现优化资源组合、提高设备利用率、减少维护的工作量和难度，降低运营成本

广州市轨道交通线网清分系统建设时，国内还尚未有城市在 AFC 系统中应用云技术的先例，广州市轨道交通线网清分系统对云计算的应用是对云计算在 AFC 系统应用的一个尝试。构建基于云计算技术的广州市轨道交通线网清分系统可以将计算任务分布在大量计算机构成的硬件资源池上，以获取较高的计算性能，以此具备处理线网大客流大量票务交易的能力，同时当部分计算机宕机时，云计算可以自动进行硬件动态调整，将应用计算部署至其他设备上，实现系统级容错，容错率高的特点降低了线网数据集中的风险性，另外云计算硬软件池扩容非常方便，只需要向资源池中添加软/硬件资源即可，适应轨道交通线网不断扩大引起的清分中心系统持续扩容的特点，满足广州轨道交通大线网大客流的数据集中数据处理及运维管理的需求。

2. 简化系统架构，适应广州地铁业务不断发展与信息化趋势对数据应用的需求

为支撑广州地铁多元化业务需求，满足数据传输实时性、统一资源管理等“互联网+”业务特点，将传统的五层架构设计向两层架构演变，从业务目标和支撑能力规划两个方面来明确当前多元化支付面临问题的解决方案。取消线路中央计算机系统层级，相关功能由线网实现；调整弱化车站计算机系统功能，车站计算机系统保留车站

设备状态管理、软件管理以及维修数据管理功能，取消票务刷卡交易及支付交易处理功能，车站计算机系统不再对票务刷卡交易及支付交易进行存储、处理、转发，以提升交易速度；调整车站终端设备数据传输功能，车站终端设备由传统离线工作方式调整为在线工作方式，即传统数据由按时间间隔向上传输调整为实时传输方式，建立线网清分中心系统与车站终端设备数据直接传输机制，线网清分中心系统实时接受车站终端设备上送的数据，做出相应处理后实时反馈至终端设备。

3. 新增多元化支付平台、运维一体化监控平台、系统安全审计平台、对外数据接口平台，匹配地铁多元化业务的发展、满足智慧地铁建设的需求

为了匹配广州地铁多元化业务的发展、满足智慧地铁建设的需求，新增多元化支付平台、运维一体化监控平台、系统安全审计平台和对外数据接口平台。解决传统单程票、羊城通等传统票务的局限性，支持扫码购取票、金融 IC 卡、Apple Pay、乘车码、人脸等多种票务服务，为乘客的出行提供更多样、更便捷的支付方式。在系统设备运维方面，解决传统运维存在的信息离散、被动响应、人工成本高、资源浪费等痛点，打造运维一体化监控平台，结合大数据、物联网、云计算、人工智能等技术手段，全面构建基于状态感知及维修全过程数据的精准维护模式，从人员、系统、设备、检修、隐患、故障、分析、决策等方面实现面向多对象的主动型全域感知、电子化规范流程及场景化决策控制，促进运维精准高效，提升前台维保、后台维修及资源调配的衔接能力。在系统安全方面，解决了系统漏洞、数据传输不完整等安全缺陷，结合安全平台策略，围绕以“一个中心，三重防护”的指导思想，打造“安全防护系统，安全数据传输、安全通信网络”的安全审计平台。打造统一高效的对外数据接口平台，综合运用数据仓库技术、数据挖掘技术、大数据分析技术从数据采集、数据融合、数据分析到场景化的业务输出，搭建可迭代、具有持续优化能力的开放信息技术架构，建设统一对外数据接口标准，解决多数据处理、多入口接入、业务应用创新与集成、标准不统一等问题。

4. 打造“公有云+私有云”融合平台，优化清分系统资源分配的调度策略，提升系统能力

结合广州地铁清分系统实际需求，线网清分系统云架构采用融合“公有云+私有云”的方式，部署不同业务，构建一个“云上之云”的融合 IaaS 平台。不仅实现了资源、账单的统一管理，还将提供跨云数据迁移的工具，方便实现跨云的应用迁移，整合广州地铁清分业务。降低了整体实施成本和管理的复杂度。同时优化清分系统资源分配的调度策略，找出闲置浪费的服务器资源，提升服务器资源的利用率。另一方面提前预测资源需求和发现系统故障隐患，确保系统的平稳运行和扩展。通过大数据和智能算法，使得清分系统基础设施更加智能，提升运维人员处理服务器基础设施在规模、效率和复杂度方面的能力。

5. 实现清算从非实时向实时转变、容灾从数据级向应用级转变、数仓库从专题分析向数据赋能转变三大提升，为地铁运营应急指挥、运输组织、站务服务提供强有力的支撑

为支撑广州地铁从智能调度、智能客服和智能运维管理一体化发展，以及为各业务应用及智能设备运行提供统一的数据工具、灵活地分析应用以及完整与准确的数据服务，广州地铁建设清分三期云平台系统。解决了票务数据无法实时传输清算的难题，实现非实时到实时清算的转变；建设镇龙和公园前主备数据中心，实现应用级容灾双活，解决故障情况下应用无法实现切换、现场业务无法保障连续性的痛点；建设数据中台，提供各种业务主题数据服务、各种数据分析服务，如设备状态数据比较分析、趋势分析、主题画像、风险预警等能力，实现设备状态修、客流量趋势分析、乘客画像、设备画像、项目画像、资产画像、行车安全感知、在线监控与检测、故障预警、安全风险预警等数据分析应用，实现数据专题分析向数据赋能转变的提升。

6. 系统建设达到三级信息安全等保要求

信息安全等级保护是我国实施信息安全管理的基本制度，信息安全系统的建设标准与系统的信息安全等级密切相关，不同安全等级的信息系统，对其安全防护措施的要求也不同。

AFC 系统直接面向乘客，其安全稳定运行对于地铁运营起到非常重要的作用。随着信息技术的飞速发展，信息安全如今基于信息系统安全防护已不能仅停留在普通网络安全设备的层面上，需要部署完善的，基于保护操作系统、数据、网络和应用的安全防护体系。

线网清分系统系统信息安全建设按照三级等保要求建设，与业务系统建设同步规划、同步建设、协调发展。对清分系统每个区域进行安全通信网络、通信网络的可信性、安全计算环境、安全区域边界等信息安全的需求分析和防护，在区域边界处部署防火墙、入侵检测系统、在数据库网络旁部署数据库审计系统，在操作站部署内网安全管理系统和防病毒系统，在每个站和线路等位置部署运维安全管控系统。其中以信息安全统一管理平台为核心，部署在各安全区域的安全设备将信息安全相关信息统一汇总到管理平台，以呈现整体安全状态。

## 7.3 案例应用二——广州地铁广州塔站智慧售检票系统应用

### 7.3.1 概　述

根据《新时代广州轨道交通体系创新与发展》的战略纲要精神，在城市轨道交通线网中选取站点先行试点智能化及信息化的先进模式，结合运营示范车站现状，为新

线即将大规模推广智能化及信息化技术、设备积累经验。以此为目标，广州地铁选取了广州市轨道交通 APM 线路广州塔站作为试点车站，开展示范工程应用。广州塔站智慧售检票系统应用内容主要包括多元化票务服务、客流预测、乘客画像、网络化运营管理辅助决策、客流控制、客流引导、智能微客服、智能机器人、无感通行、资讯服务和生活服务等。建设目标是最终实现车站管理由“单站管理”向“区域化管理”方向发展，最终实现车站“无人值守”（或尽可能少的工作人员值守）的管理模式，线网形成集成化车站设备设施管理及移动化站务运作模式。

### 7.3.2 总体设计思路

广州塔智慧车站的 AFC 系统和设备的创新涵盖安检、购票、检票、客服四大场景，应用了生物识别（人脸识别、语音识别、预留指静脉识别）、大数据技术，预留 5 G 技术接入条件，当中包含了三大系统和九款新型设备。

此外，APM 线广州塔已投入运营，考虑到广州塔智慧车站为旧线改造的原因，广州塔原 SC 系统服务老旧及性能低下，为确保智慧车站的功能效果能达到预期，升级了既有 SC 系统，新设 SC 替换既有 3 号线 SC，负责接入广州塔新设备或全部终端设备，实现车站 AFC 设备的统一管理。

实现设备可监可控：对既有车站自动售检票系统及终端设备进行软件功能升级，使之能够实时收集车站的进出站客流数据，并按规定的数据格式和传输协议向地铁车站物联网示范平台实时发送本站客流数据、设备（包括票务、客服、边门）状态数据等。同时接收车站物联网示范平台下发的控制命令，如车站疏散、客控闸机灵活调整、开关站等命令。

在整体设计中既考虑旧线原本存在问题的整改配合，也预留了与综合监控平台、安检系统等各系统对接的能力，确保了智慧车站即使是以旧线改造的模式呈现也不影响其使用效果和管理。

智慧车站的 AFC 创新以打通智慧车站乘客全过程服务为目标，通过分级分区的有效人检和综合集中式的物检技术，提供更人性化的安检服务；通过语音识别技术，帮助智能选站、让购票更加便捷；引入生物识别技术，零介质释放双手，凭脸就能通行；引入知识图谱和智能交互技术，提供自助化、精准化、生活化的客户服务。广州塔智慧车站总体思路如图 7-9 所示。

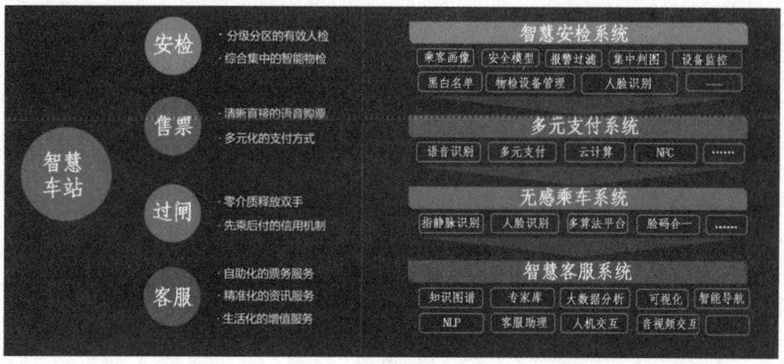


图 7-9　广州塔智慧车站总体思路

## 7.3.3 系统整体架构

面向全过程服务的智慧车站，我们提出：搭建一套系统，构建四个场景，拓展七大设备。以智慧车站系统为核心，分别构建以安检、多元支付、过闸、客服四个场景为承载的独立子系统，系统与原有地铁 AFC 系统、云票务平台等实现数据的互联互通。还可以接入公安系统、电子发票、物联网平台，提供更全面的服务。

广州塔智慧车站系统框架如图 7-10 所示；广州塔智慧车站系统架构如图 7-11 所示。

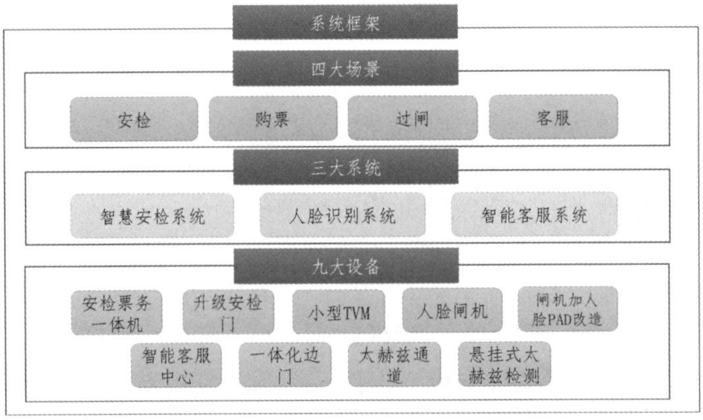


图 7-10　广州塔智慧车站系统框架

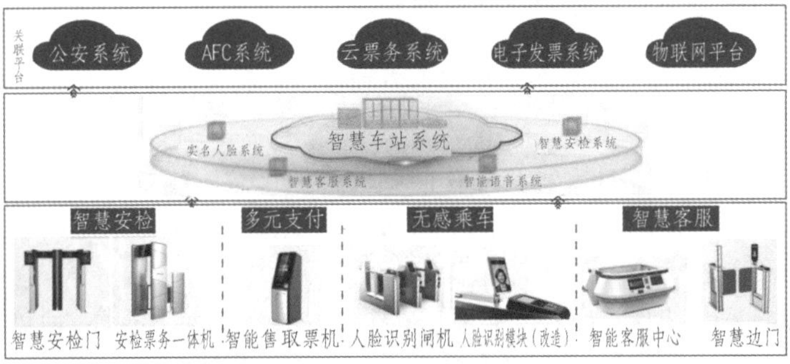


图 7-11　广州塔智慧车站系统架构

## 7.3.4 详细设计方案

1. 概　况

广州塔智慧车站 AFC 创新最终目的是要为乘客提供精准、便捷、安全、可靠、高效、经济的服务，主要内容如下。

（1）提升票务服务的智能化水平。

引导推进基于实名制、个人信用体系的跨平台、跨场景乘车票务服务，利用生物识别、无感支付等多制式，提高售检票、乘车的智能化水平。扩大基于可信乘车凭证的互联互通范围，提高城市间乘车的便捷度，丰富广州地铁 App 应用功能，提供多种出行、信息及生活服务。

（2）提供智慧出行客服咨询服务。

聚合多平台出行服务内容，按乘客出行需求订制化原则提供多种出行解决方案。同时重点在交通枢纽、出行热点提供更细致服务。实时显示本站、邻站和换乘站客流动态、列车运行时刻，为乘客提供出行路径咨询及建议。

（3）建立票检、安检合一的新模式。

研究与城轨交通客流相适应的智慧安检探索票检、安检合一的新模式，采用视频监视、生物识别、人工智能等技术，实现“人”“票”“物”以及异常行为四合一核验，提高效率、安全和服务品质。

结合车站的实际情况，具体落地实施内容如表 7-2 所示。

表 7-2　广州塔站智慧 AFC 系统设备及功能列表

| 功能大类 | 设备/系统名称 | 功能描述 |
|---|---|---|
| 智能售检票 | 智能售取票机 | 传统购票功能（支持现金） |
| | | 智能语音购票功能 |
| 智能客服 | 人脸识别闸机 | 传统票卡识别 |
| | | 金融 IC 卡识别 |
| | | 二维码识别 |
| | | 生物特征信息识别 |
| | 智能客服平台 | 咨询 AI 接管功能 |
| | | 语音处理功能 |
| | | 视频通话功能 |
| | | 知识库管理功能 |
| | | 培训考试功能 |
| | | 服务质量管控功能 |
| | | 呼叫中心基础功能 |
| | 智能客服中心（放置付/非付费区边界） | 智能语音咨询 |
| | | 远程客服咨询 |
| | | 站外地图 |
| | | 生物特征信息录入 |
| | | 自助补票（非现金） |
| | | 自助补票（现金） |
| | 智能边门闸机 | 生物特征信息识别 |
| | | 视频通话功能 |
| | | 二维码识别 |
| | 广州地铁 App | 语音问询基础功能 |
| | | 地铁 UI 定制 |
| | | 内外网安全管控 |
| 安检票务一体机 | 多算法人脸识别平台 | 人脸对比分析服务 |
| | 安检票务一体机 | 人检和票务功能集合 |

2. 智慧售检票设备

（1）智能售取票机。

智能售取票机除支持传统购票的功能外，同时新增智能语音购票功能，通过语音识别直接选择站点和张数完成购票，并且支持现金、手机扫码等支付方式。相比传统设备而言，宽度减小 44%，深度减少 25%，体积只有传统设备的 1/3，因为可嵌入式安装的特性，可嵌墙内，适合新线建设使用。

通过采用机器视觉、自然语音交互、触摸反馈交互等手段让终端设备的体验更加丰富，在向乘客提供个性化服务的场景下达到情感交互的效果。在嘈杂环境下采用降噪拾音且联动摄像头的购票人唇动识别技术，精准识别购票人语音内容。广州塔站智能售取票机如图 7-12 所示。

图 7-12　广州塔站智能售取票机

（2）人脸识别闸机。

人脸闸机，除传统票卡识别、金融 IC 卡识别、二维码功能外，同时具备人脸识别、指静脉识别等功能。无感过闸闸机利用人脸生物识别技术，将人脸与金融 IC 卡或其他电子钱包绑定，实现刷脸扣费过闸；还可与后台人脸库联机，对过闸人员进行实时比对，从而提高安保防范等级。广州塔站人脸识别闸机如图 7-13 所示。

图 7-13　广州塔站人脸识别闸机

针对既有线路上的已有闸机，可用增加人脸识别模块的模式，达到改动工作量最少且效果一致的目标。广州塔站既闸机增加人脸识别模块如图 7-14 所示。

图 7-14　广州塔站既闸机增加人脸识别模块

3. 智能客服设备

（1）智能客服中心。

智能客服中心是线网客服系统的重要终端设备，智能客服中心支持人工服务和自助服务双模式，提供票务、客服等多重服务。

无人化运营：乘客可以通过该设备进行票务、客服的自助操作，支持手机扫码支付，实现乘客自助服务，减少运营站务人员的投入，提高乘客票务和客服处理的速度，从而达到降低运营成本、提升票务和客服处理效率的目的。广州塔站智能客服中心如图 7-15 所示。

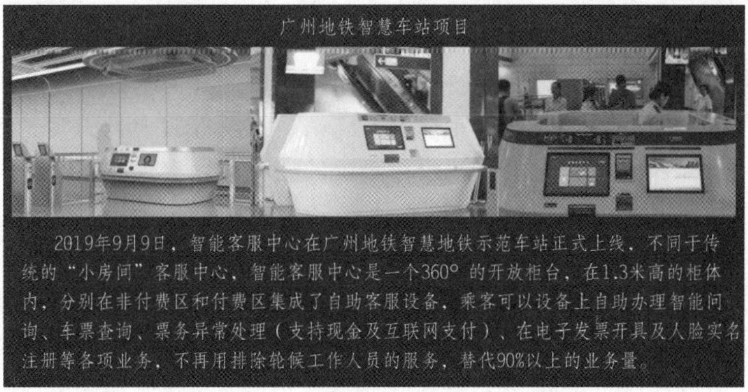


图 7-15　广州塔站智能客服中心

图 7-15 广州塔站智能客服中心以“智能自助”“全场景适配”以及“半开放式外观”为核心理念进行设计，搭载了智能票务以及智能客服系统，是一个全景的票务、服务自助平台。

主要功能如下：

① 票卡处理：单程票、日票、羊城通（普通卡/学生卡）出行信息查询、补票、单程票退票，身份证、员工卡感应。

② 人脸注册：军人证、优抚证等多种证件持有人员免费通行边门人脸实名注册。

③ 票卡查询：单程票、日票、羊城通（普通卡/学生卡）出行信息、余额查询。

④ 接受微信（被扫）、支付宝（被扫）、现金三模式自助补票支付。

⑤ 智能问询：语音互动（地铁相关问题、调侃），可转人工对讲。

⑥ 预留电子发票、指静脉功能。

（2）智能边门闸机。

智能边门闸机应用功能由车站票务系统进行集成实现，公共区边门实现特殊乘客及本站授权员工的进出站，实现超过规定年龄的老人、残疾人、军人等免票乘客的实名注册及验证情况下的进出站功能。广州塔站智能边门闸机如图 7-16 所示。

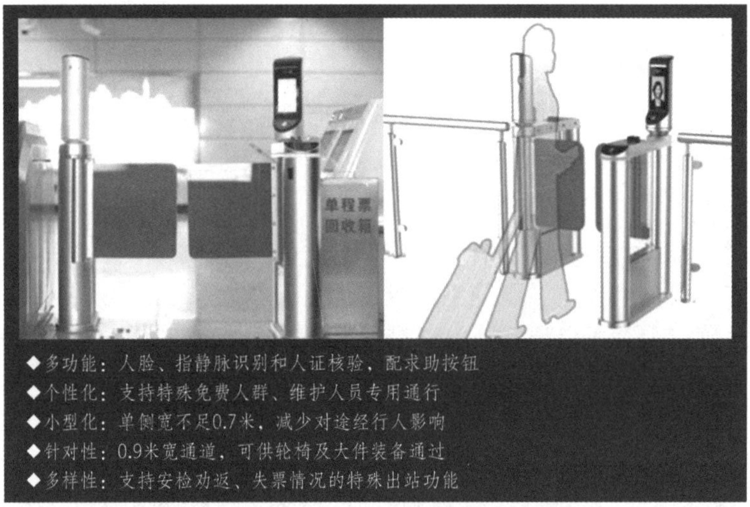


图 7-16 广州塔站智能边门闸机

边门应用通过车站现场客服设备在人工客服核实信息的基础上实现进行特殊乘客实现实名注册，通过车站注册设备实现示范车站员工及外服人员的实名注册，注册信息上传车站票务系统。边门根据车站票务系统的授权控制实现本站员工、外服人员、特殊乘客的进出站功能。

公共区边门采用旋转式拍打门一体化设计，自动实现进/出自动开门、回位、阻拦等控制指令，既提高边门的外观美感，也提高边门的自动化实用程度。公共区边门设置智能化设备，设置面部生物特征识别模块、身份证模块，利用员工或特殊乘客的实名制数据库，有权限的员工/乘客可直接无感通过边门，实现公共区边门的出入实名管理。公共区边门设置求助按钮及语音对讲装置，当乘客需要帮助时，可通过求助按钮及语音对讲装置与车控室进行通话，并通过 SC 控制边门开关。

（3）多算法人脸识别平台。

多算法人脸识别平台通过更多的实际场景应用，提出了针对地铁场景设计的人脸识别系统。通过主动缩库和智能缩库的方式来支撑地铁场景百万级 1：N 的人脸识别，同时系统设计将人脸与二维码绑定，实现脸、码合一。提出了多算法管理解决方案，提高了抗风险能力。

多算法人脸识别平台遵循人脸识别领域标准，制定统一的标准化注册接口、验证接口、删除接口等。制定合理的标准化接入方案，有助于多人脸算法厂家的统一接入部署，统一系统管理。

广州塔站人脸识别流程图如图 7-17 所示。

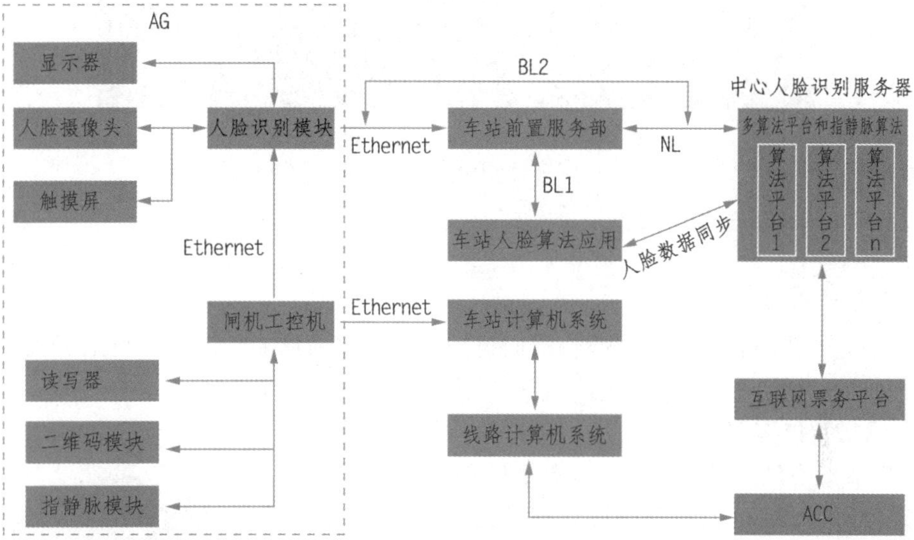


图 7-17　广州塔站人脸识别流程图

多算法平台可以隔离核心业务数据与第三方算法，将真实用户信息和图片通过多算法平台转换、加密、脱敏后传递给第三方算法，降低第三方算法服务中数据“脱库”后的泄密风险。包括将图片转换为特征值、对图片或特征值加密、对账户信息脱敏或加密等手段，保证第三方算法拿不到图片、拿不到真实账户信息，无法通过“撞库”方式获取乘客信息。

避免绑定唯一算法，可随着各算法优化的情况进行选择，赋予更多对算法选择的自主权和灵活性，并建立前后端素材的标准。

4. 安检票务一体机

安检票务一体机主要由智能安检门和票务人脸闸机组成，是为地铁乘客提供快速安检票务集成解决方案的关键设备，实现了安检与票务业务的高度集成，简化了入站流程，集合多元票制与人脸识别通行机制，实现了安检、票务智能化、一体化、无感化通行。广州塔站安检票务一体机如图 7-18 所示。

安检票务一体机实现了危险品分类、分级、分区报警，支持卡、码、脸、票通行，安检与过闸无停顿通行。在通过设备后，可直接进入地铁付费区，享受安检票务业务一体化集成的便捷乘车服务。同时还具备对乘客通行监控、设备状态检测上传、交易管理及数据上传、时钟同步、电源管理、软件管理、自我诊断、离线运行、紧急情况处理等功能。

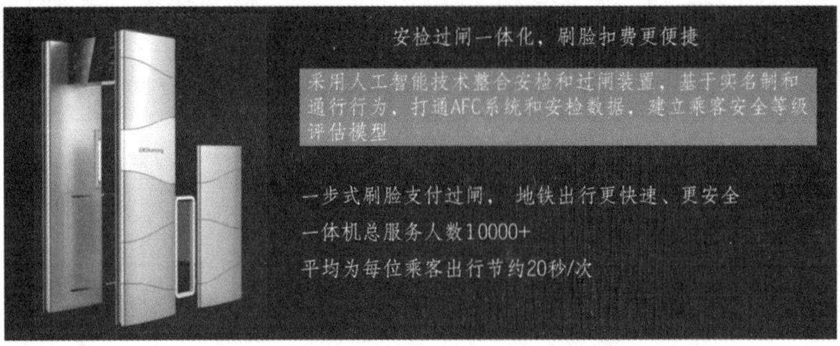


图 7-18　广州塔站安检票务一体机

## 7.3.5　系统运营效果

1. 智能客服系统

广州塔的智能客服中心（两台面向付费区、两台面向非付费区）囊括了人脸注册（智慧边门）、票卡处理、票卡查询、电子发票、智能问询五大功能。

广州塔智能客服系统于 2019 年 9 月 9 日投入使用，并完成既有清分系统的业务对接，投入运营当日的设备运营平稳，并且得到一致好评。据 2019 年 9 月 9 日到 2019 年 9 月 25 日数据统计显示，总业务（不含人工问询）处理次数为 10 358 次，其中，自助设备处理业务次数为 8 390 次，占客服中心总业务量约 81%。广州塔站智能客服中心业务处理占比图如图 7-19 所示。

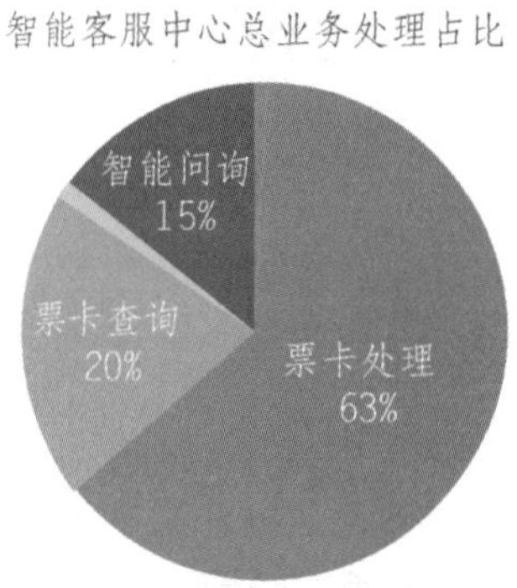


图 7-19　广州塔站智能客服中心业务处理占比图

2. 人脸识别系统

只有在 APM 线的广州塔站，人脸过闸才面向乘客正式使用，因为 APM 线为单一票价且入站时已完成扣费，无需考虑其他线路无人脸设备出闸的问题，使用人脸过闸的乘客需在广州地铁 App、微信、支付宝完成注册。

据 9 月 9 日至 9 月 30 日间数据显示，人脸过闸的线上注册量达 51 718 人次，其中地铁 App 注册 16 635 人次、微信小程序注册 35 052 人次、支付宝小程序注册 31 人次。人脸过闸通行共计 23 551 人次。其中，智慧边门使用人脸检验主要解决了车站人员（安保、清洁等）的过边门效率问题，无需运营服务人员控制开关，节省了运营服务人员工作量的同时也提升了乘客的出行体验。

3. 智慧安检票务

智能安检票务价值及数据：传统的安检，报警率高，且报警必须手检，大客流情况下实际操作中漏检的情况多，且不确定漏检人的身份，危险系数增加。通过将传统安检门升级为智能安检门后，增加了人脸识别功能，在安检门能识别乘客身份信息，可以排除掉手机手表等安全金属物。据9月9日至9月30日间数据显示，人检危险品报警率也由原来的81%下降至25%。乘客的候检时间减少，排队进站等待次数减少了一半，手检员工作量也减少了近一半。

广州塔站智能安检门报警率占比图如图7-20所示。

图7-20　广州塔站智能安检门报警率占比图

广州塔站9月9日至9月30日间具体数据如表7-3所示。

表7-3　广州塔站2020年9月智慧安检票务数据统计表

| | |
|---|---|
| 实名注册总人数 | 4 871 |
| 实名通行次数 | 9 338 |
| 匿名注册总人数 | 32 810 |
| 匿名通行次数 | 134 784 |
| 历史常乘客人数 | 4 428 |
| 常乘客通行次数 | 22 145 |
| 实名常乘客通行次数 | 137 |
| 人检总人数 | 1 172 245 |
| 人检报警总人数 | 326 305 |
| 物检总数 | 415 623 |
| 物检报警总数 | 5 427 |
| 开包总数 | 492 |
| 开包报警总数 | 12 |
| 炸探总数 | 713 |
| 炸探报警总数 | 236 |
| 液探总数 | 98 |
| 液探报警总数 | 56 |

### 7.3.6 主要技术创新点

智慧车站首次采用智能 AI 语音机器人技术，为乘客提供语音咨询和语音购票的服务。通过前端智能拾音和降噪模块，精准识别乘客语音，AI 语音机器人通过对语义进行理解和分析，在知识库检索相应答案，准确给乘客进行回答，解决问题。

（2）创新性的在广州实现了全凭证通行的生物识别闸机，满足乘客多元出行的需求。

创新性的在广州实现了全凭证（实体票、二维码、银联卡、人脸识别等，可扩展指静脉、身份证）通行的生物识别闸机，进行高视角远程采集人脸（支持活体防伪），让乘客体验无停顿快速通行，实际通行速度达到 35 人/min，外型上采用符合自然角度的人脸模块及过渡灯板的一体化设计，有效减少碰撞和刮擦。

（3）开发智慧边门，提供人性化、多样性的服务。

眼光聚焦到针对特殊免费人群、维护人员通行专用的智慧边门，取代传统人工控制的边门，可作为失票等情况的特殊出站使用，大大降低特殊人群的通行依赖性，提高边门通行效率，提供人性化、多样性的服务。

（4）国内首次提出开放式智能客服中心，节省运营人力成本，提升乘客服务质量

国内首次提出开放式智能客服中心，客服设备嵌入式融入票亭，兼顾付费区与非付费区、乘客屏与操作屏。提供“智能自助+人工双重服务”手段，引入智能语音问询技术，推进异常票务自助处理模式，提高智慧乘车服务并发量与效率。智能客服中心基于无人化服务设计理念，乘客可灵活通过自助操作、智能语音及后台客服代表问询等方式，完成票备资讯、票务处理、线路查询、换乘指导、站内外导航、运营信息资讯、周边信息资讯等。车站智能客服中心将逐步从有人值守转向“无人化”服务值守模式，节省运营人力成本，提升乘客服务质量。

（5）国内首次实现票务安检融合，打破传统安检信息孤岛模式，提升乘客通行体验。

这是行业内首次使用实景落地智慧安检系统，打破传统安检信息孤岛模式。其囊括的安检过闸一体化设备，整合安检和检票环节，简化入站流程。集合多元票制与人脸识别，打造全能通行体验。票务安检融合可采用乘客身份无感识别技术，设置“一体化”票务安检无感通道，开发乘客“画像”信息共享的票务及安检关联应用，完成乘客“一站式”安检及检票无感服务功能，在提升乘客通行体验的同时确保地铁线网大客流快速通行能力。而在物检方面，降低了非违禁品误报率，最终安检效率可达到 40 人/min，保证乘客能以不大于 1.2 s 的通行时间通过安检。

## 7.4 案例应用三——广州地铁 AFC 系统能力保持与增强应用

### 7.4.1 概　述

依托“十三五”国家重点研发计划《复杂环境下城轨车站设备及系统能力保持技术课题》，城市轨道交通智慧售检票系统在广州市轨道交通二十一号线苏元站、增城广场站开展示范工程应用。苏元站、增城广场站智慧售票机系统应用主要通过研究自动售检票系统及设备的工程化技术，开展示范应用设备的工程化设计，形成包含新型一体化纸币处理、迅捷支付、集成新型平移门技术的新型互联网售取票机、新型云闸机和自助客服机，并依托典型车站开展自动售检票系统服役能力感知与评价系统、AFC 系统关键设备维修支持系统的应用。

### 7.4.2 总体设计思路

基于我国复杂环境 AFC 系统关键设备服役能力老化的情况，针对轨道交通 AFC 系统车站设备在复杂环境下的失效性分析，增加设备运行感知与评价技术、提升关键部件和元器件的可靠性指标、优化维修策略等措施，改善现有 AFC 系统设备的服役性能指标，并实现全生命周期内服役能力的保持和提升。

（1）开发自动售检票系统服役能力的检测与评估方法，对核心部件（如现金处理模块、扇门模块）高发故障点的状态进行细化与实时监测、及时提供故障处理指引，同时收集 AFC 系统网络平台数据，构建 AFC 系统售取票机、云闸机的整体服务能力的感知与评价模型，通过设备当前运行状态在线感知设备服务能力，开展预测与评价，并为下一步基于维修成本优化的 AFC 关键部件新技术研究提供支撑条件。

（2）开发 AFC 关键设备接口标准化和研发检测装置，实现对 AFC 系统中关键设备核心模块的检测及评测，并构建设备服役能力测试数据库，应用于设备维修决策系统支持。

（3）依托服务能力评价系统对设备进行可靠度分析，找到设备的关键管控点，根据设备的不同服务需求，建立适用的维保措施，形成有效的车站设备高适应性综合维修策略，开发出自动售检票系统关键设备维修决策支持系统，自动选择故障分析结果与维修策略之间的最优路径，提高维修策略的适应性，优化系统维修成本、提高自动售检票设备的维护效率。总体设计思路如图 7-21 所示。

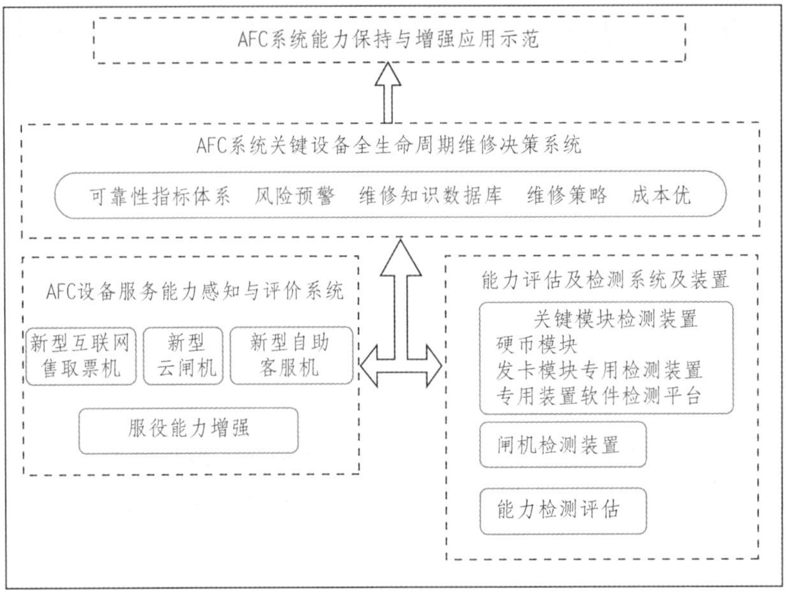


图 7-21　总体设计思路

## 7.4.3　系统整体架构

苏元站和增城广场站在车站既有布局基础上，相关设备综合考虑站厅布局、车站客流等因素统筹布置，总体架构规划如下：

（1）在苏元站和增城广场站各安装 2 通道检票机，1 台自动售票机、1 套自助客服设备、1 台座席终端。

（2）以上设备接入二十一号线既有 AFC 系统车站计算机系统（SC），上传真实运营环境下的设备产生的相关数据，设备接入后，二十一号线既有 SC 按照清分系统的要求，配套调整系统设置，包括但不限于点表、设备编号以及系统界面等。同时，以上设备接入设置在国家工程实验室（坑口）的能力评价系统平台。

（3）结合工程的实际情况和网络需求，既有二十一号线车站局域网为工业环网，示范工程设备通过二十一号线既有终端交换机接入该局域网。此外，在车站新增终端设备交换机和车站级交换机，示范工程设备通过与新增终端交换机间采用星形连接后，接入新增车站级交换机。

（4）增城广场站、苏元站新增车站级交换机通过二十一号线通信系统提供的光纤接入镇龙控制中心，镇龙控制中心至国家工程实验室平台的传输网利用广州地铁既有办公 OA 网络实现。

（5）此外，设置在苏元站的自动扶梯系统、站台门系统和环控系统应用示范工程数据统一接至 AFC 系统新增车站级交换机，实现与国家工程实验室平台的连接。

苏元站、增城广场站设备接入网络架构示意图如图 7-22 所示。

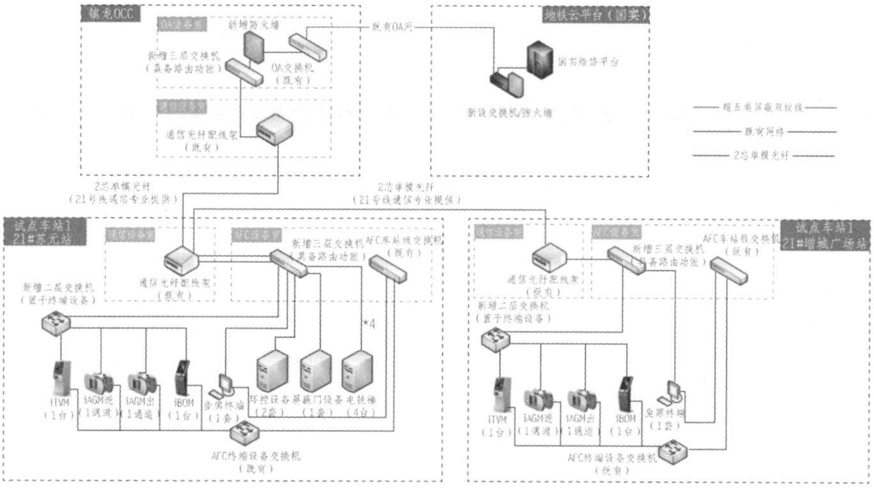


图 7-22 典型车站设备接入网络架构示意图

### 7.4.4 详细设计方案

1. AFC 设备服务能力感知评价系统

（1）系统功能架构。

广州地铁联合广电运通针对苏元站开发出的 AFC 设备服务能力感知评价系统主要采用微服务架构，系统架构分为终端层、数据存储层、服务层、展示层、终端设备数据将数据通过数据采集器传输到数据采集层，数据采集层将终端数据传输到系统数据存储层，系统服务层对数据进行数据清洗，数据实时分析然后给出能力评价结果，并通过展示层呈现，详细系统功能架构图如图 7-23 所示。

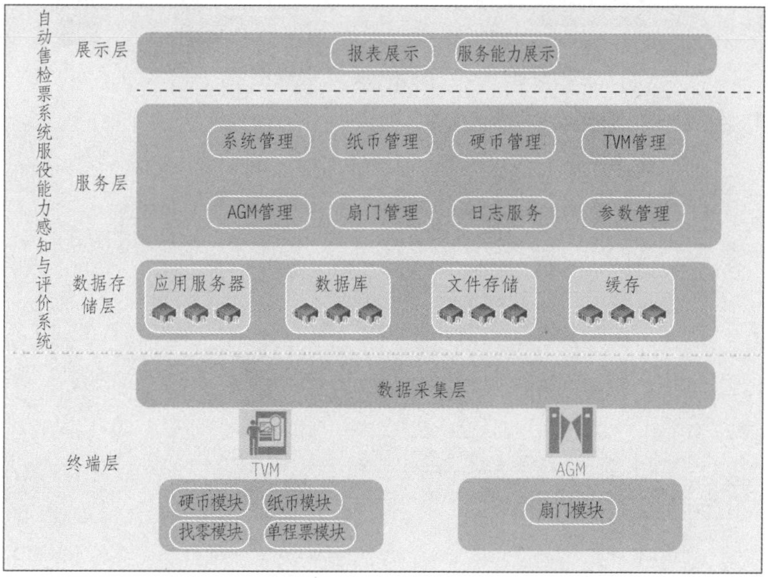


图 7-23 服役能力评价系统功能架构图

考虑到典型车站增城广场站、苏元站地铁 AFC 系统中，SC 服务器可接收来自 SLE 设备数据的功能，例如：纸币模块状态、硬币模块状态、读卡器状态、闸门状态、单程票模块状态等包含关键设备及模块故障的所有原始数据，所以在本系统中主要采取直接获取 AFC 系统中的设备状态数据作为原始数据输入，并进行适当的格式处理，转换为本系统要求的特定数据格式，完成 AFC 数据输入的需求。

（2）系统单元功能及接口实现。

本系统主要在 AFC 系统的 SC 服务器上增加一个通信过滤软件，来实现对设备故障状态数据的过滤提取，再把提取的状态数据上传给数据采集装置处理。通过该新型的数据采集装置，连接 AFC 系统与服务能力检测与评价系统，从 AFC 系统采集设备状态数据，经过处理后将数据输入服务能力检测与评价系统，经过系统的核心模块——服务能力检测与评价模块，进行包括数据分析、能力评价等主要功能实现，形成对 AFC 系统关键设备的运行状态进行实时监测，进而进行服役状态分析和评估，实现对两种关键整机设备、4 种核心模块设备运行状态的快速感知和可服役能力评价。

系统接口实现图如图 7-24 所示。

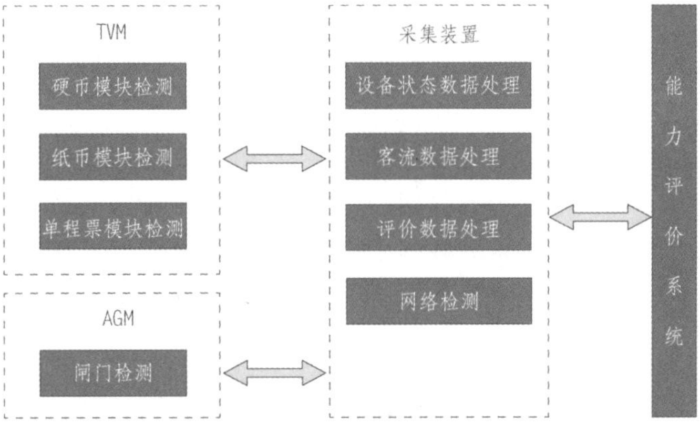


图 7-24　系统接口实现图

系统模块连接图如图 7-25 所示。

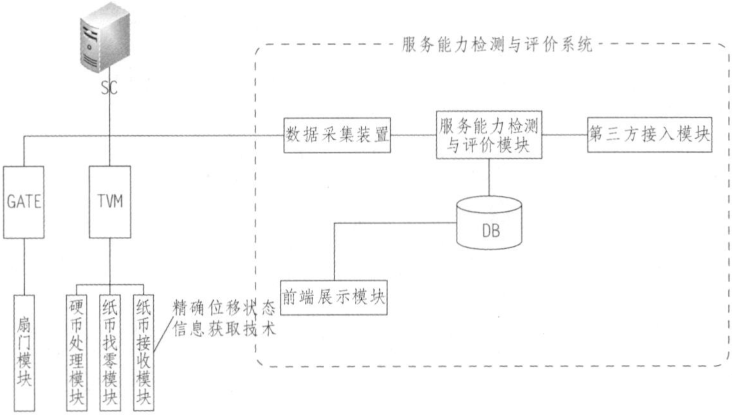


图 7-25　系统模块连接图

数据采集装置安装在与 SLE 同一网段的生产网，通过端口监测和数据抓取等技术，获取 SLE 上传给 SC 的数据，并将有效数据转发至服务能力检测与评价系统。系统拓扑图如图 7-26 所示。

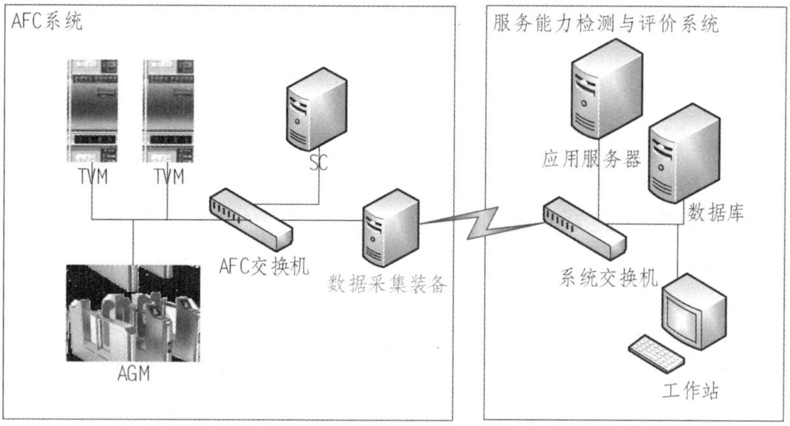


图 7-26　系统拓扑图

采集装置与 AFC 系统同服务能力检测与评价系统的接口关系如图 7-27 所示。

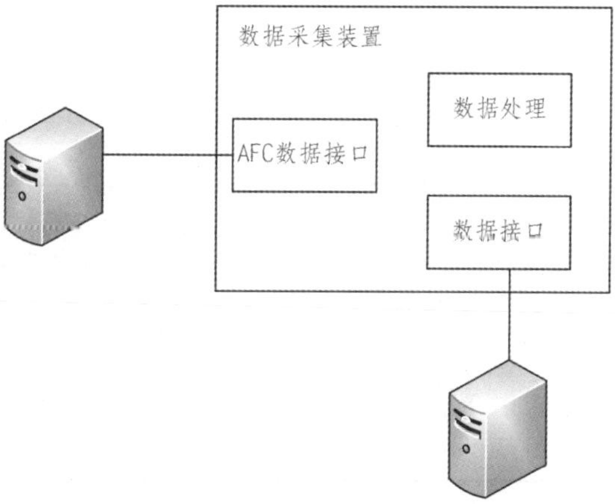


图 7-27　系统接口关系图

本系统主要是结合网络 sniffer 技术，数据采集装置以外挂的方式将采集装置接入与 SC 同级的网络节点，同时在 SC 服务器上，增加通信过滤软件，对设备故障状态数据进行过滤提取，再把提取的状态数据上传给数据采集装置处理、分析、评价。

该方案具有改造成本低、实施方案更灵活、改造约束条件较小，且受设备供应商影响较小的优点，易改造、易推广应用。

（3）系统关键设备服役能力评价模型。

服务能力检测与评价模块是整个系统的核心，主要针对关键模块监测获取的能力检测相关数据进行数据分析、能力评价，并根据该数据与服务能力的正负相关性，分为两大类：正相关数据和负相关数据。

正相关数据类型主要为性能类的指标，指标数值越大，设备性能越好，其中功能性度量模型为：$X=(1-A/B)\times 100\%$

① 受检模块错误实现和未实现规定功能的数量和或错误实现和未实现用户需求所涉及功能数量和。

② 受检模块规定的功能总数量或用户需求所涉及的功能总数量。

负相关数据类型主要为故障类指标，指标数值越小，服务能力越强。其中故障类度量模型为：$X=(A/B)\times 100\%$

① 受检模块错误实现和未实现规定功能的数量和或错误实现和未实现用户需求所涉及功能数量和。

② 受检模块规定的功能总数量或用户需求所涉及的功能总数量。

本系统根据历史故障数据分析，确定相关核心模块评价关键技术指标如表 7-4 所示。

表 7-4　模块关键评价指标表

| 关键模块 | 典型正相关指标 | 典型负相关指标 |
|---|---|---|
| 纸币接收模块 | 纸币识别速度<br>纸币接收张数<br>机芯有效工作时长 | 纸币接收的卡钞率<br>纸币拒收次数<br>纸币退钞卡钞率 |
| 纸币找零模块 | 纸币出钞张数<br>纸币出钞时间<br>机芯有效工作时长 | 出钞失败率<br>出钞回收率<br>送钞卡钞率 |
| 硬币模块 | 接收硬币个数<br>识别硬币个数<br>机芯有效工作时长 | 硬币接收的卡币率<br>硬币找零的卡币率<br>硬币拒收率 |
| 扇门模块 | 扇门的开门次数<br>扇门开门时间<br>扇门有效工作时长 | 扇门开启故障率<br>扇门关闭故障率<br>扇门单边开启率 |

整机服役能力与模块关键技术指标的关联模型如表 7-5 所示（表 7-5 请扫二维码观看）

**表 7-5　整机服役能力与模块关键技术指标的关联模型**

2. 能力评估与检测系统

本子系统主要针对 AFC 关键设备如闸机和关键设备模块、硬币处理模块和币式票卡发售模块进行设备及装置的接口标准化研究和设备模块服役性能检测，可为关键设备及模块性能评价及后续维护保养提供设备性能指导。

（1）关键模块检测装置及系统。

① 检测设备工作原理。

专用检测装置采用二级控制系统。工控机是主控单元，检测平台是辅助控制单元，二者共同完成被检模块的自动测试任务。工控机、显示器、键盘、鼠标组成人机接口，具有良好的人机交互界面。专用检测设备工作原理图如图 7-28 所示。

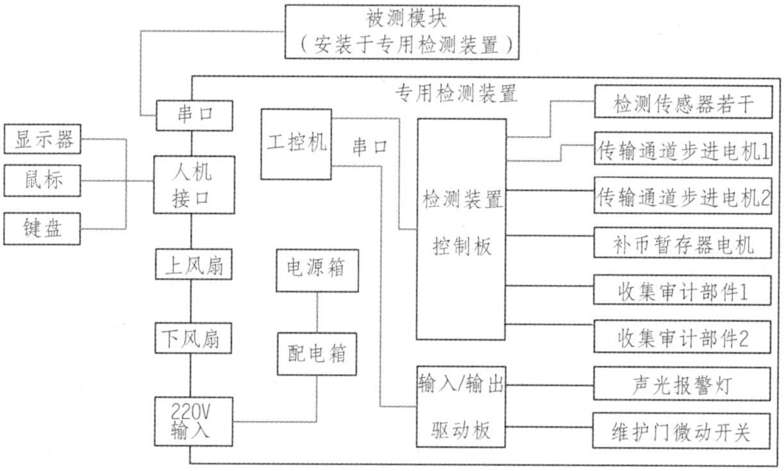


图 7-28　专用检测设备工作原理图

② 检测装置硬件结构设计。

专用检测装置硬件结构图如图 7-29 所示。

③ 检测装置系统软件功能设计。

专用检测设备可用于自动检测被测模块的可靠性，具备被检测模块基本功能和性能的手动检测功能，为独立的测试平台，具备友好的系统操作界面及测试数据记录、数据统计分析、日志记录管理功能。检测结果可作为判定被测模块或部件继续服役能力的依据。检测装置系统软件总体框架图如图 7-30 所示。

④ 检测平台接口规范要求。

模块专用检测平台使用的接口规范是根据《广州市轨道交通自动售检票系统设备模块协议标准（v1.4）》，针对该接口规范中的常用接口对模块进行接口检测。

模块专用检测平台的可靠性检测用于测定模块的可靠性指标，确认被测模块可靠性是否符合规范要求。可靠性检测方案包括可靠性测定试验方案和可靠性检测试验方案。

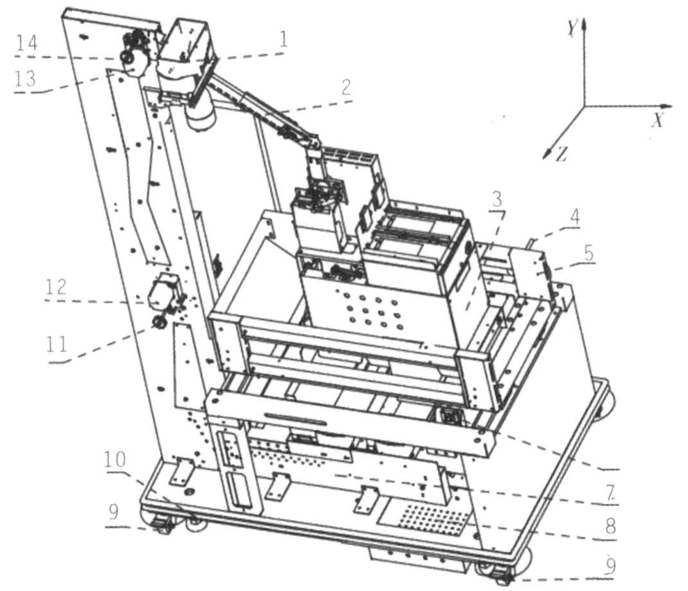


1—补币暂存器；2—补币管道；3—被测模块；4—托架调节手轮；5—托架；
6—螺纹丝杆；7—水平传输通道；8—回收箱；9—脚轮；10—支撑脚架；
11—手轮；12—步进电机；13—步进电机；14—手轮。

图 7-29 专用检测装置硬件结构图

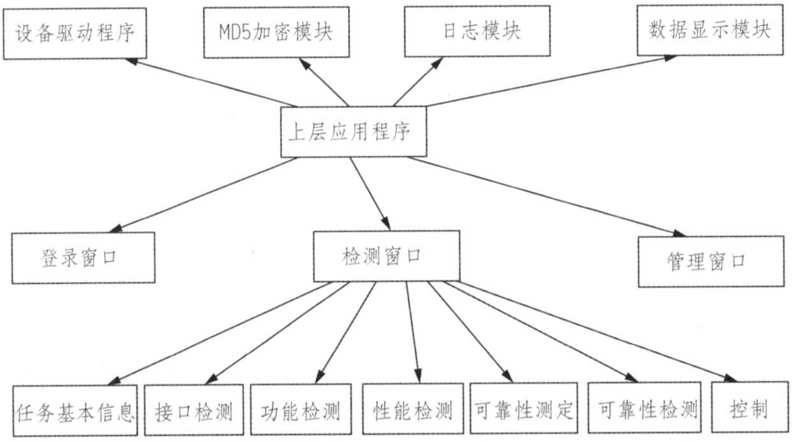


图 7-30 检测装置系统软件总体框架图

可靠性测定试验依据《设备可靠性试验 可靠性测定试验的点估计和区间估计方法（指数分布）》（GB 5080.4—1985）规定的定数试验方案进行。

可靠性检测试验依据《设备可靠性试验 恒定失效率假设下的失效率与平均无故障时间的验证试验方案》（GB 5080.7—1986）规定的序贯试验方案进行。

⑤ 软件平台分析管理。

软件平台功能表如表 7-6 所示。

表 7-6　软件平台功能表

| 功能模块 | 子功能 | 功能描述 |
| --- | --- | --- |
| 管理功能 | 任务管理菜单 | 包含打开任务、新建任务、删除任务 |
| | 设置管理菜单 | 包含修改密码 |
| | 帮助功能 | 包含错误码解析、软件版本信息 |
| 信息记录功能 | 检测任务基本信息记录功能 | 包含任务 ID、任务名称、执行人 ID、开始日期、结束日期、模块厂家信息的记录和显示 |
| 检测功能 | 接口检测 | 包含设置串口接口、初始化接口、获取设备版本信息接口、获取 Hopper 信息接口、获取回收箱信息接口、获取模块状态接口、加币接口、打开投币口接口、关闭投币口接口、存币接口、退币接口、找零接口、清币接口的检测功能 |
| | 性能检测 | 包含假币拒收率、真币接收率、找零速度、单程票发售时间、清空时间的检测 |
| | 功能检测 | 包含清币、找零、硬币识别接收、废票、单程票票卡清理功能的检测 |
| | 可靠性测定 | 包含可靠性测定的综合测定、点估计和区间估计 |
| | 可靠性检测 | 包含进行可靠性检测的综合测定、卡币率和判据 |
| 平台控制功能 | 被测模块常用控制功能 | 包含模块的设置串口功能、初始化功能、清币功能和加币功能 |
| | 检测模块控制功能 | 包含检测模块的初始化功能、补币暂存器出币功能和清币功能、收集审计器 1 的清币功能、收集审计器 2 的清票/币功能、控制皮带往回收方向和补票/币方向的传输功能和停止运行功能、补充投票/币功能 |

（2）闸机性能检测装置及系统。

闸机性能检测装置，主要由乘客模拟通行装置、模拟刷卡装置设计和控制系统组成。该闸机检测装置可自动且不间断地模拟乘客从闸机“刷卡”到“通行”的过程，包含过闸、刷卡及投票等动作，并且可实现各类动作间的联动，以模拟乘客的真实过闸场景，实现对闸机和扇门的功能、性能和可靠性等的检测。

① 乘客模拟通行装置。

乘客模拟通行装置由运动小车和拟人模型组成，通过小车装载不同的拟人模型以模拟乘客的身高、体重、通行姿势和通行速度等状态。通过多辆小车的相互运动，模拟多人对被测自动检票机的通行行为。模拟通行装置中设有电源模块，向伺服电机供电，能保持运动小车 24 h 处于测试状态。该装置还具备传感器检测功能，能检测自动检票机阻挡机构的打开和关闭状态，当发现阻挡机构处于异常情况，乘客模拟通行装置应该能自动停止，以保证不会撞上自动检票机的扇门，从而不会被损坏。乘客模拟通行装置组件的指标要求如表 7-7 所示。

表 7-7　模拟通行装置组件指标要求

| 指标 | 指标值 |
| --- | --- |
| 运动小车数量 | 4 台 |
| 运动小车通行速度 | 0~600 mm/s |
| 输入电源 | 220 V |
| 是否支持 802.11b/g/n 无线技术 | 支持 |
| 传感器检测数量 | 2 组 |
| 拟人模型数量 | 成人、儿童、孕妇各 2；<br>成人携带婴儿车、行李箱、自行车过闸模型各一个；<br>轮椅过闸模型一个 |

在小车开始运行之前，先由测控软件对小车进行运行方向与速度等相关参数的设置，进行初始化操作，在初始化之后，小车回到开始运行前的初始化位置。系统发出开始运行的命令后，小车开始运动后，当到达闸机附近的接近开关时，根据红外对射传感器的状态，判断此时的闸机门是否开启，如果开启则通过，如果闸机门关闭，则小车停止运动，等待下一次开始运行的命令。

② 模拟刷卡装置设计。

a. 刷卡模块。

采用多卡循环刷卡方式，卡被设置成可以多次循环刷卡的模式，卡放在椭圆形循环传动器具上的袋子中，分 3 张卡等距离放置，传动器具根据设定速度循环运作，其底座采用吸盘安装在被测机刷卡部分顶部，刷卡的传动动作通过主机控制其启动停止。

b. 插卡模块。

- 采用直接发卡插卡对口方式。
- 自动吐卡装置，可以根据主机指令自动吐卡
- 装置调节部分，吐卡装置放置在柜机支架高处，柜机设置手动摇轮可以上下左右调整插卡装置的位置，用以将插卡模块与被测机器入卡口对齐，同时插卡模块水平位置配置水平对准仪，方便对位。
- 插卡口配置光电感应装置，感应出卡次数。

c. 回收模块。

- 回收模块由三部分组成。
- 光电检验部分，检验出卡。
- 卡拾取和放置部分，同样采用出卡与收卡口对位方式，收卡装置上下左右可调，可以激光水平对位。
- 卡传输回收位置的传输部分，采用双皮带牵引方式将顶入收卡口的卡带入机柜内，并自动投入相应的回收箱体。
- 有光电开关在入卡口检验入卡次数。

③ 控制系统。

采用高品质工控设备，自动控制整个闸机实验流程，并对所有开关量数据进行采集，从而形成分析报表并记录相关测试参数。

闸机性能检测装置如图 7-31 所示。

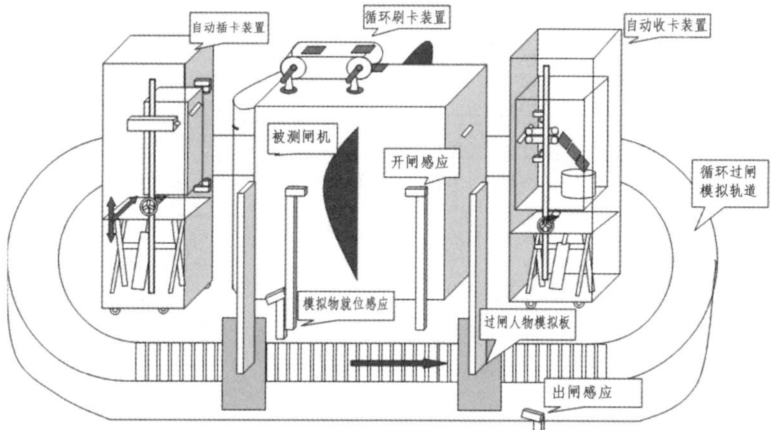


图 7-31 闸机性能检测装置

自动检票机测试平台系统的子系统大体上分为 5 个，分别是上层应用单元、设备驱动单元、串口通信单元、屏幕显示单元、TCP/IP 网络控制单元。其中，上层应用单元是整个系统的核心子系统，处理整个系统设备的运作，主要通过它向用户提供服务。屏幕处理单元负责处理和显示面向用户的可视信息。设备驱动单元对应配备的所有硬件设备，上层应用通过调用对应的接口控制设备。发送和接收经过串口的数据包是由串口通信单元负责完成的，保证收发设备进行数据通信。TCP/IP 网络控制单元负责发送和接收网络数据包。自动检票机自动化测试系统整体架构图如图 7-32 所示。

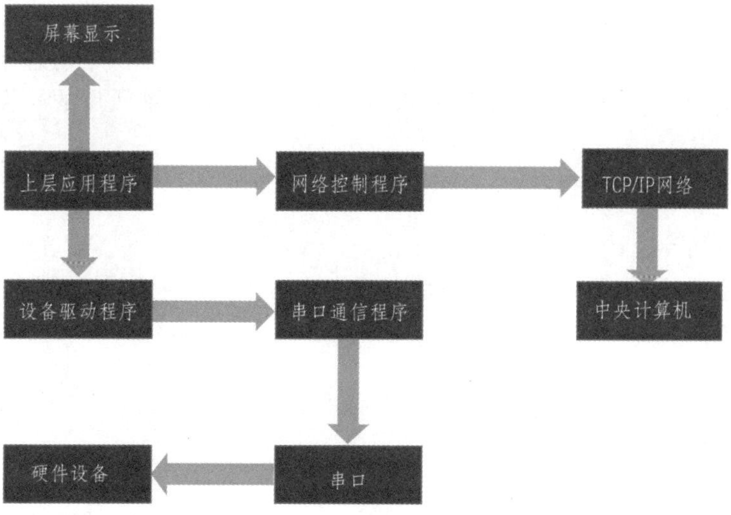


图 7-32 自动检票机自动化测试系统整体架构图

④ 检测流程。

系统的测控软件打开以后，首先进行相关参数的设置（见下文发布界面的相关模块），设置完成后先进行初始动作，即小车回到原点，机械手臂回到初始化位置，点击启动按钮，系统就会开始运行。主控单元的运行流程如图 7-33 所示。

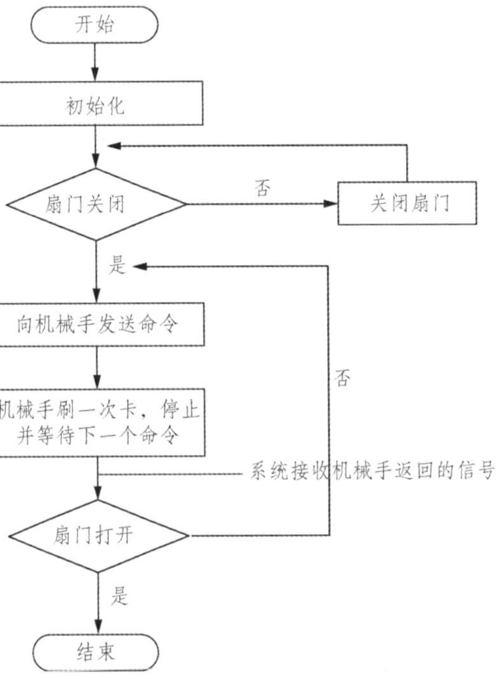


图 7-33　主控单元运行流程图

⑤ 检测装置特性。

本检测装置平台即系统可根据运营实际情况，设计出各式各样的模拟通行者来模拟乘客过闸动作。模拟通行者的承载小车样式统一，模拟通行者的样式也极易扩展。测试时，模拟通行者的种类数量，排列顺序，密度分布，运动速度均可根据测试需求进行调整。还可根据不同的被测闸机样式来灵活调整轨道的长度和测试通道的宽度。

3. 维修决策支持系统

（1）系统功能设计。

本示范系统基于 AFC 关键设备服务能力感知评价系统及设备检测系统确定有关设备维修系统功能，开发了 AFC 系统关键设备维修支持系统，AFC 系统关键设备维修支持系统功能列表如表 7-8 所示。

表 7-8 AFC 系统关键设备维修支持系统功能列表

| 功能模块 | 子功能 | 功能描述 |
| --- | --- | --- |
| 系统管理 | 系统管理菜单 | 包括用户管理、角色管理、资源管理、职位管理、系统日志、组织架构 |
| 设备管理 | 基础信息 | 线路管理、站点管理、故障代码管理 |
| | 设备档案管理 | 设备档案的基础信息 |
| 服务管理 | 工单管理 | 包含工单任务查询，预警配置，工单预警菜单。所有工单任务的查询及工单处理延时预警处理查询 |
| | 任务管理 | 包含保养计划，计划任务管理，临时任务管理 |
| | 事件管理 | 针对整机故障和模块故障 |
| 人员管理 | 人员管理 | 包含班次管理，人员排班，考勤记录。主要来管理人员的排班，考勤正常异常记录 |
| 智能图表 | 千票次故障数 | 监控设备的状况，可查看设备是否故障，具体哪个模块发生了故障 |
| | 设备整机故障次数 | 查看统计设备千票次故障数的变化趋势、同比环比等 |
| | 设备模块故障次数 | 查看统计设备整机故障数的变化趋势、同比环比等 |
| | 设备可靠度 | 查看统计设备可靠度的变化趋势、同比环比等 |
| 备件管理 | 备件信息管理 | 用于在系统上维护备件的基础信息，包括备件编码、备件名称、所属种类等，维保系统只能管理在系统上已有档案的备件 |
| | 通用备件管理 | 可以在系统的通用备件管理模块上配置这种关系，实现在维保过程中可以使用通用件进行维修 |
| | 备件借用归还 | 管理系统需具备备件的借用及归还，以便对备件台账清晰记录。 |
| | 出入库记录 | 仓管员可以在系统上查看到所有关于备件在业务工作中的出入库记录，包括已经出入库和取消出入库的记录，并能够导出到本地查看 |

（2）系统维修策略。

① 预防性维修策略。

本系统开发建立了设备的交易量、故障数、设备类型等数据之间的关系，可基于自动售检票系统设备全生命周期研究关键设备中关键部件使用状况与故障率的关系，并分析机械传动、电路、软件异常等潜在故障发生的可能性，达到关键部件故障提前预判，人为介入，实施精确高效维修，减少非计划性停机，提高设备的正常运行时间，使其保持在一定水平上运行，减少企业的投入成本。

本系统通过设备关键模块的服役能力评价，确定对 AGM 扇门电机、一些关键的信号传感器，进行预防性维修模块。

② 定期维修策略。

苏元站示范点主要结合自动售检票系统的产品故障、故障数据和产品实际寿命，制定定期维修策略（日检、月检、季检、半年检、年检、中大修等），建立自动售检票系统中的设备、部件周期检修阈值（触发条件）和该阈值对应的任务（维护任务清单）；当监控到部件使用情况达到阈值时，生成预警和对应的保养任务，实现系统自动化指导维护保养工作，避免人为因素干预，提高设备服役时间。

③ 建立维修知识数据库和维修决策支持系统。

通过建立 AFC 设备维修知识数据库，研究设备故障发生频次与负荷之间的关系，通过数据分析与研究，对同一设备相同或不同故障，通过数据分析厘清负荷与故障之间的关系，为维修决策提供数据支撑，给出维修处理最优建议，根据建议制定相应的维修策略，提高维修的准确性和适应性，实现精准维修，优化维修成本、提高自动售检票设备维护效率，使传统的计划修慢慢地过渡到基于设备状态的维修，从而摆脱原厂家的制约。

④ 建立可靠性评估与风险预警技术。

示范系统可对自动售检票设备千票次故障数（千票次故障数趋势、千票次故障同比环比）、设备故障数（设备故障次数趋势、故障次数同比环比）、设备内部模块故障次数（模块故障次数趋势、模块故障次数同比环比）、设备可靠度（设备可靠度趋势、设备可靠度同比环比）、频发故障事件数（频发故障事件趋势、频发事件同比环比）等进行监控和分析，建立设备运行阈值配置、设备运行监控、人员监控等，对设备运行的各阶段状态可靠性指标予以量化评估。

（3）维修策略实施及管理。

AFC 设备预防性维修主要 SC 的使用数据或基于时间等多个参数建立的，触发某有一个条件或几个条件后，根据不同的企业制度、行业规范或者制造商的建议，对这些设备制定一些复杂的预防性维修计划，触发不同的条件预防性的维修计划也随之变化，最大限度地确保设备的完好，减少故障频率，提高设备的可靠度。预防性维护的工艺卡的步骤是否正确有效实行，将决定设备维修工作量的大小和设备运行质量的高低。在预防性维护中工艺流程是血液，管理流程是骨架，管理流程构建的好坏将决定整个设备预防性维护体系运作是否顺畅与有效。要想正确地执行预防性维修，需要按照以下步骤进行：

第一步：建立维修策略、建立触发条件（基于设备使用时间或使用次数）。

第二步：根据使用时间和次数不同，制定不同的维护维度，建立不同的工序清单。

第三步：针对具体设备或者功能位置建立维护项目，并在维护项目中制定具体的维护任务清单；

第四步：触发条件后，及时地把任务生成维护计划。

第五步：计划预防性维护计划。

第六步：自动或手动调用计划，生成工单。

第七步：分配工单。

第八步：监控，对未及时完成的工单进行预警，形成闭环。

本项目的 AFC 预防性维修策略管理按项目管理阶段来分，可以划分为五个部分，即：启动、计划、执行、监督、结尾。如果按实际执行来开，主要分为三个过程：预防性维护策略制定阶段、预防性维护实施阶段、预防性维修闭环阶段。

### 7.4.5 系统运营效果

本工程应用的装置及系统自 2020 年 1 月在苏元站投入使用以来,实现了对示范站 AFC 系统设备和关键模块的服务能力感知和评价，并借助于能力评估检测系统，在 AFC 设备研发设计和生产制造过程中即实行放行控制管理流程，在设备使用维护过程中通过维修决策支持系统的预警和监控，极大地延长了设备平均无故障间隔时间，降低了设备运营维护成本。

以苏元站 2020 年 1 ~ 7 月应用服务系统后设备故障率即维修成本情况进行分析，设备的维保成本相比同一线路其他设备降低了约 18.36%。

1. 原因分析

（1）TVM 的单个处理时间大幅降低的主要原因是：①多元支付减少现金处理模块；②通过对核心模块的服役能力评价，针对关键模块重要故障点进行放行管控和预警维修策略，可减少故障次数和故障处理时长，因此单台的人工成本降幅明显。

（2）实施多元化支付后，AGM 的故障总数呈上升趋势，主要原因是相比于传统的闸机，改造后的闸机多了二维码、银联卡读卡器等模块，故障点多了，因此故障的数量也增加了（多为软件故障），但通过对闸机及票卡设备性能的检测，并通过对设备的维修管理监控，提前系统分析简单故障，因此故障维修人员专业熟练，单位时间故障处理时效大幅提高，故障处理更快捷，总体的处理时效提高。

2. 实施运营效果总结

（1）单位时间内，故障处理时效大幅提高，至少提高了 18.39%，人工成本则对应减少了 18.39%；

（2）通过实施设备服役能力评价、性能检测和设备维修保养预警，AFC 设备及关键模块故障率大幅下降，且按原保养标准执行，单位时间内更换的备件（模块处理一定笔数交易后，将触发设备保养，更换易损件）大幅减少，原本一年 2 次的易损件更换保养（设备保养成本约占整年度的 60%以上）变成 1 年 1 次，备件成本至少节约了 30%以上，大大节约了备件成本。

3. 结　论

结合上述人工成本和备件成本分析，可以得出整体成本降幅在 18.36%以上。

### 7.4.6 主要技术创新点

首次面向 AFC 系统设备全生命周期，采用互联网+AFC 系统终端设备方式，研发 AFC 关键设备及模块性能检测装置，辨识 AFC 关键设备及核心部件，构建 AFC 系统关键设备服役能力评价模型，实现设备服役能力可视化监控，并形成维修指导建议和高适应性维修策略，应用于 AFC 系统关键设备维修支持系统，优化并降低系统维修成本，提高 AFC 系统设备维护效率。

## 7.5 工程效益分析

### 7.5.1 经济效益

1. 生活增值服务

智慧售检票系统通过信息驱动，深度融入乘客的生活当中，逐步构建基于轨道交通的地铁生活服务圈，为乘客提供多元化的地铁定制化生活服务。平台充分利用地铁大数据和社会大数据实现乘客画像，利用“画像”信息向乘客提供“线上+线下”的增值服务，站内提供丰富的资讯信息服务，提供多元的支付手段，线上提供功能强大的手机 App 进行信息推送服务，在生活维度打造地铁车站服务大商圈，吸引更多商家入驻，面向乘客提供商业、餐饮、景点、购物等增值管理。

地铁车站 App、智能咨询终端、智能机器人等通过线上网络平台及线下经营活动，实现广告业务的精准推送，盘活周边商业，构建“一站式”地铁核心商圈。智慧车站相关终端支持对接同城快递、地铁物流、缴费代扣、线下充值、O2O、即取服务等生活服务，形成地铁生活驿站，为乘客提供各项生活上的便利；通过地铁 App 完成线上线路查询、景点门票购买、酒店预订等文化旅游拓展服务。

2. 多元票务体系

智慧售检票系统智慧车站支持“多元支付手段+多元票种选择+多元购票方式”于一体的乘车支付系统，并通过引入生物特征无感过闸方式，响应乘客更便捷过闸的服务需求，实现多元支付方式与地铁出行的深度融合。

通过多元支付平台，实现个体、整体的实时收益精准支付、对账、报警，和整体现金、非现金收益自动核对，提升票务管理效率，保障乘客良好的票务体验和整体收益安全。通过对收益数据、客流数据、系统运行、乘客行为等数据的深挖应用，支持乘客“画像”系统及内部系统运维、收益管控优化，提升地铁效益。

以广州地铁线网多元化支付应用后减少现金成本为例：

（1）据统计，2016 年多元化支付发展初期，现金票款占总票款的 26%，2017 年下降到 17%，2018 年已下降到 8%，2019 年会下降到 5%以下。从 2015 年 12 月上线至 2018 年年末，多元化支付累计使用金额 19.6 亿元，直接减少纸币流通 19.6 亿元，直接减少硬币流通 3.8 亿元，减少硬币重量 2 323 t。

（2）对车站服务银行而言，节省押运、清点、仓储费用，2016 年至 2018 年度多元化支付减少现金的押运、清点、仓储的业务整体需求，节省成本共计 939 万元。

（3）节约硬币配送的押运成本：通过车站银行服务优化，在新线陆续开通，车站站点逐年递增的情况下，广州地铁全线网车站上门押运频次依旧保持着下降趋势。全线网平均押送频次从 2016 年为 1 008 车次/周减少至 2018 年的 747 车次/周，平均每月线网用车量从 2016 年的 14 辆/月减少至 2018 年的 11 辆/月。根据押运公司单车单月包干费用计算（2017 年统计市区线路 5 万元/台/月，郊区线路 8 万元/台/月，逐年递增 10%），2016—2018 年多元化支付业务可累计节约 492 万元的押运成本。

（4）节约纸币清点费用：在 2016～2018 年间多元化支付直接减少了 19.6 亿元的清点需求，根据清点公司提供的各年度各币种的占比和对应的单捆清点费用计算近三年建行向清点中心支付的清点费用可节省 370 万元。

（5）节省仓储费用：多元化业务发展促使现金清点量的大幅减少，同比产生的仓储费用也可以得到大幅度的下降。根据各币种的占比和对应的单捆仓储占用体积，测算 2016～2018 年可节省仓储费用共计 77 万元。

3. 智慧安检、票务安检融合

智慧安检通过采用智能判图设备、集中判图、太赫兹技术、票务安检融合等一系列措施，提高了系统的效率，进一步提高安检运营效率及节约人员成本。实现对满足条件的乘客适当简化安检快速进站功能，以解决安检点长时间排队，提升人民群众地铁出行效率及体验。

以集中判图为例：

根据从 2019 年元旦至今的试运行情况分析，集中判图系统可以在高峰期削减 30%、平峰期削减 45%的安检判图操作员。以广州地铁现有安检点 700 个进行估算，如果采用传统的单点孤立工作模式，每天运营时段为 18 h，按三班两运转工作制计，则需判图人员约 700 × 3 人 = 2 100 人。而使用集中判图系统之后，按照每天 6:00—10:00、15:00—19:00 的 8 h 工作时间安排一班人工，就可覆盖早晚高峰时段，采用五天工作二天休息制计，按 70%判图员需求统计人数，则需人员 700 × 70% × 7/5 = 686 人；其他平峰时段每天 10 h，采用四天工作三天休息制计，按 55%判图员需求统计人数，需人员 700 × 55% × 7/4 = 674 人，合计人员 1 360 人。

综上所述，采用集中判图系统后，可节省人力开支（2 100 – 1 360）/2 100=35%，每人每年按 10 万元计算人工成本，则年节约运营成本为 7 400 万元。

我国城市轨道交通处于快速发展阶段，截至 2018 年年底，全国已有 32 座城市开通城市轨道交通接近 200 条，车站总数约 3 700 座，运营里程 5 314.51 km，到 2020 年，累计批复 36 个城市的城轨建设规划，共计 8 000 km 里程，投资规模超过 20 000 亿元；到 2050 年，运营线路预计将达到 289 条，如果将轻轨、城际铁路计算在内，则市场前景更为广阔。轨道交通广阔的市场前景也预示着对智慧安检的迫切需求和强大的行业需求。

### 7.5.2 社会效益

1. 轨道交通新技术发展，促进轨道交通产业升级，提高国家创新能力

国内城市轨道交通行业通过几十年的建设和运营经验，技术基础已较为雄厚，为轨道交通自主创新发展提供了较好的条件，建设智慧地铁已成为国内各大城市轨道交通发展的总体目标。智慧地铁的建设有助于推动新技术的发展，促进轨道交通产业升级，为构建创新型国家贡献力量。

2. 提高轨道交通运营效率，有利于实现高水平服务，提高社会满意度

城市轨道交通企业作为城市公益服务性质的企业，在保障运营安全的前提下向公众提供高质量的服务是其首要目标。随着大数据技术、人脸识别技术的发展，通过乘客画像系统，结合地铁周边商情分析，对乘客进行精准商业信息推送，实现个性化精准化服务。基于“人脸识别+智能用户”大数据打造地铁智慧出行生态，通过对地铁用户的大数据分析，对消费者的用户属性、行为轨迹、个体偏好等进行数据挖掘，为地铁及地铁商家提供更好的营销分析和用户管理策略服务，从而实现价值最大化。通过打造出行人脸信用支付新模式，促进支付多元化，让市民轻便出行、畅游地铁，为市民提供更智慧、更安全、更便利的出行模式。

智慧售检票系统的建设，为乘客提供更人性化的乘客服务、更便捷的商业服务、更全面的延伸服务，有利于实现轨道交通高水平服务，提高社会满意度。

# 参考文献

[1] 赵时旻. 轨道交通自动售检票系统[M]. 上海：同济大学出版社，2007.

[2] 上海申通地铁集团有限公司轨道交通培训中心. 城市轨道交通自动售检票系统[M]. 北京：中国铁道出版社，2011.

[3] 周顺华. 城市轨道交通设备系统[M]. 北京：人民交通出版社，2009.

[4] 湛维昭，张森. 城市轨道交通互联网票务系统建设研究[J]. 自动化应用，2017，5：38-40.

[5] 徐晔，李治民. 自动售检票系统终端设备跨线应用研究[J]. 铁路通信信号工程技术，2017（5）：62-65.

[6] 焦云镇，刘强，张志强，等. 手持检票机的研发及其在全面电子客票中的应用[J]. 铁路计算机应用，2020，29（2）：49-52+57.

[7] 刘世浩，徐闯，徐重阳.一种新型地铁自动售检票系统：201810248325.X [P]. 2019-10-01.

[8] 谢亚辉，邓郑明，周晨曦，等. 自动售检票及屏蔽门一体机：201410827664.5 [P]. 2015-04-01.

[9] 谢峰，范敏，周胡彬. 成都地铁自动售检票系统单程票箱技术改造[J]. 城市轨道交通研究，2019（2）：121-124.

[10] 韩建明，付保明，张宁等. 城市轨道交通标准票务处理终端研究[J]. 都市快轨交通，2017，30（2）：99-102+124.

[11] 杨承东. 面向智能交通的 AFC 系统架构研究[J]. 铁道通信信号，2013（08）：79-82.

[12] 李建国. 基于 ActiveMQ 的自动售检票系统和轨道交通系统：201811145644.4 [P]. 2019-05-10.

[13] 代豪，黄紫丞，陈海红，等. 一种地铁自动售检票系统及方法：201811468750.6 [P]. 2019-02-12.

[14] 王国光，史天运.自动检票系统设计及其实现[J]. 中国铁道科学，2005（05）：112-118.

[15] 陈青云，顾洋.基于集中式管理体系结构的轨道交通自动售检票系统[J]. 都市快轨交通，2017，30（02）：94-98.
[16] 徐淑鹏，李亚军，巩奇，郑继平，赵栓龙，王蓓，黄修军，任艳江，任继乐，樊文波，李道全，卢丽颖. 一种基于四层架构的轨道交通自动售检票系统：110572463A [P]. 2019-12-13.
[17] 李浔.莘闵线 AFC 工程中央计算机系统配置方案[J]. 铁路通信信号工程技术，2011，8（04）：49-53.
[18] 于用真，薛宁平，赖春丽，梁永超，林铭，黄培煌. 多线路共用线路中心装置及轨道交通的自动售检票系统：209132819U [P]. 2019-07-19.
[19] 李道全，赵华伟. 多线共用 AFC 系统线路中心设计探讨[J]. 都市快轨交通，2012，25（05）：71-74.
[20] 丁树奎.北京轨道交通 AFC 多线共用线路中心应用研究[J]. 科技通报，2012，28（12）：176-178.
[21] 高申，张建，余乐，张鹏.自动售检票 ZLC 系统实时计算中间件的设计与实现[J]. 都市快轨交通，2019，32（06）：112-117.
[22] 高申，吴娟，杨路辉. 南京地铁 1、2 号线区域线路中心系统改造方案[J]. 电子技术与软件工程，2019（11）：170-171.
[23] 毛建，王彬彬，何铁军. 轨道交通自动售检票系统区域中心接口设计的探讨[J]. 铁路通信信号工程技术，2016，13（05）：67-70+88.
[24] 向生建，蒋蓉穗，罗亮，郑军，彭春艳，曹飞，吴波. 轨道交通自动售检票系统车站控制中心系统：103049936A [P]. 2013-04-17.
[25] 闫彬. 城市轨道交通自动售检票系统研析[J]. 铁路通信信号工程技术，2004（02）：32-36.
[26] 茅飞. 闸机通行检测点的多级分布设计法[J]. 软件，2018，039（004）：126-129.
[27] 徐杨喆. 地铁闸机控制系统软硬件设计[D]. 湖北：武汉工程大学，2018.
[28] 陈汉珍. 一种轨道交通闸机 AFC 专用机箱结构：CN1222546.6 [P]. 2020-04-28.
[29] 张俊. 轨道交通智能运维系统应用探讨[J]. 智能建筑与智慧城市，2020（5）：70-72.
[30] 陈浙宁.轨道交通 AFC 系统设备可靠性预测与仿真[J]. 交通信息与安全，2010，28（02）：110-113.
[31] 隋丽莉，靖立涛，吴笑飞，张宇博. 一种双屏幕 AFC 终端设备测试平台：204758027U [P]. 2015-11-11.
[32] 杨姝. 浅析自动售检票系统设备可靠性指标的计算方法[J]. 机电工程技术，2013，42（06）：144-146+225.
[33] 谭清蔚. 基于故障树分析法的 AFC 系统终端设备故障检修方案与应用[J]. 信

息化建设，2015（6）：27-27.
[34] 丁耿. AFC 系统应急处理预案探究[J]. 都市快轨交通，2006（05）：95-97.
[35] 曾震宇，李润锦，黄少斌. 自动售检票系统自动报故障系统的开发与应用[J]. 机电工程技术，2013，42（06）：102-104+201.
[36] 郑州地铁集团有限公司运营分公司. AFC 设备移动维修检测平台：201921140217.7 [P]. 2020-06-23.
[37] 高云飞，漆伟，许可，邓楠. 一种 AFC 读卡器专用维修测试仪：207557369U [P]. 2018-06-29.
[38] 李郁，张东辉.城市轨道交通 AFC 监视中心系统方案的研究[J]. 铁路通信信号工程技术，2020，17（07）：55-59.
[39] 秦宝强，苗长云. 城市轨道交通自动售检票系统运行监控实施方案[J]. 现代城市轨道交通，2014（05）：11-14.
[40] 向生建，蒋蓉穗，罗亮，郑军，彭春艳，曹飞，吴波. 轨道交通自动售检票系统车站计算机监控系统及监控方法：103092152A [P]. 2013-05-08.
[41] 杜潜，李棋瑞，郭建树，陈国林，陈跃飞，齐春阳，程明亮，柳振强，高鹏飞，王建坤，蔡晓曼，王子印，贾利明. 一种闸机检测系统：207558066U [P]. 2018-06-29.
[42] 江斌，严龙，韩洁. RFID 技术在自动售检票设备巡检维护中的应用设想[J]. 铁路通信信号工程技术，2015，12（06）：79-82+88.
[43] 李二刚. 城市轨道交通自动售检票系统多元化支付研究与应用[J]. 数字技术与应用，2020，38（03）：103+105.
[44] 赵文涛. 第二代身份证在自动售检票系统中的应用构想[J]. 城市轨道交通研究，2019，22（09）：140-142.
[45] 梁笛.基于多元化支付的自动售检票系统终端设备配置[J]. 都市快轨交通，2018，31（05）：106-110.
[46] 董文斌. 重庆轨道交通 AFC 系统移动支付改造研究与应用[J]. 都市快轨交通，2020，33（03）：138-143.
[47] 罗慧，谢程祥. 广州地铁金融 IC 卡基于 ODA 技术的应用探讨[J]. 都市快轨交通，2019，32（01）：93-97.
[48] 徐高峻.金融 IC 卡在上海轨道交通应用的工程实践[J]. 城市轨道交通研究，2014，17（11）：126-129.
[49] 湛维昭，张森. 基于金融标准的移动支付技术在宁波轨道交通的应用[J]. 都市快轨交通，2017，30（01）：106-109+128.
[50] 何光家，谢国贤. 金融 IC 卡铁路客票系统应用研究[J]. 铁路计算机应用，2015，24（10）：19-22.

[51] 朱嘉斌. 苏州轨道交通售检票系统兼容“苏州通”卡的实践[J]. 城市轨道交通研究，2015，18（10）：11-13.
[52] 金元.一种金融 IC 卡预授权方式在地铁 AFC 系统的应用[J]. 工业控制计算机，2020，33（02）：28-29.
[53] 陶克，程玉柱.NFC 技术在 AFC 系统中的安全研究[J]. 都市快轨交通，2019，32（05）：133-137.
[54] 肖世龙.广州地铁 AFC 系统信息安全等级保护设计[J]. 自动化应用，2015（12）：174-175.
[55] 周晓.上海轨道交通 AFC 车站终端设备病毒防护[J]. 城市轨道交通研究，2013，16（07）：51-54.
[56] 田沃.城市轨道交通 AFC 系统人脸识别技术应用研究[J]. 信息与电脑（理论版），2019（04）：146-150.
[57] 王琮,韩骁.基于百度云 AI 的自动售检票系统人脸识别应用可行性分析[J]. 城市轨道交通研究，2020，23（03）：148-151.
[58] 李晶晶，童艳，王迪.虹膜识别技术在智慧城市身份认证中的应用研究[J]. 电子测试，2018（20）：37-38.
[59] 王成，史天运.基于大数据分析的铁路自动售检票监控系统研究[J]. 铁路计算机应用，2015，24（11）：42-45+51.
[60] 赵圣娜，张宁，王健，张义鑫. 基于私有云平台的城市轨道交通自动售检票系统架构及关键技术[J]. 城市轨道交通研究，2018，21（06）：94-97.
[61] 殷玮川，何世伟，李玉斌，等. 基于云计算的地铁大数据分析方法研究[J]. 铁道科学与工程学报，2018，15（11）：2995-3002.
[62] 中国信息产业商会自动收费系统专业委员会. 我国城市轨道交通 AFC 系统的发展报告（上、下）[R]. 2018.
[63] 中国信息产业商会自动收费系统专业委员会. 2019 年城市轨道交通 AFC 系统市场报告（上、下）[R]. 2019.